W0064235

Tempel der Kauflust

Meiner geliebten Edith als kleine
Anregung und Liebzeben zum
"So schön kann einkaufen sein"

in Liebe und voll.
als Begleiter haben

Jörg

26. Juni 1999

Helmut Frei

TEMPEL DER KAUF′ LUST

Eine Geschichte der Warenhaus- kultur

Edition Leipzig

INHALT

VORWORT

Es war wohl Anfang der sechziger Jahre, als ich, ein Junge vom Land, zum ersten Mal ein Warenhaus betrat, ein Warenhaus in der Provinz, genauer gesagt in Ulm, wo die Uhren etwas langsamer gingen als in Städten wie Hamburg oder Köln. Zwei-, dreimal im Jahr unternahmen wir mit dem Zug eine Einkaufsfahrt nach Ulm, das ich damals für eine echte Großstadt hielt, weil es einen Hauptbahnhof, ein Münster, ein Theater, eine Straßenbahn und eben Warenhäuser hatte.

Was mich betrifft, erhielt jeder dieser Ausflüge einen besonderen Reiz durch den Abstecher in ein Spielwarengeschäft mit mehreren Etagen und einer gigantischen Modellbahnabteilung und durch den Besuch der Cafeteria im Basement des Hertie-Warenhauses, die damals noch schlicht »Imbiß« hieß. Ein merkwürdiger Duft strömte einem schon auf der Treppe entgegen, die hinunter führte in diesen Keller der seltsamen Genüsse. In einer Glasvitrine prangten auf ovalen Tellern aus Steingut reichlich mit blasser Mayonnaise, adrett draufgelegten Streifen aus rosarotem Lachsersatz und einem einsamen Salatblatt dekorierte Portionen von Kartoffelsalat, während sich in dem Grill daneben in Reih und Glied fetttriefend die aufgespießten Hähnchen drehten. In einem gläsernen Behälter sprudelte aus einer Fontäne eine grünliche Flüssigkeit, mit einem leicht blaustichigen Unterton, die ich – Seitenblick auf die Preistafel daneben – als Waldmei-

sterlimonade identifizieren konnte. Hinter den Vitrinen mit den Tellergerichten hantierten Damen in weißen Arbeitsschürzen und mit Häubchen, die ihre Haare bedeckten. Um die Speisen zu verzehren, stellte man sich an einen der längsrechteckigen, resopalbedeckten Tische auf zwei metallenen Beinen und mit einer Ablage unter der Tischplatte. Die unterste Etage dieses Gestells bildete ein Abfalleimer. Auf eine merkwürdige Art irritierend war für mich die Abteilung mit Damenwäsche,

Cafeteria der sechziger Jahre bei Karstadt in Bremen

die wir manchmal auf dem Weg durch das Warenhaus passierten und wo nur spärlich bekleidete Schaufensterpuppen die Sinne verwirrten. Die hemmungslos dargebotene Warenfülle ließ mir diese Abteilung noch frivoler erscheinen, was, wie ich zugebe, kein unangenehmes Gefühl war.

Geführt von Emile Zola, blickt man angesichts der oft so enttäuschenden aktuellen Warenhaus-Herrlichkeit zurück auf die real existierende Erotik-Welt eines frühen französischen Warenhaustempels. Emile Zola offenbart uns ein »Paradies der Damen« (deutscher Titel von Emile Zolas Roman mit dem französischen Originaltitel »Au Bonheur des Dames«), das natürlich ebenso ein Paradies der Herren ist.

Man könnte die Stippvisite in das Reich der Literatur getrost abhaken, wäre es Zola in seinem Roman-Zyklus »Rougon-Macquart«, in dem auch »Au Bonheur des Dames« erschien, nicht gelungen, die »Natur- und Sozialgeschichte einer Familie unter dem Zweiten Kaiserreich« – so der Untertitel der Reihe –, also in der Ära Napoleons III., aufzuzeichnen. Nicht nur für Frankreich, sondern auch für Deutschland, Großbritannien und Amerika war die zweite Hälfte des 19. Jahrhunderts eine Schlüsselepoche.

Von ihrem umwühlenden Geist durchdrungen, sogar selbst Teil dieses flirrenden Bebens sind die damals entstandenen gloriosen Warenhauspaläste, die mir so sehr am Herzen liegen. Da predigten die aufgeklärten Geistesgrößen von den Kathedern der Wissenschaft in seltsamer Eintracht mit den bärtigen Revolutionären das unmittelbar bevorstehende Ende der Religion – und die schlich sich hinterrücks in kapitalistischer Verkleidung an, um ihrerseits den braven Aufklärern und praktischen Revolutionären den Dolch zwischen die Rippen zu stoßen. Sie legte sich, diese nie alternde Unschuld, auf das Chaiselongue in Zolas »Seidenrayon« nieder, der einem großen Liebesgemach glich, »das weiß ausgeschlagen war, weil die Laune einer Liebenden von schneeiger Nacktheit damit an Weiß wetteifern wollte. All die milchigen Schattierungen eines angebeteten Leibes fanden sich dort wieder, vom Samt der Lenden bis zur zarten Seide der Schenkel und dem schimmernden Atlas des Busens«. Und statt der schwarzen Gruft erhebt sich ein Lichtpalast, eine »Kathedrale des neuzeitlichen Handels«, in der das gläubige Volk, kundig geführt von Priestern, den »Kult des Körpers« zelebriert, das »göttliche Jenseits der Schönheit« verehrt, »eine neue Religion« feiert und sich der verschwiegenen Hoffnung hingibt, von einer vestalischen Jungfrau geküßt zu werden – und am Ende fällt es einem wie Schuppen von den Augen, daß es wieder nur eine westfälische und nicht einmal eine Jungfrau war, die da in diesem »Tempel für den Verschwendungswahnsinn der Mode« das Begehren weckte, aber nicht stillte. Der Feierabend rückt heran, die »Bordelle des Handels« bereiten sich auf den nächsten Tag vor; die Tische werden neu eingedeckt, die Laken gespannt, die Mülleimer geleert, eine Stimme säuselt aus dem Nirwana der Verwirrung: »Wir möchten unsere Kunden darauf aufmerksam machen, daß wir in fünf Minuten schließen. Wir wünschen Ihnen einen Guten Abend und würden uns freuen, Sie bald wieder als unsere Gäste begrüßen zu dürfen.« Ach ja!, seliger Emile[1]…

Traumwelt Warenhaus, Stockmann in Helsinki

EINLEITUNG –
das Warenhaus
erobert die Welt

»Schließ heute ein Kaufhaus, öffne die Tür nach hundert Jahren – und du hast ein Museum moderner Kunst.« Diese Empfehlung stammt von Andy Warhol, dem 1987 verstorbenen Bannerträger einer zeitgenössischen Kunst. Man könnte es auch so ausdrücken: Das Warenhaus ist ein Denkmal der (frühen) Konsumgesellschaft. Sie konnte sich erst entwickeln, seit die meisten Menschen in den »entwickelten« Ländern der Erde ihr Leben nicht mehr nach dem Prinzip »von der Hand in den Mund« fristen mußten. Ohne eine Industrie, die preiswert konfektionierte Massenware herzustellen in der Lage ist, und ohne die Großbetriebe des Einzelhandels, die, wie eben die Warenhäuser, potent genug sind, die angelieferte Ware auch schnell unter die Leute zu bringen und gleichsam die Kauflust anzuheizen, besäße die Konsumgesellschaft keine Grundlagen. Ihr Output ist massenhaft, jederzeit und zumindest tendenziell überall verfügbar. Das berühmte Kaufhof-Motto »Tausendfach alles unter einem Dach« hat es auf den Punkt gebracht: von der Bettflasche bis zum Lexikon, vom Abendkleid bis zur Skiausrüstung, vom Poster bis zur Perlenkette, von Kaviar mit »K« bis zu Computern mit »C«. Das Warenhaus ist eine »ins Riesenhafte, Moderne, Vielseitigste, Glänzende gesteigerte Gemischtwarenhandlung«, befand Paul Göhre in einer Publikation bereits 1907 und ergänzte, das Warenhaus strebe »die Befriedigung aller durchschnittlichen Bedürfnisse

breiter Volksmassen« an.[2] Tatsächlich unterscheiden sich Warenhäuser durchaus, in dem die einen vor allem höherpreisige Sortimente und die anderen solche niedrigerer Preisstufen führen. Aber kein Warenhaus kann es sich leisten, sich auf ein exklusives Sortiment zu spezialisieren. Allen anders gearteten Verrenkungen zum Trotz gilt noch immer, was Göhre schon vor dem Ersten Weltkrieg feststellte: Das Lebenselixier der Warenhäuser ist der »Massenkonsum durch massenhaften Verkauf von Massenartikeln«.[3] Darüber kann auch der noch so moderne Flitterkram und die effektvollste Beleuchtung nicht hinwegtäuschen. »Jedes ehrgeizige Warenhaus riskiert, eines Tages nichts anderes zu sein als ein Mausoleum. Das Banner sollte hoch gehalten werden, aber die Füße müssen fest auf dem Boden stehen bleiben.« Diese in einem Buch über das fabelhafte Magasin du Nord in Kopenhagen formulierte Einsicht hat die Warenhausgeschichte durch all die Jahrzehnte begleitet.[4]

1913 erschien anläßlich der Eröffnung des »Kaufhauses zum Strauß« in Görlitz, das später in Karstadt-Besitz überging, eine Broschüre, in der das Warenhausunternehmen Louis Friedländer GmbH, dem das »Kaufhaus zum Strauß« gehörte, nicht mit Sinnsprüchen geizte. »Schöneres find ich nicht, wie lang ich wähle«, konnten die geneigten Kunden darin lesen. Trotzdem bestand kein Grund, sich übertriebene Hoffnung zu machen, denn das umschmeichelte Publikum in der ehrenvollen Provinzstadt Görlitz war nicht die prassende Hautevolee, sondern der artig konsumfreudige Durchschnitt, weshalb die Louis Friedländer GmbH einen Reim bemühte:

»Die Masse könnt ihr nur durch Masse zwingen,
Ein jeder sucht sich endlich selbst was aus.
Wer vieles bringt, wird manchem etwas bringen;
Und jeder geht zufrieden aus dem Haus.«

Weit entfernt von jeder Absicht, den Leser in eine philosophische Diskussion über das Wesen der Moderne verstricken zu wollen, sei versuchsweise gesagt: die Masse bildet das substantielle Fundament der modernen Gesellschaft, die Zeit dagegen das ideelle. »Für die Masse unseres Volkes sind die Zeiten vorbei, in denen der Mensch genügend Zeit und Lust hatte, seine Gebrauchsgegenstände, Bekleidungsstücke und Lebensmittel in einem Dutzend Geschäfte nacheinander zu kaufen. Er will am liebsten alles in einem Hause erstehen, und diesem Wunsche entspricht das moderne Warenhaus in seiner heutigen Form«, heißt es in der anläßlich der Eröffnung des »Kaufhauses zum Strauß« in Görlitz erschienenen Schrift.

Wenn wir heute von Warenhäusern reden, dann meinen wir eindeutig keine Einrichtungen des Groß- oder Zwischenhandels, sondern Betriebe des stationären Einzelhandels. Sie gehören zwar gelegentlich zu großen Handelskonzernen, die auch im Versandhandel tätig sind, aber selbst wenn die Warenhäuser Kataloge verschicken, ist der Versandhandel nicht ihr eigentliches Geschäft. Warenhäuser sind Betriebsformen des stationären Einzelhandels mit Abteilungen. Viel ist mit dieser Umschreibung noch nicht gewonnen, aber immerhin ein vorläufiger Endpunkt einer Entwicklung markiert, die in der zweiten Hälfte des 19. Jahrhunderts in einigen Ländern der Erde einsetzte. Ursprünglich waren Groß- und Einzelhandel nicht getrennt und oft sogar lagen sie in einer Hand von Geschwistern oder Freunden. Das Warenhausunternehmen belieferte in seiner Funktion als Großhandel sowohl das eigene Detail-Warenhaus als auch andere, an den Einkaufsverbund angeschlossene Warenhäuser. Die Adressaten der Detaillisten waren die Endverbraucher. Also »en gros

und en détail«, wie es beispielsweise in der Eröffnungsanzeige heißt, mit der am 1. März 1882 die Firma Hermann Tietz auf ihr neues Geschäft in Gera aufmerksam machte. Wobei in manchen Fällen der Engros-Handel eine Art auch preislicher Zwischenstufe zwischen Groß- und Einzelhandel darstellte. So bot Wertheim in Berlin 1907 eine Einkaufsmöglichkeit zu angeblich besonders günstigen Bedingungen für Brautpaare, Sanatorien, sogar für Wiederverkäufer an. »Auch der Reichstag gehört zu den Engroseinkaufskunden Wertheims, namentlich in Seifen. Für solche Engroseinkäufer stehen besondere Führer durch das Warenhaus zur Verfügung, ebenso wie für diejenigen Ausländer, die größere Käufe machen wollen, Dolmetscher als Führer gestellt werden. Die Abrechnung über die so gekauften Waren geschieht an einer Engroskasse. Auch dabei ist Barzahlung selbstverständlich. Nur Sanatorien und Modistinnen, die ständige Kunden im Engroseinkaufe sind, erhalten einen gewissen Rabatt.«[5]

Waren Groß- und Einzelhandel ursprünglich in einem Haus vereint, nicht selten sogar in einem einzigen Laden, setzte sich mit der Zeit die räumliche Trennung und die sie begleitende betriebswirtschaftliche Spezialisierung auf den Einzel- bzw. den Großhandel durch. Platz sollte gewonnen werden für die gefällige Präsentation von immer mehr für den Endverbraucher bestimmten Artikeln. Die Warenhäuser mußten an Straßen liegen, wo möglichst viele Passanten vorüberkamen, also inden Zentren der Städte mit ihren extrem

Eröffnungsanzeige vom 1. März 1882.
Damit begann in Gera die Geschichte des Hertie-Konzerns

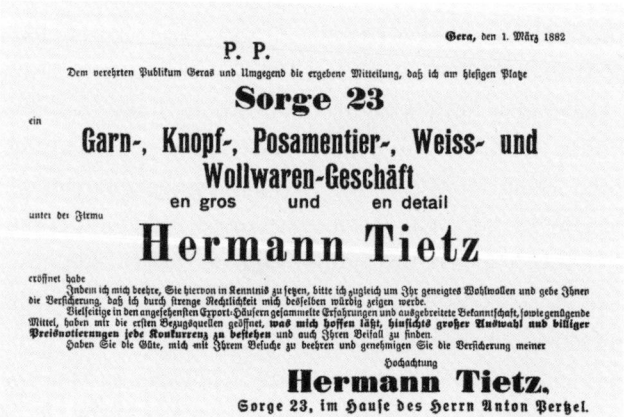

teuren Grundstückspreisen und Mieten. Der Großhandel dagegen suchte möglichst billige Flächen, die in der Kalkulation der Großhandelspreise nicht über Gebühr zu Buche schlugen und gleichzeitig groß genug waren für eine Lagerhaltung auf Vorrat, um Lieferschwierigkeiten und Preisschwankungen ausgleichen zu können. Außerdem war es ein Vorteil, wenn Lagerflächen leicht mit Bahn, Schiff oder LKW erreichbar am Rande der Städte lagen. Die räumliche Trennung von Engros- und Detailwarengeschäft unternahm vermutlich zum ersten Mal die Firma A. T. Stewart & Co. in New York, als sie zwischen Broadway und Fourth Avenue 1862 ihren dem Detailhandel vorbehaltenen Warenhauspalast mit fünf Hoch- und zwei Tiefgeschossen eröffnete.[6]

Mehrfach wurde in den Gründungsjahrzehnten der Warenhäuser versucht, klar zu definieren, was man unter einem Warenhaus zu verstehen habe, und was unter einem Kaufhaus. Man könnte diese Versuche als ziemlich pedantische Wortklauberei abhaken, wenn der Versuch, begriffliche Klarheit zu gewinnen, nicht einen ernsthaften Hintergrund hätte. Um die Jahrhundertwende war nämlich nicht nur in Deutschland, sondern auch in anderen Ländern wie Frankreich und der Schweiz, der Widerstand der kleinen Einzelhändler gegen die großen Warenhäuser so stark geworden, daß die Regierungen die Ladenbesitzer, die sich bedrängt fühlten, in Schutz nehmen mußten. Sie versuchten durch Verordnungen und Gesetze die weitere Expansion der Warenhäuser einzudämmen. Es war eine Gratwanderung, durch die Maßnahmen »Auswüchse« zu bekämpfen, aber nicht die Entwicklung des Einzelhandels abzuwürgen. Deshalb mußte man die Zielgruppe der Verordnungen und Gesetze genau eingrenzen. Das 1900 erlassene »Preußische Warenhaussteuergesetz« legte zur steuerlichen Beurteilung der infrage kommenden Betriebe vier Warengruppen fest. Betriebe, die mindestens zwei dieser Warengruppen führten, mußten die Warenhaussteuer bezahlen, wenn sie eine bestimmte Umsatzhöhe erreichten. Sie stellte somit nichts anderes dar als eine gegen die Warenhäuser gerichtete Sondersteuer. Aber damit war die Angelegenheit mit den Warenhäusern bei weitem nicht geregelt. In Deutschland erreichte die gegen die Warenhäuser gerichtete Propaganda im Dritten Reich ihren Höhepunkt. Doch zog bei-

spielsweise auch in der Schweiz eine chauvinistische Volksbewegung für geistige und wirtschaftliche Erneuerung gegen die Warenhäuser zu Felde. Sie nannte sich »Neue Schweiz« und setzte ein Gesetz durch, das die erst 1874 beschlossene Handels- und Gewerbefreiheit einschränkte und per Bundesbeschluß die »Eröffnung und Erweiterung von Warenhäusern, Kaufhäusern, Einheitspreis- und Filialgeschäften« generell verbot.

Dabei konnte nicht einmal von einer nennenswerten Marktmacht der Warenhäuser die Rede sein, nicht für die Schweiz und nicht für die anderen europäischen Länder: »Denn während 1928 in den USA der Anteil der Warenhäuser am Gesamtumsatz des Einzelhandels immerhin 16% betrug, in Holland 8%, in Frankreich 5,3 bis 6,3%, lag er in Deutschland etwas über 4%. Nur in Großbritannien (3,5 bis 4,5%), in Schweden (1,8%) und in Spanien (0,5 bis 1,5%) war er geringer.«[7]

Bis heute haben sich über die aufgeworfene Frage »Warenhaus oder Kaufhaus« viele Gelehrte vom Fach den Kopf zerbrochen. Folgt man der »amtlichen« Begriffsbestimmung des Bundeswirtschaftsministeriums, dann gilt: »Das Warenhaus ist ein großflächiger Einzelhandelsbetrieb, der in der Regel auf mehreren Etagen breite und überwiegend tiefe Sortimente mehrerer Branchen mit tendenziell hoher Serviceintensität und eher hohem Preisniveau an Standorten in der Innenstadt oder in Einkaufszentren anbietet. Die Warensortimente umfassen überwiegend Nichtlebensmittel der Bereiche Bekleidung, Heimtextilien, Sport, Hausrat, Möbel, Einrichtung, Kosmetik, Drogeriewaren, Schmuck, Unterhaltung sowie oft auch Lebensmittel. Dazu kommen Dienstleistungssortimente der Bereiche Gastronomie, Reisevermittlung und Finanzdienstleistungen. Die Verkaufsmethode reicht von der Bedienung (zum Beispiel im Radio- und Fernsehbereich) über das Vorwahlsystem (zum Beispiel Bekleidung) bis zur Selbstbedienung (zum Beispiel bei Lebensmitteln). Nach der amtlichen Statistik ist eine Verkaufsfläche von mindestens 3000 qm erforderlich.«[8]

Seite 14: Ansturm auf die Kasse in der Hauptgeschäftszeit. Holzstich, um 1900

Konsumgeschäft in Leipzig, um 1900

Erklärungsbedürftig ist der Begriff »tiefes Sortiment«. Er besagt, daß in einer Artikelgruppe, beispielsweise bei Hemden, eine große Auswahl besteht, was Größen, Farben und Hersteller betrifft, während ein breites Sortiment von vielem immer nur etwas bietet. Die Sortimentstiefe entscheidet darüber, ob sich ein Warenhaus mit einem Fachgeschäft messen kann.

Seit den siebziger Jahren unseres Jahrhunderts suchen die Warenhäuser in vielen Ländern ihre Marktposition zwischen den Fachgeschäften und den Discountern und profilieren sich abwechslungsweise in der einen oder in der anderen Richtung, um der Konkurrenz das Feld nicht widerstandslos zu überlassen. Schon deshalb muß jeder Versuch, die Grenzen zwischen den einzelnen Betriebsformen des Einzelhandels genau zu ziehen, ziemlich weltfremd und antiquiert wirken. Ein seit Jahren beobachtbarer Branchentrend bestätigt diese Vermutung. Beispielsweise haben viele Möbelkaufhäuser ihre Sortimente in den letzten Jahren Zug um Zug erweitert und führen heute selbstverständlich Heimtextilien und Freizeitartikel für Gartenparty, Sauna und andere Vergnügungen, haben Restaurants und bieten Finanzierungen. Sogenannte Randsortimente gehören inzwischen nicht selten zu den ertragsstärksten Sortimentsteilen. Andererseits sind Warenhäuser längst dazu übergegangen, lukrative Teile des Gesamtsortiments wie

die Bereiche Sport, Unterhaltungselektronik oder Bürokommunikation in eigene Spezialkaufhäuser auszulagern, sich von Möbeln zu verabschieden und auch keine sperrigen Küchenherde, Waschmaschinen und andere Großgeräte mehr zu führen.

Berücksichtigt man diese Einschränkungen und Kurskorrekturen, dann müßte man streng genommen die amtliche Definition des Begriffs Warenhaus neu fassen. Für den Bürger bedeutet ein Warenhaus nach wie vor ein vergleichsweise breites Sortiment, das viele Artikelgruppen umfaßt, in der Innenstadt oder, wie zu ergänzen ist, bei großen Städten in Zentren von Stadtteilen liegt. Der Rand der Städte, die gar nicht »Grüne Wiese«, ist kein Standort für Warenhäuser in diesem Sinne. Dort tummeln sich die Verbrauchermärkte und Selbstbedienungswarenhäuser, deren Standort laut amtlicher Begriffsdefinition »grundsätzlich autokundenorientiert« sei.[9]

Mit der Lage der Warenhäuser in den Innenstädten hängt auch ihre architektonische Erscheinung zusammen. Die räumlichen Möglichkeiten auf der sehr teuren Grundfläche sind beengt, weshalb in den Warenhäusern mehrere Verkaufsgeschosse übereinander getürmt sind. Mit dem Bauen in die Höhe sind einige Vorteile verbunden, die bei den Warenhäusern unter dem Gebot der möglichst effizienten Nutzung des umbauten Raumes allerdings etwas in Vergessenheit geraten sind. Mit einer Rolltreppe oder einem Aufzug »erhoben« zu werden, um von oben auf das Geschehen hinunterblicken zu können, vermittelt ein anderes Raumerlebnis, als sich nur in der schnöden Horizontalen den Weg bahnen zu können. Wuchs ein Geschäftshaus früher in die Höhe, entstanden repräsentiv gestaltbare Fassaden. Bei heutigen Verbrauchermärkten und Selbstbedienungswarenhäusern spielen sie keine Rolle mehr. Daran ändern riesenhafte Leuchtzeichen, grellbunte Anstriche, aufgemalte und angeklebte Verzierungen nichts. »Das Warenhaus« ist also eine Institution, die zur Innenstadt gehört wie der Großstadtbahnhof (im Unterschied zum Landbahnhof) und das städtische Grandhotel (im Unterschied zum Kurhotel oder zum Ferienhotel in der Sommerfrische).

Andererseits konnten es sich die Warenhausgründer nicht leisten, in Selbstgefälligkeit zu erstarren und zu warten, bis die Kunden zu ihnen in die Stadt kamen. Um nicht auf den Waren, die sie massenhaft einkauften, sitzen zu bleiben, mußten sie den Weg auch zu den Kunden suchen, die in entlegenen Gegenden wohnten und selten in die Stadt kamen. Kaum ein Warenhaus von Rang konnte deshalb auf das Versandgeschäft verzichten, und auch heute ist vielen großen Warenhäusern auf der ganzen Welt ein Versandhandel angegliedert. Er stellt in gewisser Weise eine Kombination von mobilem und stationärem Handel dar.

Einer der Pioniere auf diesem Gebiet war Johann Peter Jelmoli, der Gründer des namhaften schweizerischen Warenhausunternehmens Jelmoli. Im Auftrag der in Mannheim ansässigen Handelsfirma der Gebrüder Ciolina besuchte er 1833 zum ersten Mal die »Züricher Herbstmesse«, um dort neueste Pariser Mode anzubieten. Er beschloß, in Zürich auf eigene Rechnung ein Geschäft der Gebrüder Ciolina zu betreiben. 1834 verschickte er Muster und Waren in Kartonschachteln an seine auswärtigen Kunden. Natürlich konnte er auf diesem komplizierten postalischen Wege mit ihnen nicht über den Preis verhandeln. Sein Versandgeschäft lief gut an, und so übertrug Johann Peter Jelmoli Festpreise und Preisauszeichnung auf den stationären Handel in seinem Laden. In der Schweiz hatte die Eisenbahn 1847 auf der Strecke Zürich–Baden Premiere, um nur ein Orientierungsdatum zu nennen. Später, als die Eisenbahnnetze immer dichter wurden, kam mit der Eisenbahn nicht nur der Versandhandel in Schwung, sondern

Eisen-Glas-Palast von Jelmoli in Zürich, eröffnet 1899

auch das Warenhausgeschäft, weil immer mehr Kunden mit der Bahn vom Land zum Einkaufen in die Stadt fuhren. Die Verkehrserschließung durch die Bahn bildete eine wichtige Voraussetzung für den durchschlagenden Erfolg, den erst die Nachfahren Johann Peter Jelmolis mit ihrem 1899 in der Züricher Bahnhofstraße eröffneten mehrstöckigen Warenhaus-Glaspalast hatten. Bereits 1895 waren Warenhaus und Versand bei Jelmoli räumlich getrennt worden. 1897 verschickte Jelmoli den ersten Katalog. Per Katalog kam das Warenhaus aufs Land.

Land-Stadt-Land – das Warenhaus und die Provinz

»Raus aus der Provinz und wieder zurück« ist ein Kapitel in einem Buch über die Geschichte des dänischen Warenhausunternehmens »Magasin du Nord«, das seinen Sitz in Kopenhagen hat, überschrieben.[10] Filialgründungen gehören zum Wesen der Warenhäuser, weil nur durch die Bündelung des Einkaufs für mehrere Filialen eine Einkaufs- und Verkaufsmacht entsteht, die Warenhäuser in die Lage versetzt, massenweise Ware zu günstigen Preisen umzuschlagen. Gleichzeitig reduziert ein Filialsystem die Betriebs-

kosten, indem sich Aufgaben zum Beispiel der Verwaltung, Werbung, Dekoration, der wirtschaftspolitischen Interessenvertretung und einer nach innen wirkenden Firmenphilosophie zentralisieren lassen. Emil Valentin Lemming Vett und Theodor Wilhelm Wessel waren erst 25 Jahre alt und doch schon erfahrene Geschäftsleute, als sie 1868 in Århus gemeinsam ein Textilgeschäft eröffneten. Beide kamen aus der Provinz, Vett von der Insel Lolland, Wessel aus Odense. Vett hatte bei einer Firma gelernt, die in Århus einen der größten Läden für Wäsche und andere Textilien in der dänischen Provinz betrieb. Er brachte es in diesem Unternehmen bis zum Geschäftsführer. Wessel hatte eine ähnliche Ausbildung bei einer Kompagnie in Svendborg genossen. Sie handelte außer mit Lebensmitteln mit Wäsche und Kleidung. Dann wechselte Theodor Wessel zu einer in der Hauptstadt Kopenhagen ansässigen Firma, die ihn als Vertreter nach England und Frankreich schickte. Dort hatten ihn vor allem die Pariser Modekaufhäuser, die »Magasins de nouveautés«, beeindruckt. Sie waren Vorläufer der großen Warenhäuser. Wessel kehrte in seine Heimat Dänemark zurück und schloß sich mit Vett in der von ihnen beiden gegründeten Firma »Emil Vett & Co.« zusammen.

Die erste Zeitungsannonce des neuen Geschäfts, das sich im Haus der »Schwanen-Apotheke« (Svane-Apothekt) in Århus befand und ein breites Sortiment an Textilien bot, erschien am 16. April 1868 in der örtlichen Zeitung. Die beiden Jungunternehmer gingen vorsichtig zu Werke. Sie kündigten niedrige Preise an, waren aber sehr zurückhaltend, was die Einführung des für Warenhäuser charakteristischen Prinzips der Barzahlung betraf. Sie räumten die Möglichkeit von Krediten für eine Laufzeit von nur drei Monaten zu sehr günstigen Konditionen ein und gewährten einen Rabatt bei Barzahlung. Dieselbe Vorsicht legten die beiden an den Tag, als sie den Schritt in die Hauptstadt Kopenhagen wagten. Dort gründeten sie 1870 eine Großhandlung für Wäsche, die als »Theodor Wessel & Co.« ins Handelsregister eingetragen wurde. 1879 mieteten sie Basement, Erdgeschoß und ersten Stock des ehemals großen »Hotel du Nord«, das ein Haus von zweifelhaftem Ruf geworden und in der Bevölkerung der dänischen Hauptstadt als »Bordel du Nord« bekannt war. In dem Gebäude richteten Wessel und Vett nun auch ein Einzelhandelsgeschäft ein. Mit diesem Schritt erreichten sie ein wichtiges Etappenziel auf dem Weg zu einem Warenhausunternehmen.

Ihr »Magasin du Nord« wurde schnell zu einer bekannten Einzelhandelsadresse in Kopenhagen. 1888 reihte sich die Stadt mit einer großen Messe, die ursprünglich als wirtschaftliche Leistungsschau der skandinavischen Länder geplant war, in die Reihe der Weltausstellungsstädte ein. Denn auch England, Frankreich, Rußland, Deutschland und Österreich-Ungarn, ja sogar Japan waren in Kopenhagen vertreten. Fast 1,4 Millionen Ausstellungsbesucher registrierten die Veranstalter, und auch das »Magasin du Nord« profitierte von dem Zustrom Auswärtiger. Große Ausstellungen und Messen entpuppten sich nicht nur in Kopenhagen als Initialzündung für den Einzelhandel. Ermutigt von

ihrem geschäftlichen Erfolg kauften Vett und Wessel 1889 das alte »Hotel du Nord«, um es wenige Jahre später abreißen zu lassen. 1893 konnte rechtzeitig vor Weihnachten das neue »Magasin du Nord«, ein respektabler Warenhauspalast nach französischem Vorbild, eröffnet werden.

Parallel zu dieser Entwicklung in der Hauptstadt expandierten »Vett & Wessel« in der Provinz. 1892 gehörten 47 Filialen zu ihrer Kette, die 1909 die magische Zahl 100 und 1930 mit 170 Geschäften ihre größte, nahezu flächendeckende Ausdehnung in ganz Dänemark erreichte. Viele dieser Läden und Warenhäuser schlossen sich der Organisation des »Magasin du Nord« an, um die Einkaufsmacht und das fachliche Know how dieses Warenhausunternehmens zu nutzen, blieben jedoch zumindest pro forma selbständige Einzelhandelsunternehmen. Außerdem behielten sie ihre ursprünglichen, in der Region vertrauten Namen bei. Auf diese Weise wirkte die Warenhausidee zurück in die Provinz.

Aber es gibt auch Beispiele für Warenhäuser, die ihrer ländlichen Herkunft nicht entsagt haben, wie das »Kaufhaus Deerberg« in der westfälischen Kleinstadt Lübbecke. Es präsentiert sich dort nach einem neuerlichen, 1994 abgeschlossenen Umbau »als Erlebniskaufhaus mit großstadtorientiertem Angebot«.

1964 übernahm Karl-Wilhelm Deerberg das Unternehmen, zu dem inzwischen auch einige Filialen unter anderem in den neuen Bundesländern gehören, von seinem Vater. Der war Schmied gewesen und führte ergänzend zu dem Handwerksbetrieb eines jener für weite Teile des Landes typischen Eisenwarengeschäfte, in dem er außer Eisenwaren wie Nägel, Draht und Werkzeug allerhand Gegenstände für Küche, Haus und Landwirtschaft verkaufte, von Töpfen bis Rechen. Der Vater von Karl-Wilhelm Deerberg betrieb also eine der vielen ländlichen Gemischtwarenhandlungen, aus denen sich nach dem Zweiten Weltkrieg zahlreiche kleinere Warenhäuser entwickelten, nicht in den Großstädten, sondern in den Landstädten, die mit ihren Vieh- und Jahrmärkten als regional bedeutende Industrie- und Behördenstandorte zentrale Funktionen für ihr Umland erfüllten. Dagegen nahm der Aufstieg der großen Warenhausunternehmen mit ihren Filialen und den Kaufpalästen in den Großstädten seinen Anfang in kleinen Geschäften mit einem hohen Anteil an Textilien und Kurzwaren. Anfang der fünfziger Jahre, als auch in Lübbecke der durch die fort-

Provinz-Warenhaus Deerberg in Lübbecke

schreitende Industrialisierung und die sich andeutenden grundlegenden Veränderungen in der Landwirtschaft in Gang gekommene Strukturwandel absehbar war, wandelte sich bei Deerberg das Sortiment, indem nun beispielsweise auch Wäsche, Mieder-, Schreib- und Lederwaren geführt wurden und gleichzeitig die stark an den Bedürfnissen der bäuerlichen Bevölkerung, die in der Stadt Lübbecke ihre Einkäufe erledigte, orientierten Sortimentsteile an Bedeutung verloren. Aus dem Gemischtwarenladen war ein »Klein-Kaufhaus« geworden.

Kaum hatte es Karl-Wilhelm Deerberg von seinem Vater übernommen, ging er daran, es zu einem »modernen Kaufhaus«, wie es vielsagend in einer Erklärung der Firma heißt, auszubauen. So entstand mitten in der klein parzellierten Altstadt Lübbeckes eine Warenhauskiste, die signalisieren sollte, daß nun auch in der Provinz die neue Zeit Einzug hielt. Es stellte sich die Frage nach einer geeigneten Fassade.

Da fügte es der Zufall, daß Karl-Wilhelm Deerberg anläßlich eines Kulturtrips nach Berlin mit dem bekannten Architekten und Designer Egon Eiermann in Kontakt kam. Eiermann gehörte zu den Vätern des markanten Horten-»Kettenhemdes«, das nun – etwas abgewandelt – auch dem Deerberg-Warenhaus in Lübbecke übergestreift wurde – zu einer Zeit, als andernorts bereits darüber nachgedacht wurde, wie man die »Eierkartons« à la Horten umgestalten könne.

Wie Deerberg, ist auch die Firma Joh ein Beispiel dafür, daß die Warenhausidee verspätet die Provinz erfaßte und sich dort selbst noch am Ende der Wirtschaftswunderjahre entfaltete, als sich in den Großstädten bereits dunkle Wolken über den Warenhausunternehmen zusammenbrauten.

Eine, wie es scheint, vorerst letzte Warenhaus-Gründungsphase löste die deutsche Wiedervereinigung aus. Sie bescherte auch dem in der hessischen Kleinstadt Gelnhausen ansässigen Warenhausunternehmen Joh einen ungeahnten Entwicklungsschub. Die Geschichte dieser ländlichen Warenhausfirma beginnt mit Heinrich Joh (geboren 1905), der sich nach dem Zweiten Weltkrieg vom Mützenmacher vollends zum erfolgreichen Einzelhändler wandelte und sein erlerntes Handwerk an den Nagel hängte. »225 Jubel-Jahre Kaufhaus Joh« steht in fetten Lettern auf einem Plakat, mit dem sich das Familienunternehmen 1995 werbewirksam hochleben ließ. Dabei begann die Warenhausgeschichte Joh streng genommen erst 1953, als Heinrich Joh in Gelnhausen zusätzlich zu seinem Hutladen ein zweites Geschäft eröffnete. Erst 1967 erweiterte Sohn Peter das ursprünglich textile Sortiment so, daß von einem Warenhaus die Rede sein konnte. Das Stammhaus hatte damals eine Verkaufsfläche von 1 700 Quadratmetern und 51 Beschäftigte. Heute bringt es Joh in Gelnhausen auf 10 000 Quadratmeter Verkaufsfläche bei 200

Mitarbeitern. 1969 kaufte das Familienunternehmen, an dem auch Schwester und Schwager von Peter Joh beteiligt sind, ein Kleinstadt-Warenhaus im benachbarten Büdingen auf, 1983 eines im hessischen Friedberg. Die große Stunde aber schlug für Joh nach dem Fall der Mauer. Petra Joh, die Enkelin des Firmengründers, erzählt, daß der Familienrat eines Tages eine »DDR-Karte« auf den Tisch legte und das »Interessengebiet« absteckte. Im Sommer 1990 mietete sich Joh (West) in Turnhallen (Ost) ein, die wegen der Schulferien vorübergehend freistanden, ließ Matten ausbreiten und Warenberge aufbauen. Bald fand sich in der thüringischen Stadt Gotha ein passendes Domizil, um vom Gelegenheitshandel zur seßhaften Form des Handels überzugehen und damit den Weg nachzuvollziehen, den manche Warenhausgründer unter den Bedingungen Amerikas und seines Wilden Westens gegangen sind. 1990 eröffnete die Firma Joh in dem ehemaligen Gothaer Magnet-Warenhaus, in dem sich schon der Kaufhof-Konzern eingerichtet hatte und das ein denkmalgeschützter Bau aus den zwanziger Jahren ist, ihr erstes Warenhaus in den neuen Bundesländern.

1991 folgte Zwickau. Wiederum hatte Joh ein ehemaliges Magnet-Warenhaus ausgewählt. 1992 übernahm Joh ein kleines Warenhaus in Butzbach, einem Städtchen in der hessischen Heimat, bis 1994 mit dem Warenhaus Joh in Saalfeld erneut ein Zweiggeschäft in den neuen Bundesländern dazukam. Schließlich ist Joh zu 50 Prozent an einem ländlichen Warenhaus im hessischen Schlüchtern beteiligt und mit kleineren Anteilen an einer Warenhauskette, die mehrere kleinere Filialen in den neuen Bundesländern betreibt. Stand September 1996: Petra Joh kann sich durchaus vorstellen, daß ihr Familienunternehmen künftig noch mehr Warenhäuser aufkaufen werde. Offerten gebe es genug, beispielsweise auch von den Warenhauskonzernen, die unrentable ostdeutsche Filialen abstoßen wollen, aber der geforderte Preis sei oft unrealistisch hoch. Die studierte Betriebswirtin Petra Joh kennt die Schwierigkeiten der »Großen« der Branche, zumal sie vor ihrem Studium bei Hertie lernte. Wachsen ja, aber nicht um jeden Preis, sondern behutsam und kontrolliert, das ist einer der Leitsätze bei Joh wie bei vielen anderen erfolgreichen »mittelständischen« Warenhausunternehmen, die beweisen, daß die Warenhausidee nicht – wie gelegentlich behauptet – tot ist.

Ehemaliges »Kaufhaus Magnet« in Gotha:
Lichtarchitektur der zwanziger Jahre

FRANKREICH –
die elegante Welt der »Grands Magasins« in Paris

Wallfahrtsort für Warenhauspioniere aus aller Welt

Warenhäuser – gigantische und winzige, prächtige und karge, neue und alte, schöne und wüste, liebenswürdige und abstoßende, provinzielle und großstädtische – gibt es auf der ganzen Welt und zum Beispiel auch in Italien, wie wir aus der Geschichte »Der Festpreis« von Luciano di Crescenzo[11] erfahren. In dieser Geschichte spielt nämlich »La Rinascente«, das schönste Warenhaus Italiens, eine Hauptrolle. Das Wesen von »La Rinascente« – wie jedes anderen Warenhauses – ist es, Festpreise zu haben und keine Rabatte einzuräumen. Eine Fliegenklatsche kostet eben soundsoviel und damit basta! Sie kostet für den Boß von Fiat in Turin nicht mehr und nicht weniger als für den Zeitungsverkäufer in Palermo. Im Warenhaus sind also alle Menschen gleich. Der gebürtige Mailänder Ferdinando Bocconi eröffnete 1865 im Zentrum Mailands, direkt am Dom, ein Bekleidungsgeschäft, in dem er preiswerte Konfektionsware führte und das deshalb auch bei Arbeitern und Bauern aus der Umgebung Mailands regen Zuspruch fand.[12] Ferdinando beschloß, seine Vaterstadt mit einem Warentempel nach dem Vorbild des berühmten Pariser Warenhauses »Au Bon Marché« zu beglücken. Zusammen mit seinem Bruder Luigi konnte er im Herbst 1889 an der Piazza Duomo den »Palazzo Bocconi« eröffnen, ein stattliches

Gebäude im Stil der Belle Epoque, ein Schloß mit Arkadengang, Balustraden und aufgesetzten Türmchen über den Ecken. Die zu festen Preisen angebotenen Waren hatten ein mittleres Qualitäts- und Preisniveau, und die Bocconi-Brüder stellten sie in einem dafür ungewöhnlich aufwendigen, fast luxuriösen Ambiente aus, durch das die Kunden ohne Kaufzwang schlendern konnten. Vom ersten Tag an war das Warenhaus ein Erfolg. Deshalb gründeten die Geschwister Ferdinando und Luigi bis zur Jahrhundertwende Zweiggeschäfte in Florenz, Turin, Genua, Neapel, Venedig, Bologna und Palermo. Sie beschäftigten damals 3 000 Angestellte. Weil Frankreich mit seinen pompösen und sehr modebetonten Warenhäusern Maßstäbe auch für Italien gesetzt hatte, gaben die Bocconis ihren Warenhäusern zunächst den französischen Namen »Aux Villes d'Italie«, zogen jedoch später die italienische Übersetzung »Alle Città d'Italia« vor. Zur Jahrhundertwende brauten sich düstere Wolken über Italien zusammen, und die Bocconi-Warenhäuser mußten Umsatzrückgänge hinnehmen. Bis 1917 ging es nur bergab. Ettore Bocconi, der Sohn des Gründers, verkaufte das Unternehmen an den Geschäftsmann Senatore Borletti. Der wollte seine Kundschaft nicht darüber im Zweifel lassen, daß mit ihm eine neue Zeitrechnung beginnen würde. Der Herr Senator war ein gebildeter Mann und gab sich, was den Namen des Warenhauses betrifft, nicht mit schnöden

Plagiaten zufrieden. Er beauftragte den befreundeten Dichter Gabriele d'Annunzio damit, sich einen Namen auszudenken. D'Annunzio kreiste in jenen Tagen als italienischer Kampfflieger gerade über Kroatien, als ihm der Gedanke kam: »La Rinascente« soll dein Warenhaus heißen.

Die »Wiedergeburt« wurde mit der Neueröffnung des Warenhauses am 7. Dezember 1918 gefeiert. Doch die Auferstehung war von begrenzter Dauer. Wenige Wochen später brannte just an Weihnachten das Rinascente ab. Nun steckte auch Borletti in Schwierigkeiten. Er rief seinen Cousin Umberto Brustio, ein erfolgreicher Geschäftsmann im fernen Buenos Aires, zu Hilfe. Brustio kehrte heim ins geliebte Italien, wurde Borlettis Teilhaber und 27 Monate nach dem verheerenden Brand präsentierte sich das »Il Grande Magazzino di Piazza Duomo a Milano« als die wiederauferstandene Auferstehung, das neue Rinascente. Es wurde am Nachmittag des 23. März 1921 unter Anwesenheit des Herzogs von Aosta und des Grafen von Turin eröffnet. Zum Dank avancierte der Heimkehrer Brustio zum Geschäftsführer von »La Rinascente«. Doch in den Jahren der Weltwirtschaftskrise mußte die Firma ihren verwöhnten Aktionären die Dividende schuldig bleiben. Das Unternehmen speckte ab und schloß 12 der 17 Rinascente-Warenhäuser. Außerdem entstand 1928 der erste Sproß der Upim-Einheitspreisgeschäfte. Sie hatten sich längst zu einer zweiten Warenhauskette der »Gruppo Rinascente« mit heute über 200 Upim-Filialen gemausert. Flaggschiff des ganzen Warenhauskonzerns, der zur Agnelli-Gruppe, also zu Fiat, gehört, ist »La Rinascente« in Mailand geblieben, ein Kauf-Tempel, schick vom Scheitel bis zur Sohle. Im Troß der europäischen Kolonisatoren hatte sich die in Europa aufgeblühte Warenhausidee in vielen Ländern der Erde verbreitet.

In der ägyptischen Hauptstadt Kairo sorgte das mit Granit aus dem Fichtelgebirge verkleidete Warenhaus Sednaoui dafür, daß die im Land am Nil lebenden Franzosen und Engländer sich ihre Kaufwünsche erfüllen konnten. Es zog auch Angehörige der reichen ägyptischen Oberschicht an. In der australischen Hafenstadt Sydney eröffneten die aus Irland stammenden Brüder Francis und Mark Foy 1885 ihr erstes kleines Warenhaus, das im Grunde genommen nicht mehr als ein mit verschiedensten Artikeln vollgestopfter Gemischtwarenladen war. Immerhin verdienten die beiden so viel, daß Francis bald danach zusammen mit einem befreundeten Architekten die Metropolen der Alten und Neuen Welt bereisen konnte, um die führenden Warenhäuser zu studieren. Angetan hatte es ihm aber vor allem das Bon Marché in Paris, das zum großen Vorbild für das neue, 1908 fertiggestellte Warenhaus Foy in Sydney wurde. Es lockte seine Kunden mit technischen Sensationen wie dem ersten Aufzug der Stadt, mit einer grandiosen Ausstattung und einem in seiner Vielfalt so reichhaltigen Sortiment, wie man es in Australien noch nie gesehen hatte. Vor allem jedoch vermittelte es Sydney einen Hauch von Paris, von jenem weltstädtischen Glanz, nach dem sich die Menschen in der jungen und oft noch so provisorisch wirkenden Metropole sehnten.

Aus der ganzen Welt pilgerten damals die fortschrittlichsten Kaufleute nach Paris ins Bon Marché, um dort zu erspüren, wie es diesem Warenhaus gelang, das Lebensgefühl einer Weltstadt, ja einer ganzen Nation zu verkörpern. Die ausgewogene Eleganz und das Raffinement der Organisation, das auch die Privatsphäre der Mitarbeiter einschloß, war in der großen Zeit des Bon Marché bis zum Ersten Weltkrieg unübertroffen. Der Name Bon Marché wurde zum Synonym für Warenhaus. Im nordamerikanischen Seattle nannte ein Kaufmann sein neu gegründetes Warenhaus The Bon Marche. Im englischen Liverpool waren die Lieferwagen des dortigen Bon Marché bis 1914 sogar in den Farben des großen Pariser Vorbilds angemalt. Auch der aus Wien stammende Nathan Ohrbach wählte für sein 1911 in New York eröffnetes Geschäft, das zur Keimzelle eines bekannten Warenhausunternehmens mit großen Niederlassungen in New York und in Los Angeles werden sollte, den Namen Bon Marché. Wahrscheinlich stand das Bon Marche sogar für das Warenhaus in Tokio Pate, das Paul Göhre 1907 erwähnt. Es sei letzthin »mit einer großen öffentlichen Prozession durch alle belebten Straßen der Stadt«[13] eröffnet worden. »Es war ein langer Zug reich gekleideter Personen mit Fahnen und Flaggen aller Art. Zwischen je zwei Bannerträgern schritt immer ein Angestellter des neuen Hauses, der irgend einen wertvollen Gegenstand, irgend eine begehrte Ware, mit einer billigen und deutlichen Preisauszeichnung versehen, zur Schau trug.«

Weltstadt im Metropolenfieber

»Paris – die Hauptstadt des XIX. Jahrhunderts«, so ist ein Essay von Walter Benjamin überschrieben.[14] Mochte hier und da im guten alten Europa schon der Takt der Metropolen des 20. Jahrhunderts wie New York oder Chicago anklingen – die volltönende Musik des 19. Jahrhunderts spielte in Paris. In dieser Stadt wurden damals alle Register gezogen: die der Kultur genauso wie die der Wissenschaft und Industrie. In der ersten Hälfte des 19. Jahrhunderts stieg die Einwohnerzahl von 547 000 auf über eine Million. Der Zustrom immer neuer Bewohner, die ihr Glück in Paris versuchen wollten, riß nicht ab. Bis 1876 kletterte die Einwohnerzahl der Riesenstadt auf fast 1,86 Millionen. 2,5 Millionen Einwohner erreichte Paris kurz nach der Jahrhundertwende. Zu ihnen gesellten sich die Besucher vor allem der großen Pariser Weltausstellungen von 1855, 1867, 1878, 1889 und 1900. Den absoluten Rekord erzielte die Jahrhundertausstellung von 1900 mit fast 50 Millionen Besuchern. Die Londoner Weltausstellungen von 1851 und 1862 dagegen besuchten »nur« sechs Millionen Menschen. Paris war eine polyglotte Stadt, in der Schweizer, Deutsche, Österreicher, Belgier und Russen mit Landsmannschaften in der zahlenmäßigen Stärke von größeren Landstädten vertreten waren. Um die Mitte des 19. Jahrhunderts beschäftigten die Pariser Fabriken rund 400 000 Industriearbeiter. Damit stellte Paris in jenen Jahren, was oft vergessen wird, die größte Industriestadt der Welt dar. Bis 1870 stand das Netz der großen Fernbahnlinien, die sternförmig von Paris ausgingen und die weite französische Provinz sowie die Hafenstädte, aber auch Regionen in den Frankreich benachbarten Ländern mit der Kapitale Paris verbanden. Es kam ein regelrechter Einkaufstourismus nach Paris in Gang. Gleichzeitig wuchs das innerstädtische öffentliche Verkehrssystem. Bereits 1828 wurden in Paris die ersten Konzessionen für Busgesellschaften vergeben. 1870 fuhren hier die ersten Straßenbahnen. 1871 machte Gustave Eiffel den Vorschlag, die großen Boulevards als Trasse für eine Hochbahn zu nutzen. Die Pläne für eine innerstädtische Schnellbahn kamen allerdings nur langsam voran. Es dauerte bis 1900, ehe die erste Metro-Linie den Betrieb aufnahm. 1856 zählten die Statistiken der öffentlichen Verkehrsbetriebe für Paris 52 Millionen Passagiere, 1885 kamen sie auf 154 Millionen und 1901 gar auf eine Milliarde.

Die großen Warenhäuser, die in Paris wie in anderen Weltstädten vom Massenkonsum lebten, fanden ihr Publikum nicht zuletzt unter den Angehörigen jener neuen Mittelklasse, die sich mit den Bürokratien der Industrie, der öffentlichen Betriebe wie Bahn und Post, und bei den Banken gebildet hatten. Zwischen 1852 und 1864 entstanden einige der bis heute führenden französischen Kreditinstitute, die sich binnen kurzem zu respektablen Großbanken entwickelten und als Geldgeber für öffentliche und private Investitionen eine bedeutende Rolle spielen sollten. Läßt man die Jahreszahlen Revue passieren, dann fällt auf, daß sie im wesentlichen der zweiten Hälfte des 19. Jahrhunderts angehören. Nach den Arbeiteraufständen vom Frühjahr und Sommer 1848 hatte das um seine Sicherheit, seine wirtschaftliche Macht und seinen politischen Einfluß bangende Bürgertum mit großer Mehrheit Louis Napoleon, den Neffen Napoleons I., zum Prinz-Präsidenten gekürt. Louis Napoleon führte »die Zweite Republik« autoritär mit dem Versprechen, Frankreich nach dem Desaster seines Onkels wieder zu einer politischen und wirtschaftlichen Weltmacht zu machen. Durch den Staatsstreich vom Dezember 1851 löste Louis Napoleon, gestützt auf das Militär und die Bürokratie, die Kammer auf, die seine Bestrebungen zur Errichtung einer autokratischen Herrschaft immer kritischer verfolgte. Kurz darauf konnte er eine ihm genehme Wahlrechtsreform per Plebiszit durchsetzen. Im Dezember 1852 ließ sich Louis Napoleon zum »Kaiser der Franzosen durch die Gnade Gottes und den Willen der Nation« ausrufen. Die Zweite Republik dankte ab, aber das tonangebende Bürgertum hat allen Grund, den neuen Kaiser Napoleon III. zu feiern. Er beschnitt die Rechte politischer Teilnahme, um den von seiner Politik begünstigten Kreisen Spielräume für gewinnbringende Investitionen zu eröffnen.

Nichts brachte diese Politik besser zum Ausdruck als die radikale Pariser Stadterneuerung, mit der Baron Georges-Eugène Haussmann von Napoleon beauftragt wurde und die noch 1852 begann. Haussmann war Präfekt des Département Seine, zu dem Paris damals gehörte. Die Boulevards, deren Schneisen er durch Paris schlagen ließ, sollten durch ihre Breite die Errichtung von Barrikaden verhindern und bei Aufständen den schnellen Aufmarsch von Militär ermöglichen, doch bildeten sie auch das Koordinatennetz der neuen Weltstadt Paris. Bis 1865 entstanden rund 60 000 Neubauten – ohne Rücksicht auf die kleinen Leute, die ihre Wohnungen verloren, während Spekulanten enorme Gewinne einstrichen.

Unterdessen suchte vor allem die in Frankreich starke Textilindustrie nach neuen Möglichkeiten, den Absatz anzukurbeln. Bereits zu Beginn des 19. Jahrhunderts deutete sich an, daß sie auf Dauer nur vom Massenkonsum würde leben können und nicht wie die altüberlieferten Manufakturen von einer kleinen und exklusiven Kundschaft. Die fortschreitende Mechanisierung führte zu einer Überproduktion an Textilien, zu niedrigen Preisen und schließlich zu einer Produktion am Fließband, die die Kosten der Produzenten senkte und den handwerkenden Schneidern, deren Metier die teure Maßanfertigung war, das Leben schwer machte. Sie hatten der industriell gefertigten, der konfektionierten Mode, die von der Stange weg, »prêt-à-porter« (gleich zu tragen), gekauft werden konnte, nichts entgegenzusetzen. Gleichzeitig erwies es sich als notwendig, die Nachfrage zu stimulieren, also sozusagen einen künstlichen Bedarf zu wecken. Gegen 1850 tauchten in Paris die ersten Spezial- oder Sonderverkäufe auf, für die Anzeigen in Zeitungen, deren Redakteure über den politischen Wandel im Sinne des Kaiserreiches frohlockten, warben. Denn nur eine kommerzialisierte Presse, die ihre Aufgabe nicht in oppositioneller Agitation sah oder durch einen staatstragenden Verlautbarungsjournalismus anödete, sondern die sich selbst als Teil der Wirtschaft verstand, konnte Anzeigenkunden gewinnen.

Diese neue, angepaßte Presse profilierte sich auch als Sprachrohr der Mode, an deren Spitze sich die Kaiserin stellte. Eugénie de Montijo war eine spanische Gräfin, die Napoleon III. ursprünglich wohl nicht heiraten, sondern nur zur Mätresse haben wollte. »Sie war das gekrönte Mannequin der französischen Haute Couture«, bemerkte ein Kenner der damaligen Textilbranche in einem Buch, in dem auch von der Prunk-

sucht der Kaiserin, die kurz vor der Katastrophe des zweiten Kaiserreiches mit 250 Roben zur Einweihung des Suezkanals gereist sei, die Rede ist. »Aber die Kaufleute und Fabrikanten Frankreichs wußten, daß das Kapital, das in die politische Garderobe der Kaiserin gesteckt wurde, sich verzinste.« Davon profitierten die Lyoner Seidenwebereien genauso wie die Spitzenwerkstätten im Lande, die Pariser Modeateliers und nicht zuletzt die großen Modegeschäfte, die »Grands magasins de nouveautés« – und damit die Warenhäuser.[15]

Genau genommen waren die »magasins de nouveautés« die Vorläufer der Warenhäuser. Man könnte sie auch als Modekaufhäuser bezeichnen, die sich aus kleinen Geschäften, die wir heute Boutiquen nennen würden, entwickelten. Ihre Gründer haben es bestens verstanden, das Modebewußtsein der Pariserinnen zu kultivieren und damit den Umsatz zu steigern. »La Ville de Paris« hieß eines dieser neuartigen Riesengeschäfte, das 1844 ein Heer von 150 Angestellten beschäftigte und einen Umsatz von rund zwölf Millionen Francs machte. Bei solchen Zahlen mußte es einem kleinen Ladenbesitzer schwarz werden vor Augen. Das »Ville de Paris« war ein Textilkaufhaus, dessen Strategie darauf abzielte, die Waren schnell umzuschlagen. Es pflegte bereits jene Prinzipien, mit denen etwas später die Warenhäuser Erfolg hatten: Barzahlung, feste Preise, unmißverständliche Preisauszeichnung, die Kalkulation mit geringen Gewinnspannen nach dem Motto großer Umsatz, kleine Preise, kein Kaufzwang, die Möglichkeit des Umtausches oder gar der Rückgabe gekaufter Artikel. Früh war das »Ville de Paris« dazu übergegangen, im großen Stil bei Herstellern Ware einzukaufen und die von den Herstellern teils gewährten und teils erpreßten Mengenrabatte an die Kunden weiterzugeben. Organisatorisch setzte sich die Gliederung in Abteilungen durch.

»Au Bon Marché« – das erste große Warenhaus der Welt

Den Schritt vom »magasin de nouveautés« zum Warenhaus hat als erster Aristide Boucicaut vollzogen, denn die Vorgeschichte seines so berühmt gewordenen Warenhauses »Au Bon Marché« an der Ecke Rue de Sèvres,

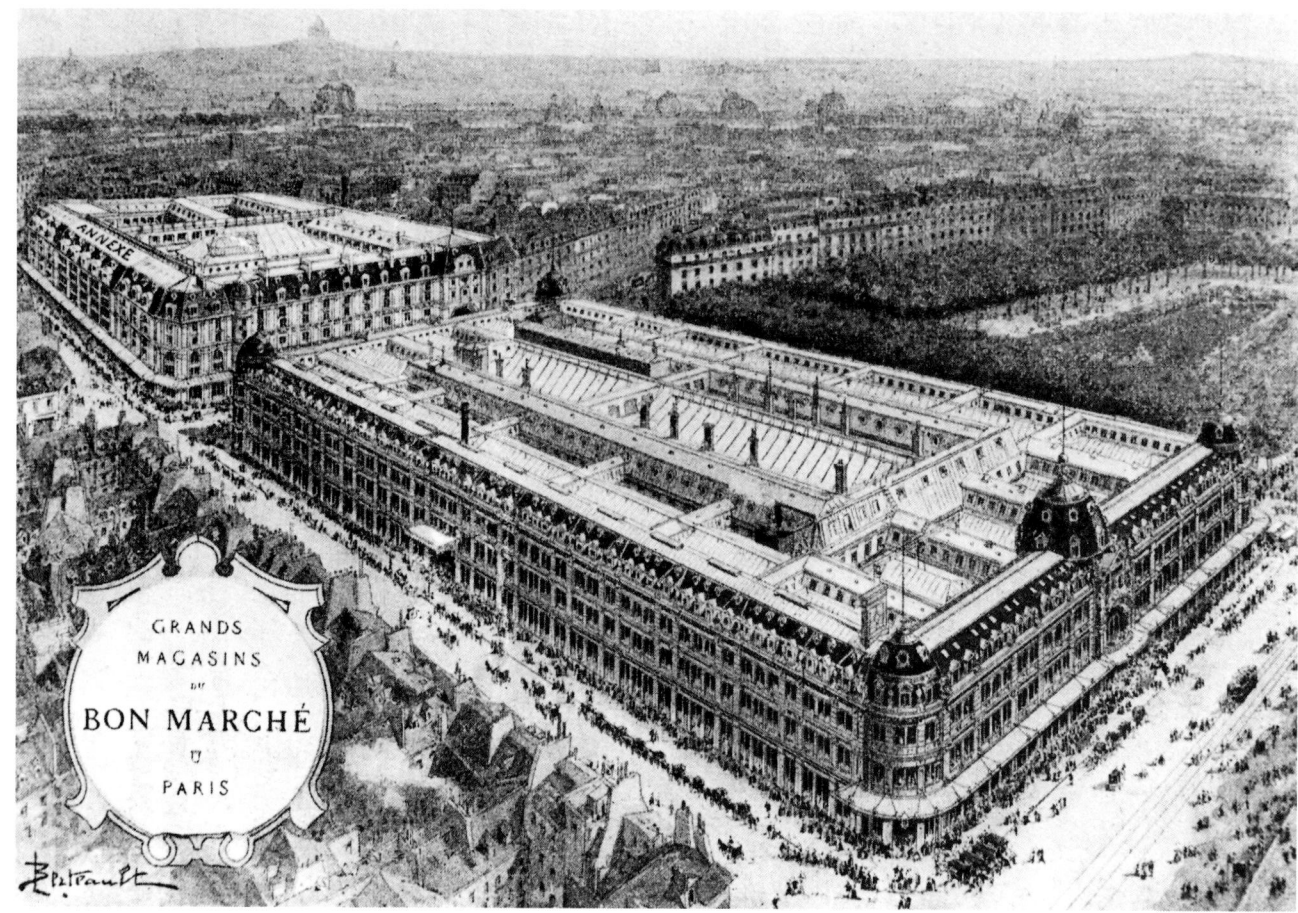

Das von Boileau und Eiffel entworfene »Au Bon Marché« in Paris

Rue du Bac begann als »magasin de nouveautés«. Aristide Boucicaut wurde 1810 in dem Provinzstädtchen Bellême dans l'Orne als Sohn eines Hutmachers geboren. Mit 18 verließ er das ärmliche Elternhaus und zog als Begleiter eines Hausierers durch Frankreich, handelte mit Tüchern und Stoffen und gelangte so schließlich nach Paris. Dort fand er in dem Modewarengeschäft »Au Petit Saint-Thomas« (Zum kleinen heiligen Thomas) eine Arbeit als Verkäufer und arbeitete sich binnen kurzem zum Abteilungsleiter hoch. Der Laden befand sich in der Rue du Bac, einer Straße in einem der nicht sehr aufregenden Pariser Bürgerviertel auf der »Rive Gauche«, auf dem linken Seine-Ufer also. Aristides Interesse galt jedoch nicht allein seinem beruflichen Fortkommen, sondern auch einer gewissen Eugénie-Marguerite Guérin, genannt Marguerite. Sie bediente in einem benachbarten Milch- und Käseladen, der auch preiswerte Tagesgerichte anbot. Aristide heiratete Marguerite, die in Verjux, einem Dörfchen in der Bourgogne, aufwuchs und einer unehelichen Beziehung entstammte. Aristide und seine Frau waren praktizierende Katholiken, was insofern von Belang ist, als sie damit in den Jahren der Regentschaft Napoleons III. jener Gruppe des unternehmerisch aktiven Bürgertums angehörten, auf die sich die politische Herrschaft Napoleons sehr stark stützte. Der Kaiser hatte den Katholizismus wieder zur Staatsreligion erhoben. Sie war Bestandteil der napoleonischen Staatsräson.

Genau 1852, als der Staatsstreich Napoleons mit dessen Erhebung zum französischen Kaiser endete, verabschiedete sich Aristide Boucicaut vom »Petit Saint-Thomas« und erwarb mit seinen ersparten 50 000 Francs das Bon Marché, damals noch ein »magasin de nouveautés«. Miteigentümer war ein gewisser Paul Videau.

24

Das Textilgeschäft Bon Marché entwickelte sich in der ersten Hälfte des 19. Jahrhunderts gut und beschäftigte zum Zeitpunkt, als Boucicaut einstieg, rund ein Dutzend Angestellte in vier Abteilungen. Wenige Jahre später kaufte Boucicaut seinem Partner Videau dessen Geschäftsanteil ab. Dazu mußte er sich Geld von einem François Maillard leihen, der in New York eine gutgehende Confiserie besaß und nach Paris zurückgekehrt war. Vermutlich berichtete Maillard seinem Freund Boucicaut auch von neuesten Entwicklungen im amerikanischen Einzelhandel. In New York sorgten nämlich die ersten großen »Dry good stores« (wörtlich: Läden für trockene Waren), die Mode- und Ellenwaren führten, für Aufsehen. Wie stark Boucicauts Interesse an Amerika war, zeigt auch die Tatsache, daß er sich selber Englisch beibrachte. Mit Hilfe Maillards wurde er also zum alleinigen Besitzer des Bon Marché. Er beschloß, aus dem »magasin de nouveautés« ein Warenhaus mit sehr viel breiterem Sortiment zu machen: ein »grand magasin«. Die Voraussetzungen schienen ihm günstig. Unter seiner Führung war der Umsatz zwischen 1852 und 1863 von 450 000 auf 7 Millionen Francs gestiegen. Aristide Boucicaut erwarb ein benachbartes Hospiz und ließ es abreißen. Am 9. September 1869 fand im Rahmen einer kleinen Feier die Grundsteinlegung für das neue Warenhaus »Au Bon Marché« statt. Dabei wurde eine Kassette in den Untergrund versenkt. Sie enthielt das Gründungsdokument, das auch Auskunft über den für 1869 erwarteten Umsatz gab: 21 Millionen Francs. An dem nötigen Selbstbewußtsein fehlte es Aristide Boucicaut nicht.

Für die Planung des Neubaus verpflichtete er das Gespann Boileau und Eiffel. Boileau war der Architekt, der die Struktur verkleidete und ausfüllte, die Gustave Eiffel, der Konstrukteur, vorgab. Boileau und Eiffel entwarfen Boucicauts Warenhaus in jenen Jahren, als der revolutionäre Elan längst dem bürgerlichen Geschäftssinn gewichen und auch der Glanz der Passagen verblaßt war. Sie hatten ihre Blüte in der aufwühlenden Zeit vor dem Staatsstreich Napoleons erlebt, als in den anderthalb Jahrzehnten nach 1822, wie Benjamin schreibt, die meisten Pariser Passagen gebaut worden waren. »Es war die Zeit, von der Balzac schrieb: ›Le grand poème de l'étalage chante ses strophes des couleurs depuis la Madelaine jusqu'à la porte Saint-Denise‹« (Das große Gedicht des Schaufensters singt seine Strophen der Farben von der Madeleine bis zur Porte Saint Denise).[16]

Passage und Boulevard – wobei die Passage ja nichts anderes ist als ein überdachter Boulevard – sind Räume, in denen sich der Stadt-Spaziergänger, der Flaneur, genüßlich ergeht. Der Flaneur umspiele die kommende trostlose Lebensform des Großstadtmenschen noch mit einem versöhnenden Schimmer. Weder die Großstadt noch die Bürgerklasse habe ihn überwältigt. Weder hier noch dort sei er zuhause. Er suche sich sein Asyl in der Menge. »Die Menge ist der Schleier, durch den hindurch dem Flaneur die gewohnte Stadt als Phantasmagorie winkt. In ihr ist sie bald Landschaft, bald Stube«, notiert Benjamin. Großstadt und Bürgerklasse: »Beide bauen dann das Warenhaus auf, das die Flanerie selber dem Warenumsatz nutzbar macht.«[17]

Das zwecklose Flanieren mutierte zum zweckgerichteten Einkaufsbummel. Den ihm gemäßen Rahmen bildeten sowohl die Weltausstellungen, die »Wallfahrtsstätten zum Fetisch Ware«[16] waren, als auch die Warenhäuser. Doch auch der Einkaufsbummel schließt noch die für den Flaneur typische Ambivalenz ein, zugleich Akteur und Zuschauer zu sein, und sich beim Einkaufsbummel nicht damit zufrieden zu geben, im

Aristide Boucicaut, der Gründer
des »Au Bon Marché« in Paris

Marguerite Boucicaut, Aristides Ehefrau

Gewühle der Käufer unterzutauchen, sondern wenigstens ab und zu den ruhigen Blick auf die Masse zu genießen.

Das von Gustave Eiffel entworfene konstruktive Gerüst des Bon Marché bildeten feine Eisenpfeiler, die Ausbuchtungen für die Präsentation der Waren freiließen und großzügig weite, nicht von dicken Säulen verstellte Räume schufen. Durch eine Reihe von Innenhöfen, die Glasdächer nach dem Vorbild der Passagen überdeckten, gelangte Tageslicht auch ins Zentrum der Verkaufsetagen. In mehreren Bauabschnitten entstand bis 1887 ein von Straßen eingerahmter Baublock, der eine Grundfläche von 52 800 Quadratmetern einnahm. Die reine Verkaufsfläche betrug 25 000 Quadratmeter. Das verglichen mit heutigen Warenhäusern recht schlechte Verhältnis von Verkaufsfläche zu Grundfläche hängt damit zusammen, daß das 1887 vollendete Bon Marché auch die Büros der Verwaltung, die Mitarbeiterkantine, die Lager und Räumlichkeiten der Expeditonsabteilung sowie die zahlreichen Ateliers, in denen das Bon Marché 1890 an die 600 Arbeiterinnen und Arbeiter beschäftigte, aufnehmen mußte. Damals benötigte das Bon Marché Ateliers unter anderem für

Hemden, Männerbekleidung, Wäsche und Baby-Kleidung, für Damenhüte und Mäntel; nicht zuletzt beanspruchten die Möbelwerkstätten viel Platz. Deshalb beschlossen die Nachfolger von Aristide Boucicaut, der schon 1877 verstorben war, nach und nach immer mehr Platz im Bon Marché freizuräumen, um die Verkaufsfläche zu vergrößern.

1899 ließ das Bon Marché auf der gegenüberliegenden Seite der Rue de Babylon ein zweites Geschäftshaus errichten, um dort Läger und Büros sowie die Möbelabteilung unterzubringen. 1912 konnte ein zweiter Erweiterungsbau, den eine unterirdische Passage mit dem Stammhaus des Bon Marché verband, eröffnet werden. 1916 zerstörte ein Brand das von Boileau und Eiffel entworfene Warenhaus und besiegelte damit seinen Abstieg in die zweite Klasse der großen Pariser Warenhäuser. Noch 1910 hatte es Waren im Wert von 227 Millionen Francs verkauft und verwies damit Konkurrenzunternehmen auf der »Rive Droite« wie das Warenhaus »Les Grands Magasins du Louvre«, das »nur« mit einem Warenumsatz von 157 Millionen Francs aufwarten konnte, auf die Plätze. Doch die Zukunft sollte, zumindest was die heute berühmten Waren- und Kaufhäuser betrifft, den großen Boulevards auf dem rechten Seine-Ufer zwischen Oper und Hôtel de Ville gehören. Paris war der ideale Nährboden, auf dem sich die Institution Warenhaus früh entfalten und seine Überlegenheit unter Beweis stellen konnte.

Wie eine große Familie – Personalpolitik in frühen französischen Warenhäusern

Das hübsche Mädchen vom Lande, das in der Metropole als Verkäuferin arbeitet, bis endlich ein Jüngling erscheint und sie direkt von der Ladentheke weg heiratete, das Motiv ist so bekannt, daß es auch jeder mittelmäßigen Vorabendserie im Fernsehen gut anstehen würde. Auch Emile Zola hat es in seinem Warenhausroman »Au Bonheur des Dames« (deutsch: Paradies der Damen), der als Fortsetzungsroman zwischen dem 17. Dezember 1882 und dem 1. März 1883 in der Pariser Zeitschrift »Gil Blas« und kurz darauf als Buch bei Charpentier erschien, weidlich strapaziert, allerdings in einer zugespitzten Version. Denn es ist kein junger Intellektueller, der da seine geliebte Verkäuferin findet, sondern ein ausgebuffter jungdynamischer Warenhausunternehmer. Zola erzählt die Geschichte des armen Waisenkindes Denise, das miterleben muß, wie das Warenhaus des insgeheim geliebten Octave Mouret die Existenzgrundlage der benachbarten kleinen Einzelhändler gefährdet und nicht einmal das Geschäft ihres Onkels Baudu verschont. Zola zieht alle Register, indem er den Laden Baudus als dunkel und muffig beschreibt, während das Warenhaus im hellsten Licht erscheint. Er erzählt die Geschichte so, daß einerseits die schicksalhafte Unausweichlichkeit des Zerstörungswerkes zutage tritt, aber andererseits auch das moralisch verwerfliche Handeln mancher Akteure, die sich, Beziehungen zu Politik und Hochfinanz kaltschnäuzig ausnutzend, zum Werkzeug des Schicksals machen, um von ihm zu profitieren. Ist die Maschine der modernen Warenproduktion und Vermarktung, deren modernste Form zu Zolas Zeiten das Warenhaus darstellte, einmal in Gang gesetzt, läßt sie sich nicht mehr anhalten, aber dennoch sind Verantwortliche zu benennen.

Als Denise und ihre Brüder, diese Waisenkinder aus der Provinz, gleich nach ihrer Ankunft in Paris vor dem großen, ihnen völlig fremd anmutenden Warenhaus stehen, fällt ihr Blick auf die Schaufenster: »Über dem runden Busen der Schaufensterpuppen bauschte sich der Stoff, die kräftigen Hüften hoben die Zartheit der Taille stärker hervor, der fehlende Kopf war durch ein großes Preisschild ersetzt, das mit einer Nadel an dem roten Molton festgesteckt war, der den Hals umgab; und die Spiegel zu beiden Seiten des Schaufensters reflektierten und vervielfachten sie ins Endlose in einem wohlberechneten Spiel, bevölkerten die Straße mit diesen schönen verkäuflichen Frauen, die anstelle eines Kopfes in fetten Zahlen ihren Preis trugen.«[17]

Daß Zola überhaupt die Szenerie eines Warenhauses und seines Umfeldes als Folie für einen Roman wählte, darf man als ein Indiz für die große Bedeutung werten, die man in Frankreich den Warenhäusern im letzten Viertel des 19. Jahrhunderts beimaß. Die Umwälzungen im Einzelhandel, deren Motor die Warenhäuser waren, signalisierten gesellschaftspolitische Veränderungen, denen das Interesse Emile Zolas galt. Viele

seiner Romane bereitete er durch akribische Recherchen vor. 1986 veröffentlichte der französische Zola-Forscher Henri Mitterand die handschriftlichen Notizen, die den einzelnen Bänden des Romanzyklus »Rougon-Macquart« vorausgingen. Über Jahrzehnte hatten sie in der »Bibliothèque Nationale« in Paris geschlummert. Seit 1990 liegt auch eine deutsche Übersetzung dieser Notizen unter dem Titel »Frankreich: Mosaik einer Gesellschaft«[18] vor. Sie enthält ein Kapitel »Zola in den großen Kaufhäusern«.[19] Zola unternahm regelrechte Forschungsreisen in die Pariser Warenhäuser, schrieb seine Eindrücke nieder, sammelte Zeitungsartikel und Abbildungen. Insider versorgten ihn mit Expertisen zu Detailfragen. Leitende Mitarbeiter vermittelten ihm Einblicke in die Organisation der beiden führenden Pariser Warenhäuser »Au Bon Marché« und »Le Louvre«. Eine Verkäuferin eines anderen Warenhauses informierte ihn über die Arbeitsbedingungen und das Leben der Verkäuferinnen und Verkäufer. Kombiniert man die Notizen Zolas mit den Ergebnissen einer 1981 in Princeton erschienenen und seit 1987 in einer französischen Übersetzung vorliegenden Buchveröffentlichung über das »Bon Marché«[20], dann gewinnt man einen Einblick in den Aufbau und in die Unternehmensphilosophie, die den Hintergrund der Erfolgsgeschichte der führenden französischen Warenhäuser bildete. Sie basiert nicht zuletzt auf dem höchst effizienten Zusammenspiel von Warenhausorganisation, Sortimentsgestaltung und Personalpolitik.

Ende August 1881 und Anfang 1882 besuchte Emile Zola mehrmals das Bon Marché, um das Geheimnis des ungeheuren Erfolges der Warenhäuser zu lüften, ihre Kunst, möglichst viele Menschen anzulocken und dann zum Kaufen zu verführen, zu durchschauen. Alles scheint Zola Berechnung zu sein. Es gab einen Lesesalon mit Tageszeitungen, Illustrierten und einer kleinen Bibliothek. In einem Schreibsalon lagen Schreibzeug und Briefpapier für die Kunden bereit, die so das Angenehme eines Warenhausbesuches mit dem Nützlichen verbinden konnten. »Durch die Wandöffnungen erblickt man Waren, Unterröcke, Spitzen usw. Von der nahe gelegenen Parfümerie steigen Düfte auf«, schreibt Zola. »Das Buffet gleich nebenan, ebenso die Damentoiletten, vor denen ein Gewächshaus liegt und in die

Im modernisierten Warenhaus Bon Marché in Paris

man durch ein kleines Zelt aus rotem Samt eintritt. Der Grundsatz des Kaufhauses ist es, keine Ecke leer, leblos, ungenutzt zu lassen. Erst im zweiten Stock, bei den Teppichen, den Möbeln, den Betten, duldet man es, daß die Menge sich nicht erdrückt. Doch unten, besonders an den Türen der ersten Halle, versteht man es, die Menge durch wohlfeil angebotene Artikel anzulocken, billige Bänder, Waren aller Art, derentwegen man sich am Eingang schier erdrückt. Man kann nicht mehr hereinkommen, der Andrang ist so groß, daß es heißt: ›Was für ein Betrieb ist doch immer in diesem Bon Marché!‹ ... Das Warenhaus muß immer aussehen, als wäre es voll.«[21]

Emile Zola verstand die Lektion und skizzierte in seinem Notizbuch Octave Mouret, den Warenhauskönig im Roman. Mouret habe die »logische Einteilung der Abteilungen« zugunsten einer »scheinbaren Unordnung«

aufgegeben, damit die Kundinnen bei ihren Einkäufen durch das Warenhaus »geführt« werden mußten und durch das ständige Hin und Her der Eindruck einer Geschäftigkeit entstand, an der man unbedingt teilhaben wollte. »So ist der japanische Salon zentral gelegen, man ist gezwungen, an ihm vorüberzugehen, wenn man sich von einem Punkt zum anderen begibt, und schon wird man in Versuchung geführt. (...) Nicht vergessen, daß die Spiegel in den Ecken und an den Seiten die Auslage vervielfachen und rotieren lassen. Eine gut durchdachte Wissenschaft des Spiegelspiels.« Emile Zola durchschaute die raffinierten Arrangements der Waren, mit denen die erfolgreichen Warenhausunternehmer der anvisierten Kundschaft auf den Leib rückten. Sie zogen alle Register der Verführungskunst. »Der Kult der Frau, die Frau ist Königin, wie zu Hause«, schreibt Zola in sein Notizbuch. »C. sagt, das große Modewarenhaus ziele darauf ab, die Kirche zu ersetzen. Das wird zur Religion des Körpers, der Schönheit, der Koketterie und der Mode. Sie verbringen Stunden dort, die sie vorher in der Kirche verbracht haben: eine Beschäftigung, ein Ort, wo sie sich begeistern, wo sie den Kampf zwischen ihrer Leidenschaft für ihre Garderobe und der Sparsamkeit ihres Mannes ausfechten, kurz ein wahres Existenzdrama mit dem Jenseits der Schönheit.«[22] Die großen Kaufhäuser hätten die Sucht, Geld auszugeben, auch beim Kleinbürgertum angestachelt. »Die eleganten Frauen, die vornehme Welt kauft im ›Bon Marché‹ die Wäsche und die Haushaltswaren, die aktuellen Modeartikel im ›Louvre‹. Das ›Louvre‹ ist schicker und teurer. Kokotten im ›Louvre‹. Das ›Bon Marché‹ riecht ein bißchen nach Provinz.«[23]

Das Bon Marché hat es vermutlich wie kein anderes der Pariser Warenhäuser verstanden, sich als Institution der aufstiegsorientierten bürgerlichen Gesellschaft zur Zeit Napoleons III. zu präsentieren. In ihrem Mittelpunkt steht die Familie. Der Mann nimmt seinen Beruf sehr ernst und schätzt politisch die Sicherheit, die ihm das herrschende Regime gewährt. Er lehnt politische Experimente ab, die den erreichten Wohlstand gefährden. Die Frau ist immun gegen Ideen, die aus der verklärten Ferne der Französischen Revolution herüberwehen. Sie denkt nicht daran, die Emanzipation einzufordern. Sie widmet sich hingebungsvoll der Aufgabe als Hausfrau und Mutter. Die Frau ist die Zierde der Gesellschaft, die sich den Luxus einer unentgeltlichen caritativen Tätigkeit zum Beispiel im Rahmen der Kirche leisten darf. Die Frau ist die Zierde des Mannes, dessen adrette Begleiterin sie aus Überzeugung spielt. Die Frau ist die Zierde des Hauses, das sie mit Vorhängen und einem lieblich gedeckten Tisch verschönt.

Die Treppe des sozialen Aufstiegs hat viele Stufen. Die Bedürfnisse differenzieren sich. Die Wohnung löst sich auf in verschiedene Kammern: Elternschlafzimmer, Kinderzimmer, Wohnzimmer, Küche, Bad, WC; jedes Örtchen wird ein Ort bürgerlicher Selbstdarstellung, den man mit Teppichen, Bezügen, Deckchen, Vasen, Bildern und anderem Zierat dekorieren kann. Für jede Situation gibt es die richtige Kleidung: Mantel und Kleid für die Reise, für den abendlichen Theaterbesuch, für Kommunion und Konfirmation.

Die Expansion des Bon Marché folgte dieser Entwicklung im Gleichschritt. Der Laden, den Aristide Boucicaut übernahm und Zug um Zug zu einem richtigen Warenhaus ausbaute, führte Schals, Capes, Stolen, Futterstoffe und Kleider, Damenhüte, Tücher, Baumwollstoffe, Federbetten, Bettbezüge und Kurzwaren. Ab 1860 bot Boucicaut auch Tischdecken an. Zwischen 1870 und 1877, dem Todesjahr Aristide Boucicauts, erfuhr das Sortiment seine größte Ausdehnung und wurde um Tische, Stühle, Schlafzimmer, Eßzimmer, rustikale Möbel, Orientteppiche, Möbelstoffe erweitert. Boucicaut richtete eine Parfümerie ein, dazu noch eine Leder- und Silberwarenabteilung, deren Schwerpunkt Bestecke bildeten. Außerdem gewannen Sport, Freizeit und Reisen an Bedeutung, weshalb das Bon Marché gegen 1870 Badekleidung und 1872 Reiseartikel ins Sortiment aufnahm. 1880, also bereits nach dem Tode des Gründers, erweiterte das Bon Marché das Möbelangebot um Campingmöbel. Um die Jahrhundertwende verkaufte es Gymnastikausrüstungen für die ganze Familie.[24]

Erinnert sei daran, daß 1896 in Athen die ersten Olympischen Spiele der Neuzeit stattfanden. Sport war nicht nur Bestandteil der aufkommenden Kultur der Zerstreuung, sondern auch des aufkommenden Gesundheitsbewußtseins. Man entdeckte den eigenen Körper und pflegte ihn. Ein regelrechter Kult der Bewegung und Jugendlichkeit kurbelte nicht nur den Absatz von Sportartikeln und Freizeitmode an. In Katalogen des Bon Marché fanden sich neben Stützkorsetts für Damen Rückenstützen und Stützkragen, die verhindern sollten, daß Kinder den Kopf hängen ließen. Stramm stehen, Haltung zeigen, Disziplin, Ehrgefühl und Moral, das waren bürgerliche Tugenden, die das Bon Marché – wie andere Warenhäuser auch – vermarktete. Eine 1895 veröffentlichte Liste führte beispielsweise auch Gartengeräte und Zubehör für Puppenstuben und Puppenküchen auf. Um die Jahrhundertwende bot das Bon Marché auch Kosmetika aller Art an, außerdem Telephone, Photoartikel, Musikinstrumente, Utensilien für Hobby- und Kunstmaler, Tee und Chinoiserien, Hygienepapier der Hausmarke »Au Bon Marché«, Kleidung für Automobilisten.

Das Bon Marché hatte sich vom modebetonten Kaufhaus zum Vollsortiment-Warenhaus entwickelt und stellte sich an die Spitze innovativer Entwicklungen, profilierte sich als Trendsetter. Trotzdem waren 1906 noch 41 von 52 Hauptabteilungen dem Bereich Kleidung und Mode zugeordnet. Mit Sonderanfertigungen speziell für bestimmte Warenhäuser versuchten die »Grands magasins« in Paris Kundinnen anzulocken. So warb das Louvre-Warenhaus mit Regenmänteln aus einem neuen wasserdichten Material. Das Arsenal der Mittel, mit denen die Warenhäuser gegeneinander kämpften, erwies sich als gut bestückt. Getreu dem Motto »Kleine Geschenke erhalten die Freundschaft« beglückten sie Kinder, damit sie ihren Eltern sehr artig die schönen Beigaben zeigten. »Vor allem japanischen Nippes« identifizierte Zola und bemerkte: »... die weißen Luftballons kosten bis zu hunderttausend Francs im Jahr.« Das Bon Marché verschenkte an seine Kundinnen Kalender, die Kinder bekamen Mehrfarbendrucke. Zu Ostern gab es Zuckereier.

Um die Kundschaft nicht nur in Paris anzusprechen, sondern auch draußen in der französischen Provinz und im Ausland, organisierte das Warenhaus »Au Bon Marché« einen Versandhandel. Es gab einen Katalog, der in zwei Ausgaben erschien, die eine für den Sommer, die andere für den Winter. 1894 wurden allein vom Winterkatalog 1,5 Millionen Exemplare gedruckt, 740 000 für die französische Provinz und 260 000 für das Ausland. Innerhalb Frankreichs und ins damals preußisch besetzte Elsaß-Lothringen, nach Deutschland, Italien, in die Schweiz und nach Holland war der Warenversand kostenlos, wenn der Wert der bestellten Waren mindestens 25 Francs betrug. Die Lieferung erfolgte in diesen Fällen also frei Haus, außer bei voluminösen und sperrigen Artikeln wie zum Beispiel Möbelstücken. Unter bestimmten Bedingungen war auch auf dem Versandweg Umtausch möglich. 1902 erzielte der firmeneigene Versandhandel rund 18 Prozent des Bon-Marché-Umsatzes. Den größten Umfang schaffte er natürlich im Mutterland Frankreich selber, überraschend viele Pakete verschickte das Bon Marché auf die französische Insel Korsika. Unter den französischen Kolonien ragten Algerien und Tunesien heraus. Fast die gleiche Höhe des Warenwertes erreichte das Versandgeschäft mit Großbritannien, dann folgten die Schweiz, Deutschland einschließlich Luxemburgs, anschließend Belgien. Auch nach Skandinavien und Nordamerika, nach Rußland und in die Türkei lieferte das Bon Marché auf Bestellung.

Besonders umwarb es die Ausländer, die anläßlich der Weltausstellungen Paris besuchten und meistens wirtschaftlich gut situiert oder gar vermögend waren. Für sie inserierte das Bon Marché in ausländischen Zeitungen, die auch in Paris erschienen und in Bahnhöfen und Hotels auslagen. Die wichtigsten, weil einflußreichsten und zahlungskräftigsten Gäste, deren Namen anläßlich ihrer Ankunft in Paris in langen Gästelisten erschienen, erhielten in ihren Hotels eine persönliche Einladung des Hauses.

Ende Januar, Anfang Februar veranstaltete das Bon Marché seine, wie man später in Deutschland sagte, »Weiße Wochen«. In Paris hießen sie »Grande mise en vente de blanc« (wörtlich: große Verkaufsaktion in weiß). Gedacht als Maßnahme zur Verkaufsförderung in der toten Zeit nach Weihnachten, entwickelten sich diese Wochen zu jährlich wiederkehrenden Aktionen, für die eigens Ware bestellt wurde. Erlagen die Besucher auf ihren Streifzügen durch die verlockende Welt der Pariser Warenhäuser dem Kaufreiz, konnten sie sich die begehrten Artikel in ihr Hotel oder nach Hause bringen lassen. Die Expeditionsabteilung des Bon Marché hatte ihr Depot im Untergeschoß des Warenhauses. Dort wurde die Ware nach Bestimmungsorten sortiert, auf die von Pferden gezogenen Lastwagen verteilt und den Kunden zugestellt. 1896 standen 150 Pferde für 60 bis 80 Lastwagen zur Verfügung. 1876 fuhr der Expeditionsdienst des Bon Marché 93 Dörfer und Gemeinden in der Banlieue, dem Siedlungsgürtel um Paris, und auf dem Lande an. Sieht man einmal von der Expedition der Waren in Paris selber sowie von der Zustellung in die Banlieue und das unmittelbare Umland ab, dann konnte nur die Eisenbahn, derer sich auch die Post bediente, die pünktliche und flächendeckende Auslieferung der bestellten Waren garantieren. Über den Schienenweg gelangten die Güter schnell zu den Häfen, um dort in die Kolonien und nach Übersee verschifft zu werden.

Die Eisenbahn stellte außerdem die Verbindung zwischen der Zentrale in Paris und den Regionen her, von wo das Bon Marché bevorzugt die Waren bezog. In Lyon, Roubaix und Saint Etienne, drei Zentren der französischen Textilindustrie, unterhielt das Bon Marché schon vor der Jahrhundertwende eigene Einkaufsbüros. Bei den dort vertretenen Firmen orderten die Einkäufer des Bon Marché große Mengen nicht zuletzt modischer Textilien zu Vorzugskonditionen, um die Lieferungen bei Bedarf direkt bei den Fabriken abzurufen, sie zu Wagenladungen zu bündeln und dann mit der Bahn nach Paris transportieren zu lassen. Streng genommen hatte sich schon damals die Idee der Just-in-time-Lieferung entwickelt. Die Warenhäuser konnten die Lagerkosten reduzieren und preiswerter verkaufen als die Konkurrenz in den kleinen Fachgeschäften. Die früher nicht selten recht umständlichen und zeitraubenden Wege zwischen den Fabriken und den Läden erledigten spezialisierte Agenten, die Reisenden, deren Aufgabengebiet sich mit dem Siegeszug des Telefons grundlegend änderte. Viele Bestellungen ließen sich nun fernmündlich erledigen.

Ein ausgetüfteltes System von Unterwerfung und Belohnung

Unternehmensgründer lassen sich gerne als Erfinder feiern. Die Warenhauspioniere bilden da keine Ausnahme. Aber für Erfindungen muß die Zeit reif sein, damit sie nicht verpuffen. Das von Aristide Boucicaut gegründete Warenhaus »Au Bon Marché« hatte sich innerhalb weniger Jahrzehnte zum berühmtesten aller Warenhäuser entwickelt, sank dann allerdings nach dem Ersten Weltkrieg vollends ins Mittelmaß herab. Das Geheimnis des kometenhaften Aufstiegs und des deprimierenden Absturzes liegt in der Unternehmensphilosophie des Aristide Boucicaut, die sich jedoch nur bis zur Jahrhundertwende als überlegen erwies und dann unter veränderten gesellschaftlichen Rahmenbedingungen versagte. Am Ende dieser Entwicklung hatte das Bon Marché nicht einmal mehr die Kraft, wie andere Warenhausunternehmen ein Filialnetz aufzubauen und damit die kalkulatorische Grundlage zu verbessern. Der 1918 von der Generalversammlung gefaßte Beschluß, in Vichy eine Filiale zu eröffnen, kam sehr spät und war halbherzig. Außerdem wurde das Bon Marché in einem Viertel von Paris groß, das nicht gerade zu den bevorzugten Zielen eines nach Sensationen gierenden Tourismus gehörte. Das Bon Marché hatte mit Standortnachteilen zu kämpfen, und es dauerte Jahrzehnte, bis in den achtziger Jahren eine gründliche Erneuerung des Traditions-Warenhauses auf den Weg gebracht wurde.

Was zeichnete nun das »Au Bon Marché« in der zweiten Hälfte des 19. Jahrhunderts aus? Aristide Boucicaut und seine unmittelbaren Nachfolger in der Leitung des Warenhauses erkannten intuitiv die Bedeutung – um es mit einem strapazierten Begriff unserer Tage auszudrücken – von »corporate identity«. Es wirkt ja nach außen auf die potentielle Kundschaft wie nach innen auf die Mitarbeiter. Das unternehmerische Handeln der erfolgreichen Warenhausgründer stützte sich vor allem auf die Gruppe der kleinen Angestellten. Sie wurde nicht zuletzt vom Verkaufspersonal gebildet und errang ihren eigenen sozialen Status zwischen den Arbeitern und der Gruppe der höheren Angestellten, die mit unternehmerischen Aufgaben betraut und teilweise Anteilseigner waren. Für den Fall, daß sie sich wohl verhielten und sich bedingungslos dem Unternehmen unterwarfen, wurde den Angestellten eine Karriere vom einfachen Verkäufer bis zum Direktor in Aussicht gestellt. Die leuchtenden Exempel wie das des Warenhauskönigs Aristide Boucicaut, der auch einmal »klein« angefangen hatte, schienen dafür zu bürgen, daß diese Hoffnung berechtigt war. Der Verkauf bildete aber nur einen der Bereiche, in denen sich die ohne nennenswerte eigene Kompetenzen beschäftigten Angestellten als soziale Gruppe zusammenfanden. Zu ihnen gesellten sich die Angestellten in den Büros der Verwaltung. Sie bearbeiteten in spezialisierten bürokratischen Einheiten beispielsweise die Auszahlung von Löhnen, die Lieferantenrechnungen, die schriftliche Abwicklung von Beschwerden und Mahnungen, die statistischen Erhebungen, die einen Überblick über die Geschäftsentwicklung insgesamt und nach einzelnen Abteilungen gaben. Kurzum, die bürokratische Struktur eines Warenhauses kristallisierte sich als ein unverzichtbarer Bestandteil seiner rationellen, arbeitsteiligen Organisation heraus. Sie machte die Warenhäuser anderen Betriebsformen des Einzelhandels, bei denen sich der Eigner letztlich um alles persönlich kümmern mußte, überlegen. Die Institution Warenhaus fand damit ihren Platz an der Spitze jener Entwicklung, die schließlich in unsere moderne bürokratisierte Dienstleistungsgesellschaft mündete. Zu den Warenhäusern, die im Einzelhandel eine führende Rolle spielten, gesellten sich die Großbanken, die Post und die Eisenbahngesellschaften, die ebenfalls ein Heer von Angestellten beschäftigten. Gerade die Eisenbahngesellschaften, deren innerbetriebliche Entwicklungsgeschichte heute gerne als drückende Erblast betrachtet wird, galten Ende des 19. Jahrhunderts als Wegbereiter fortschrittlicher Unternehmensstrukturen. Die genau definierten Hierarchiestufen einer Laufbahnordnung bedeuteten die Institutionalisierung des sozialen Aufstiegs innerhalb der Gruppe der Bahnangestellten und Bahnbeamten des niederen und mittleren Dienstes.

Dieses Modell stand auch für große Warenhäuser wie das Bon Marché Pate. 1877 hatte es bereits 1 788 Beschäftigte, 1906 sogar 4 500. Zu Beginn der achtziger Jahre des 19. Jahrhunderts arbeiteten im Louvre-Warenhaus laut Zola rund 2 400 Menschen. Um die Jahrhundertwende entstammten die meisten Verkäuferinnen und Verkäufer des Bon Marché sowie die im Verkauf beschäftigten Gehilfinnen und Gehilfen kleinbürgerlichen Verhältnissen. Oft seien sie Söhne und Töchter von Besitzern kleiner Läden auf dem Lande gewesen. Bemerkenswert ist, daß noch gegen 1880 die Arbeit im Verkauf eines französischen Warenhauses eine Männerdomäne war. 1852 gab es unter den 2500 Angestellten des Bon Marché 152 Verkäuferinnen, die in der Lingerie- und Wäscheabteilung beschäftigt waren. Ausschließlich mit Frauen besetzt war dagegen ein Büro der Versandabteilung, in dem schriftliche Kundenanfragen beantwortet wurden. Die Damen mußten mindestens eine Fremdsprache beherrschen und einen sicheren, zuvorkommenden Schreibstil haben. 1880 arbeiteten im Bon Marché 150 Frauen, die Musterkarten ausschnitten und sie in Kataloge, die dann verschickt wurden, einklebten. Solche Hilfsarbeiten erledigten zur selben Zeit auch die 100 Frauen in der Werbeabteilung des Warenhauses Le Louvre. Doch deutete sich damals ein Wandel an. »Man beginnt, Frauen die Kassen in den von Frauen geführten Abteilungen anzuvertrauen«, notierte Zola.

Die fortschreitende Industrialisierung war mit einer starken Nachfrage nach männlichen Arbeitskräften für die Fabriken verbunden. Industriearbeiter wurden besser bezahlt als männliche Angestellte im Handel, weshalb immer

mehr junge Männer die Arbeit in einer Fabrik der Arbeit als Verkäufer im Einzelhandel vorzogen. Hinter dem Sozialprestige, das mit einer Beschäftigung in einem Warenhaus verbunden war, blieb also die Entlohnung zurück. Folglich mußten die Warenhäuser ihren Bedarf an Arbeitskräften in zunehmendem Maße mit Frauen decken, denen sie niedrigere Löhne bezahlten als Männern. Diese besetzten die Führungspositionen der Warenhäuser und stellten die Handwerker verschiedener Berufsgruppen, vom Möbelschreiner und Mechaniker bis zum Elektriker, vom Kantinenkoch bis zum Hufschmied, der die Pferde für die Expeditionswagen beschlug. Es gab Feuerwehrmänner, Nachtwächter, neben den Packerinnen in der Versandabteilung auch Packer, Stallknechte, Hilfspersonal für die Küche und das Heer der »Garçons«, das 1882 im Bon Marché 350 erwachsene Männer bildete. Sie erledigten Botengänge und gingen hilfreich zur Hand, wo gerade Not am Mann war, ob im Lager, in den Wagenremisen, in den Büros, im Maschinenkeller oder beim Hausgärtner, sie schleppten Pakete für Kunden durch die Etagen des Warenhauses und erfüllten Kurierdienste zwischen den Abteilungen. Ohne sie hätte das System nicht funktioniert, denn sie gewährleisteten durch ihre Arbeit, daß die Kommunikation zwischen den Abteilungen jederzeit klappte. Auch die meisten Garçons und Handwerker des Bon Marché kamen aus der Provinz.

Nur wenige Verkäufer waren als Neulinge in das Bon Marché eingetreten. Die meisten hatten schon vorher in anderen Geschäften Erfahrungen gesammelt. Miller erwähnt das Beispiel eines jungen Mannes, der in Calvados aufwuchs, ein Jahr als Verkäufer in Rouen im Warenhaus Belle Jardinière arbeitete, dann nach Paris kam und dort elf Monate lang im Warenhaus Pauvre Diable beschäftigt war, anschließend in Paris noch zwei weitere Stationen passierte, um schließlich ins Bon Marché einzutreten. Vor der Einstellung mußte sich jeder Kandidat und jede Kandidatin einer Überprüfung unterziehen, die Michael B. Miller als »Initiation« bezeichnet. Denn es war tatsächlich eine ritualisierte Einführung in das System und die Grundprinzipien des Warenhauses »Au Bon Marché«. Sie begann mit einer gründlichen Überprüfung des Kandidaten, der einen guten Leumund haben, einen lückenlosen, moralisch einwandfreien Lebenslauf, ein polizeiliches Führungszeugnis ohne Beanstandungen und gute Referenzen von früheren Arbeitgebern vorweisen mußte. Am Ende dieser Prozedur stand ein (Glaubens)-Bekenntnis zum Unternehmen und seinen Grundsätzen, ob ausgesprochen oder nicht. Empfehlungen waren hilfreich. Als Empfehlung galt es beispielsweise, wenn schon ein Familienmitglied zur Zufriedenheit seiner Vorgesetzten im Bon Marché arbeitete. Wer schließlich angenommen wurde, sollte sich als Mitglied der großen Bon-Marché-Familie fühlen.

Die Entlohnung in den großen französischen Warenhäusern war um die Jahrhundertwende besser als in kleinen Läden und sicherte den Beschäftigten einen bescheidenen bürgerlichen Wohlstand. Allerdings zahlte das Bon Marché dem Verkaufspersonal nur ein verhältnismäßig geringes festes Jahresgehalt, das eine kalkulierbare finanzielle Sicherheit auf niedrigem Niveau bot. Dazu kamen zusätzliche Prämien, die zwar zu einer Verdoppelung des Jahresgehalts führen konnten, aber die Verkäuferinnen und Verkäufer abhängig machten, und zwar zum einen von ihrem persönlichen Einsatz und Verkaufsgeschick, zum anderen von der Konjunkturlage und anderen Umständen wie beispielsweise einer verfehlten Unternehmenspolitik, die das Personal nicht zu verantworten, deren Konsequenzen es aber zu tragen hatte. Zola berichtet in seinen Notizen von einem ausgeklügelten Prämiensystem. Die Verkäufer und Verkäuferinnen bekamen zu dem Grundlohn eine Provision, die sich an ihrem persönlichen Tagesumsatz bemaß. Abteilungsleiter und ihre Stellvertreter erhielten nicht direkt an der Umsatzsteigerung ihrer Abteilung orientierte Prämien. So sollte der Gefahr vorgebeugt werden, daß Abteilungsleiter um jeden Preis in ihrer Abteilung mehr Umsatz anstrebten, indem sie Artikel zwar billig, aber mit zu gering kalkulierter Rendite losschlugen. Deshalb bemaß sich ihre Prämie nicht direkt am Umsatz, sondern an der Umsatzrendite.

Die Abteilungsleiter (les chefs des rayons) spielten eine wichtige Rolle zwischen Personal und Management. Außer den Verkaufsabteilungen gab es die Abteilungen, in denen Haustechnik, Läger, Verwaltung, Versand und andere zuarbeitende Dienste wie beispielsweise die Werbeabteilung organisiert waren. »Es scheint mir, daß das ›Louvre‹ schlecht verwaltet wird, große Unordnung«, schrieb Emile Zola in sein Notizheft und mockierte sich bei der Gelegenheit über die etwas aufgeblasene Organsiation des Louvre-Warenhauses, das mehr Abteilungen hatte als das größere Warenhaus Bon Marché. Unangenehm fiel Zola auf, daß die

Abteilungsleiter des Louvre-Warenhauses auf ihren Einkaufstouren erster Klasse reisten und von der Firma »völlig freigehalten« wurden. Sie lebten offensichtlich auf großem Fuß, »doch müssen sie jeden Tag schriftlich melden, wo sie sich befinden«.

Im »Paradies der Damen«, Zolas sehr realistisch konstruiertem Roman-Warenhaus, spielten die Verkaufsabteilungen die Rolle von Spezialgeschäften unter dem einen großen Dach des Warenhauses, und die Abteilungsleiter bzw. Einkäufer arbeiteten idealerweise wie Ladenbesitzer. Sie hatten meistens einen großen Spielraum für eigenverantwortliches Handeln, das ihre Spezialkenntnisse zur Geltung kommen ließ. Allerdings mußten sie ihren Vorgesetzten regelmäßig Rechenschaft ablegen. Die Abteilungsleiter in den Verkaufsabteilungen des Bon Marché waren auch für den Versandhandel zuständig, sofern Artikel aus ihrer Abteilung bestellt wurden. Jeder Abteilungsleiter im Bon Marché konnte über einen eigenen Etat verfügen und in begrenztem Umfang auch Personal einstellen. Er führte seine Abteilung in gewisser Weise wie ein modernes »Profit Center«. Die Abteilungsleiter waren verpflichtet, sich mit den Kollegen der anderen Abteilungen abzustimmen. Deshalb gab es die Einrichtung der regelmäßigen Abteilungsleiterbesprechungen. Jeder Abteilungsleiter hatte einen Stellvertreter, der normalerweise dafür sorgte, daß das operative Geschäft des Verkaufs klappte, während sich der Chef der Abteilung ausgiebig mit grundsätzlichen Fragen wie der langfristigen Planung befaßte. Ansonsten reichten die Kompetenzen der Abteilungsleiter in den verschiedenen Warenhäusern unterschiedlich weit. Während sie in einigen Unternehmen eigenverantwortlich Waren ordern durften und es nur darauf ankam, daß am Ende des Jahres die Kasse stimmte, mußten sie in anderen Warenhäusern erst die Erlaubnis der Direktion einholen.

Die Verkäufer der Waren- und Kaufhäuser hatten ihre eigenen Klubs. Sie lebten oft über ihre Verhältnisse, indem sie Abendgesellschaften der Bourgeoisie besuchten, regelmäßig ins Theater gingen und Ausflüge machten, die nicht selten mit einer zünftigen Sause im Gasthaus endeten. Die Großstadt Paris verderbe viele der aus der Provinz stammenden Verkäuferinnen und Verkäufer der Pariser Warenhäuser, urteilte Zola. Etwa ein Drittel von ihnen lebe in einer »wilden Ehe«. Frauen hatten es im Warenhaus nicht einfach. Sie wurden von ihren männlichen Kollegen in gewisser Weise

Ausstellungsraum für Hochzeitspaare im Pariser Traditionswarenhaus Bon Marché

als Freiwild betrachtet. Hériot, einer der Mitbegründer des Warenhauses Le Louvre, hatte eine Verkäuferin zur Freundin, die er wie eine Mätresse hielt. Zola erwähnt außerdem Jules Jaluzot, der die Seidenwarenabteilung im Bon Marché leitete und sich dann selbständig machte, um 1865 das Warenhaus Le Printemps zu gründen. Jaluzot lernte im Bon Marché eine Dame namens Figeac kennen. Sie sei ganz verrückt auf Jaluzot gewesen und heiratete ihn schließlich. Boucicaut habe von der Beziehung erfahren und Jaluzot vor die Wahl gestellt: entweder die Figeac oder das Bon Marché. Wie wir aus den Notizen Zolas erfahren, muß Madame Figeac eine berechnende und gewinnsüchtige Frau gewesen sein, die Jaluzot anstachelte, Boucicaut Konkurrenz zu machen. Jaluzot erreichte bekanntlich sein Ziel – und ließ die Figeac, die sich in dem neuen Geschäft vor allem um das Angebot für Frauen gekümmert habe, fallen.

Zola hatte also reichlich Stoff für seinen Warenhausroman vom »Paradies der Damen«, in dem der ziemlich skrupellose Octave Mouret die tapfere Denise heiratet. Folgt man seinen journalistischen Aufzeichnungen, dann heirateten die meisten Verkäuferinnen der Pariser Warenhäuser früh, was sie in den Augen der Öffentlichkeit zu einer besonderen sozialen Gruppe stempelte. Sie stammten, Miller zufolge, meistens aus der Unterschicht, orientierten sich jedoch an der umschwärmten Zielgruppe der Warenhäuser, der gutsituierten bürgerlichen Mittelschicht. Die Warenhaus-Verkäuferinnen hätten durch ihre Arbeit zur Arbeiterklasse gehört, durch ihren Lebensstil jedoch zur Bourgeoisie.[25] Die bürgerliche Presse münzte diese Desorientierung in den Vorwurf um, elektrisiert vom Flitter der Warenhäuser würden viele Verkäuferinnen ständig über ihre Verhältnisse leben. Die Bourgeoisie wußte sich jedoch abzugrenzen von den Emporkömmlingen. Die Verkäuferinnen und Verkäufer konnten ihre soziale Nähe zur Arbeiterklasse nicht verleugnen. Der durchschnittliche Verkäufer sei in der Regel schlecht gebildet, lese keine Bücher, sondern Boulevardzeitungen, rauche, trinke und habe Mätressen. Politisch stehe er auf der Seite der Bürgerlichen und zähle damit zu den Gegnern des Kaisertums. »Die meisten kehren in die Provinz zurück.«[26] Mit dieser schlechten Meinung vom Verkaufspersonal der Warenhäuser stand Zola nicht allein. Die Geschäftsleitungen mußten sich gegen kursierende und von den Organisationen der kleinen Einzelhändler verbreitete Vorhaltungen wehren, die »grands magasins« seien die reinsten Lasterhöhlen. Verschwiegen wurde dabei allerdings, daß gerade kleine Einzelhändler Verkäuferinnen zu Hungerlöhnen beschäftigten und sie somit in die Prostitution trieben.

Die gegen die Warenhäuser gerichteten Verdächtigungen konnten und wollten die Boucicauts, die das »Au Bon Marché« aus kleinen Anfängen zum größten und führenden Warenhaus der Weltstadt Paris gemacht hatten, nicht auf sich sitzen lassen. Aristide und seine Gattin Marguerite erwarteten selbstredend von ihren Mitarbeitern, daß sie auch in ihrem privaten Leben den katholischen Moralvorstellungen der Eignerfamilie folgten. Der gute – und das hieß automatisch: der moralisch zuverlässige – Angestellte war verheiratet und hatte Familie. Miller zitiert aus einer firmeninternen Beurteilung über einen Verkäufer: »Lebte mit einer Frau mit schlechtem Lebenswandel. Hat wählen müssen zwischen der Frau und dem Haus«, also dem Bon Marché.[27] Um einer Entlassung seitens der Firma, die sich bei der Suche nach einem neuen Arbeitsplatz sehr negativ ausgewirkt hätte, zuvorzukommen, kündigten Mitarbeiter nicht selten aus eigenem Antrieb. Vor allem im ersten Jahrzehnt trennte sich das Bon Marché von auffallend vielen Mitarbeitern. Miller berichtet, 43 Prozent der Angestellten, die 1873, als der erste Teil des neuen Warenhauses eröffnet wurde, in das Bon Marché eintraten, hätten vor Vollendung ihres fünften Jahres das Unternehmen bereits wieder verlassen, aus ganz unterschiedlichen Gründen. Dabei spielte auch die Enttäuschung darüber eine Rolle, daß sich die Hoffnungen auf den sozialen Aufstieg im Warenhaus für viele Angestellte nicht erfüllten. Einige Aussicht auf eine Warenhauskarriere bestand nur in den ersten Jahren, als das Bon Marché expandierte und sich die später bewährte Personalstruktur erst herausbildete. Bereits nach 1869 seien

die Aufstiegsmöglichkeiten schon wieder sehr viel schlechter geworden, berichtet Michael B. Miller, der in seiner Untersuchung über das Warenhaus »Au Bon Marché« für die von Aristide Boucicaut praktizierte Unternehmensführung den Begriff »Paternalismus« wählte. Der Paternalismus sei eine Art Bindeglied zwischen den traditionell orientierten Familienbetrieben des 19. Jahrhunderts und den »unpersönlichen und bürokratischen« Gesellschaften des 20. Jahrhunderts.[28] Tatsächlich kann man das Bon Marché als Inbegriff eines paternalistischen Unternehmens betrachten, das im fließenden Übergang vom 19. zum 20. Jahrhundert die passende Unternehmensphilosophie gefunden hatte. Das erklärt auch zu einem guten Teil die Erfolgsgeschichte dieses Warenhauses.

Wie bei den frühindustriellen Familienbetrieben spielte Aristide Boucicaut die Rolle des Patrons, eines Über-Familienvaters also, dem nicht nur das Aufblühen der von ihm gegründeten Firma am Herzen lag, sondern auch das Wohlergehen seiner Angestellten. Seine Frau Marguerite unterstützte ihn dabei nach Kräften. Das Warenhaus sollte wie eine große Familie sein, in der die altbewährten familiären Tugenden der Sparsamkeit, Treue, Sittsamkeit und des Gehorsams den Familienfrieden und damit das Überleben der Familie, sprich: des Unternehmens, sicherten. Es gab einen regelrechten Verhaltenskodex, ein Reglement, das sich nicht nur auf die Arbeitszeit bezog, sondern auch die Freizeit und die Privatsphäre der Beschäftigten umfaßte und dessen Einhaltung mit der Androhung drakonischer Strafen bis hin zur fristlosen Kündigung für den Fall, daß sich die Mitarbeiter nicht an die Vorschriften hielten, erzwungen wurde.

Eine besondere Fürsorglichkeit, wie man sie noch nicht volljährigen Kindern zuwendet, galt in diesem System den jungen Menschen. Alleinstehende Frauen und junge, noch unverheiratete Männer konnten unterm Dach in den Obergeschossen des Warenhauses wohnen, wo sich auch die Werkstätten der Polsterer, Wäschenäherinnen, Hemdennäherinnen und Spitzenklöpplerinnen befanden. 1878 gab es dort 50 Zimmer für 52 Frauen und 28 Zimmer für 38 Männer. Zola beschreibt sie als karg eingerichtete Kammern. Den Frauen stand ein Aufenthaltsraum mit einem Piano zur Verfügung, den Männern ein Spielsalon mit Billardtisch. Außerdem gab es eine Bibliothek mit 400 lehrreichen und moralisch einwandfreien Büchern. Das Billardspiel war nur zu bestimmten Zeiten erlaubt, Kartenspiel dagegen grundsätzlich verboten. Nur in der Bibliothek durften sich die im Warenhaus einlogierten Männer und Frauen gemeinsam aufhalten. Wollten sie abends ausgehen, brauchten sie die Genehmigung eines Vorgesetzten. Sonntags blieben die Türen bis Mitternacht geöffnet, die anderen Wochentage wurden sie früher abgeschlossen. Wer ohne Genehmigung ausging oder nicht rechtzeitig zurückkehrte, mußte mit der Kündigung des Arbeitsverhältnisses rechnen. Ab 1883 kümmerte sich ein Verwalter um die penible Einhaltung der Hausordnung. Nicht wenige Mitarbeiter lebten in einfachsten, von der Firma angemieteten Hotels.

Abmahnung, Lohnkürzung und Kündigung drohten den Mitarbeitern des Bon Marché auch dann, wenn sich Kunden und Vermieter über sie beschwerten oder wenn sie angeblich mit Personen zweifelhaften Rufes in Verbindung standen. Fristlose Kündigungen verfehlten nicht die beabsichtigte abschreckende Wirkung auf die Kolleginnen und Kollegen der Gekündigten. Sie waren jedoch nicht nur ein Instrument, um die Angestellten zu disziplinieren, sondern auch ein Instrument der Beschäftigungspolitik, um den Personalstand saisonalen Schwankungen des Geschäftes anzupassen. »In der toten Saison«, wenn von Ende Dezember bis einschließlich Februar und von Juni bis Anfang Oktober die Geschäfte nur schleppend gingen, würden Verkäuferinnen und Verkäufer in den großen Pariser Warenhäusern »unter jeglichem Vorwand entlassen«, klagte Emile Zola. »Die haben Dreiviertelstunde zum Essen. Sie essen in einer Viertelstunde und verbringen eine halbe Stunde außer Haus. Da stellt sich dann einer der Direktoren an der Tür auf, und bei einer Minute Verspätung schickt er den Angestellten an die Kasse.«[29] Das rührselige Bild treusorgender Eltern, das Aristide Boucicaut und seine Frau Marguerite so gerne abgaben, war also auch kalkulierter Bestandteil einer unternehmerischen Taktik, die jede Schikane als fürsorglichen Gnadenakt erscheinen ließ.

Das Recht, ihre Mahlzeiten außerhalb des Warenhauses einzunehmen, mußten die Angestellten erst gerichtlich erstreiten. In dem zwischen 1869 und 1887 erbauten Warenhaus ließ Aristide Boucicaut über den Verkaufsräumen eine große Küche und vier Speisesäle einrichten. Verkäuferinnen, Arbeiterinnen der verschiedenen Ateliers, Verkäufer und schließlich die Garçons, Kutscher, Stallknechte und Handwerker aßen in den vier streng nach Geschlecht und Status getrennten Räumen. Auch die Abteilungsleiter und Inspektoren aßen in der Kantine. Es gab zwei Mahlzeiten am Tag zu genau geregelten Zeiten, eine am Mittag und eine am Abend. 800 Mitarbeiter konnten auf einmal versorgt werden. Die Verpflegung war gratis und rechtfertigte aus der Sicht Boucicauts die niedrigen Löhne. Die Speisen sollten gesund und reichlich sein, wobei bestraft wurde, wer mehr aß, als ihm zustand. Normalerweise konnten die Mitarbeiter zwischen einem Fisch- und einem Fleischgericht wählen. Die Männer mußten ihr Essen an einer Theke abholen, die Frauen wurden bedient. Zola bemerkt, daß im Printemps der Küchenchef knapp gehalten wurde, »daher abscheuliches Essen, ungenießbarer Wein«[30].

Zumindest unter Aristide Boucicaut scheinen die Beschäftigten im Bon Marché eine bessere Behandlung erfahren zu haben als in anderen Warenhäusern. Bereits 1870 engagierten die Boucicauts einen Arzt, der zunächst vormittags in einem Raum des Warenhauses Sprechstunden abhielt. Später wurde in einem benachbarten Gebäude eine Krankenstation eingerichtet. Aristide Boucicaut wollte, daß Krankheiten der Beschäftigten früh erkannt und behandelt wurden, um so deren Arbeitskraft möglichst zu erhalten. Das von Madame Boucicaut gestiftete Hôpital Boucicaut hatte auch einige für Mitarbeiter des Bon Marché reservierte Betten. Die Kranken, die sie belegten, bekamen gelegentlich Besuch von Inspektoren des Warenhauses, die den Auftrag hatten, Simulanten und Drückeberger ausfindig zu machen.

Die hygienischen und sanitären Umstände, unter denen die Männer und Frauen in den Warenhäusern arbeiten mußten, ließen oft sehr zu wünschen übrig. Verbrauchte, staubgeschwängerte Luft erfüllte vor allem die schlecht belüfteten und belichteten rückwärtigen Lagerräume und Büros, in denen es ja noch keine Klimaanlage gab. Tuberkulose war unter den im Pariser Handel Beschäftigten weit verbreitet. Erst 1903 erließ die französische Regierung Vorschriften, um mehr Sicherheit und einen höheren Standard bei der Hygiene in Handelseinrichtungen zu gewährleisten. Im Brennpunkt des öffentlichen Interesses standen dabei die Warenhäuser. Dafür sorgten schon die Organisationen, in denen sich die Besitzer der kleinen Läden zusammenschlossen, um der verhaßten Konkurrenz der Großbetriebe im Einzelhandel den Kampf anzusagen. Aristide Boucicaut war sehr darauf bedacht, sich keine Vorhaltungen machen lassen zu müssen, er würde sein Personal ausbeuten.

Im Gegenteil war es seine Absicht, das Bon Marché als beispielhaftes Unternehmen zu profilieren, gleichsam als nationale Institution: »Zur Ehre Frankreichs und des Grand Magasin du Bon Marché«, wie es einmal in einem Brief hieß. Die Bestätigung dieses Anspruchs erlebte Aristide Boucicaut nicht mehr. 1888 verlieh die »Academie des Sciences morales et politiques« dem Bon Marché eine Auszeichnung als vorbildhaftes philanthropisches Unternehmen. Mit dieser Auszeichnung glänzte das Bon Marché bei der großen Pariser Weltausstellung von 1889, als sich der Sturm auf die Bastille, mit dem die Französische Revolution begann, zum hundertsten Male jährte. Zu diesem Ereignis wuchs der 300 Meter hohe Eisenturm, dessen Pläne von Gustave Eiffel stammten, in den Pariser Himmel.

Der Eiffelturm und das später abgebrannte Warenhaus »Au Bon Marché« galten im Jubeljahr 1889 als zwei Inkunabeln für die Weltstadt Paris an der Schwelle zum 20. Jahrhundert. Auf diesem Klavier öffentlich bestätigter Wertschätzung wußten Aristide Boucicaut und seine Weggefährten virtuos zu spielen. Das Bon Marché gab beispielsweise einen Almanach heraus, der so etwas war wie ein offiziöser Paris-Guide mit einer Einführung in französische Lebensart. Er enthielt nicht nur Informationen über das Angebot des Warenhauses, sondern auch solche über die Post, über Theater und Konzerte, über Krankenhäuser, Kirchen, Museen, Polizeistationen. In ihm wurde außerdem von neuesten Trends und Modeschöpfungen in Paris berichtet, fanden sich Themen aus den französischen Kolonien. Menüvorschläge und humoristische Zeichnungen ergänzten den Almanach. Der Führung des Bon Marché gelang es, ihr Warenhaus als Teil des kulturellen Erbes Frankreichs vorzustellen. Eine Broschüre trug den etwas ambitiösen Titel »Geschichtliche Notiz über die Magasins de Bon Marché«. Selbstbewußt reihte sich dieses Warenhaus in die Liste der wichtigsten Pariser Sehenswürdigkeiten neben dem Eiffelturm, der Kathedrale Notre Dame, der Oper und dem Arc de Triomphe ein. Journalisten, die wohlwollend über das Warenhaus berichteten, konnten mit einer diskreten Geldzuweisung rechnen. Für verschiedene Artikel in einem amerikanischen Magazin bezahlte das Bon Marché 1892 immerhin 190 000 Francs. Beliebt waren Hausführungen, bei denen die Kunden auch einen Blick in die Maschinenräume und Stallungen der Warenexpedition werfen durften. Wir haben nichts zu verbergen, lautete die Botschaft.

Aristide Boucicaut und seine führenden Mitarbeiter waren jedoch feinfühlig genug, trotz der für damalige Verhältnisse überwältigenden Größe des Bon Marché den Eindruck eines anonymen Großbetriebes zu vermeiden. Sie verstanden es bestens, Erwägungen der Nützlichkeit im Sinne des Unternehmens und der Fürsorglichkeit im Sinne des Personals miteinander zu verbinden. Auf Boucicauts Initiative kam ein umfangreiches Bildungsprogramm für die Mitarbeiter zustande. Seit 1872 bot ihnen das Bon Marché Abendkurse in Deutsch und Englisch an. Weil nur wenige deutschsprachige Kunden das Bon Marché besuchten, wurden die Deutsch-Kurse jedoch bald wieder eingestellt. Die besten Absolventen der Englisch-Kurse schickte Boucicaut zu einem von der Firma finanzierten halbjährigen Englisch-Intensivkurs nach London – bei freier Kost und Logis. Als das Bon Marché um die Jahrhundertwende geschäftliche Kontakte nach Lateinamerika pflegte, führte es Spanisch-Unterricht ein. Es gab eine Fechtsportgruppe, die regelmäßig Wettkämpfe im großen Lichthof des Warenhauses austrug, der aus diesem Anlaß ausgeräumt und prächtig dekoriert wurde. Sie entwickelten sich im Laufe der Jahre zu einem beachtlichen gesellschaftlichen Ereignis, bei dem außer den Ehrenmitgliedern aus der Führungsriege des Bon Marché auch Honoratioren des gesellschaftlichen Lebens in Paris zuschauten. Solche Veranstaltungen umrahmte das Hausorchester und ein Hauschor. Die Damen erschienen in modischen Kleidern und bildeten so eine dekorative Kulisse für ein sehr werbewirksames Kulturereignis.

1873 hatte Aristide Boucicaut die Hauskonzerte für Mitarbeiter und Freunde des Bon Marché ins Leben gerufen. Bis zum Ersten Weltkrieg fanden sie in den Sommermonaten jeden Samstagabend, wenn es das Wetter erlaubte und Chor und Orchester nicht anderswo einen Auftritt hatten, auf dem kleinen Platz vor dem Warenhaus statt. Die Sommerkonzerte, für die mit Handzetteln geworben wurde, lockten oft mehrere tausend Leute an. Die Winterkonzerte im großen Lichthof, der sich bei der Gelegenheit in einen mondän geschmückten Konzertsaal verwandelte, konnte man nur auf Einladung besuchen. Ab 1880 verstärkten Sängerinnen und Sänger der Pariser Oper den Hauschor. »Es entspricht der im neunzehnten Jahrhundert immer wieder bemerkbaren Neigung, technische Notwendigkeiten durch künstlerische Zielsetzungen zu veredeln«, analysierte Walter Benjamin[31], wobei man nicht nur an die ingenieurtechnischen Leistungen zu denken braucht, sondern auch die Technik der Bürokratie und Warenwirtschaft, in der Warenhäuser neue Maßstäbe setzten, einschließen muß. Die Konzerte gaben dem Bon Marché die Gelegenheit, die ganze Belegschaft den Gästen als eine große Familie, die weder Klassen-, noch Standes-, noch Einkommensunterschiede auseinander reißen konnte, zu präsentieren und bei der Gelegenheit regelrecht vorzuführen, wie diszipliniert und sittsam sich das Verkaufspersonal, dem der Ruf eines lockeren Lebenswandels vorauseilte, zu benehmen wußte. Solche Ereignisse, über die auch die Pariser Presse wohlwollend berichtete, gehörten, wie Miller schreibt, zum »Kult des Bon Marché«[32]. Er formte das Bild dieses Warenhauses in der Öffentlichkeit genauso wie der nur aus Großbuchstaben bestehende Schriftzug »AU BON MARCHÉ«, der in Anzeigen und Prospekten, auf Rechenschaftsberichten, Anstellungsverträgen, Einladungen, Sammelkarten und Rechnungen, auf Verpackungen und auf Lastwagen, die durch Paris schwirrten, erschien.

Anläßlich der Beerdigung von Gründervater Aristide Boucicaut schritt nahezu die gesamte Belegschaft in Trauerkleidung hinter dem Sarg einher. Dabei kam das Gefühl, eine große Warenhausfamilie zu sein, sinnfällig zum Ausdruck. Boucicaut hatte einen Sohn, der aus gesundheitlichen Gründen jedoch nicht in die Fußstapfen seines Vaters treten konnte und als junger Mann starb. Das innerfamiliäre Vakuum füllte ein gewisser Fillot aus. Er hatte sich durch seinen unermüdlichen Arbeitseifer vom einfachen Verkäufer zum Nachfolger von Madame Boucicaut, die nach dem Tod ihres Mann für einige Zeit die Leitung des Unternehmens übernahm, und damit zum Chef des Warenhauses »Au Bon Marché« emporgearbeitet. In den siebziger Jahren des 19. Jahrhunderts war Fillot die rechte Hand Aristide Boucicauts gewesen, und wie ein getreuer Vasalle hielt er in bedingungsloser Loyalität an der paternalistischen Grundauffassung der Unternehmensführung fest. Eines Tages, Fillot war längst zum Chef des Bon Marché avanciert und wurde nun in die Ehrenlegion aufgenommen, gab er ein »Familienbankett« für die Belegschaft. Aus diesem Anlaß schrieb ihm die Witwe eines verstorbenen Angestellten, die letzten Gedanken und Worte ihres Gatten seien an das Bon Marché gerichtet gewesen, ja man könne sagen, er sei nicht bei sich zuhause gestorben, sondern im Bon Marché, das er so sehr geliebt habe.[33]

Das Unternehmen forderte von seinen Mitarbeitern, daß sie sich bedingungslos dem strengen Reglement unterwarfen. Das kam einer Zerstörung der Persönlichkeit gleich, unter der besonders die »Garçons« litten. Sie mußten jederzeit bereit sein, die schwersten Arbeiten zu verrichten, und wurden am schlechtesten bezahlt. Für die Kunden und die anderen Mitarbeiter des Warenhauses existierten sie nur als Nummer, die an der vorgeschriebenen Uniform festgemacht war. Ihre Abteilung war nach militärischem Vorbild organisiert und wurde von einem »Corporal« geführt. Das so romantische Modell des maßlos idealisierten Familienbetriebes bildete den frömmelnd-pittoresken Zuckerguß einer autoritär organisierten Warenhaus-Gesellschaft. Der Über-Vater ertrug keinen Widerspruch, sondern forderte militärischen Gehorsam. (Das militärische Modell hat übrigens bis heute im Einzelhandel, wo beispielsweise vom Einsatz an der Verkaufsfront die Rede ist, nicht ausgedient.)

Bedingungslose Unterwerfung unter das Regime der von Aristide Boucicaut begründeten Firmenphilosophie war der hohe Preis, den die Mitarbeiter im Bon Marché unter anderem für ein beispielhaftes System der sozialen Absicherung bezahlten, wie es die kleinen Einzelhändler nicht bieten konnten. Bereits 1876 hatten Aristide und Marguerite Boucicaut mit einem Teil des im Bon Marché erwirtschafteten Netto-Jahresertrages den Grundstock für eine Vorsorge-Kasse gelegt, um die kleinen Renten der Warenhausangestellten aufzubessern. Die jährlichen Einzahlungen in diese Kasse bemaßen sich am Reinertrag, stellten also eine Art Gewinnbeteiligung der Belegschaft dar, ein Modell, das in Frankreich schon seit den vierziger Jahren des 19. Jahrhunderts einige andere Firmen erprobten. Das Geld aus diesem Vorsorgefonds wurde für die Angestellten bis zum Zeitpunkt des Beginns ihres Ruhestandes angelegt und verzinst. Männer bekamen es erst mit 60 und Frauen frühestens ab 50 Jahren, oder wenn sie ohne Unterbrechung 20 Jahre im Betrieb gearbeitet hatten, ausbezahlt. 1886 wurde die Altersgrenze für Männer auf 50 und für Frauen auf 40 Jahre herabgesetzt. Verließen Angestellte das Bon Marché, ohne daß sie bereits die Bedingungen zur Auszahlung der Rentenunterstützung erreicht hatten, floß das Geld einem Unterstützungsfonds zu, es sei denn, Aristide Boucicaut oder nach dessen Tod seine Frau beschlossen, die Summe trotzdem auszubezahlen, wenn zum Beispiel ein Mitarbeiter unverschuldet krank geworden war und nicht mehr arbeiten

Fassade des Bon Marché in Paris heute

konnte. Schieden Frauen vorzeitig aus ihrem Beruf aus, weil sie heirateten, erhielten sie die ihnen zustehende Unterstützungszahlung als Mitgift. Starb ein Angestellter vor Erreichen der Altersgrenze, bekamen seine Frau und Kinder das Geld, wobei die Boucicauts und ihre unmittelbaren Nachfolger in der Leitung des Bon Marché letztlich entschieden, wie es verwendet werden mußte. Aristide Boucicaut sagte einmal, er habe gewollt, daß jeder Angestellte auch im Ruhestand auf die Sicherheit eines kleinen Kapitals bauen könne. Die Gründung der Vorsorge-Kasse inszenierte Boucicaut im Stil eines großen Familienfestes, bei dem sich die gesamte Belegschaft im großen Lichthof versammeln mußte.

Trotz aller Einwände läßt sich nicht bestreiten, daß Boucicaut in Frankreich zu den Pionieren unternehmerischer »Sozialpolitik« gehörte, indem er ihre Ansätze, wie sie um die Mitte des 19. Jahrhunderts unter anderem manche französische Textilfabriken vorgemacht hatten, auf den Ein-

zelhandel übertrug. Die Unterstützung aus der Vorsorge-Kasse war eine Einmalzahlung. Regelmäßige Zahlungen aus einer von Marguerite Boucicaut ins Leben gerufenen und mit fünf Millionen Francs Grundkapital ausgestatteten Ruhestandskasse ergänzten sie seit 1886. Diese Zuweisungen waren wiederum an eine langjährige Betriebszugehörigkeit und andere genau geregelte Bedingungen geknüpft. Außerdem kamen nur Angestellte, die ein festes Grundgehalt bekamen und nicht tages- oder stundenweise entlohnt wurden, in ihren Genuß. Erst 1890 rief das Bon Marché eine Ruhestandskasse für Arbeiterinnen und Arbeiter ins Leben. Sie war völlig selbständig von der entsprechenden Einrichtung für Angestellte. Stets bemühte sich die Führung des Bon Marché, jeden Eindruck zu vermeiden, daß es sich bei den gewährten Unterstützungen um einklagbare Sozialleistungen handeln könnte. Nur so ließ sich die bedingungslose Loyalität der Belegschaft und der gewerkschaftlichen

39

Organisation der Mitarbeiter sichern, zumindest einige Zeit lang.

1868 wurde als Vorläufer eines Gewerkschaftsverbandes für Beschäftigte im Handel eine »Chambre syndicale des employés« gegründet. In ihr organisierten sich laut Miller mehr als 5 000 Anhänger. Eine der Hauptforderungen der Bewegung war die Schließung der großen Magasins an Sonntagen. Doch als die organisierten Verkäufer im darauffolgenden Jahr 1869 dafür streikten, die tägliche Arbeitszeit auf zwölf Stunden zu begrenzen, waren die Warenhäuser gerüstet. Das Bon Marché und das Louvre-Warenhaus setzten Frauen gezielt als Streikbrecherinnen ein. Aber die Forderung nach einer Verringerung der wöchentlichen und täglichen Arbeitszeit ließ sich nicht mehr aufhalten, zumal auch die Geschäftsleitungen der Warenhäuser darauf bedacht waren, das Personal effektiver einzusetzen und auf die Stunden und Tage mit starker Kundenfrequenz zu konzentrieren. Ab 1889 begann die Arbeit im Bon Marché um 8 Uhr morgens und endete um 20 Uhr. Seit 1901 schloß das Bon Marché bereits um 7 Uhr abends.

Nach mehreren Rückschlägen formierte sich die Gewerkschaftsbewegung für den Einzelhandel neu. 1887 war neben der »Chambre syndicale des employés« eine zweite, katholisch orientierte Gewerkschaft für den Einzelhandel entstanden. Beide Organisationen richteten ihr Interesse nun verstärkt auf die Arbeitsbedingungen der Verkäuferinnen und Verkäufer. Ihr Druck reichte immerhin aus, daß 1900 im Parlament ein Gesetz verabschiedet wurde, das den Verkäuferinnen und Verkäufern erlaubte, sich hinzusetzen, wenn sie gerade keine Kunden zu bedienen hatten (»Loi des sièges«). Man kann die Verabschiedung dieses Gesetzes als ein Indiz dafür werten, daß den Unternehmer-Patriarchen vom Schlage Boucicauts und ihrer Erben langsam aber sicher das Heft entglitt und sie letztlich gegen ihre Allmacht gerichtete Gesetzesinitiativen nicht mehr verhindern konnten. Der Prozeß dieser Veränderung hatte schon mit dem Tod Aristide Boucicauts begonnen, als seiner Frau Marguerite das Erbe des Familienunternehmens zufiel. Sie hielt sich in Fragen der Unternehmenspolitik und Geschäftsführung jedoch sehr zurück und spielte ganz in dem Sinne, wie man es von einer gut katholischen Gattin eines ehrenwerten konservativ-katholischen Unternehmers erwartete, die Rolle als Wohltäterin. Sie stiftete ein Altenheim in Fontenay und in Bellême, dem Geburtsort ihres Mannes, unter-

stützte ein katholisches Krankenhaus, finanzierte Frauenhäuser, in denen verführte alleingelassene Frauen Zuflucht fanden, und bekannte sich so zu ihrer eigenen Herkunft als uneheliches Kind. In ihrem Testament bedachte Marguerite Boucicaut Künstlervereinigungen, Lehrer, wenig bemittelte Journalisten, ein katholisches Hilfsprogramm für junge Arbeiter und verschiedene religiöse Gruppen mit nennenswerten Geldsummen. Sie stiftete 13 Millionen Francs für die Unterstützung von Männern und Frauen, die für das Bon Marché unermüdlich gerackert hatten,[34] ohne dafür nach Marguerites Ansicht entsprechend honoriert worden zu sein. Sie repräsentierte das schlechte Gewissen. Solche Skrupel hatte Louise Jay, die sich an der Seite ihres Mannes aktiv am Aufbau des Warenhauses Samaritaine beteiligte, nicht.

Marguerite Boucicaut jedenfalls überließ die praktische Arbeit der Führung des Unternehmens einem Rat, der regelmäßig zusammenkam und aus dem sich ein dreiköpfiges Führungsgremium mit dem Namen »conseil général d'administration« herauskristallisierte. Aus diesem Triumvirat, dessen Mitglieder verschiedene Zuständigkeiten besaßen, wurde ein Ratspräsident bestellt. Das Tagesgeschäft nahm die meiste Zeit der Arbeit der Führungsgremien in Anspruch, und so blieben grundsätzliche strategische Überlegungen zur Straffung der Organisation und zur Rationalisierung des Warenhausbetriebes aus, was solange nicht ins Gewicht fiel, wie die Entwicklung insgesamt auf Wachstum programmiert schien. Rund 50 Jahre, ein halbes Jahrhundert, konnte sich das Bon Marché als die Nummer eins unter den Warenhäusern der Weltstadt Paris behaupten. Dann sackte es ab, der riesige Apparat war träge geworden. Erst nach dem Ersten Weltkrieg begann man im Bon Marché damit, die innerbetriebliche Kommunikation durch die Einrichtung von Telefonverbindungen zwischen den Abteilungen und den zugehörigen Ateliers zu verbessern und zeitraubende Botengänge im Haus durch den Einbau von Rutschbahnen und Fließbändern für die Waren, wie sie die einschlägigen Konkurrenzbetriebe längst benützten, zu reduzieren. Ein Rationalisierungsexperte im Rang eines Abteilungsleiters wurde eingestellt. Von regelmäßigen Inventuren erhoffte sich die Geschäftsleitung, frühzeitiger als bisher auf Trends und Fehlentwicklungen aufmerksam zu werden und Ladenhüter aussortieren zu können. Mit der bereits um die Jahrhundertwende dräuenden Krise begann

Modernes Logo des Bon Marché

die (fast möchte man sagen: durch Überzeugung erzwungene) Solidarität, auf die das Bon Marché auch aus finanziellen Gründen angewiesen war, zu bröckeln. Boucicaut hatte eine innerbetriebliche Sparkasse geschaffen, in die Mitarbeiter Geld einzahlen konnten, für das sie sechs Prozent Zins erhielten. Das Geld bildete einen Grundstock für den Ausbau des Warenhauses. 1876 stellten auf diese Weise 927 Angestellte Boucicaut 3,2 Millionen Francs zur Verfügung. Doch offensichtlich ließ sich so auf Dauer nicht genügend Kapital mobilisieren, um den Betrieb am Laufen zu halten und die anvisierten Modernisierungen zu verwirklichen.

Im Grunde hatte schon Madame Boucicaut auf den Rat von Eingeweihten nach dem Tod ihres Mannes und ihres Sohnes eine Kurskorrektur mit dem Ziel eingeleitet, zwar das Unternehmen in Familienbesitz zu bewahren, aber doch seine Kapitalbasis zu verbreitern. Das Bon Marché gab 400 Anteilscheine aus. 250 davon hielt Marguerite Boucicaut selber. Auch 34 Abteilungsleiter aus der Verwaltung und dem Verkauf des Bon Marché erwarben höchstens je zwei Anteilscheine. Dagegen besaßen nur 15 einfache Mitarbeiter je einen Anteilschein. Ihr Erwerb war an eine mindestens zweijährige Zugehörigkeit zum Betrieb gebunden. Erst 1900 beschloß eine außerordentliche Generalversammlung die Lockerung dieser Bestimmung. Das Bon Marché blieb jedoch noch etliche Jahre, was die Beteiligungen betraf, eine geschlossene Gesellschaft. Die Besitzer

größerer Anteile versuchten mit Erfolg, den Einfluß der Klein-Aktionäre einzudämmen, indem sie das Recht der Teilnahme an ordentlichen wie außerordentlichen Generalversammlungen nur den Besitzern größerer Anteile einräumten. Im Endeffekt hatte sich um die Jahrhundertwende für das Bon Marché eine Vermögens-Elite herausgebildet, die aus ihrer Perspektive über die Zukunft des Unternehmens entschied, soziale Leistungen für die Belegschaft infrage stellte und damit den Grundkonsens zwischen Arbeitgebern und Arbeitnehmern aufkündigte, der gerade im Bon Marché manchen Streik verhindert hatte. Daran konnte – oder wollte – Narcisse Fillot, einer der Geschäftsführer, die, wie es das Gesetz vorschrieb, 1888 im eingetragenen Namen des Warenhausunternehmens »Au Bon Marché: Maison Aristide Boucicaut, Plassard, Morin, Fillot & Cie« erschienen, nichts ändern. Von 1899 bis 1912 bekleidete Fillot das Amt des Ersten Geschäftsführers, der sich auch Sprecher der Geschäftsführung nannte. Fillot hatte zunächst versucht, das Unternehmen ganz im Sinne seines väterlichen Lehrmeisters Boucicaut fortzuführen, und eine Unterstützungskasse für schwangere Mitarbeiterinnen ins Leben gerufen, damit sich im Bon Marché beschäftigte schwangere Frauen einen Schwangerschaftsurlaub nehmen konnten. Im Ersten Weltkrieg gründete Fillot außerdem eine Stiftung, die Beschäftigte des Bon Marché, die Kriegsdienst leisten mußten, und deren Familienangehörige unterstützte. Fillot setzte schließlich durch, daß die finanzielle Ausstattung der Ruhestandskasse verbessert wurde. Seine etwas jüngeren Kollegen und Nachfolger hatten keinen Bezug mehr zur Gründer-Generation des Bon Marché und appellierten allenfalls noch in Sonntagsreden an die großfamiliäre Tradition. Sie war in Wirklichkeit gebrochen.

Die neue Führungselite entmachtete zielstrebig den Rat, der sich aus verdienten Mitarbeitern zusammensetzte und bei Fragen der Geschäftsführung und Unternehmensentwicklung ein Mitspracherecht gehabt hatte. Der Rat mußte sich auf rein beratende Aufgaben zurückziehen. Die Geschäftsführung bestand nun nicht mehr aus weitgehend gleichberechtigten Geschäftsführern, sondern lag in den Händen eines Ersten Geschäftsführers und seines Stellvertreters. Hielt es der Rat für geboten, eine Kommission einzusetzen, um Fachfragen zu erörtern, dann konnte die Geschäftsführung ihr genehme Kommissionsmitglieder berufen. Zwischen der obersten Führungsebene und den

Abteilungen wurde die Riege der fachlich qualifizierten Direktoren installiert, was letztlich zu einer Abwertung der Abteilungsleiter führte. Die Technokratie der Verwaltung, die Bürokratisierung machte Fortschritte. Die familiäre Struktur des Bon Marché war obsolet geworden. Sie hatte ausgedient. Dadurch wurde die emotionale Hemmschwelle gesenkt, die viele Mitarbeiter des Bon Marché von einem Streik abgeschreckt haben dürfte, wollten sie doch nicht undankbare Kinder sein, die gegen ihre lieben treusorgenden Eltern den Aufstand probten. Jetzt bestand diese personale Beziehung zwischen Arbeitnehmern und Arbeitgeber nicht mehr. Das führte drastisch ein Streik im Jahre 1919 vor Augen. An ihm nahmen vier Fünftel des Personals teil. Er legte mehrere Wochen den Betrieb des Warenhauses lahm. Schon in einer 1897 begonnenen Artikelserie hatte die Zeitschrift der »Chambre syndicale des employés« das Bon Marché heftig angegriffen wegen der miserablen sanitären Verhältnisse für die Mitarbeiter und der unbezahlten Überstunden, die sie ableisten mußten, wollten sie nicht die Kündigung riskieren. Die Geschäftsleitung mußte sich den Vorwurf gefallen lassen, sie würde die Beschäftigten wie Gefangene behandeln. Es gärte weiter. 1900 kam es zu einer spontanen Protestaktion im Bon Marché. Die Geschäftsleitung gelobte Besserung – und entließ mehrere Rädelsführer des Streiks. Das Blatt hatte sich jedoch bereits gewendet. Nun forderte nämlich die Belegschaft unter Berufung auf das Vermächtnis der Gründer des Bon Marché von den Chefs des Warenhauses bessere Arbeitsbedingungen. Die Arbeiter und Angestellten beschuldigten die Geschäftsführung, das Erbe Boucicauts verraten zu haben.

Damit wurde offenkundig, daß es eine Illusion war, einen Betrieb mit mehreren tausend Beschäftigten wie eine große Familie zu führen und ihn dennoch höchst rationell zu organisieren, zumal den ständigen Bedarf an Kapital nicht allein »Familienmitglieder« decken konnten. Überall, ob in Frankreich, Amerika, England oder Deutschland, sahen sich expandierende Warenhausunternehmen bald gezwungen, neue finanzkräftige Partner zu gewinnen. Es entstanden Kommanditgesellschaften und Aktiengesellschaften. Nach dem Brand von 1916 mußte auch das Bon Marché diesen Weg einschlagen. Um genügend Geld für einen Wiederaufbau mobilisieren zu können, wurde 1920 die Umwandlung der »Societé personel« mit persönlicher Haftung der Eigner in der Nachfolge des Ehepaars Boucicaut in eine »Societé anonyme« mit beschränkter Haftung der Gesellschafter beschlossen, der Ankauf von Anteilscheinen durch Mitarbeiter der Firma erleichtert. 1 800 Angestellte, Arbeiterinnen und Arbeiter machten von dieser Möglichkeit, sich Anteile an »ihrem« Unternehmen zu sichern, Gebrauch.

ENGLAND –
der Wettlauf
um den ersten Rang

Universalversorger Whiteleys und Harrods

Paris oder London, das ist hier die Frage! Um die Mitte des 19. Jahrhunderts konnten nur diese beiden Hauptstädte im edlen Wettstreit um den Siegeskranz der europäischen Metropolen mithalten. Für Paris sprechen die offiziellen Gründungsdaten seiner Warenhäuser: 1852 »Au Bon Marché«, 1855 »Les Grands Magasins du Louvre« und »Bazar de L'Hôtel de Ville«, 1865 »Printemps«, 1867 »La belle Jardinière«, 1871 »Samaritaine« und als Nachzügler 1896, quasi schon außer Konkurrenz, »Galeries Lafayette«. Für alle diese Warenhäuser spielten die Textilsortimente, spielte letztendlich die Damenmode eine beherrschende Rolle. Logischerweise, denn Paris hatte sich im 19. Jahrhundert zur Kapitale der Mode emporgeschwungen.

London konnte auf dieses Entwicklungspotential nicht zurückgreifen. Folglich nahm die Geschichte der »Departement stores« auf den Britischen Inseln einen anderen Weg und führte zu Warenhäusern, die über ein so weitgespanntes Sortiment verfügten, wie es sonst nur noch die amerikanischen Warenhäuser boten. Das erst 1863 von dem aus der englischen Provinz stammenden William Whiteley gegründete Geschäft in dem etwas vom Londoner Geschäftszentrum abgelegenen Bezirk Bayswater hatte sich nach einem Jahrzehnt schon so gut

entwickelt, daß Whiteleys mit dem Titel »The Universal Provider« (der Universalversorger) überzeugend werben konnte. Das mußte auch Paul Göhre neidlos anerkennen, als er 1907 am Ende seiner Schrift über deutsche Warenhäuser auf Whiteleys zu sprechen kam. Weder ein französisches noch ein deutsches Warenhaus konnte da mithalten: »Das wird deutlich, wenn man einmal überfliegt, was zum Beispiel Whiteley in London außer den üblichen, auch bei uns offerierten Waren anbietet: Haarschneiden und Frisieren, Hand- und Fußnagelpflege, Apotheke, Bankdepot, Lebens- und Eigentumsversicherung, Einkollektierung von Mieten, Verauktionierung aller Gegenstände, An- und Verkauf sowie Vermietung von Häusern und Grundstücken, Pferdepensionat, Vermietung von Equipagen und Ballsälen, Veranstaltung von Abendunterhaltungen, Dejeuners, Diners, Banketts, Dekoration von Privathäusern, Anlegung von elektrischen Leitungen, Gas- und Wasserinstallationen, Besorgung von Umzügen, Speicherung von Möbeln, Reinigen von Wohnungen, Wäsche, Teppichen, Gardinen, Übernahme von Beerdigungen und Einrichtung von Grabdenkmälern. Was will die liebe Seele mehr?«[35]

Es gab also nichts, was es bei Whiteleys nicht gab. Dieser »Departement store« offerierte alles von der Taufkerze bis zum Grabstein, von kunsthandwerklichen Preziosen, die jeder staatlichen Sammlung gut angestanden hätten, bis zu einem Elefanten, den Whiteleys in London einmal einem Würdenträger der Church of England auf den Balkon stellte. Der hatte einen Elefanten bestellt in der irrigen Überzeugung, Whiteleys müsse da passen. Whiteleys wußte das natürlich werbemäßig zu nutzen. Seit jenem Tag warb die Firma mit dem zusätzlichen Slogan »Alles von der Nadel bis zum Elefanten«. Mit zwei Verkäuferinnen und einem Laufburschen hatte William Whiteley ganz in der Nähe der damals neu eröffneten U-Bahn-Station Bayswater angefangen. Auch der Bahnhof Paddington, Ziel und Ausgangspunkt der Eisenbahnlinien von und nach dem Westen Englands, lag in der Nähe. Whiteley sah es von vornherein darauf ab, den kleinen Einzelhändlern den Preiskampf anzusagen. Die wehrten sich vor allem dagegen, daß Whiteley Fleisch und Gemüse verkaufte, als handle es sich um Artikel wie Samt und Seide. Händler von China-Waren wollten die Fabriken boykottieren, die das Warenhaus Whiteleys belieferten. Die Bäcker des Viertels wüteten gegen die Eröffnung eines Erfrischungsraumes. Doch William Whiteley ließ sich nicht beeindrucken. Da wurden die Schuhmacher massiver und verbrannten ein Modell des Warenhauses. Ihr sehnlichster Wunsch schien in Erfüllung zu gehen. Whiteleys, das 1880 einen Komplex von 18 Läden beanspruchte, ging nach mehreren kleinen Feuern 1887 in einem nächtlichen Brand, der viele Schaulustige anzog, unter.

Whiteley war ein Besessener, der eine seiner Angestellten geheiratet hatte, die er dann aber wie eine Sklavin behandelte. Sie mußte ihm bei seiner Entwicklung zu einem der größten Warenhausbesitzer ergeben dienen. Schon 1885 erregte Whiteley Aufsehen mit einem Warenkatalog, der an die 1300 Seiten umfaßte. Den verheerenden Brand von 1887 sah er als Chance, sein Warenhaus neu aufzubauen und bei der Gelegenheit gewaltig zu vergrößern. 1890 hatte er 5000 Beschäftigte. Die 44 Schaufenster ließ er jeden Morgen neu dekorieren. Er begnügte sich nicht damit, Lebensmittel zu verkaufen, sondern versuchte sich auch selber als Farmer in Tierhaltung und Gemüseanbau. Am nördlichen Rand Londons besaß Whiteley eine Farm, die täglich Eier, Geflügel und Milch von 50 Kühen lieferte. 1891 kaufte Whiteley ein großes Gelände, um darauf Obstbäume und Beerensträucher zu pflanzen und eine Erdbeer-

plantage anzulegen. Für die Obst- und Beerenpflücker sowie die anderen Mitarbeiter, die er in diesem landwirtschaftlichen Betrieb beschäftigte, ließ er ein kleines Dorf mit einem Kirchlein errichten. In dem Weiler gab es auch einige Bungalows, in denen sich seine Warenhausangestellten erholen konnten. Gemüsegärten und Blumengärten wurden angelegt, Glashäuser gebaut, eigene Fabrikationsbetriebe für die Herstellung von Schinken, Fischpasteten, Suppen und anderen Lebensmitteln. 1894 erweiterte Whiteley durch Zukauf sein Gelände und richtete darauf einen Modellhof ein.

Aber die Kosten der landwirtschaftlichen und gärtnerischen Eigenproduktion Whiteleys waren hoch, und so mußte der Einkauf von Lebensmitteln aus eigener Herstellung höher kalkuliert werden, als es den Einkäufern Whiteleys lieb sein konnte. Sie weigerten sich deshalb, die Farmprodukte in großem Stil abzunehmen. Allenfalls für die Versorgung der Mitarbeiter des Unternehmens, die von Whiteleys eigenproduzierte Lebensmittel zu günstigen Preisen einkaufen konnten, spielten sie eine nennenswerte Rolle.

Die Lebensmittelabteilung war ohne Zweifel eines der Aushängeschilder dieses Warenhauses und William Whiteley wollte vor allem auf diesem Gebiet besser sein als sein schärfster Konkurrent Harrod. Der Hydepark trennte Whiteleys und Harrods, diese beiden Rivalen, die doch vieles gemeinsam hatten. Auch am Beginn der Geschichte des heute für seine Exklusivität bekannten Londoner Warenhauses Harrods steht ein Mann, der aus der Provinz nach London kam.

Henry Charles Harrod war Müller, ehe er sich in London in einem jener Viertel, dem wie dem Bayswater-District drüben bei Whiteleys die Zukunft gehören sollte, als Teehändler niederließ. Von einem Freund übernahm er dort 1849 ein kleines Lebensmittelgeschäft an der Brompton Road, dem eine Großhandlung angeschlossen war. Harrod wie Whiteley wußten die Chance zu nutzen, die ihnen 1851 die im Hyde Park stattfindende »Große Londoner Industrieausstellung« bot, deren berühmtestes Ausstellungsgebäude der von Joseph Paxton entworfene Kristallpalast (»Crystal Palace«) aus Eisen und Glas war. Die Viertel rund um den Hyde Park wurden von vermögenden Investoren und Mietern bevorzugt.

Harrod hatte einen Sohn namens Charles Digby, der mit 16 Jahren die Schule verließ und in einem Lebensmittelgeschäft eine Ausbildung absolvierte, bevor er 1861 die Leitung des Geschäftes von seinem Vater übernahm. Der junge Harrod heiratete und ging flott ans Werk, das Geschäft seines Vaters zu einem richtigen Departement Store auszubauen. Er begann damit, daß er umzog und so die ursprünglich hinter dem Laden gelegene Wohnung als zusätzliche Verkaufsfläche dazugewann. 1870 streute auch Charles Digby Harrod einen ersten Katalog mit 65 Seiten unter die Kundschaft. 1873 ließ er das Gartengrundstück hinter dem Haus überbauen. Im selben Jahr bot sich ihm die Möglichkeit, zwei benachbarte Läden zu kaufen, deren Pachtvertrag abgelaufen war. Zum ersten Mal firmierte das Geschäft nun unter dem Namen »Harrod's Store«, aber noch immer dominierten Lebensmittel, während sich Whiteleys damals bereits zum Universalwarenhaus entwickelt hatte. Diesen Schritt vollzog Harrods nach einem Brand, der den ganzen Baublock erfaßte. 1884 öffnete das neuerbaute Warenhaus seine Pforten. Wenige Jahre danach wurde Harrods in eine Gesellschaft mit beschränkter Haftung umgewandelt, deren Vorstandsvorsitzender Alfred Newton, der spätere Bürgermeister von London (Lord Major), war. Charles Digby Harrod zog sich in den Ruhestand zurück, mußte jedoch noch einmal einspringen, als ein von der Gesellschaft eingesetzter Generalmanager das Warenhaus in den Ruin zu treiben drohte. Man besann sich bei Harrods auf einen Retter von außen und fand ihn in einem gewissen Richard Burbidge, der sich als Sanierer unter anderem auch bei Whiteleys einen guten Ruf erworben hatte.

Genau genommen wurde erst unter Burbidge, dessen Familie über drei Generationen das Schicksal von Harrods bestimmte, aus der Einzelhandelsfirma Harrods jenes berühmte Warenhaus, das kaum ein London-Tourist versäumen möchte. Richard Burbidge führte Harrods im Stile eines »wohltätigen Despoten«, ganz in der Art wie Aristide Boucicaut in Paris sein Bon Marché dirigierte. Immer wieder versuchte Harrods durch besondere Dienstleistungen sich von der Konkurrenz abzuheben, indem es zum Beispiel als erstes Londoner Warenhaus einen telefonischen Rund-um-die-Uhr-Bestellservice bot. Wie Whiteleys und die anderen eng-

lischen Warenhäuser profitierte auch Harrods von dem wirtschaftlichen Aufschwung, den das Land unter der Regentschaft von König Edward VII. erlebte, als Großbritannien den Höhepunkt als Kolonialmacht erreichte. London war zum Zentrum eines Weltreiches geworden, das alle Kontinente umspannte und die Hauptstadt zur Drehscheibe des Welthandels machte. Edward war ja nicht nur König von Großbritannien und Irland, sondern auch Kaiser von Indien. Das manchmal an Überheblichkeit grenzende Selbstbewußtsein der Briten brachte auch ein Slogan zum Ausdruck, mit dem Harrods kurz vor der Jahrhundertwende warb: »Harrods Serves the World« (Harrods bedient die Welt); und die eigene Harrods-Hausmarke segelte unter dem gar nicht unbescheidenen Motto »Omnia Omnibus Ubique« (Allen alles überall). Sieht man einmal von einigen Warenhäusern in anderen englischen Großstädten ab, die Harrods in den dreißiger Jahren unter seine Kontrolle brachte, waren die Bemühungen des Unternehmens, auf internationalem Parkett Fuß zu fassen, zumindest bis zum Zweiten Weltkrieg nicht sehr erfolgreich. Der Versuch, nach dem Ersten Weltkrieg in Belgien zu landen und dort in gewisser Weise den deutschen Leonhard-Tietz-Konzern, dessen belgische Filialen beschlagnahmt worden waren, zu beerben, scheiterte. Auch das 1913 in der argentinischen Hauptstadt Buenos Aires eröffnete Warenhaus Harrods erwies sich nicht als die erhoffte Initialzündung für den großen Einstieg in den südamerikanischen Markt. Das britische Kolonialreich sank in sich zusammen, Amerika trat auf den Plan.

Was die internationalen Aktivitäten betrifft, war beispielsweise das englische Warenhausunternehmen Debenhams viel erfolgreicher als Harrods. 1885 hatte es seine ersten Auslandsaktivitäten gestartet und eine Filiale in der belgischen Hauptstadt Brüssel gegründet. Dann folgten New York, die australischen Metropolen Melbourne und Sydney, Südafrika mit Johannesburg, die kanadischen Millionenstädte Montreal und Toronto, das argentinische Buenos Aires, Valparaiso in Chile und Montevideo in Uruguay, Paris und das niederländische Den Haag, um nur einige der wichtigsten Filialgründungen dieses bis heute bedeutenden britischen Warenhausunternehmens zu nennen. Als Ende der fünfziger Jahre die schottische Frazer-Gruppe das

Geschäftigkeit in der Londoner Pentonville Street, Gemälde von John O'Connor, 1884

Warenhaus Harrods, das seinen Ruf als typisch englische Institution hegte und pflegte, aufkaufte, galt das in Britannien fast als ein Sieg für Schottland. Inzwischen gehört Harrods Investoren aus den Ölscheichtümern des Nahen Ostens.

Selfridges – ein Amerikaner erobert London

Und Whiteleys? Am 24. Januar 1907 fand die Karriere des William Whiteley ein jähes Ende. Ein junger Mann erschoß ihn beim Verlassen seines Büros. Die Mutter des Täters war eine von zwei Schwestern, mit denen Whiteley ein Verhältnis hatte. Die beiden Whiteley-Söhne führten das Unternehmen im Sinne ihres Vaters fort und beschlossen, das Warenhaus noch einmal zu modernisieren und zu erweitern. So wurde eine Außenmauer des Warenhauses mit seiner zentralen Kuppel etwas ver-

setzt, um Platz für eine Kolonnadenzeile zu schaffen, über der attraktive Stadtwohnungen entstanden. 1912 eröffnete der Bürgermeister von London den Komplex. Es war eine Sensation, als Ende 1926 bekannt wurde, daß sich Harry Gordon Selfridge mit Plänen trug, Whiteleys zu kaufen. Whiteleys steckte in Schwierigkeiten. Das Unternehmen hatte sich übernommen und der Stern des Bayswater-Districts war bereits wieder im Sinken. Gordon Honeycombe spricht in seinem Buch über das Londoner Warenhausunternehmen Selfridges vom »sozialen Abstieg« des Viertels und erzählt, daß eines Tages der Chairman der Eigner- und Betreibergesellschaft des Warenhauses Whiteleys Selfridge mitgeteilt habe, Whiteleys stehe zum Verkauf an. Gordon Selfridge, der durchaus ähnliche Züge hatte wie William Whiteley, wollte sich die Chance nicht entgehen lassen, setzte sich über die Warnungen der anderen Anteilseigner seines Unternehmens hinweg und kaufte

Whiteleys im Frühjahr 1927. Es war wahrscheinlich der größte Fehler seiner Karriere als Kaufmann, von dem er sich nie mehr erholen sollte. Hinzu kam Selfridges extravagante Lebensart. Beispielsweise verliebte er sich in fortgeschrittenem Alter in Jenny Dolly von den berühmten Dolly Sisters aus Amerika. Für Jenny ließ Selfridge bei Paris eine pompöse Villa bauen. Er hatte Schulden bei seinem eigenen Unternehmen, die er jedoch nicht begleichen konnte. Als die Gefahr drohte, daß er auch die Firma in den Abgrund ziehen könnte, wurde ihm nahegelegt, sich aus dem Unternehmen zurückzuziehen, den Vorstandsvorsitz aufzugeben und sich mit einem allenfalls repräsentativen Posten eines Präsidenten zu begnügen. So kam es 1939. Einige Zeit behielt Gordon Selfridge noch ein Büro in seinem Warenhaus an der Londoner Oxford Street, dann mußte er auch dieses aufgeben.

Harry Gordon Selfridge stammte aus den Vereinigten Staaten. Mit zehn Jahren übernahm er einen Ferienjob in einem Textilgeschäft, das einem Leonhard Field gehörte. Mit 14 verließ er die Schule, und Mister Field vermittelte ihm eine Stellung bei Field, Leiter & Co. in Chicago. Leonhard war ein Cousin der Field-Brüder, die zusammen mit ihrem Partner Levi Leiter das Warenhausunternehmen begründeten, aus dem bald danach Marshall Field's wurde. Dort begann Jung-Harry 1879 seine glänzende Warenhauskarriere und brachte es schon 1887 zum Generalmanager des großen Marshall-Field-Warenhauses. Er war also der Chef des berühmten »Marmorpalastes« von Marshall & Field's, der zu den führenden Warenhäusern in den Vereinigten Staaten gehörte. 1888 reiste Selfridge im Auftrag seiner Firma in europäische Hauptstädte und besuchte in Paris das Bon Marché, wo ihn besonders die Qualität der Waren beeindruckte. Selfridge versuchte ständig, bei Marshall & Field's neue, umsatzsteigernde Ideen zu verwirklichen, was ihm den Namen »Mile-a-minute Harry« (Eine-Meile-in-einer-Minute-Harry) einbrachte, weil er unermüdlich durch das Warenhaus hetzte und seine Anweisungen gab. Schon vor seiner Berufung zum Generalmanager hatte er im Basement einen Billig-Preis-Laden eröffnet, ein Konzept, das er später in London wieder aufgriff. Ware präsentierte er so, daß sie die Kunden anfassen konnten. Anläßlich des 400. Jahrestages der Entdeckung Amerikas

durch Columbus fand in Chicago eine Weltausstellung statt, die Selfridge als Bühne für das Warenhaus von Marshall, Field & Co. benutzte.

Doch Gordon Selfridge wollte mehr, er wollte mit großen Vollmachten ausgestatteter Juniorpartner neben Field werden und die Firma in »Field, Selfridge & Co.« umbenennen. Field mußte ablehnen. Also verließ Selfridge 1904 Marshall & Field's, machte sich 1905 nach Europa auf, um sich vorübergehend an der französischen Riviera niederzulassen und von dort aus noch gründlicher die europäische Einzelhandelsszene zu erkunden. Er beschloß, endgültig sein Glück auf eigene Faust zu suchen und reiste 1906 in der festen Absicht nach London, dort ein Warenhaus aufzubauen, wie es die Engländer noch nicht gesehen hatten. Es sollte modernste, zum großen Teil aus dem Amerikanischen übernommene Warenhausstrategien mit einer ausgeprägt national-englischen Erscheinungsform kombinieren. Die Art und Weise, wie Selfridge am 15. März 1909 die Eröffnung seines neuen Warenhauses in der Londoner Oxford Street zelebrierte, zeigte, wie er alle Register einer Presse- und Öffentlichkeitsarbeit zu ziehen wußte. Punkt 9 Uhr am Eröffnungstag trat ein Herold auf den Balkon über dem Haupteingang und blies die Eröffnungsfanfare. Auf dieses Zeichen hoben sich die Vorhänge an den 21 Schaufenstern und gaben den Blick frei auf kunstvoll, in der Art der Gemälde von Fragonard und Watteau aufgebaute Waren. Unterdessen wurde auf dem Dach die Hausflagge gehißt. Mit einer Anzeigenkampagne in allen namhaften britischen Zeitungen bereitete Selfridge das Ereignis vor. Der damals in Großbritannien sehr bekannte Cartoonist Bernard Partridge hatte ein sehr raffiniertes Motiv gewählt. Es zeigte einen reitenden Herold vor der Kulisse einer mauerbewehrten alten Stadt mit einem Dom, Symbol für Solidität und bodenständige Tradition, in die sich der Amerikaner Selfridge einklinken wollte in der Hoffnung, dadurch Umsatzsteigerungen erzielen zu können. Aber dieses Motiv hätte mißverstanden werden können als ein Appell an den englisch-aristokratischen Snobismus der »guten alten Zeit«, der nicht zur Idee des modernen, demokratischen Warenhauses paßte. Also war in einem Textblock unter dem Herold der Hinweis zu lesen: »Wir möchten ganz klar zu verstehen geben, daß unsere Einladung der ganzen britischen Öffentlichkeit und den Besuchern aus Übersee gilt.« Ausdrücklich ist hinzugefügt, daß am Eröffnungstag »keine Eintrittskarten erforderlich sind«.[36]

Selfridge, der erst gegen Ende seiner Warenhauslaufbahn britischer Staatsbürger wurde, ließ keine Gelegenheit aus, sich seinem Publikum gleichsam als Erz-Brite zu präsentieren, der nach wertvollen Lehrjahren jetzt wieder in die geliebte Heimat zurückgekehrt sei. Als er sich mit Sticheleien gegen seine amerikanische Herkunft und seine amerikanischen Methoden auseinandersetzen mußte, gab er 1928 der Zeitung »The Scotsman« ein Interview, in dem er behauptete, seine Eltern seien wahrscheinlich Schotten gewesen und nach Amerika ausgewandert, was sich nicht nachvollziehen ließ, wie manches in der Biographie des Harry Gordon Selfridge. »Wenn ich nicht Schotte bin, weiß ich nicht, wer dann Schotte ist«, erklärte er berechnend pathetisch.

Selfridge träumte von einem Warenhaus mit einer Kuppel, die an Saint Paul's Cathedral erinnern sollte. Die Kuppel bekam er allerdings nicht genehmigt, und so mußte er sich mit einem von mächtigen Säulen eingefaßten Tempel begnügen, was ihn nicht daran hinderte, sein Warenhaus in einer Zeitungsannonce als drittgrößte Sehenswürdigkeit Londons nach dem königlichen Buckingham-Palast und dem Tower anzupreisen. Pikiert reagierte die Konkurrenz auf verkaufsfördernde Aktionen, die Selfridge inszenierte und die Massen von Schaulustigen lockten.

So holte er im Juli 1909 den Franzosen Louis Blériot, der als erster Mensch den Ärmelkanal in einem Flugzeug überquert hatte, direkt vom Landeplatz weg samt Flugzeug in sein Warenhaus. Er beging jeden Krönungstag, jeden nationalen Gedenktag mit grandiosen Dekorationsorgien, indem er beispielsweise 1935 anläßlich des silbernen Thronjubiläums von Georg V. verfügte, daß die Fassade des längst erweiterten Warenhauses mit Fahnen zu schmücken und auf dem Dach eine monumentale, von zwei Löwen bewachte »Britannia« zu installieren sei.

Selfridge verstand es, die Begeisterung für Naturwissenschaft und Technik, die er mit seiner Kundschaft teilte, in Bares umzumünzen. Er ließ in seinem Warenhaus einen Seismographen aufbauen und auf dem Dach einen der ersten Antennentürme der BBC. Er schlug Profit aus der wachsenden Begeisterung für Sport, indem er ebenfalls auf dem Dach eine Kunsteisbahn eröffnete. Als eines der ersten Warenhäuser richtete er eine große eigene Parfümerieabteilung im Erdgeschoß ein, aus der Schreibwarenabteilung entwickelte er die größte Buchabteilung eines Warenhauses, im »Palm Court Restaurant« fanden glänzende Bälle statt, auf eine große, von innen beleuchtete Glaswand trugen sich berühmte Gäste und Besucher von Selfridges ein.

Am 3. Januar 1911 öffnete das »Bargain Basement«, eine Art Schnäppchenmarkt, im Untergeschoß. Bis zu 130 Abteilungen hatte Selfridges in den glorreichen Zeiten des Unternehmes bis zum Zweiten Weltkrieg. Es gab Ruheräume, Lese- und Schreibzimmer und vieles andere mehr. »Warum nicht einen Tag bei Selfridges verbringen«, dieses Reklamemotto machte keine falschen Hoffnungen.

Konsumgenossenschaften weisen den Weg

Sieht man einmal von dem Warenhaus Selfridges ab, das nach amerikanischem Vorbild von seinem Gründer generalstabsmäßig geplant wurde, haben sich die englischen Warenhäuser nicht zuletzt im Wettbewerb mit vergleichbaren genossenschaftlichen Einrichtungen entwickelt. Es war 1844, als sich die »Pioniere von Rochdale« in dieser englischen Industriestadt zur ersten Konsumgenossenschaft der Welt zusammenschlossen. Das Beispiel machte schnell Schule, sogar bei der britischen Armee und Marine. Einige Offiziere begannen mit dem Handel von Wein zu Großhandelspreisen. Das Geschäft lief, wurde auf andere Produkte ausgedehnt, und so konnte 1871 die »Army & Navy Co-operative Society« ins Handelsregister eingetragen werden. Wer in den Genuß günstiger Einkaufsmöglichkeiten kommen wollte, mußte Genossenschaftsanteile zeichnen.

Harrods by night

48

Das von Max Taut, dem Bruder des
berühmteren Bruno Taut, entworfene und
1932 fertiggestellte Warenhaus der
Konsumgenossenschaft Berlin-Kreuzberg

Genossenschaftswarenhaus »Stafa«
in Wien, alte Postkarte

Zugelassen waren als Mitglieder zunächst nur Offiziere und ihre Familienangehörigen. 1872 bezog die A & N – Genossenschaft in London einen ersten Laden, der kein Schaufenster hatte, weil er nur für ein begrenztes Publikum zugänglich war und in manchem einem Club glich. Es mußte bar bezahlt werden, es gab auf Preislisten verzeichnete Festpreise und ein breites Warenangebot. An wichtigen Standorten der Armee und Marine entstanden Niederlassungen, so in den englischen Städten Plymouth, Aldershot und Chatham, außerdem in den indischen Standorten Bombay, Calcutta, Karachi und Delhi, die allerdings geschlossen wurden, als sich die Kolonialmacht Großbritannien aus Indien zurückzog.

Langsam erweiterte sich der Kreis der Zugangsberechtigten, und zu Beginn des Zweiten Weltkriegs wurden die Läden und Warenhäuser der Genossenschaft A & N allgemein zugänglich gemacht. Ihre Verkaufshäuser wandelten sich zu »normalen« Warenhäusern, die in der Regel gut geführt waren; deshalb wurden sie von nicht-genossenschaftlichen Warenhausfirmen gerne übernommen. Eine ähnliche Organisation bauten einige Londoner Postbeamte auf, die mit einer Kiste Tee, die sie ebenfalls zum Großhandelspreis erworben hatten, anfingen. 1865 erweiterte die »Post Office Supply Association« den Kreis ihrer Mitglieder. Nun kamen Angehörige aus dem gesamten öffentlichen Dienst in den Genuß der günstigen Einkaufsmöglichkeiten, weshalb die Postler-Genossenschaft den neuen Namen »Civil Service Supply Association« (Unterstützungsverein für den Öffentlichen Dienst) wählte.

Im April 1866 formierte sich ein Konkurrenzunternehmen mit dem Namen »The Civil Service Co-operative Society, Ltd.«, deren Laden am Haymarket sich zu einem der führenden Departement Stores in London mauserte und bis 1931 bestand. 1870 hatte diese Genossenschaft 30 000 Mitglieder. Es gab ein Komitee für die Geschäftsführung, das außerdem über die Bildung und Verwendung von Rücklagen zur Kapitalbildung wachte. Es kam zu Auseinandersetzungen zwischen dem Komitee und etlichen Genossenschaftsmitgliedern, die verlangten, Preisvorteile müßten an die Kunden in möglichst großem Umfang weitergegeben werden, anstatt höhere Preise anzusetzen, um Rücklagen zu bilden und teure Fachkräfte bezahlen zu können. Der bekannte genossenschaftliche Konflikt führte schließlich dazu, daß einige Mitglieder des Komitees die »New Civil Service Co-ope-

rative, Ltd.« ins Leben riefen, die aber 1905 wieder in der Muttergesellschaft aufging. Aus Genossen wurden Anteilseigner, die fortan dazu tendierten, den Genossenschaftsgedanken abzustreifen. Bis 1927 dauerte die Umwandlung der Genossenschaft für den öffentlichen Dienst in eine Gesellschaft, deren Anteile nur noch zur Hälfte in den Händen ihrer Mitglieder lagen. Im Laufe der Zeit hatte die Genossenschaft in verschiedenen Gegenden Londons Departement Stores eröffnet. Wie die meisten genossenschaftlichen Warenhäuser zeichneten sich auch diese durch ihr an den Bedürfnissen der Mittelschicht orientiertes Sortiment aus. Die ersten namentlich bekannten englischen Warenhauspioniere folgten dem Beispiel der Genossenschaften und verwendeten viel Energie darauf, ihnen Konkurrenz zu machen.

Auch in Deutschland gab es Ansätze für eine genossenschaftliche Warenhausentwicklung. In Berlin stand seit 1889 das »Warenhaus für deutsche Beamte« den Mitgliedern einer Beamtengenossenschaft offen. Aber es kam bald unter den Einfluß des gewieften Geschäftsmanns Jandorf, der es seinem Kaufhaus des Westens einverleibte. 1932 ließ die »Konsum-Genossenschaft« am Oranienplatz in Berlin – Kreuzberg ein von dem Architekten Max Taut entworfenes großes Warenhaus erbauen. In gewisser Weise haben die Konsum-Warenhäuser in der DDR diese genossenschaftliche Warenhaus-Tradition fortgesetzt.

Ein Relikt aus der großen Zeit der Genossenschaften unmittelbar nach dem Ersten Weltkrieg ist das Wiener Warenhaus »Stafa« in der Mariahilfer Straße. Der in seiner Grundstruktur noch erhaltene markante Rundbau wurde 1911 als »Erstes Wiener Warenmuster- und Kollektivkaufhaus« eröffnet und stellte ein frühes Einkaufszentrum dar, in das sich Einzelhändler einmieteten. Bereits 1913 mußte das Unternehmen Konkurs anmelden. Den »Zentral-Palast« übernahm 1919 eine von Beamten der niederösterreichischen Landesregierung gegründete Genossenschaft, die 1922 in eine Aktiengesellschaft umgewandelte »Staatsangestellten Fürsorgeanstalt« (Stafa). Eine Sonderform bildeten Warenhäuser, die von Firmen oder von ihnen maßgeblich unterstützten Einrichtungen der sozialen Fürsorge im weitesten Sinne gegründet oder angeregt wurden wie die warenhausähnliche »Konsumanstalt der Gußstahlfabrik Friedrich Krupp« in Essen oder das 1897 von der »Konsumanstalt der Farbenfabriken vorm. Friedrich Bayer & Co.« eröffnete »Bayer-Kaufhaus« in Leverkusen.

AMERIKA –
Warenhäuser
der Superlative

Warenhausboom in den amerikanischen Metropolen

Die Entwicklung der amerikanischen Warenhäuser konzentrierte sich zunächst auf die großen städtischen Zentren an der amerikanischen Ostküste. Ihr wirtschaftlich herausragender Mittelpunkt war schon zur Zeit der großen Einwanderungswelle New York, wo sich einige der führenden amerikanischen Warenhauskonzerne niederließen. Macy's und Bloomingdale's haben auf der New Yorker Wolkenkratzer-Insel Manhattan ihren Ursprung, Gimbels und auch Wannamaker wurden jedoch in Philadelphia groß, ehe sie Niederlassungen in New York gründeten. Eine weitere Ostküstenstadt, die mit Warenhäusern von sich reden machte, war Boston, wo Eben Jordan, der Sproß einer aus England ausgewanderten Familie, zusammen mit Benjamin L. Marsh ein kleines Textilgeschäft eröffnete, das zum Stammhaus der »Jordan Marsh Company« werden sollte. In Boston hatte auch William Filens, der wie die deutschen Warenhausgründer Tietz aus der erst polnischen, dann preußischen Provinz Posen stammte, Erfolg. William Filens übte in Boston zunächst das Schneiderhandwerk aus, versuchte sich anschließend an mehreren Orten als Einzelhändler, um schließlich nach Boston zurückzukehren.

Neben den erwähnten Städten an der amerikanischen Ostküste beflügelte der Aufschwung der Zentren an den Großen Seen den Aufstieg einiger namhafter Warenhausunternehmen. In Detroit erbaute das nach ihrem Begründer Joseph Hudson benannte Familienunternehmen Ende der zwanziger Jahre den »Hudson Tower«, ein Hochhaus, dessen Erweiterung Mitte der vierziger Jahre soweit abgeschlossen wurde, daß das Hudson-Warenhaus als zweitgrößtes Warenhaus in Nordamerika nach Macy's galt. 18 Eingänge, 50 Personenaufzüge, fünf öffentliche Restaurants, 350 Fahrzeuge für den firmeneigenen Zustelldienst, 220 Abteilungen, 60 davon allein im speziell dafür eingerichteten Niedrigpreis-Basement, das sich über mehrere Etagen im Untergrund erstreckte. Die Wurzeln der Firma reichten zurück bis zu einem Herrenbekleidungskaufhaus, das im amerikanischen Bürgerkrieg Uniformen von der Stange verkaufte und – mit heutigen Begriffen gesprochen – ein Filialnetz im Franchise-System betrieb.

Entsprechend der Bedeutung Chicagos als Handelsmetropole für den Mittleren Westen schafften auch in dieser Stadt mehrere Einzelhandelsunternehmen den Aufstieg aus kleinen Anfängen zu großen Warenhäusern. 1904 bezog Carson, Pirie, Scott & Company einen berühmten, von Louis Sullivan projektierten Warenhauskomplex. Mit einer Art Gemischtwarenladen, der sich durch ein äußerst preiswertes und breites Sortiment auszeichnete, begann ein aus Mecklenburg stammender Einwanderer, der Lehmann hieß, das in Chicago bekannte Warenhaus namens »The Fair« (der Jahrmarkt, die Messe) aufzubauen. Es machte in der Metropole am Michigansee mit der ersten vollseitigen Zeitungsannonce auf sich aufmerksam und wurde für seine niedrigen Preise berühmt. Vor allem in den zwanziger Jahren war Chicago ein Schmelztiegel der Hoffnung und Enttäuschung, des Aufbruchs und Verbrechens, der großen und kleinen Geschäfte, die schließlich nur unter dem Schutz der Mannschaft von Al Capone flutschten, dem berühmten Gangsterboß, der sogar im Auftrag von Big Bill Thompson, dem Bürgermeister der Stadt, für Ruhe und Ordnung sorgte. Dort gedieh das Warenhausunternehmen, dessen Symbol bis heute eine große Standuhr im ehemaligen Lichthof des Stammhauses ist, und das seinen Namen von Marshall Field hat, dem Sproß einer frommen Farmerfamilie aus Massachusetts. Er hatte eines Tages das unstete Leben als reisender Handelsvertreter satt, wurde Juniorpartner und schließlich vollberechtigter Partner in der Textilgroßhandlung in Chicago, für die er unterwegs gewesen war. Seine ehemalige Position als Juniorpartner nahm der Jude Levi Leiter ein. Field und Leiter verbündeten sich nun mit der namhaften Firma Palmer, die in New York und Chicago im Einzel- und Großhandel tätig war und in Chicago ihr Hauptquartier hatte. So entstand 1865 »Field, Palmer & Leiter«, für die zwei Brüder Marshall Fields als Handelsvertreter arbeiteten. Field und Leiter verstanden, aus dem wirtschaftlichen Aufschwung Chicagos Kapital zu schlagen. Er hing nicht zuletzt damit zusammen, daß ab 1871 die aus dem Ausland über New York nach Amerika eingeführten und für Chicago bestimmten Waren nicht mehr in New York verzollt werden mußten. Field und Leiter mieteten Potter Palmers »Marmorpalast«. Als er wie viele stattliche Gebäude in der Stadt einer Feuersbrunst zum Opfer fiel, organisierten Field und Leiter erfolgreich einen provisorischen Warenhausbetrieb in den Pferdeställen der Chicago City Railway Company. Potter Palmer hatte bei dem Stadtbrand zahlreiche Häuser verloren, verkaufte Grundstücke und investierte das Geld in den Bau des berühmten Palmer House Hotels und die Errichtung der »Singer Sewing Machine Company« (Singer Nähmaschinenfabrik). Außerdem ließ er ein großes Geschäftshaus mit einer zentralen Glaskuppel errichten. In das

Gebäude zogen Field und Leiter mit einem Warenhaus ein, wobei Groß- und Einzelhandel noch nicht getrennt waren. 1877 brannte es erneut ab und wurde ein zweites Mal aufgebaut. Nun nahm Marshall Field die Angelegenheit in die Hand, kaufte das Geschäftshaus der Singer Company ab und eröffnete 1879 einen noch größeren »Marmorpalast«, der bis 1906, als ein neues Marshall-Field-Warenhaus fertiggestellt wurde, stand. Levi Leiter hatte sich im Laufe der Jahre immer stärker auf den Großhandel konzentriert; Marshall Field dagegen kümmerte sich vor allem um den Einzelhandel und das Warenhaus. Die beiden Geschäftspartner entfremdeten sich, und so trennten sie sich 1881.

Neben Macy's in New York und Hudson in Detroit belegte um die Jahrhundertwende Marshall Field in Chicago den dritten Platz in der Rangliste der größten amerikanischen Warenhäuser. In der Wirtschaftsmetropole des Mittleren Westens hatte sich in den siebziger Jahren des 19. Jahrhunderts die State Street zur zentralen Einkaufsstraße herausgebildet. An ihr siedelten sich die großen Chicagoer Warenhäuser an: Marshall & Field's, das Warenhaus von Carson, Pirie, Scott & Company, The Fair und schließlich das Unternehmen Mandel Brothers. Die Brüder Leon, Emmanuel, Simon und Salamon Mandel waren Juden, die 1884 aus Deutschland nach Amerika auswanderten und über Philadelphia nach Chicago gelangten.

Auffallend an der Entwicklung der Warenhäuser in den großen amerikanischen Städten nicht nur der Ostküste und des Mittleren Westens ist das Bewußtsein ihrer Gründer für die Bedeutung einer verkehrsgünstigen Anbindung an den öffentlichen Nahverkehr. Wo immer möglich, haben sie den direkten Zugang zu einer U-Bahn durchgesetzt. Dadurch erhielt die Umgestaltung und Aufwertung der ursprünglich der Haustechnik und innerbetrieblichen Dienstleistungen wie zum Beispiel der Warenannahme und der Versandabteilung vorbehaltenen Tiefgeschosse wichtige Impulse. Sie wandelten sich zu »Basements«, die dann als zusätzliche Verkaufsflächen zur Verfügung standen, auf denen sich in manchen Fällen sogar ein Eigenleben als Verkaufsflächen für den schnellen Umschlag besonders preisgünstiger Waren entfaltete. Wollten sie im Wettbewerb bestehen, mußten die amerikanischen Warenhäuser

ihre Kundschaft schon im weiten Umland der großen
Städte umwerben. Dabei legten ihre Stäbe einen Er-
findungsreichtum an den Tag, gegen den die Werbung
europäischer und vor allem deutscher Warenhausunternehmen in ihrer frühen Phase vor der Jahrhundertwende bieder wirkte.

Es dauerte geraume Zeit, bis europäische Warenhäuser zaghaft nachahmten, was ihnen amerikanische
Firmen wie Rich's in Atlanta vormachten. 1867 eröffnete
der aus Ungarn eingewanderte Morris Rich in der späteren Coca-Cola-Metropole und Olympia-Stadt seinen
ersten Laden. Ende der fünfziger Jahre charterte die
Firma eigens »Rich Day«-Züge, mit denen Kunden von
weither nach Atlanta zum Einkaufen fahren konnten.
Um die Eisenbahnfahrt in guter Erinnerung an Rich's zu
überstehen, bekamen die Besucher ein Lunch-Paket
mit den besten Grüßen der Firma mit auf die Reise. Ausgesprochen clever war auch ein System der Kunden-
kredite, das den besonderen Umständen der Farmer
und Baumwollpflanzer in Georgia Rechnung trug.
Die Kunden bekamen zu günstigen Bedingungen einen
Kredit eingeräumt, den sie erst nach der Baumwoll-
ernte, wenn wieder Geld in die häuslichen Kassen
geflossen war, zurückzahlen mußten. Als »Saturday-
banker« war Rich's bei der Konkurrenz landauf, land-
ab nicht gerade sehr beliebt, weil man bei Rich's auch
zu Zeiten, in denen die Banken geschlossen hatten, Geld
leihen konnte.

Vom Tellerwäscher zum Warenhauskönig

Was würde heutzutage ein wohlerzogener Diplomaten-
sohn auf die Frage antworten, was ihn am meisten an
New York beeindruckt habe? Sehr wahrscheinlich nicht
das, was 1930 der Hamburger Oberbaudirektor Fritz
Schumacher gegen Ende einer langen beruflichen Karriere ungefragt in einer Autobiographie mit dem Titel
»Stufen des Lebens« mitteilte. Schumacher erlebte von
1875 bis 1883 Jahre seiner Kindheit und frühen Jugend
in dieser kraftstrotzenden Stadt. »Wenn ich in jenen
ersten New Yorker Jahren gefragt worden wäre, was mir

Warenhaus Marshall Field & Co., Chicago

in der Stadt besonderen Eindruck machte, hätte ich wahrscheinlich zuerst den Bau der Hochbahn in der Sixth Avenue genannt, dem ich mein ganz besonderes Interesse zuwandte«, schrieb Schumacher und fuhr fort, indem er aus seiner Sicht ein New Yorker Symbol mit einem entsprechenden Berliner Symbol verglich: »Dann wäre ein Besuch bei Macy gekommen, denn in diesem Wunderland eines richtigen Warenhauses, wie es New York damals 25 Jahre vor Wertheim schon besaß, mit meiner Mutter herumzustreifen und als Krone im ›Tearoom‹ einen Ice-Cream zu essen, erschien mir ein ungeheurer Genuß, von dem ich in späteren Jahren noch oft geträumt habe.«[37]

Heute kann man junge Leute mit einem Besuch bei Macy's sicher nicht mehr so beeindrucken, daß sie einen Lebtag lang daran denken, zumal die altehrwürdigen Warenhaustempel auch in Nordamerika der Entwicklung im Einzelhandel oft hinterherhecheln, anstatt ihr wie einst vorauszueilen. Denn auch in Nordamerika (und gerade dort) müssen sie sich mit jenen Raumstationen à la Enterprise messen, die in äußerst verkehrsgünstiger Lage zwischen den Highways angedockt haben, den Malls und elend breiten Megastores, die dort die Erde bedecken. Aber wie zum Trotz hält die amerikanische Warenhausszene ihr Fähnlein wacker hoch und beteiligt sich, schon etwas schwach auf den Beinen, mit illustren Namen wie Bloomingdale, Marshall & Field's oder Wannamaker am Schlachtgetümmel. Nur Gimbel hat in der Zwischenzeit aufgegeben.

Die Geschichte von Macy's in New York ist ein Musterbeispiel für ein amerikanisches Warenhaus, das im vorigen Jahrhundert aus kleinsten Anfängen entstand und dessen Management nach einer neuerlichen Erweiterung Anfang der dreißiger Jahre im Brustton unerschütterlicher Glaubenswahrheit verkündete, Macy's sei nun im ganzen Universum das größte Warenhaus unter einem Dach. Typisch ist die Macy-Geschichte deshalb, weil sie gerade nicht in jenes aus europäischer Sicht so beliebte Schema vom jungen Tellerwäscher, der sich als Multimillionär zu Grabe legt, paßt.

Rowland Macy hatte schon ein bewegtes und nicht sehr erfolgreiches halbes Leben hinter sich, als er im Oktober 1858 seinen ersten Laden in New York eröffnete. 1822 kam er als Sproß einer aus England einge-

wanderten Quäkerfamilie zur Welt. Mit 15 verdingte er sich für vier Jahre auf einem Walfangschiff. Dann versuchte er mehrfach, mit einem Textilgeschäft Fuß zu fassen. Auf den Spuren der Goldsucher gründete er zusammen mit zwei Partnern die Handelsfirma »Macy & Company«, die aber nach wenigen Monaten schon wieder einging. Er kehrte desillusioniert in seine Heimat Massachusetts zurück, um es dort nocheinmal mit einem Laden zu versuchen, in dem er Textilien nur gegen Barzahlung verkaufte. Die amerikanischen Kaufleute waren gut beraten, gleich zu kassieren, wollten sie nicht riskieren, daß sich ihre Kunden längst über alle Berge davongemacht hatten, wenn sie ihnen eine Rechnung schicken wollten. Macy geriet erneut in finanzielle Schwierigkeiten, konnte sie jedoch überwinden, indem er sich zu einem Räumungsverkauf mit stark reduzierten Preisen entschloß. Er wurde Makler in Boston, erlitt wieder Schiffbruch, entzog sich finanziellen Forderungen, indem er nach Wisconsin auswich, und mußte zum dritten Mal ganz von vorne anfangen. So landete er schließlich in New York, wo er 1858 nördlich des damaligen Geschäftszentrums, das sich downtown auf der südlich gelegenen Spitze von Manhattan Island befand, den Laden eröffnete, der zur Keimzelle eines später berühmten Warenhauses werden sollte.

Die erfolgreichen New Yorker Warenhäuser wie Macy's oder Bloomingdale's zeichnete die kluge Standortwahl aus. Ihre Stammgeschäfte lagen nämlich in Quartieren, die ursprünglich nur als zweitklassig zu betrachten waren, aber sich im Zuge der rasanten Stadtentwicklung zu erstklassigen wandelten. Es ist zweifelhaft, ob Leute wie Rowland Macy diese Aufwertung tatsächlich absehen konnten oder ob sie zunächst einfach dort investierten, wo die Grundstückspreise und Ladenmieten verhältnismäßig niedrig waren. Immerhin erkannte Macy, daß er an dem von ihm gewählten ersten New Yorker Standort nur eine Chance hatte, wenn er durch eine aggressive Preispolitik mit dem Anspruch, die niedrigsten Preise in New York zu bieten – den allerdings etliche Jahre später auch die Gimbel Brothers erhoben – und eine entsprechend zupackende Werbung Kunden anlocken konnte. Zugute kam ihm, daß 1857 die Phase einer tiefen wirtschaftlichen Depression zu Ende ging und eine Phase wirtschaftlicher Prosperität begann. Sie dauerte bis 1873 an und war mit einem Kaufkraftschub und einer Konsumfreudigkeit auch bei der unteren Mittelschicht, dem hauptsächlichen Publikum der Preiswert-Warenhäuser, verbunden.

Zu Macys Stammpersonal gehörte eine weitläufige Verwandte namens Margaret Getchel, die sich als Kassiererin bewährte. Macy beförderte sie zur Superintendentin und heiratete sie. Auch Abiel La Forge ist einer von Macys Weggefährten. Er arbeitete sich vom Verkäufer für Spitzen und Besatzartikel zum Geschäftsführer hoch. Die drei lebten die ersten Jahre bescheiden über dem Laden. Macy hatte einen Sohn, ein Tunichtgut, dem sein Vater das blühende Geschäft nicht überlassen wollte. Deshalb machte er seinen Gefährten La Forge und den Neffen Robert Macy Valentine zum Partner. Firmengründer Rowland Macy starb 1877 im Alter von nur 54 Jahren, sein Sohn und La Forge starben 1888, wenige Jahre später starb auch Macys Frau Margaret. Neffe Valentine blieb allein zurück und entschloß sich, den Angestellten und Verwandten Charles B. Webster als Teilhaber in die Firma aufzunehmen. Nach dem Tod Valentines heiratete Webster dessen Witwe und beförderte dessen Schwager Jerome B. Wheeler zum Teilhaber der Firma. Unter dem Regiment Webster/Wheeler wurde das Warenhaus, das weiterhin unter dem Namen Macy's firmierte, ausgebaut und einem »facelifting« unterzogen. Es erhielt eine einheitliche Fassade aus angestrichenen Eisenplatten, ein Ventilationssystem, elektrische Beleuchtung und ein Restaurant. 1887 zerstritten sich Webster und Wheeler in der heiklen Frage der Beförderung einer Angestellten, Wheeler kehrte der Firma den Rücken und Charles B. Webster war nun bis 1896 als letzter Repräsentant der weitläufig verzweigten Gründergeneration und ihrer unmittelbaren Testamentsvollstrecker an der Führung von Macy's Company beteiligt, dann übernahm die Familie Straus das Zepter.

Bayerische Juden im amerikanischen Warenhausgeschäft

Lazarus Straus war ein bayerischer Jude, der 1852 nach Amerika auswanderte und dort zunächst als Hausierer über Land zog. Nach zwei Jahren hatte er ausreichend viel Geld angespart, um sich an einer Großhandelsfirma in Georgia zu beteiligen. Lazarus ließ seine Frau und die vier Kinder, eine Tochter und die drei Söhne Nathan, Isidor und Oscar, nachkommen. Nach einem Zwischenaufenthalt in Philadelphia erreichte die Familie New York, wo Lazarus 1866 eine Großhandlung für Steingut, Glaswaren und Chinoiserien eröffnete. Die Söhne Nathan und Isidor hatten als Handlungsreisende für die Firma Straus des öfteren mit Rowland Macy und Abiel La Forge zu tun. Die Verantwortlichen bei Macy's schätzten die Firma Lazarus Straus & Sons und erteilten ihr die Konzession für die Belieferung der China- und Glasabteilung im Macy-Warenhaus. Als Webster seinen Kompagnon Wheeler ausbezahlt hatte, hielt er nach neuen Teilhabern Ausschau und konnte Isidor und Nathan Straus mit ins Boot nehmen. Webster und Isidor Straus waren für das Warenhaus an der Sixth Avenue zuständig, während Nathan für das Großhandelsgeschäft downtown verantwortlich zeichnete. Viele Waren, die bei Macy's nun in den Regalen lagen, stammten inzwischen aus eigenen Werkstätten und Fabriken der Company. Macy's kreierte eigene Hausmarken, 1893 öffnete eine Lebensmittelabteilung, Möbel bot Macy's seit 1896 an, einem für das Unternehmen sehr wichtigen Jahr, weil Webster damals seine Anteile an der Macy-Company den Brüdern Isidor und Nathan Straus für 1,2 Millionen Dollar verkaufte. Die Strausens hielten an der bewährten Strategie der niedrigen Preise fest.

Das Warenhaus zählte um die Jahrhundertwende an die 3 000 Beschäftigte. 1898 starb Lazarus Straus, und seine Enkel, Jesse Isidor und Percy Seldon, wuchsen in ihre künftigen Führungsaufgaben bei Macy's hinein. Sie drängten den Vater und den Onkel, einige Straßenzüge nördlich des Stammhauses, am Kreuzungspunkt von Broadway und Seventh Avenue ein neues Warenhaus hochzuziehen. Denn der etwas südlicher gelegene Standort des alten Geschäfts hatte an Attraktivität eingebüßt, weil sich die zahlungskräftigen New Yorker nun noch weiter im Norden von Manhattan Island, also »uptown« in den vornehmen Straßen rund um den Centralpark, niederließen. Die Sensibilität für stadtgeographische und stadtsoziologische Entwicklungen und eine entsprechend flexible Standortpolitik müssen rückblickend als strategische Vorzüge der Warenhausunternehmen gegenüber dem traditionellen, stark standortgebundenen Einzelhandel angesehen werden, nicht nur in Amerika. Jedenfalls fand Macy's endlich den Standort, um einerseits das Warenhaus-Image der billigen Preise zu pflegen und andrerseits ganz ungeniert in einem Werbeslogan behaupten zu können: »Verschwendung macht Spaß«.

Am Montag, den 3. November 1902, schloß das alte Macy-Warenhaus. Schon am darauffolgenden Sonntag öffnete rechtzeitig zum Weihnachtsgeschäft das neue Macy-Warenhaus seine Pforten, ein neunstöckiges Gebäude, auf das 1910 ein zehntes Stockwerk aufgesetzt wurde und das nun auch viele höherpreisige Artikel führte. Es wartete unter anderem mit 37 Aufzügen, einem System von Förderbändern für den Transport der Waren, einer Klima- und eine Rohrpostanlage für die Verbindung der Kassen und Abteilungen auf. Inzwischen trug die Firma den Namen »R. H. Macy & Co, Inc.«. Sie gehörte Angehörigen der Familie Straus, die über mehrere Generationen führende Positionen in dem Konzern begleiteten. 1912 ertrank Isidor Straus beim Untergang der Titanic. 1922 gab Macy's zum ersten Mal Anteilsscheine aus, um den 1924 fertiggestellten, nunmehr zwanzigstöckigen Warenhaus-Neubau, der 1928 und 1931 noch einmal erweitert wurde, finanzieren zu können.

Bereits vor der Jahrhundertwende hatte sich Macy's bei anderen Unternehmen eingekauft, so 1893 bei der Firma Abraham & Wechsler, die drüben in Brooklyn ein Warenhaus betrieb. Es ging aus einem kleinen Textilgeschäft, das 1865 Abraham Abraham mit einem Partner und drei Angestellten eröffnet hatte, hervor. Abraham Abraham war der 1843 in New York geborene Sohn des wie Lazarus Straus aus Bayern eingewanderten Judah Abraham. Sohn Abraham hatte mit seinem Partner eine Konzession für die Einfuhr chinesischer Konsumgüter und kam so in Kontakt mit der Familie Straus, die in diesem Geschäft führend war. Als die beiden Firmen fusionierten, bekam Abraham & Wechsler den Namen Abraham & Straus. Abraham Abraham brachte seine beiden Schwiegersöhne Simon F. Rothschild und Edward Charles Blum in die neue Firma Abraham & Straus mit. Edith, Tochter aus der zweiten Ehe von Abraham Abraham, heiratete Percy Seldon Straus, der Präsident von Macy's wurde.

Ein weiterer jüdischer Emigrant aus Bayern und amerikanischer Warenhauspionier war Adam Gimbel. Er landete als junger Mann 1835 in New Orleans, wo er sich zunächst als Dockarbeiter im Hafen verdingte. Von dort folgte er den schwerbeladenen Mississippi-Dampfern flußaufwärts und begann einen mobilen Handel. Seine Kunden waren Siedler, Trapper und Pionier-Farmer in der noch weitgehend unerschlossenen Wildnis. Zuerst trugen ihn seine Füße von Ort zu Ort, dann konnte er ein Pferd und einen Wagen kaufen, um von Siedlung zu Siedlung zu ziehen, schließlich bot ihm ein Zahnarzt in der Provinzstadt Vincennes an der Grenze zum Indianerland eine Möglichkeit, die Waren zwischenzulagern. Bis 1842 hatte Gimbel genügend Geld gespart, um in einem eigenen Gebäude mit anderthalb Stockwerken stationär eine Handelsstation zu betreiben. Die ersten Artikel konnte er aufgrund seines guten Rufes auf Kredit einkaufen. Selbstbewußt versprach eine Inschrift in seinem Laden, daß er alle Beanstandungen ernst nehme und sobald als möglich für Abhilfe sorge. Adam Gimbel ließ Handzettel verteilen, auf denen er damit warb, seine Waren an jedermann und zu festen Preisen zu verkaufen. In einer der ländlichen Regionen Amerikas, wo die Siedler zu feilschen gewohnt waren, mußte diese Ankündigung aufhorchen lassen. Als sich Adam Gimbel einmal in Philadelphia aufhielt, um neue Waren einzukaufen, lernte er die Tochter des Fridolyn Kahnweiler, der dort ein kleines Textilgeschäft hatte und ebenfalls ein Jude aus Bayern war, kennen. Die landsmannschaftliche Verbundenheit half den Emigranten, die Fremdheit in der neuen Heimat zu überwinden. Also heiratete Adam Gimbel die Tochter Kahnweilers. Sieben Söhne aus dieser Verbindung garantierten die Fortführung des Familienunternehmens in Vincennes.

Es hatte sich zwischenzeitlich so gut entwickelt, daß die Gimbels den Bau eines »Palace of Trade« ins Auge fassen konnten, eine sehr euphemistische Umschreibung für ein kleines Landwarenhaus. Der Sinn stand dem alten Gimbel jedoch nach einem richtig großen Kaufpalast, der alle seine Söhne in führenden Positionen beschäftigen konnte. Dieses Ziel ließ sich in einer

Warenhausglanz der »Neuen Welt« –
Bloomingdale's (S. 59–61) und Macy's (S. 62–64) in New York

58

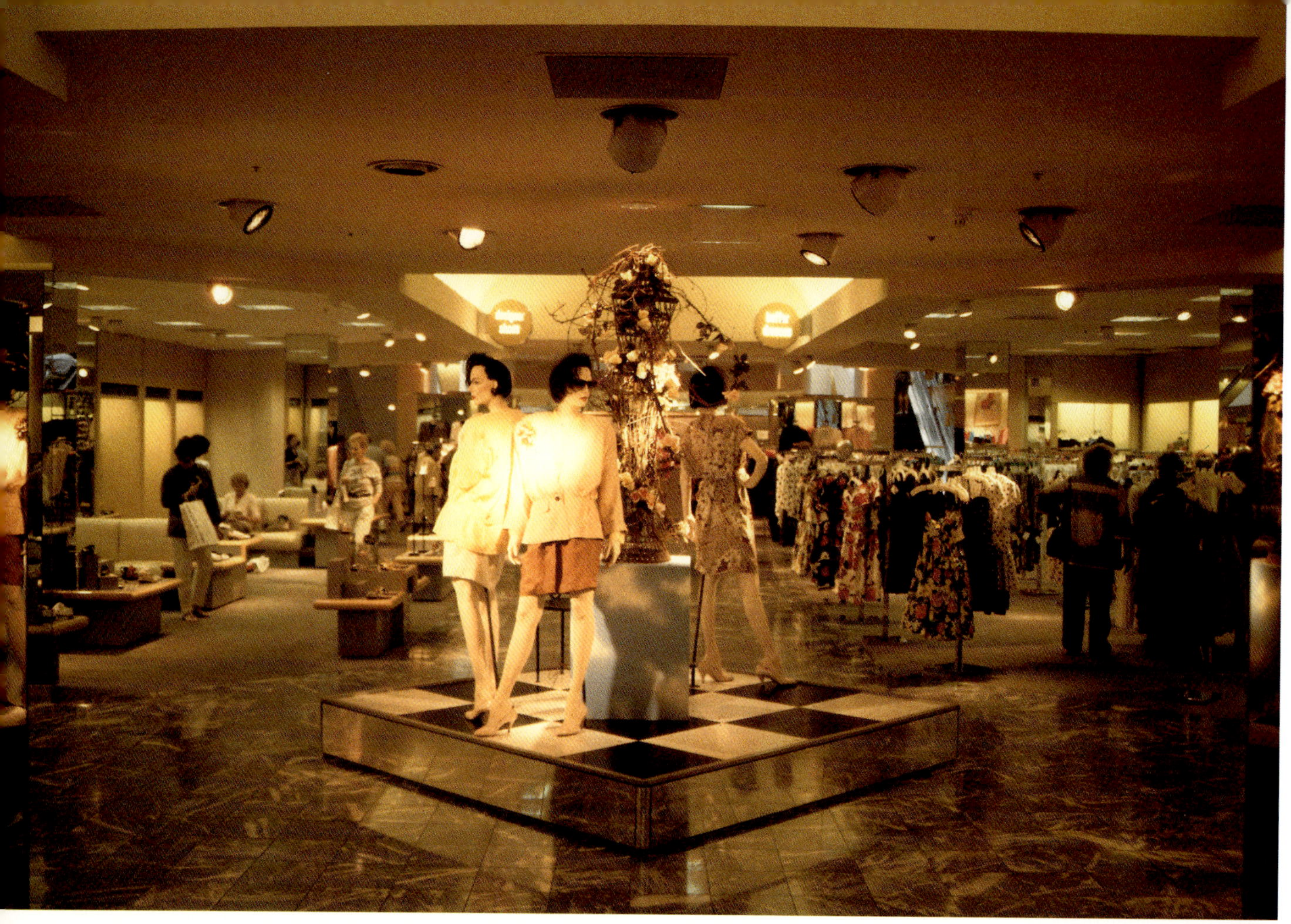

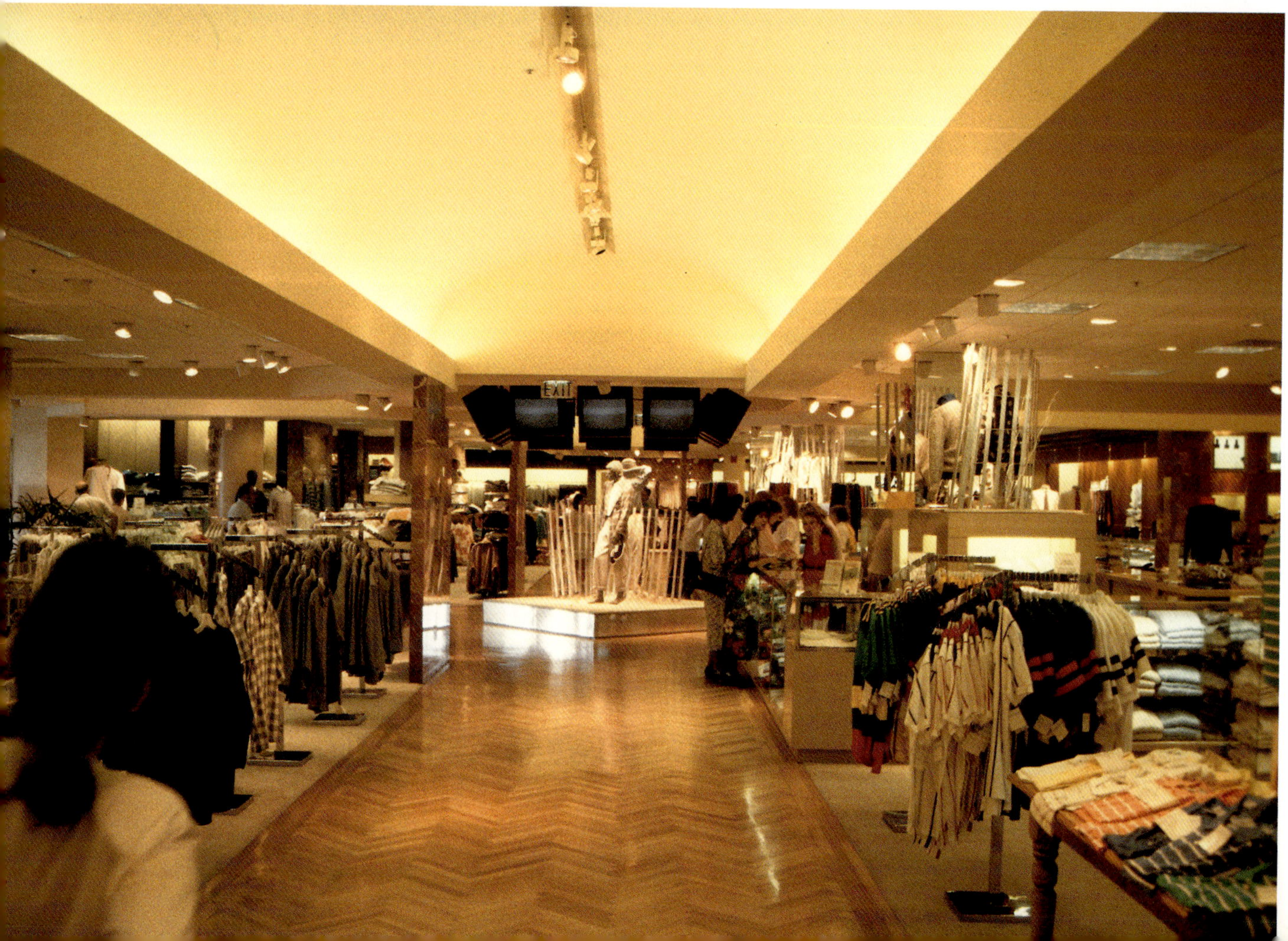
EXIT

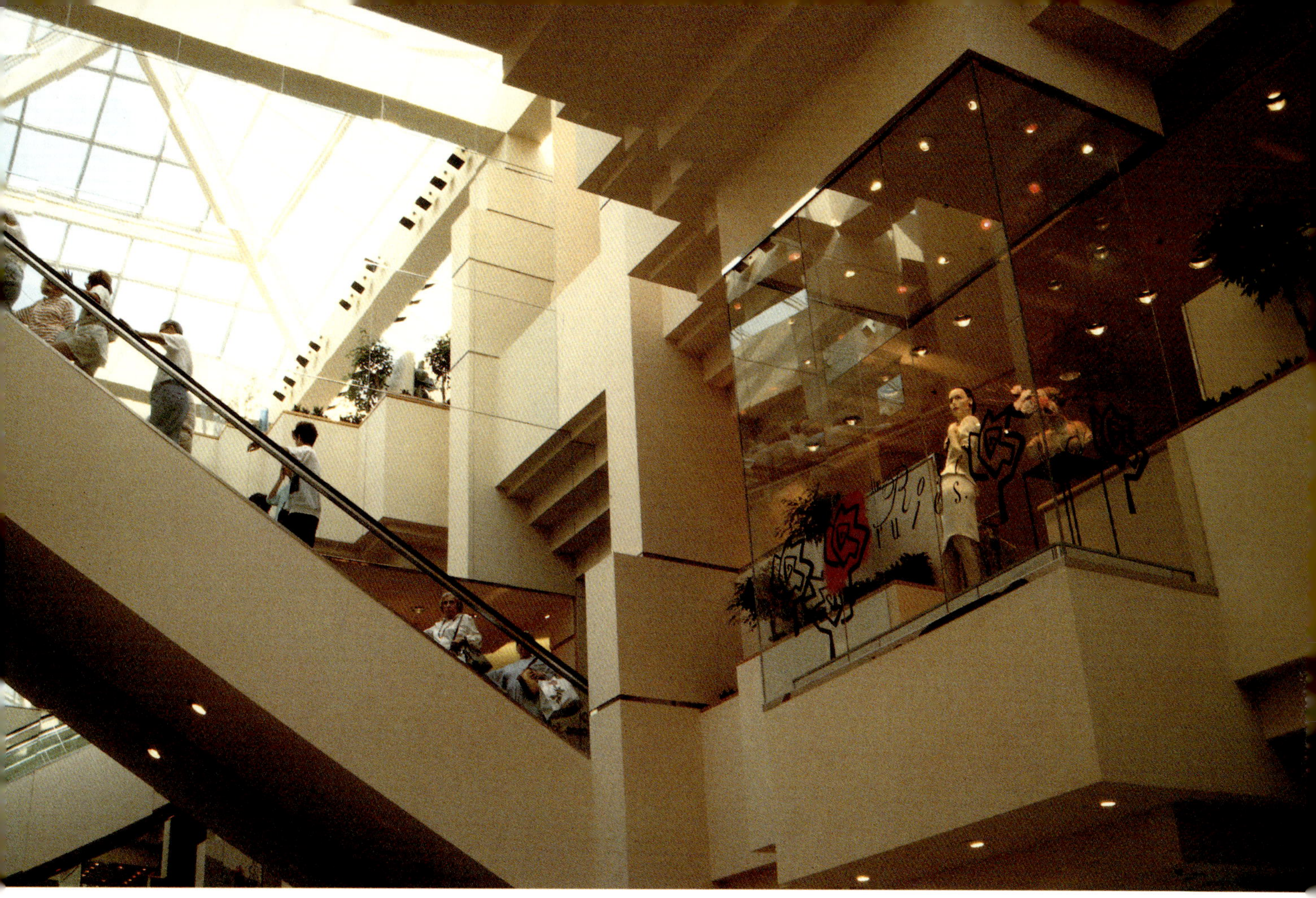

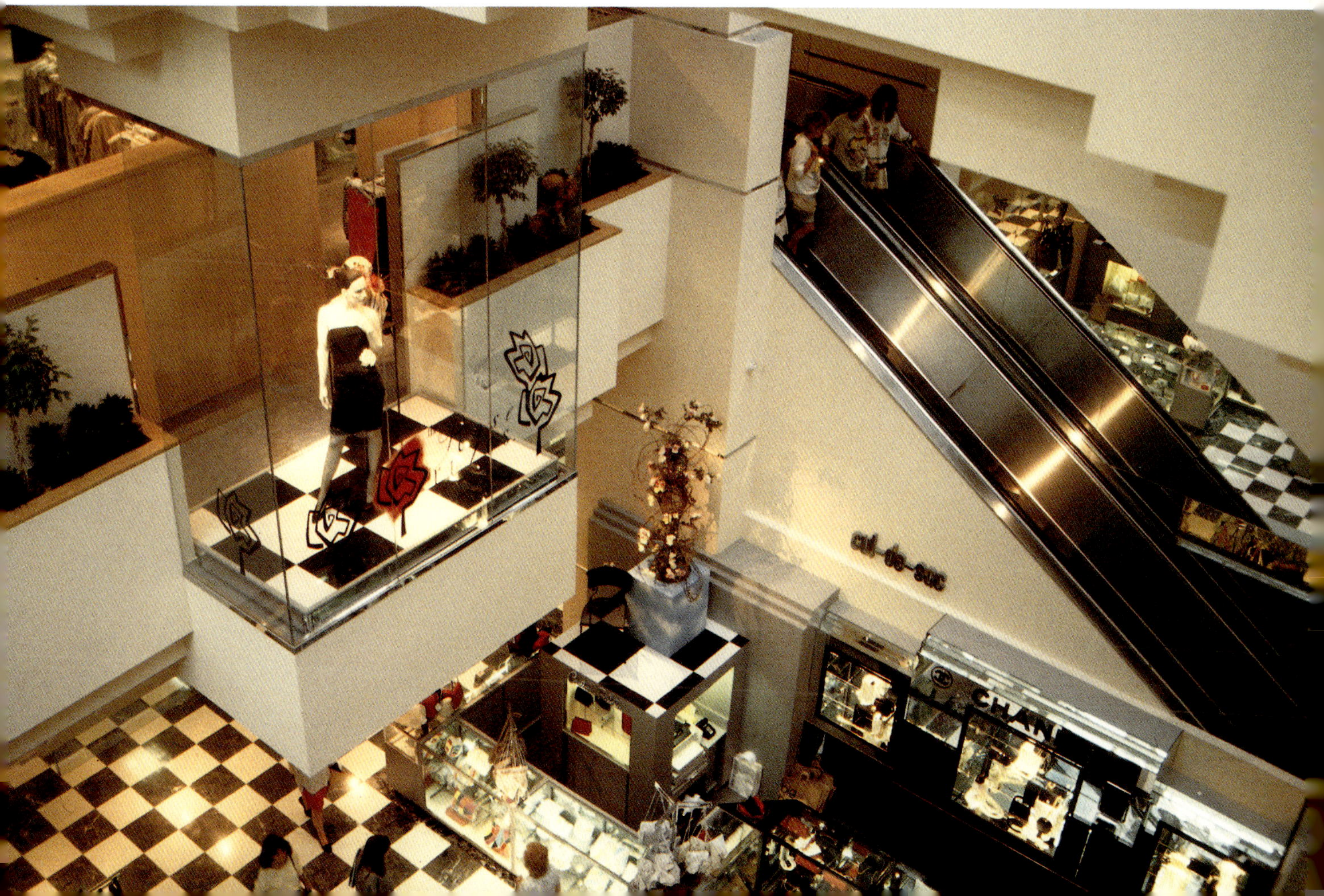
cul-de-sac

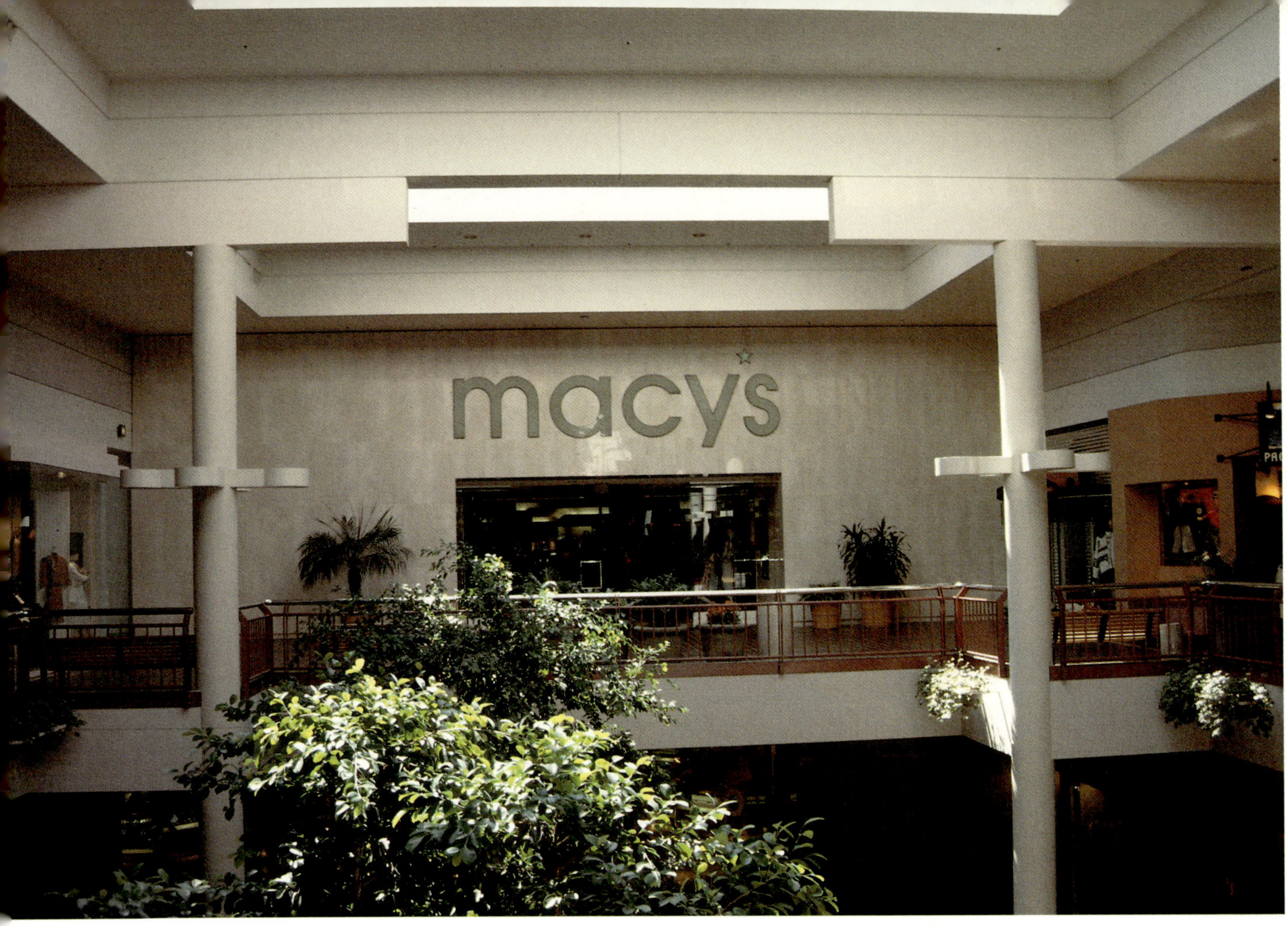
macys

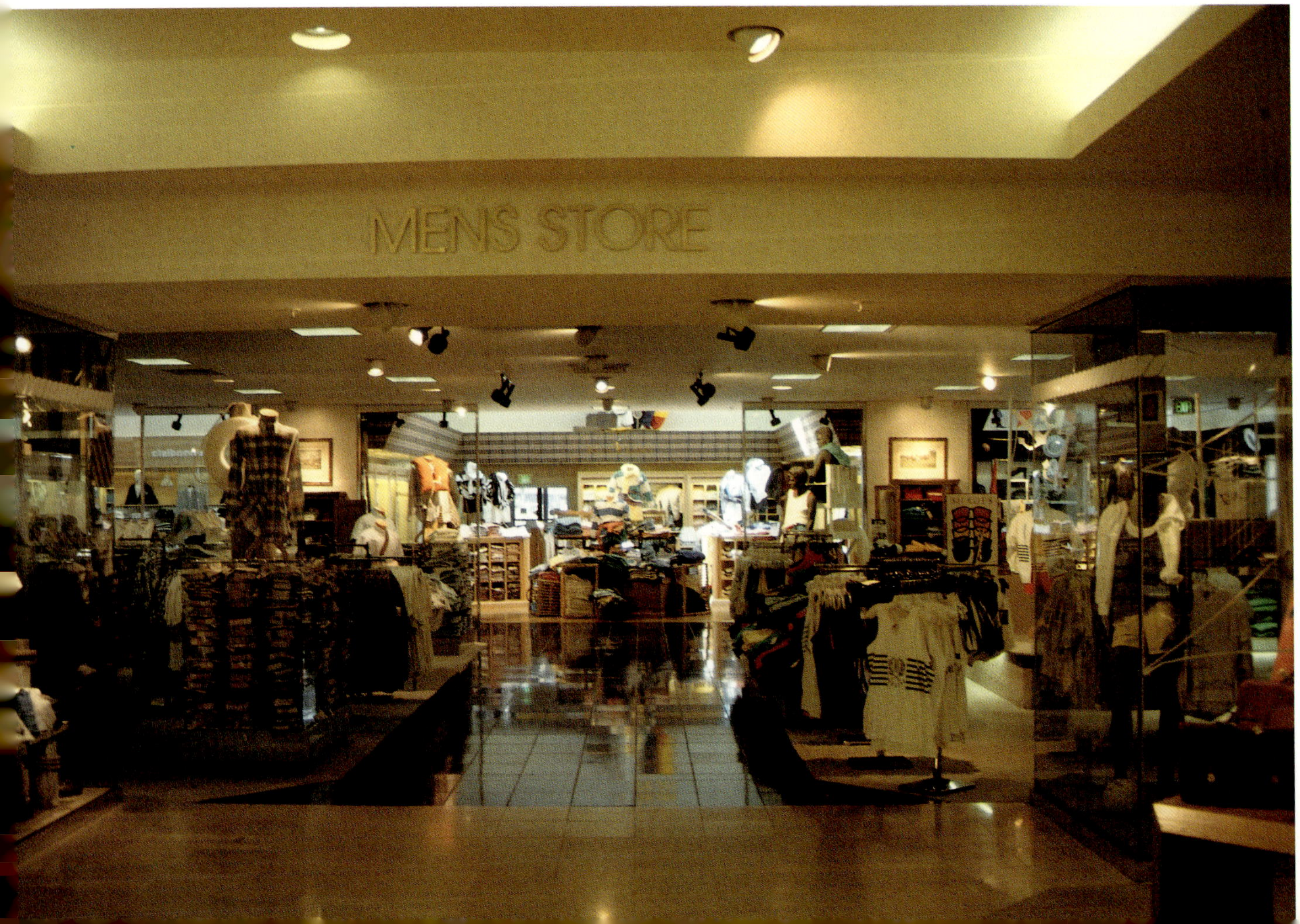
MENS STORE

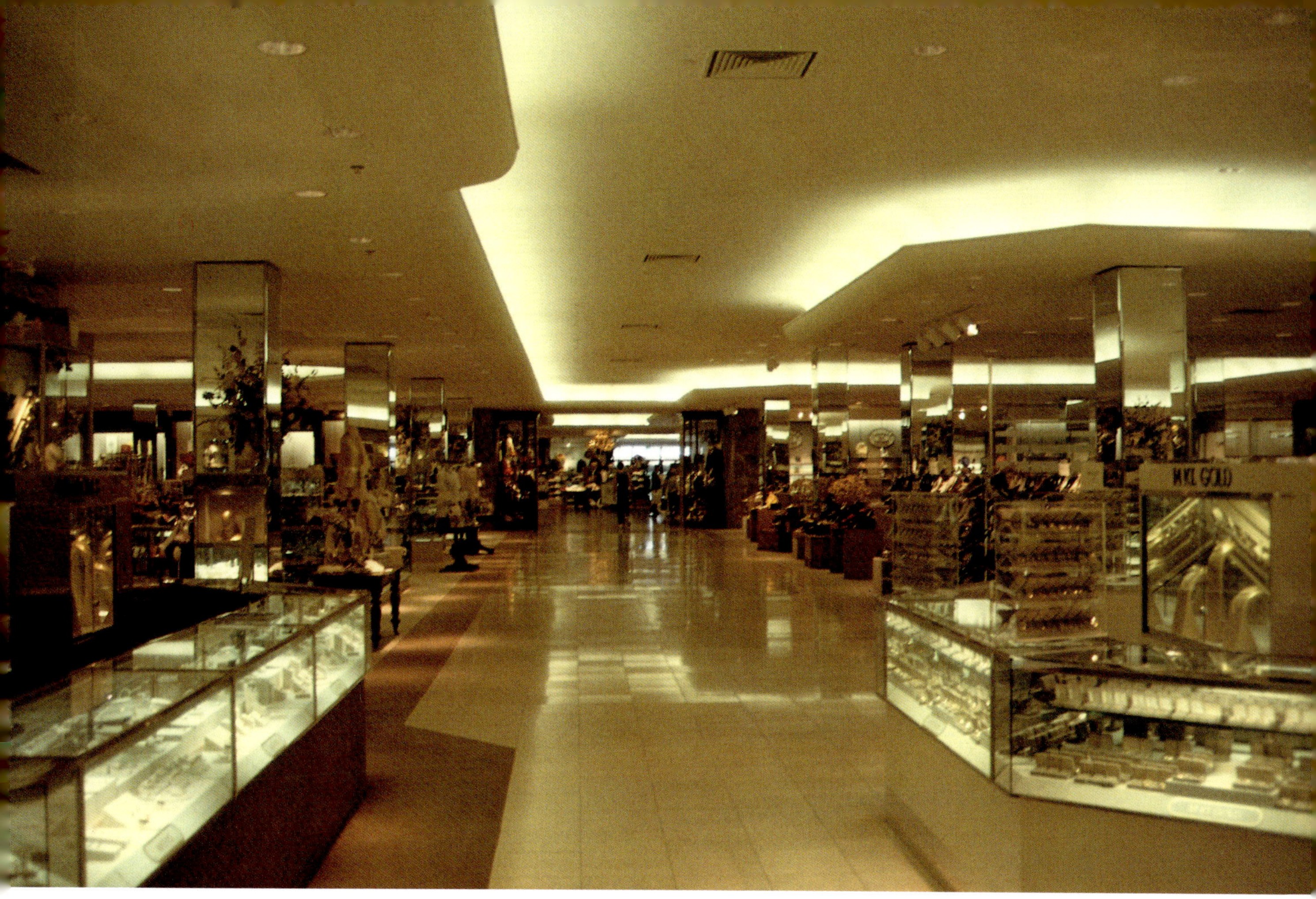
GOLD

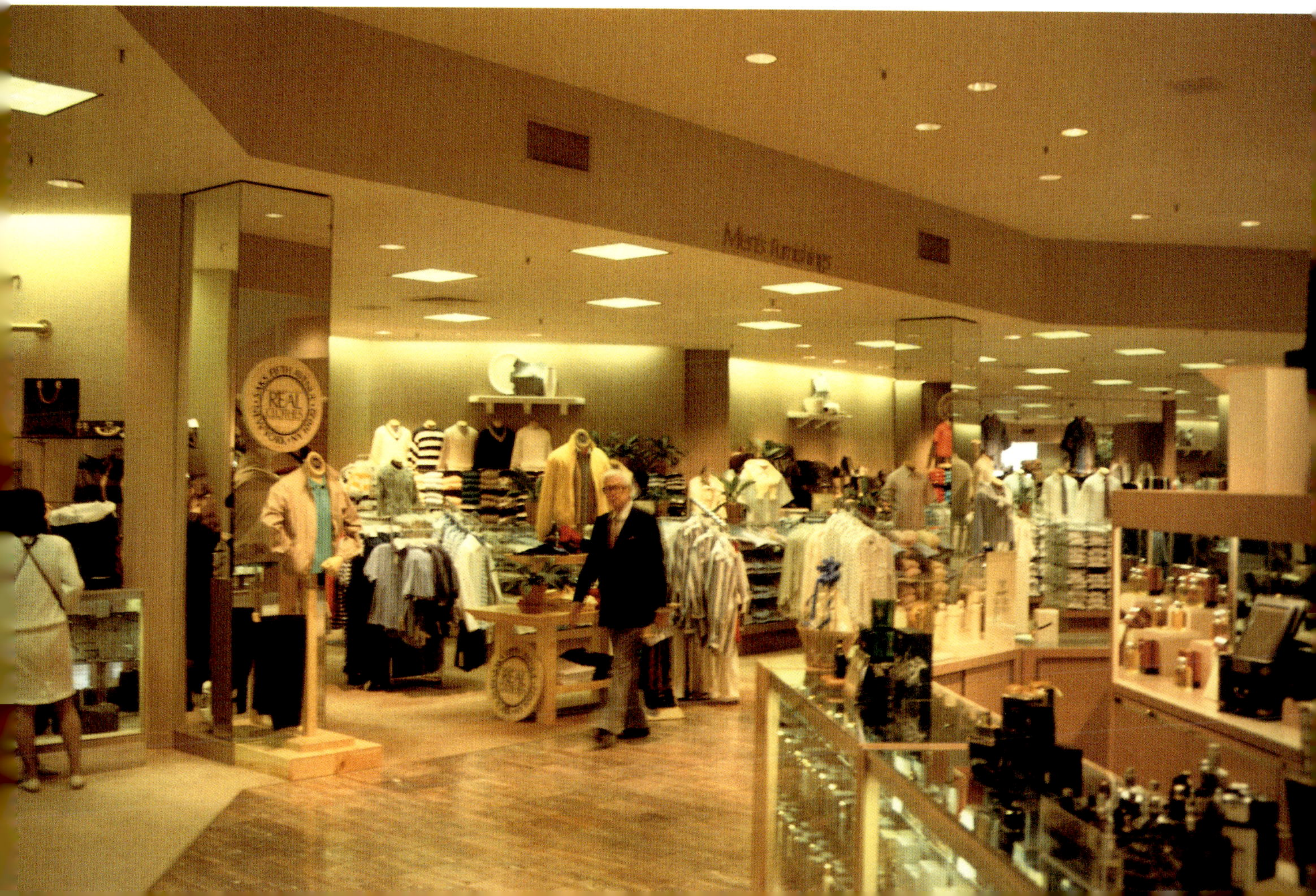
Men's Furnishings
REAL

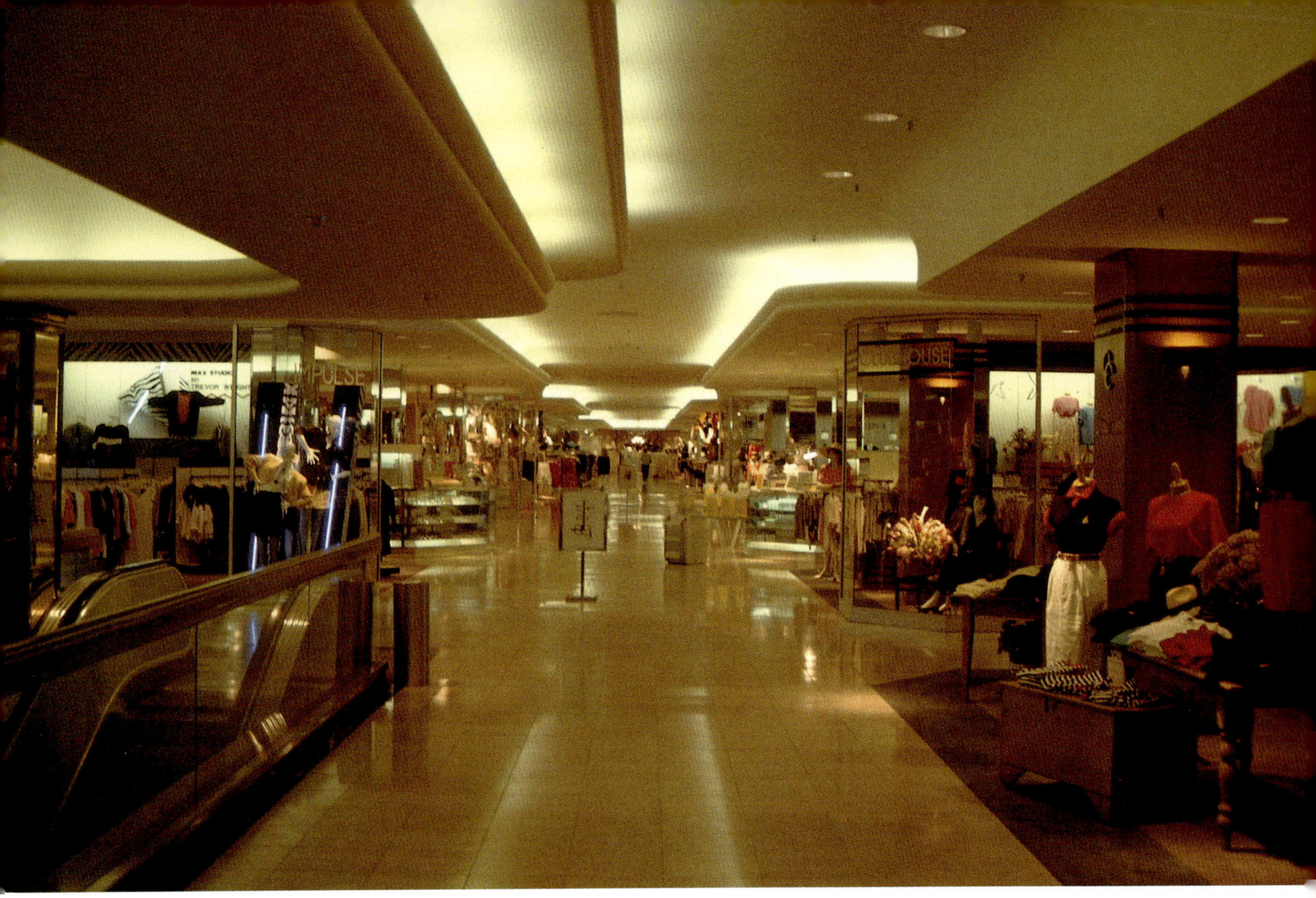
MAX STUDIO
BY
TREVOR WRIGHT

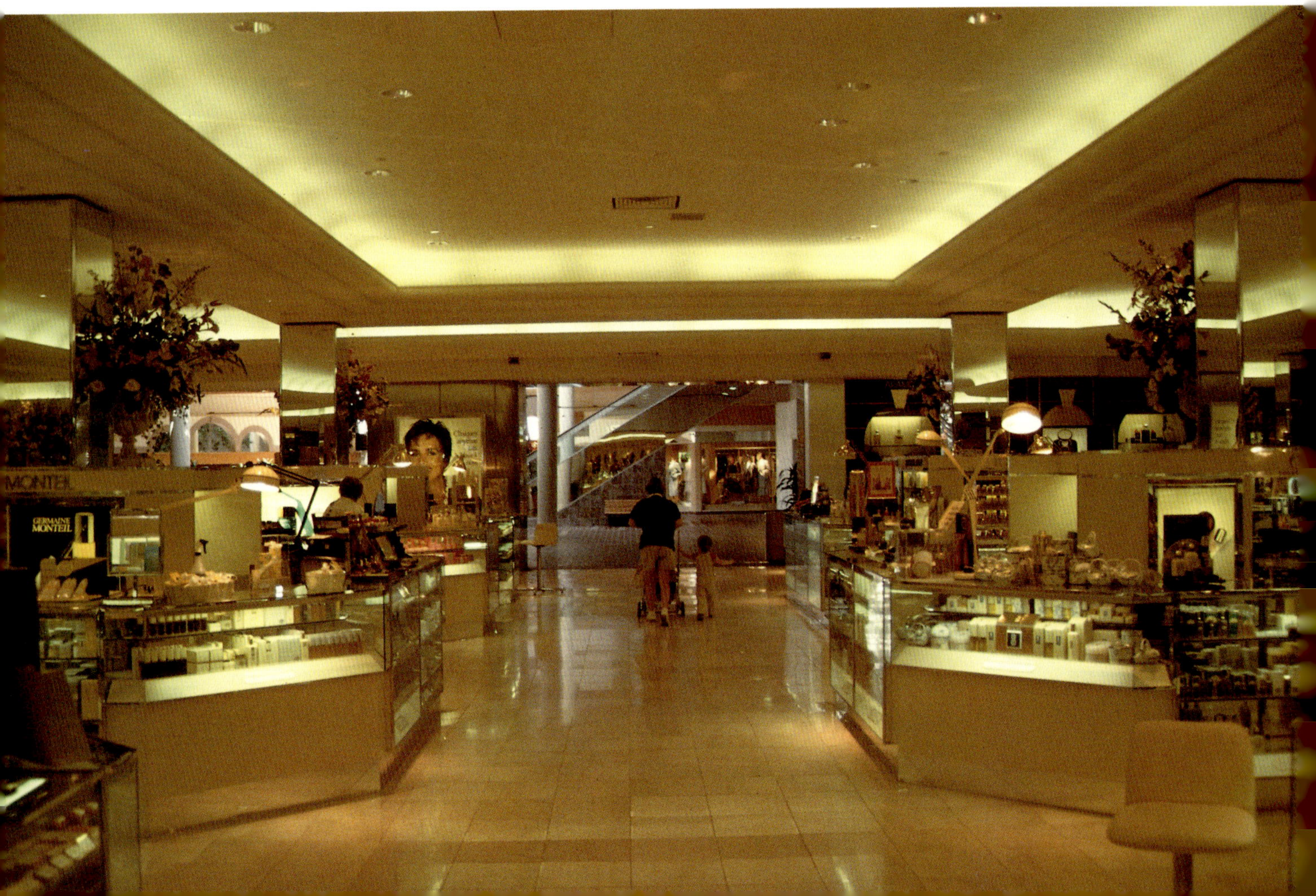
GERMAINE
MONTEIL

Kleinstadt nicht verwirklichen. Deshalb wagte die Firma Gimbel den Schritt nach Milwaukee im US-Staat Wisconsin, wo 1887 das Publikum in das neue Warenhaus strömte. Doch damit nicht genug. 1894, dem Jahr, in dem Vater Adam Gimbel starb, entstand der erste Bauabschnitt des später mehrfach erweiterten Gimbel-Warenhauses in Philadelphia. 1908 sondierte Isaac Gimbel als Präsident des Familienunternehmens Gimbel in New York einen geeigneten Standort und fand ihn in der Nachbarschaft von Macy's und eines Kaufhauses der Saks Company. Die Firmen beschlossen, gemeinsam die gute Anbindung an U-Bahn und Eisenbahn zu nutzen. Während sich die großen Einzelhandelsfirmen in Europa tunlichst voneinander abgrenzten, setzten sie in Amerika auf Zusammenarbeit. Sie nutzten, wie man heute sagt, Synergieeffekte. 1910 kamen die ersten Kunden in das New Yorker Gimbel-Warenhaus.

Nach der Umwandlung in eine auch für außerfamiliäre Investoren zugängliche Kapitalgesellschaft konnte Gimbel's 1923 das Kaufhaus der Saks Company erwerben. 1925 folgte ein Gimbel-Warenhaus in Pittsburgh, das aber 1940 wieder verkauft wurde. Damals erregte das New Yorker Gimbel-Warenhaus Aufsehen, als es eine komplette Kunstsammlung des Multimillionärs Hearst anbot. Sie umfaßte auch ein fein säuberlich zerlegtes und in Kisten verpacktes spanisches Kloster. Hearst hatte es eine halbe Million Dollar gekostet, den Besitzer wechselte es schließlich für 19 000 Dollar, was Gimbel zu dem Werbeslogan verleitete: »Niemand, aber auch gar niemand unterbietet Gimbel.«

Bei der Werbung waren die amerikanischen Warenhäuser nicht zimperlich. Mit großformatigen Zeitungsanzeigen bereitete schon Rowland Macy das New Yorker Publikum auf die Eröffnung seines angeblichen Super-Warenhauses im Jahre 1858 vor. Große, ins Auge springende Buchstaben, reißerische Formulierungen, der Hang zu Superlativen, einprägsame, ständig wiederholte Slogans, bestens vorbereitete Reklamefeldzüge charakterisierten die amerikanische Warenhauswerbung, die sich dadurch deutlich von den oft betulichen Anzeigen deutscher Warenhausgründer unterschied. Sie gaben in einer »ergebenen Mitteilung« an ihr »verehrtes Publikum« die Eröffnung eines neuen Geschäftes bekannt und versuchten, durch die Auflistung der angebotenen Artikel und Preise Kunden mehr zu informieren als anzulocken. Macy's organisierte nicht nur eine Parade am Thanksgiving Day, sondern auch seit 1952 eine große jährliche Frühlingsblumenschau. Die Konkurrenz der anderen Warenhäuser wußte solche Aktionen in einer gleichsam kongenialen Weise zu nutzen. John William Ferry berichtet in seinem Buch über Kauf- und Warenhäuser im englischsprachigen Teil der Welt, daß das Macy's benachbarte Warenhaus der Gimbel Brothers seine Kunden ausdrücklich aufgefordert habe, sich die Blumenschau bei Macy's nicht entgehen zu lassen.[38]

Von den Familien Straus und Gimbel war hier nur stellvertretend die Rede. Denn wie ihre Angehörigen haben auch andere aus Europa und vor allem aus Deutschland ausgewanderte Juden die Geschicke nordamerikanischer Warenhäuser über Jahrzehnte mitbestimmt. Diese an vielen Beispielen nachvollziehbare Tatsache verdeckt nur allzu leicht, daß sich der geschäftliche Erfolg oft erst in der zweiten Generation einstellte und daß die Älteren unter den Eingewanderten ihre Schwierigkeiten hatten, sich in Amerika zurechtzufinden. Jener Mendel Singer aus Joseph Roths Roman »Hiob« wäre daran beinahe zerbrochen. Um der Not, die ihn in seinem russischen Dorf an der Grenze zu Österreich-Ungarn Kaiserreich umgab, zu entfliehen, folgte er seinem Sohn Schemarjah, der sich inzwischen Sam nannte, nach New York, dem neuen Jerusalem. Zusammen mit seinem Freund Mac betrieb Sam in der Houston Street ein Kaufhaus, in dem er seine Schwester Mirjam als Verkäuferin anstellte. Voller Stolz teilte Sam seinem Vater Mendel mit, daß aus dem mit Mac gegründeten Geschäft inzwischen ein »Warenhaus« geworden sei. Sam und Mac planten einen Neubau, während Vater Mendel in seiner Gasse »bei den blauen Petroleumlampen, in der Nachbarschaft der Armen, der Katzen und Mäuse« wohnen blieb, in der Gegend der kleinen Händler, die den Absprung in die Welt der Orgien elektrischen Lichts nicht geschafft hatten. Sie blieben dort, wo sich Menke, der Obsthändler, Skowronnek, der in seiner Musikalienhandlung auch Grammophone führte, der Bibelschreiber Rottenberg und Groschel, der Schuster, redlich mühten und es allenfalls zu einem bescheidenen Wohlstand brachten.[39]

DEUTSCHLAND – die Warenhausdynastien

Die jüdischen Wurzeln

Wie in Amerika ist auch in Deutschland die Entwicklungsgeschichte der Warenhäuser eng mit der Geschichte der Juden verbunden.

Nazi-Propagandisten wie Hans Buchner, der spätere Gauwirtschaftsberater für München und Oberbayern, wußten genau, wie sie den Zorn der unzähligen Mitläufer gegen die Warenhäuser schüren konnten. Sie verstanden es bestens, politisches Kapital aus der teilweise durchaus verständlichen Angst vieler kleiner Einzelhändler vor der Konkurrenz der großen Warenhäuser zu schlagen, indem sie diese Kritik antisemitisch aufluden. »Vor einiger Zeit erschien eine Jubiläumsschrift des Verbandes der Warenhäuser. Eine Mustergalerie von Charakterköpfen zeigte die dabei angefügte Photosammlung der Warenhauskönige. Da findet man sie beisammen, wie wenn sie einem Rasseforscher die Arbeit erleichtern wollten: die teils reinrassigen Typen der Schocken, Grünbaum, Knopf, Hirsch und die halben Talmiköpfe der Tietz, Wronker, Joske, Ury und wie sie alle heißen, die aus Birnbaum und von weiter östlich her kamen; von dort, wo der Kaftan und die Hängelocke bis auf diesen Tag zu unentbehrlichen Requisiten der Volkszugehörigkeit zählen, wo der Smoking und der steife Hut dem Händlergenie noch nicht den börsengerechten Nimbus der Burgstraße verleihen«, schrieb Buchner 1931.[40]

Birnbaum ist ein Städtchen an der Warthe in der ehemals preußischen Provinz Posen, das heute polnisch ist und Miedzychod heißt. Tatsächlich stammen aus Birnbaum die Gründer einiger bedeutender deutscher Warenhausunternehmen. »Warum aber dieses kleine Landstädtchen ausgerechnet so viele Gründer später bekannter Warenhäuser hervorbrachte, ist nicht zu erklären«, heißt es selbst in einer Chronik der Hertie AG.[41] Aber man kann nach plausiblen Erklärungen dafür fahnden, daß die Firmen Hermann bzw. Oskar Tietz (Hertie-Ahnherrn), Leonhard Tietz (Kaufhof-Ahnherrn), Knopf (Karlsruhe), Ury (Leipzig) und Joske (Leipzig) auf Angehörige jüdischer Familien aus Birnbaum zurückgehen. Auch von einem amerikanischen Warenhauszweig der in Birnbaum beheimateten Familie Joske ist gelegentlich die Rede.

In Margonin, einem weiteren Ort der Provinz Posen, lebten die Eltern von Simon und Salman Schocken. Sie waren die Gründer des Schocken-Konzerns. Salman Schockens Sohn Gershom erwähnt in einem Zeitschriftenbeitrag ein Manufakturwarengeschäft, das sein Großvater »in einer Kleinstadt der Provinz Posen, dem damaligen Grenzgebiet zwischen Deutschland und Russisch-Polen« betrieben habe.[42] Zu nennen ist außerdem Hermann Wronker, der in einem Dorf bei Birnbaum aufwuchs und das Frankfurter Warenhausunternehmen Wronker & Cie gründete.

Daß der Zusammenhang zwischen bedeutenden Warenhausgründungen und dem Städtchen Birnbaum kein Zufall sein kann, liegt auf der Hand. Jedoch sind die genauen Umstände, wie die Warenhausidee unter den Birnbaumer Juden kursierte und ob sie letztendlich nach einer gezielten und kontrollierten Strategie in die innovative Tat umgesetzt wurde, nicht bekannt. Einen wichtigen Hinweis liefert das soziale und politische Umfeld, in dem die Birnbaumer Juden in der zweiten Hälfte des 19. Jahrhunderts lebten. In einem Buch über den ebenfalls aus Birnbaum stammenden Maler Lesser Ury, der ein Cousin der Brüder Moritz und Julius Ury war, die in Leipzig ihr bekanntes Warenhausunternehmen Ury begründeten, beschreibt Joachim Seyppel Birnbaum als ein Provinzstädtchen, rund 170 Kilometer Landstraße von Berlin entfernt. Dorthin habe der preußische Staat Lehrer strafversetzt, die nicht als regie-

rungstreu galten und unter ihren Schülern oppositionelle Ideen verbreiteten wie der trinkfeste Prorektor des Birnbaumer Progymnasiums, der sich zu den Zielen der Revolution von 1848 bekannte.

Oskar Tietz kam 1858 zur Welt. Er las mit Freude Heinrich Heine, doch der Dichter war nach offizieller Lesart noch immer als Vaterlandsverräter verpönt, weil er vom Exil in Frankreich aus seinen Spott über das unter Kuratel reaktionärer Fürsten stehende Deutschland ausgegossen hatte. Oskar, der in seiner Jugend ein Hitzkopf war und zum Aufbrausen neigte, soll auch Schriften von Revolutionären wie Karl Marx oder Reformern wie dem Genossenschaftsgründer Schulze-Delitzsch in die Hand bekommen haben, möglicherweise sogar von einem seiner Lehrer in Birnbaum. Er verließ das Progymnasium vorzeitig und ohne Abschluß. Oskar war politisch interessiert, während sein älterer Bruder Leonhard, der schon 1849 geboren wurde, sich eher für das Theater und Schöngeistiges interessierte. Die Eltern der später berühmten Tietz-Kinder waren fromme Juden, die jedoch wach die politischen und wirtschaftlichen Entwicklungen verfolgten und den Kindern Spielräume ließen, ihre Chancen zu nutzen, zumal der schmale Verdienst aus dem Fuhrgeschäft des Vaters die Kinder mit eigenen Familien hätte nicht ernähren können. Der jüdischen Lebens- und Glaubensgemeinschaft fühlte sich Oskar Tietz zeitlebens verbunden. So blieben an hohen jüdischen Feiertagen sogar seine Großstadt-Warenhäuser geschlossen. Oskar Tietz gehörte zu den Vorkämpfern der Sonntagsruhe und erregte bei Christen in München und anderen Städten Aufsehen, als er seine Warenhäuser in den Monaten Juli und August an Sonntagen nicht öffnete. Das mag einerseits betriebswirtschaftlich begründet gewesen sein, andrerseits hatte es ohne Zweifel auch mit dem religiösen Grundkonsens zu tun, den Oskar Tietz mit seinen Glaubensgeschwistern teilte. Man darf nicht vergessen, daß er bei offiziellen Anläßen und wichtigen Besprechungen mit kommunalen und staatlichen Stellen zu den abgesandten ehrenamtlichen Vertretern der jüdischen Gemeinde Berlins gehörte. Religiöses Bekenntnis und wirtschaftliches Handeln gingen gleichsam Hand in Hand.

Der Rückhalt in der Großfamilie bot ein Fundament in den Zeiten des Umbruchs, der auch das Städtchen

Werbung des Spandauer Warenhauses Hirsch, um 1900

Birnbaum erfaßte. Eine Zeitlang war es polnisch, dann wieder preußisch-deutsch. Polen und Deutsche lebten nebeneinander her. »1861 hatte die kleine Handelsstadt Birnbaum 3 400 Einwohner«, schreibt Seyppel in seiner Monographie über den Maler Lesser Ury. Der ganze Landkreis sei mehrheitlich von Polen besiedelt gewesen. Noch um die Jahrhundertwende hätten dort 49 Prozent Deutsche und 51 Prozent Polen gelebt, »trotz der seit dem deutsch-französischen Krieg verstärkten Germanisierungspolitik«. Die ländliche Bevölkerung habe überwiegend polnisch gesprochen, die städtische deutsch. »Die Juden wurden in den Statistiken im allgemeinen zu den ›Deutschen‹ gerechnet. Sie sprachen deutsch oder jiddisch und betrachteten sich selber als Deutsche; bei Erhebungen nach Konfessionen wurden sie unter ›Israeliten‹ geführt«.[43] Birnbaum blieb eine Landstadt, die auf ihr polnisch geprägtes Umland, das in seiner von bäuerlichen Traditionen geprägten Vergangenheit verharrte, angewiesen war. Vom Aufbruch ins Industriezeitalter, der in vielen Teilen Deutschlands begonnen hatte, war in Birnbaum wenig zu spüren. Nur wenn sie sich nach Westen, also in Richtung Deutschland, orientierten, durften die in der preußischen Provinz Posen lebenden Juden hoffen, die sehr begrenzten Möglichkeiten als Viehhändler, Trödler, Fuhrleute und Inhaber kleiner Ladengeschäfte zu überwinden. Der Osten, also das russische Zarenreich, war für die einst polnischen und nun wieder preußischen Juden nicht nur aus wirtschaftlichen Gründen keine Perspektive. Die zaristische Politik gegenüber den Juden blieb unberechenbar. Sie mußten ständig mit Repressionen und Pogromen rechnen. Demgegenüber stellten ihnen die vom preußischen Staat eingeleiteten Reformen mit dem Ziel der vollständigen bürgerlichen Emanzipation der Juden eine lang ersehnte Sicherheit und Freiheit in Aussicht.

1812 war das Edikt erlassen worden, durch das die Juden in Preußen zu gleichberechtigten Staatsbürgern werden sollten und nicht mehr »Schutzjuden« bleiben mußten, denen unter dem Vorwand obrigkeitlichen Schutzes der Zugang zu den meisten Gewerben verwehrt worden war. In Preußen schien nun die Saat aufzugehen, die Aufklärer wie der jüdische Philosoph Moses Mendelssohn ausgestreut hatten. Salman Schocken, der den Warenhauskonzern Schocken zur Blüte führte, verehrte in seinen jungen Jahren Mendelssohn als Vordenker einer Emanzipation des Judentums glühend. Doch auch das Papier, auf das die Emanzipationsgesetze geschrieben standen, war geduldig. Die mörderische Häme der »Christen« ließ nicht lange auf sich warten. »Die Juden-Emanzipation war ein Fehlgriff, den kurzsichtige Politiker in einer vielbewegten, revolutionären Zeit aus Mißverständnis thaten«, ist in der Ulmer Schnellpost vom 24. September 1891 zu lesen. »Der Jude hängt zäher als zuvor an dem Alten und kehrt seine Sonderstellung uns Deutschen gegenüber stolz zur Schau. Produktive Arbeit ist ihm ein Ekel; nur dem Hang zum Schachern geht er nach!«[44] Viele Juden hatten gehofft, endlich zu freien, gleichberechtigten Bürgern zu werden, und waren sogar bereit, dafür den hohen Preis der Assimilation, also der Anpassung an die »christliche« Gesellschaft, zu zahlen. Die »Christen« verstanden es jedoch, sich die Juden vom Leib halten und ihnen die berufliche Emanzipation schwer zu machen, die eine Konsequenz der von Reichsfreiherr Karl vom und zum Stein ausgearbeiteten Reformen hätte sein müssen.

Stein gilt als Vater der Gewerbefreiheit. Er befreite die Möglichkeiten, ein Gewerbe auszuüben oder Handel zu treiben, aus dem Korsett von Standes- und Zunftordnungen, und garantierte die Koalitionsfreiheit. Nun konnten sich Geschäftspartner auch aus verschiedenen Branchen frei zusammenschließen, Gesellschaften und wirtschaftliche Vereinigungen bilden. Aufbruchsstimmung machte sich breit. Die Tore aus dem Ghetto begannen sich zu öffnen.

Auch Leonhard und Oskar Tietz haben auf die preußische Reformpolitik gebaut. Ihnen war bewußt, daß sie mit einiger Aussicht auf Erfolg nur in jenen Branchen in eine neue berufliche Existenz starten konnten, in denen sie möglichst sogar einen Erfahrungsvorsprung hatten, wie beispielsweise bei der Vermittlung und Organisation von Geldgeschäften und im Handel. Da sie auch nach der Auflösung der Zünfte von den etablierten christlichen Handwerkern geschnitten wurden und ihnen bis in die Jahre der Weimarer Republik beispielsweise die höheren Positionen in Heer und Verwaltung versperrt blieben, hatten sie gar keine andere Wahl, als sich unter den neuen, trotz allem offeneren Bedingungen auf den Handel und die mit ihm verbundene Konsumgüterindustrie sowie auf jene Bereiche der Wirtschaft zu stürzen, in denen die Verbindung von Kapitalbeschaffung und technischer Produktion, also unternehmerisches Engagement, gefragt war.

Exemplarisch sei die Verbindung von Tuchhandel »en gros und en détail« und Textilindustrie erwähnt. Die Fabrikgründer waren sehr oft technische Erfinder, die Webstühle, Strick- und Nähmaschinen für verschiedene Aufgaben erfanden. Den Gründern, die eine technische Idee hatten, aber sie manchmal nur unzureichend vermarkten konnten, folgten die kaufmännisch und, wie wir heute sagen, betriebswirtschaftlich versierten Textilunternehmer. Die Juden mußten im Kaufmännischen erfindungsreich und außerdem untereinander solidarisch sein, um sich einen Platz in der kapitalistischen (Ellenbogen)-Gesellschaft zu erobern.

1907 waren 62,6 Prozent der berufstätigen deutschen Juden im Bereich Handel und Verkehr beschäftigt, während der auf die Gesamtbevölkerung bezogene Anteil nur 13 Prozent betrug. 1933 hatte sich an dieser Relation nicht viel verändert (Juden: 61,3 Prozent, Gesamtbevölkerung: 18,4 Prozent). Etwas anders sah das Verhältnis in dem Bereich Industrie und Handwerk aus, in dem 1907 der Anteil der auf die Gesamtbevölkerung bezogenen Beschäftigten 42 Prozent betrug, während nur 27,1 Prozent der berufstätigen deutschen Juden in diesem Bereich arbeiteten (1933: Gesamtbevölkerung: 40,4 Prozent, Juden 23,1 Prozent).[45] Die deutschen Juden nutzten also die größeren Entfaltungsmöglichkeiten, die ihnen Wachstumsbranchen wie der Handel allgemein und der Textilhandel im besonderen bot. Clevere Geschäftsleute und Newcomer besetzten Nischen; und das Warenhausgeschäft stellte, so merkwürdig es zunächst klingen mag, eine solche Nische dar.

Die deutschen Warenhäuser, die ja nicht alle jüdischen Besitzern gehörten, haben selbst in Glanzzeiten vor dem Dritten Reich einen Marktanteil von rund sechs Prozent nicht überschritten und sind somit als Branche streng genommen nicht über ihre Nischenrolle hinausgekommen. Trotzdem suggerierte die Propaganda eine marktbeherrschende Stellung der Warenhäuser. Der Vorwurf war antisemitisch begründet, indem die behauptete Marktbeherrschung de facto mit der großen Bedeutung gleichgesetzt wurde, die jüdische Firmen in der Szene der deutschen Warenhäuser innehatten. Tatsache ist, daß 1932 schätzungsweise 80 Prozent des Umsatzes der deutschen Warenhäuser von jüdischen Firmen erzielt wurden, berichtet Angelika Schindler.[46]

In der zweiten Hälfte des 19. Jahrhunderts war in Deutschland, nicht zuletzt bewirkt durch die verbesserten politischen Rahmenbedingungen, ein Boom von Firmengründungen und Geschäftseröffnungen im Einzelhandel zu verzeichnen. 1843 kamen auf 10 000 Einwohner in Preußen nur 97 Einzelhändler, 1895 dagegen 240. Wie bei jedem Gründungsboom begleitete auch diesen eine steigende Zahl von Firmenpleiten, wofür viele betroffene Detaillisten, die sich um ihre Hoffnungen betrogen fühlten, die Warenhäuser und die Juden verantwortlich machten. Ein Trugschluß, denn es zeigte sich, daß gut geführte kleinere Spezialgeschäfte sehr wohl von der Nähe eines Warenhauses profitieren konnten, die veralteten Krämerläden jedoch zu kämpfen hatten. Die leuchtenden Beispiele der Warenhauskönige täuschten darüber hinweg, daß auch unter den handeltreibenden Juden glanzvolle Karrieren selten waren. Viele, die Zögerlichen zumal, fristeten ihr Leben auch weiterhin als Trödler, indem sie nach wie vor mit Karren über Land zogen. Der Trödelhandel bildete eine Sonderform des Gemischtwarenhandels. Er tendierte naturgemäß zu einem breiten Sortiment, wie es auch für die Warenhäuser typisch ist. Aus handelsgeschichtlicher Sicht kann man das Warenhaus nach Sombart und Göhre als eine ins Riesenhafte gesteigerte Gemischtwarenhandlung bezeichnen. Andererseits stellt das Warenhaus ja gerade die Verbindung von Gemischtwarenhandlung und Fachgeschäft dar. Der Fachgeschäftscharakter nimmt in den Abteilungen Gestalt an, und er geht, was die Entstehungsgeschichte vieler Warenhäuser betrifft, auf den Handel mit Textilien und Kurzwaren zurück.

Wenn man sich diese Umstände ins Bewußtsein ruft und außerdem bedenkt, daß auch deutsch-polnische Juden von Erzählungen und Berichten weitgereister oder ausgewanderter Glaubensgenossen und teilweise aus eigener Anschauung die erfolgreichen neuen Betriebsformen des Einzelhandels in Frankreich, Groß-

Hermann und Oskar Tietz, die Gründer des Warenhauskonzerns Hertie

britannien und Nordamerika kannten, dann erscheint es recht plausibel, daß sich die Warenhausidee, basierend auf den erwähnten beruflichen Erfahrungen, auch in dem Städtchen Birnbaum herumsprach.

Wie dem auch sei! Hermann Tietz hatte im amerikanischen Sezessionskrieg auf der Seite von Abraham Lincoln gekämpft und besaß einen amerikanischen Paß, war also amerikanischer Staatsbürger, als er nach Deutschland zurückkehrte. Mit Ersparnissen aus seiner Bäckerei in Amerika unterstützte er die ehrgeizigen Warenhauspläne seines Stiefneffen Oskar, wobei man im Bezug auf Hermann Tietz besser von einem Partner als von einem väterlichen Freund ausgeht oder gar von einem ehrfurchtheischenden betagten Herrn, denn Hermann war nur 17 Jahre älter als sein Stiefneffe. Die Verwandtschaft der Tietzens aus Birnbaum war ausgesprochen weit verzweigt. Das verwandtschaftliche Netz ergänzten Bekanntschaften. So stammte auch Flora

Baumann, die Jugendfreundin und spätere Ehefrau von Leonhard Tietz, aus Birnbaum. Es gab Berührungspunkte zwischen den Familien Tietz und der von Michaelis Max Joske, der zur selben Zeit wie Leonhard und Oskar Tietz in Birnbaum aufwuchs und später in Leipzig-Plagwitz ein Warenhaus eröffnete. Keile Joske hieß die Großmutter der Tietz-Brüder.

Familienbande

Die Geschichte der jüdischen Familie Tietz läßt sich bis zu einem Ben Zwi zurückverfolgen, der vermutlich im 17. Jahrhundert von Avignon nach Holland auswanderte, um der Verfolgung zu entfliehen. Einer seiner Nachfahren, der zu seinen Vornamen Jakob Isaak schon den Beinamen Tietz trug, zog zusammen mit seiner Frau Rebekka von Holland ins preußische Wartheland. Er muß ein vermögender Mann gewesen sein, denn er kaufte ein königlich-preußisches Gut und ließ sich in Birnbaum nieder. David und Isaak Tietz, zwei der drei Söhne des 1798 verstorbenen Jakob Isaak Tietz, gelten als Begründer der »reichen« Tietz-Linie. Sie waren Großonkel von Leonhard und Oskar und hatten in Birnbaum den Grundstock der namhaften Groß- und Einzelhandelsfirma »Gebrüder Tietz« gelegt. Sie besaß 1913 in der Berliner Klosterstraße ein stattliches Geschäftshaus, das in einem Buch über Ludwig Tietz, den Arzt und Leiter des deutschen »Reichsausschusses der jüdischen Jugendverbände« abgebildet ist.[47] Die Vorfahren von Ludwig Tietz hätten 1813 in Birnbaum ein »Geschäft für Posamentierwaren und Besatzartikel« gegründet, heißt es da. »Der Vater von Ludwig Tietz, Berthold Tietz (geb. 23. Dezember 1858), trat 1886 als Prokurist und Mitinhaber in die Firma Gebrüder Tietz ein und blieb in der Leitung des Hauses bis zu seinem Tode im Jahre 1923.«[48]

In der Villa der Eltern von Ludwig Tietz in Berlin habe »eine der seltenen Landschaften von Lesser Ury« gehangen.[49] Der Maler Lesser Ury stammte ebenfalls aus Birnbaum. Die solidarische Verbindung mit dem Landstädtchen in Posen und den dort lebenden Glaubensgeschwistern ist offensichtlich auch bei der »reichen« Tietz-Linie nicht gerissen. Aber großherzige Wohltäter des Städtchens waren ihre Vertreter sicher nicht. Oskar Tietz dagegen stiftete Birnbaum den nach ihm benannten »Tietz-Park« und eine Badeanstalt. Zum Dank bekam die Straße, in der sein Geburtshaus stand, den Namen »Oskar-Tietz-Straße«. Er wurde zum Ehrenbürger von Birnbaum ernannt. Während des Ersten Weltkrieges kam Birnbaum wieder unter polnische Verwaltung und hieß fortan Miedzychod. Die Erinnerung an den jüdisch-deutschen Warenhauspionier verblaßte rasch, und selbstredend hatten die Nazis kein Interesse, sie aufzufrischen.

Die »reiche« Tietz-Linie erweiterte in gewisser Weise das verwandtschaftliche Netzwerk, dessen fein gesponnene Fäden nur beispielhaft dargestellt werden können. Salomon hieß der dritte Sohn von Jakob Isaak Tietz. Salomon steht am Beginn der »armen« Tietz-Linie, die in Wirklichkeit gar nicht so arm war wie andere jüdische Familien in Birnbaum, sondern nur nicht so reich wie die Angehörigen der anderen Tietz-Verwandtschaft. Manches deutet darauf hin, daß es enge geschäftliche Verbindungen zwischen der »armen« und »reichen« Tietz-Linie gab. Um 1900 unterhielt ein Otto Tietz aus Berlin in Hamburg nicht nur ein Lager, sondern wurde auch als Inhaber des dort ansässigen Warenhauses der Firma Hermann Tietz geführt. Otto war einer der Brüder der »reichen« Familienlinie. Salomon war mit der bereits erwähnten Keile Joske verheiratet und hatte aufgrund politisch-wirtschaftlicher Umstände sein Vermögen verloren. Er gründete ein Fuhrgeschäft, das sein Sohn Jacob übernahm. Oskar und Leonhard Tietz waren zwei der fünf Kinder dieses Jacob Tietz aus Birnbaum, und sie entstammten der »armen« Linie ihrer Verwandtschaft. Das leuchtende Beispiel der »reichen« Großonkel mag sie angespornt haben. Jenny, eine von zwei Schwestern der Brüder Leonhard und Oskar, heiratete den Stiefonkel Julius Tietz, der ein Warenhaus in Nürnberg mit Filialen in Plauen und Greiz führte, während sich Markus, ein weiterer Stiefonkel und Bruder von Julius, in Bamberg niederließ und dort ein Warenhaus mit Filialen in Chemnitz und Schweinfurt leitete. Die Warenhäuser von Julius und Markus Tietz waren unter dem Namen »H & C Tietz« eingetragen, vielleicht nach dem Modell der Firma »Hermann Tietz«, hinter der Oskar Tietz als die unternehmerische Kraft stand. Mit H & C sind die beiden Geschwister Heinrich und Chaskel gemeint, die streng genommen auch Stiefonkel von Leonhard und Oskar Tietz waren, wobei dasselbe gilt wie für Hermann Tietz. Denn Chaskel war wie Hermann nur 17 Jahre älter als Oskar und nur acht Jahre älter als der 1849 geborene Leonhard Tietz. Heinrich und Chaskel betrieben zusammen ein Manufaktur- und Altwarengeschäft in Prenzlau, also einige hundert Kilometer von Schweinfurt und Nürnberg entfernt.

Heinrich blieb unverheiratet und kinderlos. Die tatsächlichen anteilsmäßigen Besitzverhältnisse, die sicher bei der Benennung eine Rolle spielten, sind höchst verschachtelt und lassen sich nicht mehr definitiv klären, zumal in der hektischen Gründungsphase der betreffenden Tietz-Firmen, die sich maximal über den Zeitraum von 1879 (Leonhard eröffnet in Stralsund sein erstes warenhausähnliches Geschäft) bis 1884 erstreckte, innerfamiliäre Transaktionen fast an der

Tagesordnung waren. 1884 tauschte Leonhard Tietz seine Schweinfurter Filiale gegen ein H & C Tietz zugeschriebenes Warenhaus in Mainz ein. Sogar im fernen Münster (Westfalen) – eigentlich das Revier von Leonhard – versuchte H & C Tietz Fuß zu fassen. Helga Behn berichtet von einem Rohbau, den jedoch eine Bürgerinitiative mit dem Namen »Gilde zur Wahrung des historischen Stadtbilds in Münster« aufkaufte und wieder abreißen ließ.[50]

Das heißt: Innerhalb von nur fünf Jahren entstand im deutschen Detail- und Engros-Handel des ausgehenden 19. Jahrhunderts das unvergleichliche Tietz-Imperium. Es gab um die Jahrhundertwende vier mit der Familie Tietz direkt verwandtschaftlich verbundene Warenhaus-Unternehmensgruppen: die von Leonhard Tietz, die von Oskar Tietz, deren Warenhäuser unter dem Namen Hermann Tietz liefen, die Firma H & C Tietz, alle drei sind der »armen« Tietz-Linie zuzurechnen, und schließlich noch die mit Warenhäusern nur am Rande beschäftigten Gebrüder Tietz der »reichen« Linie. Die Warenhäuser unter der Regie von Julius und Markus Tietz profitierten als Anhängefilialen von der Einkaufsmacht des von Oskar Tietz geführten Warenhauskonzerns. Markus war außerdem Mitinhaber der Mannheimer Warenhausfirma von Simon Wronker, und auch Julius soll an ihrer Entstehung beteiligt gewesen sein.

Festgehalten sei, daß von den sechs Kindern aus der zweiten Ehe des Fuhrmanns Salomon Tietz mit einer Esther Beer bis auf das Mädchen Rosa alle im Einzelhandel und drei von ihnen nachweisbar sogar im Warenhausgeschäft Karriere machten. Anzumerken bleibt außerdem, daß alle vier Söhne aus der zweiten Ehe Salomons für einige Zeit in Amerika gewesen waren und dort wohl Entwicklungen im amerikanischen Einzelhandel beobachten konnten. Das galt folglich auch für die Geschwister Heinrich und Chaskel, in deren Prenzlauer Laden außer den Stiefneffen Leonhard und Oskar auch Hermann Wronker lernte. Heinrich und Chaskel sollen zunächst einmal Hermann Wronker damit beauftragt haben, für sie Geschäfte in Coburg und Bamberg zu errichten. Das Bamberger Geschäft übernahm später Markus Tietz, ein Bruder von Heinrich und Chaskel, und baute es zu dem erwähnten Warenhaus aus.

Dann war wohl der Zeitpunkt gekommen, daß sich Hermann Wronker selbständig machen konnte. Er ging nach Mannheim und gründete dort zusammen mit seinem Bruder Simon das Warenhaus Wronker, das unter dem Namen S. Wronker & Co. firmierte. Nachdem sich das Mannheimer Geschäft konsolidiert hatte, trennten sich Simon und Hermann. Hermann eröffnete ein Warenhaus in der badischen Provinzstadt Pforzheim, dann ein zweites in der Großstadt Frankfurt. Dieses wurde zur Zentrale eines Warenhausunternehmens mit Filialen in Hessen, Baden und dem Elsaß. Unterdessen schickte sich Simon an, als nächste Station Sankt Johann, heute ein Stadtteil von Saarbrücken, mit einem neuen Warenhaus zu erobern, während sein Bruder Hermann die Mannheimer Filiale seinem von Frankfurt aus gelenkten Unternehmen einverleibte. Folgt man Paul Göhre, dann hatten die in der Firma Wronker & Co. verbundenen Brüder 1907 Filialen in Frankfurt am Main, Bockenheim bei Frankfurt, Darmstadt, Hanau, Mannheim, Pforzheim, Sankt Johann und in den elsässischen Städten Mühlhausen und Gebweiler.[51] Sie gingen wenige Jahre später jedoch im Warenhauskonzern der in Karlsruhe ansässigen »Geschwister Knopf« auf.

Heinrich und Chaskel Tietz ließen den ihnen anvertrauten Lehrlingen in ihrem Prenzlauer Manufakturwarengeschäft eine solide Grundausbildung angedeihen. Dort habe sein Vater Oskar gelernt, fast mit bloßem Auge festzustellen, aus welchem Rohstoff eine Ware bestand, bemerkte Sohn Georg später. Dennoch gaben Chaskel und Heinrich Tietz Oskar nach der Ausbildung zum Kommis (Lehrlingsausbildung) den Laufpaß. Sie hatten mit Oskar sicher nicht nur wegen seiner linken Flausen und geschäftlichen Ansichten Schwierigkeiten. Chaskel und Heinrich waren immer auf die Solidität ihres Geschäftes bedacht. Deshalb mußte es sie unangenehm berühren, als sich Zwischenhändler, die Oskar ausgeschaltet hatte, bei ihnen über Oskars zweifelhafte Geschäftspraktiken beschwerten. Hermann spielte wohl die Rolle eines welterfahrenen Mentors, der gewährleisten sollte, daß Oskar nicht zu weit von der geschäftlichen Linie der Großfamilie Tietz abdriftete und sie in Verruf brachte. Jedenfalls hatte er sein Startkapital wieder zurückgezogen, als sich die von Oskar prophezeiten Erfolge nur zögerlich einstellten. Erst als sich Oskars Firma um das Jahr 1890 konsolidierte, stieg Stiefonkel Hermann wieder ein. Sicher spielten auch innerfamiliäre taktische Überlegungen eine Rolle, Oskar mit Betty, der Ziehtochter von Stiefonkel Hermann, zu verheiraten. Das klingt nicht nach einer Liebes-, sondern nach einer Vernunftheirat, und es steht fest, daß sich Betty in die ihr zugedachte Rolle fügte, indem sie mit eigenem Geld Oskar beisprang, als ihm Hermann die Zuwendung entzog. Aber woher konnte Betty das Geld haben, wenn nicht von ihrem Ziehvater Hermann? Dieses System, das zwischen geschäftlicher Zuwendung und Strafe pendelte, war Bestandteil jener familiären Solidarität über mehrere Generationen. Sie stellte ein Grundprinzip jüdischen Lebens in einer bedrohlichen Umwelt dar. Auch Oskar wollte die Seile, die ihn am Gängelband der Familie und Verwandtschaft festhielten, nicht kappen, sondern nur lockern, um einen größeren Spielraum für unternehmerische Eigeninitiative zu gewinnen. Es war ein Balanceakt zwischen Freiheit und Bindung, in dem das geschwisterliche Verhältnis wohl eine besondere Rolle spielte. Die um die Jahrhundertwende fertiggestellten neuen Warenhäuser an den Stammsitzen Stralsund (Leonhard Tietz) und Gera (Oskar Tietz) weisen auf kolorierten Karten große Ähnlichkeit auf, was ein Indiz dafür ist, daß es in den Jahren nach der ersten Selbständigkeit wohl einen regen Gedankenaustausch unter den Brüdern gegeben hat. Dann allerdings, als Leonhard ins Rheinland zog und Oskar nach München, weichen die Stile deutlich voneinander ab.

Infolge des Baus seines ersten Berliner Warenhauses, dessen Einnahmen weit hinter den spekulativen Erwartungen zurückblieben, stand Oskar Tietz bereits 1901 vor dem Bankrott. Banken sprangen ein, und Bruder Leonhard soll mit einer Finanzspritze das Schlimmste noch einmal verhindert haben. Das Netz hatte wieder einmal gehalten, die Familie ließ Oskar nicht fallen, obwohl Oskar nicht gerade sehr umgänglich gewesen sein muß, wovon auch Bruder Leonhard ein Lied singen konnte. Weil er es im Prenzlauer Laden seiner Stiefonkel nicht lange ausgehalten hatte und auch die Stiefonkel kein sonderliches Interesse mehr an einer weiteren Zusammenarbeit mit Oskar hatten, begann

der im Stralsunder »Garn-, Knopf-, Posamentier- und Weißwarengeschäft« seines ruhigeren Bruders Leonhard als Kommis. Oskar arbeitete bei Leonhard zunächst im Lager, dann als Reisender, bis es wieder zu Unstimmigkeiten kam und Oskar beschloß, sich selbständig zu machen. Doch die Unstimmigkeit führte nicht zu einem Zerwürfnis zwischen den Brüdern. Man blieb in engem Kontakt, arbeitete weiterhin zusammen.

1888 erschien ein Inserat in der Amberger Lokalzeitung, in dem die Firma Leonhard Tietz mit dem Verkauf von »sämtlichen Wollwaren zu hierorts billigsten Preisen« warb. Auf dem Inserat sind unter dem Stichwort »Gleiche Geschäfte in« 22 Städte aufgelistet. Da finden sich Standorte von Chaskel und Heinrich Tietz, von Julius und Markus. Vertreten sind auch Standorte von Oskar, der in einem nicht genau datierten Gespräch mit einem Journalisten erzählte, er habe vor der Gründung seines ersten Münchner Warenhauses im Jahre 1889 in München selber zunächst nur den Detailhandel betrieben und von München aus größere Posten im Engros-Geschäft nur an Verwandte geliefert.[52] Erst unter dem Einfluß der Generation, die Oskar Tietz nach dessen Tod im Jahre 1923 in der Leitung des Familienkonzerns Hermann Tietz nachfolgte, änderte sich diese Position. Sie hatte ihren Grund in der Rücksichtnahme auf verwandtschaftliche Beziehungen, die Oskar nicht durch eine aggressive Unternehmenspolitik gefährden wollte.

Oskars Söhne Georg und Martin sowie Schwiegersohn Zwillenberg fühlten sich offenbar nicht mehr an die unausgesprochenen, von den Eltern an die Kinder vererbten Gesetze gebunden und steuerten eine nicht zuletzt vom ehrgeizigen Wettbewerb mit dem Karstadt-Konzern geprägte Expansionspolitik, die den Konzern Hermann Tietz Anfang der dreißiger Jahre an den Rand des Zusammenbruchs führte. Den Auftakt machte die Übernahme des Kaufhauses des Westens, dann folgte 1927 die Übernahme des Einkaufs für die von Moses Conitzer 1882 gegründete Unternehmensgruppe, der 1928 22 kleinere Waren- und Kaufhäuser in der Provinz angehörten: in Allenstein/Ostpreußen, Aschersleben, Brandenburg/Havel, Coburg, Eisleben, Gotha, Hildesheim, Insterburg/Ostpreußen, Königsberg, Marienburg

GERA, GRÜNDUNGSHAUS 1882   ERWEITERUNG

2. ERWEITERUNG   1896

und Marienwerder/Westpreußen, Merseburg, Nordhausen, Osnabrück, Rathenow/Havel, Schönebeck/Elbe, Schwerin/Mecklenburg, Seehausen/Altmark, Stendal, Tangerhütte, Tangermünde/Elbe, Uelzen. Nicht alle diese Geschäfte firmierten unter dem Namen »Moses Conitzer & Söhne«. In Berlin hatte das Unternehmen eine eigene Einkaufszentrale, die sehr eng mit dem Einkauf von Oskar Tietz zusammenarbeitete. Oskar Tietz saß im Aufsichtsrat der Leonhard Tietz AG seines Bruders Leonhard. Darüber hinaus gab es sicher eine vielleicht mehr intuitive Einkaufs- und Werbepolitik, die den ganzen Tietz-Familienclan umschloß und bei Bedarf aktiviert werden konnte.

Auffallend ist die zumindest tendenzielle Gleichsetzung unternehmerischer und familiärer Interessen, wobei unter Familie eine mehrere Generationen umfassende Verwandtschaft zu verstehen ist. In ihr spielen Beziehungen, die nicht blutsverwandtschaftlich sind, eine große Rolle, insofern sie auch Heiraten innerhalb der Verwandtschaft erlaubten. Die Heiratspolitik scheint unternehmerischen Zielsetzungen untergeordnet zu sein und in diesem Rahmen eine kontrollierte Erweiterung der Familie zugelassen zu haben. In dem Zusammenhang ist nicht nur bemerkenswert, daß Oskar Tietz Betty Meyer, die Ziehtochter seines Stiefonkels und Förderers Hermann zur Frau nahm, sondern auch, daß Simon Wronker und sein Bruder Hermann zwei Mädchen aus Birnbaum heirateten, die Schwestern Eva und Ida Friedeberg. Sie stammten mütterlicherseits aus der Familie Tietz. Kassandra Tietz, Schwester von Leonhard und Oskar, schloß die Ehe mit einem jüdischen Warenhausunternehmer aus Erfurt. Auf diese Weise wuchs die Tietz-Warenhausdynastie mit ihren verschiedenen Zweigen heran. Ihr waren zahlreiche selbständige Warenhausunternehmen näher und entfernter Tietz-Verwandter angeschlossen. Die Verflechtung von Firmen, die oft nur auf den ersten Blick einen selbständigen Eindruck machten, indem sie unter eigenen Namen liefen, war für Außenstehende nur schwer zu durchschauen, was das Mißtrauen gegen die Warenhäuser schürte. Doch die Zusammenarbeit innerhalb der Familie und mit befreundeten Firmen entsprach der Logik des Warenhausgedankens. Denn Fabrikanten ließen sich nur durch umfangreiche Lieferaufträge zu niedrigeren Einkaufspreisen und exklusiven Lieferungen bewegen, die dann die Warenhäuser in die Lage versetzten, günstiger zu verkaufen als die Konkurrenz. Deshalb schlossen sich die Brüder Tietz mit anderen Angehörigen der Familie und Verwandtschaft zu einem mächtigen Einkaufsverbund zusammen, dem die Fabrikanten besonders günstige Konditionen einräumen mußten.

Heiraten, finanzielle Beteiligungen und auch die auf Gegenseitigkeit beruhende Übernahme von Führungspositionen in den betreffenden Firmen sicherten diese Unternehmenspolitik ab. Flankiert wurde sie durch ein stillschweigendes Einvernehmen über das Verbreitungsgebiet der Warenhäuser der verschiedenen Unternehmensgruppen. 1925, also erst nach dem Tod von Leonhard und Oskar Tietz, kam es zu einer schriftlichen Vereinbarung, die auch die Karstadt AG mittrug und die gewährleistete, daß sich die drei Unternehmen nicht durch Filialgründungen in die Quere kamen. Diese Vereinbarung hatte bis in die Jahre nach dem Zweiten Weltkrieg Bestand. Solange Leonhard und Oskar lebten, war eine schriftliche Vereinbarung nicht notwendig gewesen. Bis 1914, als Leonhard starb, fuhren die beiden Brüder gemeinsam nach Paris, um Ware zu ordern, und man darf davon ausgehen, daß sie die Einkaufszentralen zumindest im Ausland gegenseitig nutzten. Sie blieben brüderlich verbunden und respektierten die Einflußsphären des anderen.

Nach Oskars Tod im Jahre 1923 führten die Erben der Gründer die Zusammenarbeit nur auf der pragmatisch-operativen Ebene und in bescheidenem Umfang fort, soweit sie nicht ihrer eigenen Firmenpolitik widersprach. Darüber hinaus fühlten sie sich nicht mehr an die Prinzipien brüderlich-familiärer Freundschaft gebunden. Es verwundert deshalb nicht, daß 1925 die nach dem Stiefonkel von Oskar benannte Firma Hermann Tietz zusammen mit Berliner Banken versuchte, sich über Aktien in die Leonhard Tietz AG einzukaufen.

Die etappenweise Entwicklung des Hertie-Stammhauses

Geschwister Knopf – die Stillen im Lande

Zu den Warenhausdynastien, die still und leise ein bedeutendes Netz von Engros- und Detail-Geschäften aufbauten, jedoch nie den Drang verspürten, sich wie die Firmen Hermann Tietz und Rudolph Karstadt auf der weltläufigen Bühne von Metropolen wie Berlin darzustellen, gehörte die Unternehmensgruppe der Geschwister Knopf. Sie hat ihre familiären Wurzeln in demselben Städtchen wie die Tietz-Brüder. Die genaue Geschichte der jüdischen Familie Knopf aus Birnbaum an der Warthe und ihre Verbindung mit dem Warenhausgedanken ist in Einzelheiten jedoch nicht mehr zu rekonstruieren. Beispielsweise muß die Frage unbeantwortet bleiben, welche Beziehungen es zwischen den Familien Knopf und Tietz gab. Hat sie sich auf die Bekanntschaft zweier durch ihren jüdischen Glauben in einer Kleinstadt zwangsläufig verbundenen Familien beschränkt oder verkehrten Knopfs und Tietzens freundschaftlich miteinander? Wurde über geschäftliche Pläne und Erfahrungen gesprochen, vielleicht sogar in der Art und Weise, daß Angehörige der Familie Tietz Angehörigen der Familie Knopf die Gründung eines damals noch neuartigen Einzelhandelsgeschäftes in Karlsruhe, also im äußersten Südwesten Deutschlands, wo die Warenhausidee noch nicht Fuß gefaßt hatte, nahelegten? Sogar die genauen familiären Verhältnisse und genealogischen Zusammenhänge bleiben, was Details betrifft, unklar. Fest stehen jedoch einige wichtige Rahmendaten.

Demnach haben der aus Birnbaum an der Warthe stammende Kaufmann Max Knopf und seine Schwester Johanna bereits 1881 in Karlsruhe ein »Leinen-, Wäsche- und Weißwaren-Geschäft« aufgemacht, im selben Jahr, als Rudolph Karstadt in Wismar an der Ostsee sein erstes, noch sehr kleines Warenhaus gründete. Wahrscheinlich haben die beiden Geschwister ihr Geschäft in Karlsruhe gleich nach dem Vorbild der Tietz-Brüder wie ein kleines Warenhaus geführt. Es wird berichtet, daß Max Knopf nach dem Besuch des Gymnasiums in Landsberg, einem Städtchen nicht weit von Birnbaum entfernt, eine kaufmännische Ausbildung in Berlin absolviert habe; aber bei wem? War der Vater, vermutlich

ein Viehhändler, froh darüber, daß einige seiner Kinder die enge Behausung in Birnbaum verließen, um im fernen Großherzogtum Baden eine eigene Existenz aufzubauen?

Die Aussichten standen nicht schlecht, da Nordbaden zu den führenden Industrieregionen im Deutschen Reich zählte. In der Haupt- und Residenzstadt Karlsruhe war durchaus mit einer guten Kaufkraft zu rechnen, zumal bei den Familien der »höheren« Angestellten in der Industrie und bei den Regierungsbeamten. Das Geschäft ließ sich gut an, und andere Geschwister aus der Familien Knopf kamen nach, damit auch sie sich, finanziell unterstützt von Max und Johanna, eine eigene berufliche Existenz als Einzelhändler aufbauen konnten. Nicht berichtet ist, ob sich alle Geschwister in die Fremde aufmachten. Jedenfalls entstanden – letztendlich ausgehend vom Stammsitz Karlsruhe – verschiedene Ketten von Einzelhandelsgeschäften, die sich jedoch nicht alle zu Warenhäusern entwickelten. Folgt man verschiedenen Publikationen, dann waren sechs Geschwister aus der Familie Knopf von Posen nach Baden gezogen: außer Max und Johanna die Brüder Moritz, Sally und Albert sowie Schwester Eva. »Auch bei den Knopf'schen Geschäften war die große Zahl der Familienmitglieder der Hauptgrund, weshalb Zweiggeschäfte errichtet wurden, wobei man erst nach deren Entstehen die Vorteile des gemeinsamen Einkaufs erkannte und ausnutzte.«[53] Zu diesem Ergebnis kommt Erwin Denneberg, der die Geschichte der schweizerischen Warenhäuser untersuchte und sich dabei auch mit Filialen der Firma Knopf befaßt hat. Tatsächlich war dem Karlsruher Stammhaus ein Engros-Handel mit einem eigenen stattlichen Einkaufshaus angegliedert, das nicht nur Knopf-Häuser belieferte, sondern beispielsweise auch das Kaufhaus der Gebrüder Ury in Zwickau, das 1906 Simon Schocken als Alleininhaber übernahm und das damit zum Stammhaus des Warenhausunternehmens Schocken avancierte.[54] Rosa, die Schwester von Moritz und Julius Ury sei »mit einem Schocken« verheiratet gewesen, berichtet die Zeitschrift der Industrie- und Handelskammer Leipzig[55] in einer dreiteiligen Reihe über Warenhäuser in der Messestadt. Die Brüder Ury und die Geschwister Knopf sollen sich aus

Birnbaum gekannt haben, was später wohl die Gründung eines Einkaufsverbundes Knopf-Ury-Schocken erleichterte.

Mit der Entfernung von der Heimat und vor allem infolge der erfolgreichen geschäftlichen Expansion begann sich der familiäre und landsmannschaftliche Zusammenhalt, der in der Gründungsphase so notwendig gewesen war, etwas zu lockern. Manchmal spalteten sich verwandtschaftliche Zweige ab, indem sie sich selbständig machten. Dafür liefert die Geschichte der Geschwister Knopf gute Beispiele. Spätestens seit 1887 gab es in Freiburg im Breisgau ein »1A Wäsche-, Kurz-, Weiß- und Wollwarengeschäft«[56], dessen Geschäftsführer Sally Knopf gewesen sein dürfte. Sally machte sich mit dem Freiburger Warenhaus selbständig und begründete ein eigenes Warenhausunternehmen mit Filialen in südbadischen Städten. Noch zu Lebzeiten von Max Knopf hat sein Neffe Arthur diese Firma von seinem Vater Sally übernommen. Das geht aus einem Beitrag vom April 1931 hervor, der anläßlich des fünfzigjährigen Jubiläums der in Karlsruhe beheimateten Firma »Geschwister Knopf« in der »Zeitschrift für Waren- und Kaufhäuser«[57] des »Verbandes Deutscher Waren- und Kaufhäuser« erschien.

Von Denneberg ist darüber hinaus zu erfahren, daß Eugen Herz, der Schwiegersohn Sallys, offensichtlich durch eine überzogene Expansionsstrategie und Fusionspolitik die Knopf-Warenhäuser in der Schweiz in große Gefahr brachte, weshalb 1911 das dortige Familienunternehmen Herz/Knopf in eine Aktiengesellschaft umgewandelt werden mußte. Die von Herz/Knopf erworbenen Warenhäuser verloren in Städten wie Lausanne, Montreux und Genf an Ansehen und wurden verkauft.[58] Übrig blieben von der Firma Sally Knopf unter Führung von Sohn Arthur die Filialen in Südbaden sowie in den schweizerischen Städten Luzern und Interlaken. Das Geschäft in Interlaken hatte bis 1979 unter dem Namen Knopf Bestand und wurde dann von dem Warenhausunternehmen Loeb übernommen.

Albert, ein weiterer Bruder von Max und Johanna Knopf, versuchte sein Glück mit einem kleineren warenhausähnlichen Geschäft in Zürich. Das Revier von Moritz bildeten die Pfalz und die angrenzenden Ge-

Erste Zentrale der Geschwister Knopf in Karlsruhe

genden Lothringens und des Elsaß. Er profitierte wie die von Karlsruhe aus operierende Firma »Geschwister Knopf« vom deutsch-französischen Krieg. 1870/71 verlor Frankreich die Provinzen Elsaß und Lothringen an Deutschland. Sie kamen als deutsches »Reichsland« unter preußische Verwaltung. Karlsruhe erwies sich als guter Brückenkopf für die Erschließung der linksrheinischen, nun ehemals französischen Landstriche. Die Firma »Geschwister Knopf« baute ihr Filialnetz aber auch auf deutscher Seite bis weit in die badische Provinz hinein aus, ja sogar bis ins Bayerische und ins Baden benachbarte Württemberg. Dabei spielten auch familiäre und geschäftliche Verbindungen mit anderen Einzelhandelsfirmen, die eigene kleine Warenhäuser besaßen, eine Rolle. Man arbeitete zusammen, so lange es opportun erschien, und trennte sich, wenn der Juniorpartner stark genug war, ein eigenes Unternehmen mit Filialen aufzubauen.

Auffallend ist oft die klare geographische Abgrenzung der Wirkungsbereiche der einzelnen Warenhausunternehmen, die ohne ein vorausgesetztes großes Einvernehmen zwischen den Eignerfamilien nur schlecht vorstellbar ist. Ohne dieses Einvernehmen hätte beispielsweise die Firma Hermann Tietz wohl kaum 1888 in Karlsruhe, mitten im Zentrum des Knopf-Reviers,

Fuß fassen können. Auch in Straßburg, wo Tietz 1892 ein Zweiggeschäft eröffnete, war die Firma »Geschwister Knopf« vertreten. Oskar Tietz, die treibende Kraft bei Tietz, hat nie versucht, Max Knopf die Rolle des badischen und elsässischen Warenhauskönigs streitig zu machen. Muß man nicht im Gegenteil vermuten, daß Max Knopf und seine Schwester Johanna dem Nachbarjungen aus Birnbaum behilflich waren, im Süden Deutschlands einen Einstieg zu finden, zunächst im Windschatten des Erfolgs und der Erfahrungen der »Geschwister Knopf«?

Zwischen 1881 und 1896 bauten sie ein Netz von 15 größeren und kleineren Warenhäusern auf; in chronologischer Reihenfolge außer in Karlsruhe, in Straßburg, Baden-Baden, Metz, Colmar, Luxemburg, Saarburg, Bruchsal, Rastatt, Ravensburg, Darmstadt, München, Bayreuth, Nürnberg, Pforzheim. Hinzu kamen die damals zur Gruppe »Geschwister Knopf« gehörenden drei Schmoller-Warenhäuser in Frankfurt, Mannheim und Karlsruhe. Das Stammunternehmen hatte also 18 Warenhäuser, die Hälfte davon in Großstädten, wo wie in Karlsruhe, Luxemburg und Mannheim typische Warenhauspaläste entstanden.

Das zweitgrößte Warenhausunternehmen, das eines der Knopf-Geschwister gegründet hatte, gehörte Moritz Knopf. Er betrieb 14 Warenhäuser vor allem in mittelgroßen Städten des Elsaß, der Pfalz und der Schweiz: in Gebweiler, Hagenau, Lahr, Ludwigshafen, Molsheim, Pirmasens, Saargemünd, Saarlouis, Schirmeck, Schlettstadt, Sankt Gallen, Thann, Weißenburg im Elsaß und Worms.

Nach dem Ersten Weltkrieg verlor Deutschland das Elsaß und Lothringen wieder an Frankreich, was für beide Knopf-Linien Konsequenzen hatte. In den 1931 veröffentlichten »Entwicklungsdaten des Knopf-Konzerns« ist vermerkt: »Durch den Vertrag von Versailles ist die Firma Moritz Knopf mit den Filialen zerstört worden.« Sie hat den Ersten Weltkrieg nicht überlebt. Anders die Firma »Geschwister Knopf«: Sie verlor zwar ihre elsässischen Warenhäuser, bestand jedoch weiter,[59] bis im Herbst 1938 ein arisch-christlicher Geschäftsmann das Warenhaus Knopf in Karlsruhe zu einem äußerst günstigen Preis mieten und unter seinem Firmennamen weiterführen konnte. Pro forma habe das

Haus nach wie vor Grete Levis, der emigrierten Tochter von Max Knopf, gehört, aber die Miete sei auf ein Sperrkonto für reichsfeindliches und jüdisches Vermögen geflossen, erinnerte sich die 1896 geborene Martha Kroppe, die bei Knopf im Sekretariat arbeitete, in einem Gespräch. Max Knopf, der 1934 starb, habe schon vor Hitlers Machtergreifung gesagt: »Wenn Hitler kommt, müssen wir gehen. Und eines Tages trug der Kleinlaster, mit dem die Waren ausgefahren wurden, nicht mehr den Namen ›Geschwister Knopf‹, sondern war neutral.« Ihr Vater habe als Packer im Engros-Geschäft der Geschwister Knopf gearbeitet, dessen Kunden die angeschlossenen Warenhäuser waren. Als sie selbst 1912 in die Firma eintrat, wurde gerade mit dem Bau eines neuen Warenhauses der »Geschwister Knopf« mitten in Karlsruhe begonnen. Sein Zentrum bildete ein großer, von einem Glastonnendach überwölbter Lichthof. »Ich würde sagen, es war ein sehr vornehmes Haus«, urteilt Martha Kroppe und erzählt von einer Einkäuferin für Damenmode, die regelmäßig nach Berlin gefahren sei, um dort für einige vermögende Stammkundinnen aktuelle Mode einzukaufen. »Aber Sie wissen ja, was man über Warenhäuser gesagt hat: Krimskrams, man hat sie heruntergesetzt.«

Berlin wird Weltstadt

Von einem Metropolenfieber konnte noch keine Rede sein. Allenfalls leicht erhöhte Temperatur ergab die Diagnose, als Wertheim kurz nach der Jahrhundertwende zu einer Institution geworden war wie das Bon Marché in Paris. Doch schon die Gründung des deutschen Kaiserreiches war der Startschuß für eine unvergleichliche Aufholjagd Berlins gewesen, das nun auch alle anderen deutschen Residenz- und Hauptstädte auf die Plätze verwies. Berlin begann Maßstäbe zu setzen und war fortan seiner Zeit immer ein Stück voraus. Aus diesem Grund konnte das Berlin der zwanziger Jahre in seiner Stadtwerbung kokettieren, »die schnellste Stadt der Welt« zu sein, das »New York Europas«, wie es in dem Kapitel »Metropolis« des Kataloges zur Berlin-Ausstellung 1987 heißt.[60] In einer von der Graphischen Anstalt Otto Elsner 1929 zum Welt-Reklamekongreß veröffentlichten Werbebroschüre ist das Bewußtsein

U-Bahn-Hochstrecke in Berlin, Postkarte um 1918

der Beschleunigung, das ja auch ein beschleunigtes Bewußtsein ist, fast lautmalerisch zum Ausdruck gebracht worden: »Man überquert den Potsdamer Platz, den Spittelmarkt, den Alexanderplatz, die Straße am Stettiner Bahnhof, den Wedding und dergleichen Punkte mehr. Da merkt man die gigantische Bewegung, das Flitzen, Flirren, Huschen und Sausen. Welle auf Welle jagt heran und flieht. Rasendes Tempo! Das Herz des Reiches, dies Berlin, pulst Leben! Vier Millionen Menschen in Betrieb, ein Fünfzehntel des deutschen Volkes im Schnellschritt! Und während unten alles eilt und drängt, singt aus den Lüften der Motor! Großartiger Anblick: Flughafen Tempelhof!«[61]

Geschwindigkeit wurde zum Lebenselixier der modernen Großstadt, und Berlin eiferte, seinen Rhythmus so zu beschleunigen, daß sich selbst seine Parolen erst durch die Verdoppelung der Schlüsselworte vernehmen ließen. »Der schnellste Jockey der 20er Jahre war Otto Schmidt. Ging er ins Finale, schob sich sein Pferd nach vorn, dann erbebte der donnernde Boden unter dem Schrei: ›Otto, Otto!‹ Das heißt: ›Tempo, Tempo!‹«, bemerkte Walther Kiaulehn in seinem Buch »Berlin, Schicksal einer Weltstadt«.[62] Kiaulehn erwähnt auch den Schriftsteller Walter Mehring, der die Berliner Hektik in einem Gedicht auf den Nenner brachte: »Keine Zeit, keine Zeit, keine Zeit.«

Die Beschaulichkeit des Landlebens ist das pure Gegenteil der großstädtischen Hektik, die sich in den Metropolen bis zum kaum noch beherrschbaren Geschwindigkeitsrausch steigern kann. Diese Dynamik riß auch den Einzelhandel in Deutschland mit. Eines der wichtigsten Grundprinzipien der Warenhausgründer war es, durch niedrige Preise und Sonderaktionen einen möglichst schnellen Umschlag der eingekauften Waren zu erreichen. Ladenhüter durfte sich das Warenhaus nicht leisten. In dem erwähnten Ausstellungskatalog ist Kurt Pinthus zitiert, der 1928 eine fiktive Gesprächspartnerin das Körpergefühl bei einem Kaufhausbesuch wiedergeben ließ: »Seit Kindertagen empfand ich halb unbewußt und doch fast so körperlich wie den Kreislauf meines Blutes das Betäubende dieses unendlichen, immer vorwärts getriebenen Umströmens der Menschenmassen, die von den Türen des Warenhauses aufgesogen, durch die Gänge, Treppen und Fahrstühle zu unablässiger Bewegung gezwungen, schließlich aus den Türen wieder ausgestoßen wurden, um sich nach jenem Zick-Zack-Lauf in den geraden Strom der Straße zurückzuergießen.«[63]

Die Rede ist in diesem Zitat vom Strom, der den Einzelnen mitreißt, in dem sich das Individuum lustvoll mitreißen läßt von der strömenden Masse, muß man präziser sagen. Pinthus bemüht Bilder aus dem Bereich des Technisch-Physikalischen, die er auf gesellschaftliche Entwicklungen und Zustände überträgt. Diese Metaphorik war in den zwanziger Jahren geläufig. Zwar waren viele bahnbrechende Entdeckungen und Erfindungen wie die des Telefons und der Glühlampe längst gemacht, aber sie entfalteten nun erst richtig ihre innovative Kraft, beispielsweise durch die kommerzielle Nutzung der Elektrizität für die kunstvolle Erleuchtung von Schaufenstern und die Beleuchtung von Fassaden. Übersetzt man Strom mit Elektrizität und kombiniert die Bedeutung dieses Wortes mit dem Begriff Masse, dann berührt man unversehens physikalische Zusammenhänge, die mit Albert Einstein und seinen epochemachenden Erkenntnissen verbunden sind. Um seine Allgemeine Relativitätstheorie experimentell bestätigen zu können, wurde zu Beginn der zwanziger Jahre nach Plänen des Architekten Erich Mendelsohn der »Einsteinturm« in Potsdam errichtet. Mendelsohn trat in Stuttgart und Chemnitz aber auch als Architekt der berühmten Warenhäuser für den Schocken-Konzern in Erscheinung.

Wie einige seiner Kollegen experimentierte Mendelsohn sowohl in Stuttgart als auch in Potsdam mit Dampfermotiven, um, wie Renate Palmer in einer Arbeit über das Stuttgarter Schocken-Warenhaus feststellte, »Bewegung und Dynamik in der Großstadt« auszudrücken.[64] Die Chefetage des in der Nachkriegszeit abgerissene Stuttgarter Schocken-Warenhauses sah wie eine Kommandobrücke aus; und die ganze Anlage des erhaltenen Einsteinturms in Potsdam erinnert an ein U-Boot mit Turm. Wir finden Mendelsohn nicht von ungefähr unter den »architektonischen Avantgardisten«, die 1928 anläßlich der Aktion »Berlin im Licht« mit Lichtinszenierungen die moderne Großstadt

Berlin als »die neue Lichtstadt Europas« ins (fließende) Licht setzten.[65]

Die dargestellte Dynamik ruft bei denjenigen, die sich ihr aussetzen, offensichtlich rauschhafte Empfindungen hervor. Kurt Pinthus empfand sie nicht negativ im Sinne konservativer Kulturpessimisten wie José Ortega y Gasset. Der spanische Philosoph hatte 1930 sein Werk »Der Aufstand der Massen« (Titel der deutschen Übersetzung) vorgelegt, das mit programmatischen Sätzen gespickt ist wie dem: »Die Masse vernichtet alles, was anders, was ausgezeichnet, persönlich, eigenbegabt und erlesen ist.«[66] Ihre Protagonisten hat Ortega in Nordamerika ausgemacht, und man kann sich leicht vorstellen, daß er nur mit einigem Abscheu ein Warenhaus durchstreifen konnte, sofern der Philosoph je eines betrat. Denn das Warenhaus umwirbt ein Massenpublikum mit Waren, die nicht zuletzt durch die gleichmachende Konfektionierung preiswert angeboten werden können.

Volkswarenhaus »Tietz am Alexanderplatz«

»Deinetwegen hab ich meine Stellung bei Tietz aufgegeben!« sang die Diseuse Claire Waldoff. Oskar Tietz, der Stammvater des Hertie-Konzerns, wollte immer da sein, wo die Musik spielte; und so war es nur eine Frage der Zeit, bis er den Firmensitz seines Unternehmens von München nach Berlin verlegte. »Mich lockten keineswegs die Genüsse der Großstadt, aber ich hatte den Wunsch, meinen Wohnsitz nach einem Einkaufszentrum zu verlegen«, diktierte Oskar Tietz einem Journalisten[67] kurz vor dem Ersten Weltkrieg. Erst 17 Jahre nach der Eröffnung des Stammhauses der nach seinem Stiefonkel und Förderer Hermann Tietz benannten Firma in Gera wagte er 1899 den Sprung nach Berlin. Er kaufte ein Areal an der Leipziger Straße und richtete im Palasthotel ein Interimsbüro ein. Vor dem Bau der ersten Tietz-Filiale in Berlin, der auch einige Vergnügungsetablissements weichen mußten, reiste Oskar Tietz nach Frankreich, England und Amerika, um dort die neuesten Entwicklungen im Warenhausgeschäft zu

Der berühmte Tietz-Glaspalast in der Leipziger Straße in Berlin

studieren. Er nahm einen Verkaufs- und Reklamechef aus New York unter Vertrag und warb seinen neuen Chefdekorateur bei einem Warenhaus in Chicago ab. Der Architekt Bernhard Sehring entwarf im Auftrag von Oskar Tietz ein Warenhaus, das schon von außen als eine moderne Herausforderung des etwas altbackengediegen wirkenden Warenhauses Wertheim erscheinen konnte. Schauplatz dieses Wettstreites war die Leipziger Straße, in der beide Warenhäuser lagen.

Messel hatte drei Jahre zuvor die Wertheim-Fassade an der Leipziger Straße als eine vertikal gegliederte Glas-Pfeiler-Wand gestaltet, die von der Straßenebene bis unters Dach aufragte. Die von den Pfeilern eingefaßten Fensterbahnen dienten als Schaufenster und gleichzeitig der Belichtung der Etagen. Die Leipziger Straße war verhältnismäßig schmal und lag deshalb oft im Schatten der an ihr stehenden Häuser. Sehring steigerte nun bei seinem 1900 fertiggestellten Warenhaus für Tietz das Prinzip der Glas-Pfeiler-Wand und entwarf ein Gebäude, dessen repräsentative Straßenfront sich vollends in zwei riesige Schaufenster über vier Geschosse auflöste. Jede der beiden durch die Stockwerke horizontal gegliederten Glasflächen rechts und links eines mächtig akzentuierten Mittelrisaliten maß 26 Meter in der Länge und 17,5 Meter in der Höhe. Eckpfeiler, der vorspringende Mittelrisalit mit dem Haupteingang, Dachsims und Sockel bildeten einen schnörkelreichen, barock-schwulstigen Rahmen, der die zweigeteilte Glasfront einfaßte. Um auf weitere Untergliederungen der Glasflächen in der Vertikalen verzichten zu können, mußte Sehring tragende Pfeiler etwas nach innen versetzen und die Glasfassade vorhängen. So entstand lange vor Ludwig Mies van der Rohes Glashaus-Architektur, zu deren elegantesten Glanzstücken sein für die Weltausstellung 1929 in Barcelona entworfener und dann wieder abgebauter »Barcelonapavillon« zählte, ein Geschäftshaus, das die Möglichkeiten einer Kombination der Baustoffe Glas, Stein und Eisen schon vorführte und ein herausragendes Beispiel einer frühen »Curtain Wall«-Fassade (wörtlich: Vorhang-Wand-Fassade) darstellte, wobei der Vorhang aus Glas bestand.

Das Tietz-Warenhaus in der Leipziger Straße in Berlin war für seine im wahrsten Sinne des Wortes auf-sehenerregende Architektur berühmt. Schule machte es allerdings nicht. Denn es bildete den Gipfel und Endpunkt einer Waren- und Kaufhausarchitektur, der, wie es die Architekturhistorikerin Helga Behn formulierte, »die Idee des totalen Schaufensters«[68] zugrunde lag. Sie war nicht auf Deutschland beschränkt und läßt sich teilweise bis heute an dem 1905 begonnenen Neubau für das Pariser Warenhaus Samaritaine nachvollziehen, das einen Höhepunkt der Eisen-Glas-Architektur in Frankreich markiert. Die Konzeption des Warenhauses als großes, den flanierenden Bürgern zugewandtes Schaufenster trug dem Bedürfnis Rechnung, Ware zur Schau zu stellen, und sie ließ sich als Ausdruck »einer transparenten, allen geöffneten, demokratischen Bauweise«[69] betrachten. Nicht zuletzt aus pragmatischen Gründen konnte das architektonische Warenhauskonzept, wie es Bernhard Sehring für Tietz in Berlin entwickelte, nicht weiterverfolgt werden. Beispielsweise verloren die riesigen Glasscheiben ihren Sinn, wenn Regale oder Kleiderständer die Einsicht verstellten, Schränke nur ihre meist unattraktive Rückseite den Kunden zuwandten und die Dekorateure zwangsläufig zu Plakaten und Vorhängen Zuflucht nehmen mußten. Die auf die Lichthöfe, also nach innen konzentrierte Warenhausarchitektur ließ sich nicht einfach nach außen kehren, umstülpen. Folglich reduzierte sich die Schaufensterfront wieder auf die Sockelzone.

Oskar Tietz erhoffte sich den durchschlagenden Erfolg seines Berliner Vorzeige-Warenhauses in der Leipziger Straße. Doch der Traum zerplatzte wie eine Seifenblase. Die Umsätze blieben weit hinter den Erwartungen zurück. Daran konnten auch die flotten Werbetexte, in denen Tietz auf Preisangaben bewußt verzichtete, nichts ändern. Oskar Tietz hatte den Mund zu voll genommen, wenn er in einer Zeitungsanzeige seinen Konkurrenten prophezeite: »Sie tanzen uns nach.« Er trennte sich von seinen amerikanischen Fachleuten für Werbung und Dekoration und schwenkte auf die etwas konventionellere Warenhauslinie ein.

Sichtbarer Beweis: das Warenhaus Hermann Tietz, das Ende Oktober 1905 am Alexanderplatz seine Pforten öffnete. Es hatte Bodenhaftung. Auf teuren Protz wurde bewußt verzichtet. Marmorplatten kleideten nicht mehr die ganzen Pfeiler bis unter die Decke ein,

Volkswarenhaus
»Tietz am Alexanderplatz«
in Berlin

Tietz am Alexanderplatz,
mit Berolina

sondern nur noch die Sockelzonen. Der Standort Alexanderplatz hatte sein eigenes, etwas proletarisches Flair. Dort stand das Polizeipräsidium, wo das Ende des Franz Biberkopf, des »Helden« in Alfred Döblins Roman »Berlin Alexanderplatz«, besiegelt wurde. Dort gab es das berühmte Gasthaus Aschinger, »Aschinger am Alex«, wo es sich Franz mit seiner Sonja schmecken ließ. Rund um den Alex-Kiez, Damen, die nach Freiern Ausschau halten, eingeschlossen. Und Tietz, das Warenhaus, in dem sich Franz Biberkopf die Auslagen betrachtete, gehörte dazu: »Destillen, Restaurationen, Obst- und Gemüsehandel, Kolonialwaren und Feinkost, Fuhrgeschäft, Dekorationsmalerei, Anfertigung von Damenkonfektion, Mehl und Mühlenfabrikate, Autogarage, Feuersozietät: Vorzug der Kleinmotorspritze ist einfache Konstruktion, leichte Bedienung, leichtes Gewicht, geringer Umfang.«[70] So skizziert Alfred Döblin, der Großstadtmensch, der im Großstadttakt »Berlin! Berlin! Berlin!«[71] hinausschreit, die Umgebung des geschäftigen und verkehrsreichen Alexanderplatzes. Man braucht kein Literaturwissenschaftler zu sein, um zu bemerken, daß für ihn und seinen Franz Biberkopf das Warenhaus Tietz am Alexanderplatz eine Landmarke ist im Meer der Großstadt. Davor Frau Berolina, »eine Hand ausgestreckt, war ein kolossales Weib«. Sie haben es weggeschleppt, um eine U-Bahnlinie bauen zu können.[72]

Das Warenhaus Tietz taucht in Döblins Roman mehrmals auf: eine Art Leuchtturm, der Franz Biberkopf signalisiert, daß er wieder in vertrauten heimatlichen Gefilden schippert. Das Gefängnistor in die Freiheit hatte sich hinter ihm geschlossen. Franz fuhr gerade noch mit der Straßenbahn Richtung Prenzlau, da wandert er schon am Warenhaus Hermann Tietz in der Rosenthaler Straße vorbei. Man schreibt das Jahr 1927. Später ist auch beiläufig von Wertheim die Rede, außerdem von einem leerstehenden Kaufhaus Hahn und von einem Kellner, der in demselben Haus lebt, in dem vorübergehend Franz Biberkopf untergeschlüpft ist, und der eine Braut hat, die Aufsicht in einem Warenhaus sei. Schließlich gibt Franz ein kurzes Gastspiel in der Branche, indem er am Rosenthaler Platz Schlipshalter anpreist und dabei auf den feinen Berliner drüben im Westen, wo sich das Kaufhaus des Westen breit gemacht

Das leergeräumte Kaufhaus Hahn, wie es Döblin in seinem Roman »Berlin Alexanderplatz« beschrieben hat

hat, anspitzt. »Warum aber im Westen der feine Mann Schleifen trägt und der Prolet trägt keine?« fragt Franz die Passanten rein rhetorisch. »Kaufen Sie sich solchen Schlips bei Tietz oder Wertheim, oder, wenn Sie bei Juden nicht kaufen wollen, woanders. Ich bin ein arischer Mann.«[73] Jetzt ist es raus, da ist nicht dran zu deuten. Aber man kann ja sagen, was man will, zu Tietz am Alex strömen die Leute. Davor könnte er doch einen Stand mit Sockenhaltern oder Halsbändern aufmachen, empfiehlt Frau Wegner dem Franz Biberkopf, als er seinen rechten Arm schon verloren hat.

Sicher, der Alexanderplatz war keine extraordinäre Lage, kein Standort für Warenhaustempel der Sonderklasse, zu denen die ausländischen Gäste pilgerten. Aber ein großes Volkswarenhaus, in dem auch die kleinen Leute wie Fürsten und Könige hofiert wurden, das lag in dieser Gegend goldrichtig. »Die Lage am Alexanderplatz veranlaßt die Architekten zu einer konventionellen Fassadengestaltung mit stärker historisch gebildeten Einzelheiten, man will einen Steinbau und kein Glashaus«, faßt Helga Behn den Ausgangspunkt der Planungen des Architekturbüros Cremer & Wolffenstein zusammen.[74] Die erfahrenen Warenhaus-Architekten, die auch noch andere Tietz-Warenhäuser entwerfen sollten, entsagten der Versuchung, eine kathedrale oder palasthafte Architektur zu inszenieren, die ja doch irgendwie lächerlich gewirkt hätte am hektischen Alex. Statt dessen ließen sie eine Feuermeldeanlage installieren, die führende Brandschutzexperten aus aller Herren Länder faszinierte, und schufen Raum für eine Art Garten- und Blumenmarkt im Freien, der sich an die Blumenabteilung im Haus drinnen anschloß. Wie einige große ausländische Warenhäuser richtete Tietz eine zoologische Abteilung ein. Sie führte Haustiere vom Schoßhündchen bis zum beliebten Wellensittich.

Endlich hatte auch Oskar Tietz in Berlin zu seiner Form gefunden, und in zwei weiteren Etappen wuchs das Tietz-Warenhaus am Alexanderplatz bis 1911 zu einem Gebäudekomplex heran, dem damals der Ruf vorauseilte, das weltweit größte Warenhaus zu sein. Mit Superlativen ist es bekanntlich so eine Sache! Doch das Volk freute sich über seinen proletarischen Tempel und ulkte über die neueste Bademode:

Jehn se baden, jehn se baden mit Jefühl,
Ohne Badehose is det Wasser kühl.
Doch bei Tietz am Alexanderplatz
Jibt es Badehosen mit nem Pelzbesatz.

Dieses nette Sprüchlein paßte sicher nicht in die ersten Jahre des Warenhauses Tietz am Alexanderplatz. Denn vor dem Ersten Weltkrieg waren die Sitten noch zu streng, als daß sich die Warenhauskundschaft einen derart laszieven Badespaß erlaubt hätte. Mit derlei delikaten Raffinessen konnten Warenhäuser wie Tietz nur in den wenigen Jahren zwischen den Weltkriegen landen, in denen die breite Masse ihrer Kunden von den puren Existenzsorgen befreit war und deshalb davon träumte, wenigstens am Rande des Gabentisches, der für die wohlsituierte Mittelklasse gedeckt war, einen Platz zu finden. Tietz lag ihnen näher als Wertheim. Bei Wertheim konnte man Klaviere kaufen; Tietz führte als eines der ersten Geschäfte in Berlin Grammophone und Schallplatten mit den aktuellen Schlagern. Bei Wertheim präsentierten in dezent erleuchteten Vitrinen die führenden Porzellan-Manufakturen der Welt ihre

Kreationen; bei Tietz stapelte sich in dem taghell erleuchteten zentralen Lichthof Steingutgeschirr. Wenn es sich um Ware mit kleinen, unscheinbaren Fehlern handelte, wurde sie im Rahmen von Sonderaktionen fast zu Spottpreisen verkauft. Die Einkäufer der Firma Hermann Tietz waren der Konkurrenz oft einen Tick voraus. So bot Tietz die ersten Elektrostaubsauger an – und die Hausfrauen drängelten, um das fleißige Lieschen mit dem Elektroherz zu bestaunen. Die Rationalisierungsbewegung der zwanziger Jahre erfaßte auch Küche und Haushalt. Mit Hilfe eines attraktiven Teilzahlungssystems konnten die Berliner Elektrizitätswerke den Verkauf elektrischer Hausgeräte ankurbeln. 1928 hatten von 100 Berliner Haushalten schon 76 elektrische Geräte. Staubsauger und Bügeleisen waren besonders gefragt.

Wertheim Leipziger Straße war ein Weltstadtwarenhaus für die Welt, die sich in Berlin ein Stelldichein gab. Tietz Alexanderplatz war ein Weltstadtwarenhaus für die Berliner. Welche Rolle das Kaufhaus des Westens in dem Konzert der Berliner Warenhäuser spielen würde, das ließ sich 1908, als Leo Colze sein Büchlein über die Berliner Warenhäuser schrieb, noch nicht sagen. Und an einen Bau wie das Karstadt-Warenhaus am Hermannplatz war überhaupt noch nicht zu denken. Also befand Colze: »Es gibt vier Herrscher Berlins, ungekrönte Kaiser, deren gestrenges Regiment nichtsdestoweniger aber allenthalben anerkannt wird und deren Regierungserlasse und Aufrufe an das Volk nur im besten Sinne zu Diskussionen Anlaß geben. Diese ungekrönten Häupter sind die Warenhäuser, sind Wertheim, Tietz, Jandorf und seit Jahresfrist etwa das Kaufhaus des Westens.«[75] Spätestens um 1910 hatten die Berliner Warenhauskönige ihre Herrschaftsbereiche abgesteckt. Ein neues Selbstbewußtsein ließ sie zuversichtlich in die Zukunft blicken.

Dann brach der Erste Weltkrieg aus, und die Warenhäuser stellten ihre Beziehungen zu Lieferanten und ihre logistische Erfahrung in den Dienst der Kriegswirtschaft. Besonders aufschlußreich ist die Rolle, die Oskar Tietz in jenen Schicksalsjahren spielte. Er wußte sich mit der neuen Situation zu arrangieren, war aber nicht, wie die Antisemiten schon immer unterstellten, der vaterlandslose Wanderjude, der jede Sekunde sei-

nes Lebens darauf sinne, den braven Deutschen das
Geld aus der Tasche zu ziehen. Oskar Tietz sah den Abgrund, in den der patriotische Chauvinismus ganz Europa stürzen würde, voraus. Er war ein weltoffener De-
mokrat und Liberaler, der in allen weltanschaulichen
Fragen jeden Dogmatismus ablehnte; und er blieb zeitlebens ein loyaler Staatsbürger, der sich in die staats-
bürgerliche Pflicht nehmen ließ.

Bei Kriegsbeginn 1914 lagen in der Zentrale des Warenhauskonzerns Hermann Tietz versiegelte Befehle.
Sie legten fest, was das Unternehmen von Oskar Tietz
an Feldmeistereien zu liefern hatte. Schon wenige Wochen nach Kriegsbeginn füllten bei Tietz Aluminiumge-
schirre und Offizierskoffer in vorschriftsmäßiger Ausführung für alle Waffengattungen die Warenhausregale,
wurden bereits geschnürte Feldpostpäckchen angeboten, die unter anderem eine Mullbinde oder wahlweise
Schokolade enthielten. Eine Feldpost-Beratungsstelle
nahm ihren Betrieb auf. Es gab »Siegeslicht-Kernseife«
zu kaufen, Konserven der Marke »Germanis«. Tietz
führte Briefpapier verschiedener Ausstattung und mit
Namen wie »In Treue fest«, »Friedensklänge«, »Deutscher Erfolg«. Die Edelausführung hieß »Kaiserin-Lei-
nen mit Randvergoldung«. Für den Schützengraben
empfahl Tietz eine Taschenuhr mit radium-beleuch-
teten Ziffern. Die traditionelle Spielwarenausstellung
zu Weihnachten, auf die man bei Tietz genauso wie
bei anderen Warenhäusern viel Mühe verwendete, um
über die Kinder die Eltern anzusprechen, stand 1914
unter dem Motto: »Die Schlacht zwischen Franzosen
und Deutschen«. Der Krieg war Gegenstand mehrerer
Sonderausstellungen. Das Schlachtfeld machte im Modell einen fast idyllischen Eindruck. Niedlich blinkte
und blitzte es aus den Rohren der Miniatur-Geschütze.
Man hörte Gewehrfeuer und Militärmusik. Am Ende
der tausend-fach wiederholten vaterländischen Insze-
nierung ertönte das Lied »Ich bete an die Macht der
Liebe«.

Die Warenhaus-Schlacht war gewonnen, am deutschen Sieg gab es keinen Zweifel. Der Krieg wurde ver-
marktet. Oskar Tietz kümmerte sich als Vorsitzender
einer Arbeitsgruppe im »Verband Deutscher Waren-

Lichthof mit Freitreppe im Tietz am Alexanderplatz

und Kaufhäuser« darum, daß die Warenverteilung im Sinne einer optimalen Versorgung der Bevölkerung klappte. Das Deutsche Rote Kreuz ernannte ihn zum »Delegierten für Woll- und Bekleidungsbeschaffung« im Range eines Generalmajors. Aufgrund seiner ausgezeichneten internationalen Beziehungen wußte Oskar Tietz gut über Warentransporte Bescheid und erfuhr einmal sogar von einem norwegischen Frachter, der Schweineschmalz geladen hatte. Er informierte das Kriegsministerium, das zwei Torpedoboote schickte. Sie brachten den Frachter auf. Die eine Hälfte des Schmalzes wanderte in Läger der Heeresverwaltung, die andere durfte Oskar Tietz in seinen Warenhäusern verkaufen. Mit Armeelastern wurde Tietz das Schmalz zugestellt.

Ende Oktober 1918 meuterten Marinesoldaten in Wilhelmshaven, darauf in Kiel. Am 7. November wurde in München eine Räterepublik ausgerufen. Am 8. November versammelte sich der »Friedenskreis«, dem auch Oskar Tietz und sein Sohn Georg angehörten, im Berliner Wohnhaus von Oskar Tietz, um über Fragen des Übergangs vom Kaiserreich zur Republik zu beraten. Am 9. November brach die Revolution in Berlin aus; der Sozialdemokrat Philipp Scheidemann rief die Republik aus. Am 10. November ging Wilhelm II. ins Exil nach Holland. Deutschland hatte keinen Kaiser mehr. In Berlin kam es in den folgenden Wochen zum Generalstreik und zum offenen Bürgerkrieg. Dabei starben 1 200 Menschen. Die Kommunisten sahen sich um die Früchte der Revolution betrogen. Die Unruhen hielten an, die verfassunggebende Nationalversammlung mußte nach Weimar ausweichen. Am 15. Januar 1919 wurden Rosa Luxemburg und Karl Liebknecht ermordet. Oskar Tietz und seine beiden Söhne Georg und Martin gehörten zu den ersten, die einen von Scheidemann persönlich unterschriebenen Paß bekamen. Ein »Arbeiter- und Soldatenrat« richtete sich in der Firma Tietz ein. Oskar wurde in den Rat gewählt. Am Alexanderplatz drohte die Situation zu eskalieren. Dort schossen linke Spartakisten und rechte Freikorpsler aufeinander.

Bis auf das Einkaufshaus in Paris und die Filiale in Straßburg, die von den Franzosen beschlagnahmt

Das Teppichlager im Warenhaus Tietz am Alexanderplatz

wurden, hatte das Familienunternehmen von Oskar Tietz und Söhnen den Ersten Weltkrieg unbeschadet überstanden. Aber nun fehlte es an Ware, und die notleidende Bevölkerung hatte kein Geld zum Einkaufen. Oskars Sohn Georg reiste noch im Dezember 1918 in die Schweiz, um gegen den Willen seines Vaters Ware auf Kredit einzukaufen. Infolge des inflationären Preisverfalls konnte Tietz den Kredit mühelos zurückzahlen.

Im März 1920 putschten in Berlin Teile des Militärs, um den rechtsradikalen Kapp, Mitbegründer der Deutschen Vaterlandspartei, an die Macht zu bringen. Die Gewerkschaften riefen den Generalstreik aus. Nichts ging mehr in Berlin. Oskar Tietz, der damals im Vorstand der »Hauptgemeinschaft des deutschen Einzelhandels« saß, vereinbarte im Vorfeld des Generalstreiks mit den Gewerkschaften eine Lohnfortzahlung während des Streiks und konnte auch andere Arbeitgeberverbände für diese kluge Entscheidung gewinnen. Auf diese Weise stärkte Oskar Tietz den Gewerkschaften den Rücken und half mit, fürs erste die Demokratie zu retten. Am 24. Juni 1922 ermordeten Rechtsextremisten Außenminister Walther Rathenau; die Inflation raste die Massenkaufkraft sank und sank, und viele Warenhausunternehmen konnten sich nur mit Mühe über Wasser halten. Vor allem Extremisten von rechts bedrohten die Weimarer Demokratie. 1923, in dem Jahr, als Oskar Tietz starb, marschierte Hitler zur Feldherrnhalle in München. Der Putsch wurde niedergeschlagen, Hitler zu fünf Jahren Festungshaft verurteilt. Französische und belgische Truppen besetzten das Ruhrgebiet. Separatistische Bewegungen im Rheinland und in der Pfalz scheiterten, in Hamburg kam es zu Unruhen.

Im November 1923 gelang es durch Einführung der Rentenmark, die deutsche Währung zu stabilisieren. Vor allem großzügige Anleihen, die amerikanische Banken gewährten, trugen dazu bei, daß sich Deutschland wirtschaftlich erholte. Es begann jene kurze Phase, die man als »die goldenen zwanziger Jahre« bezeichnet hat und die 1929 mit der Weltwirtschaftskrise schon wieder zu Ende ging. Es war eine Zeit des Aufbruchs und der Hoffnungen gewesen. In Berlin wurden mehrere modellhafte Siedlungen aus dem Boden gestampft. Im Ullstein-Verlag erschien nicht nur die »Berliner Morgenpost«, die 1926 eine Auflage von 600 000 Exemplaren

erreichte und der schon seit 1903 der Ruf der auf-
lagenstärksten Zeitung Deutschlands vorauseilte, sondern auch das Boulevardblatt »B. Z.«, das den Anspruch
erhob, »mit einem Abstand von nur acht Minuten zwischen dem Empfang der letzten Meldung und der Ver-
breitung der ersten Exemplare in Berlin ... die ›schnellste Zeitung der Welt‹ zu sein«.[76]

Am westlichen Ende des Kurfürstendamms lag der
Lunapark, der seit 1927 sogar mit einem Wellenbad
lockte. Zahlreiche Filmpaläste buhlten um die Gunst
des Publikums. Im Januar 1927 hatte in Berlin Fritz
Langs berühmter Streifen »Metropolis« Premiere. Berlin schien einer rosigen Zukunft entgegenzutaumeln.
Die Umsätze der Warenhäuser stiegen, ihre Ertragslage
besserte sich. Und doch verkaufte Kommerzienrat Adolf
Jandorf 1926 sein Kaufhaus des Westens samt der anderen fünf Jandorf-Warenhäuser in Berlin an die Erben
des 1923 verstorbenen Oskar Tietz. Im selben Jahr erregte eine weitere Transaktion Aufsehen. Die Firma
Emden, die an der Gründung des KaDeWe beteiligt war
und eine ganze Kette von Warenhäusern betrieb, eines
davon sogar in Amsterdam, ging mit Jahresbeginn 1927
in der Rudolph Karstadt AG auf.

Die Firma Hermann Tietz war damals jedoch, was
die Zahl der Filialen und damit die Verkaufsfläche betraf, die Nummer eins unter den in Berlin vertretenen
Warenhausunternehmen. Zu Beginn des Jahres 1927
hatte Tietz in der Reichshauptstadt zehn Warenhäuser,
in denen etwa 13 000 Angestellte beschäftigt waren. Im
restlichen »Reich« beschäftigte der Familienkonzern
zur selben Zeit dagegen nur rund 3 000 Mitarbeiter in
sieben Warenhäusern.

Die »goldenen Zwanziger« wurden 1923 eingeläutet
und endeten 1929 abrupt mit dem »Schwarzen Freitag«.
Am 29. Oktober 1929 stürzten an der New Yorker Börse
die Kurse ins Bodenlose. Banken, Handels- und Indu-
strieunternehmen in den Vereinigten Staaten brachen
zusammen. Amerikanische Kredite für viele deutsche
Firmen, die damit den weiteren Wiederaufbau finanzieren wollten, blieben aus. Jetzt wurde offenkundig,
daß der Aufschwung der zwanziger Jahre ein Aufschwung auf Pump war. In Deutschland schnellte die
Zahl der Konkurse und Vergleichsverfahren in die
Höhe. Sie verdoppelte sich nahezu von 9,3 Tausend im

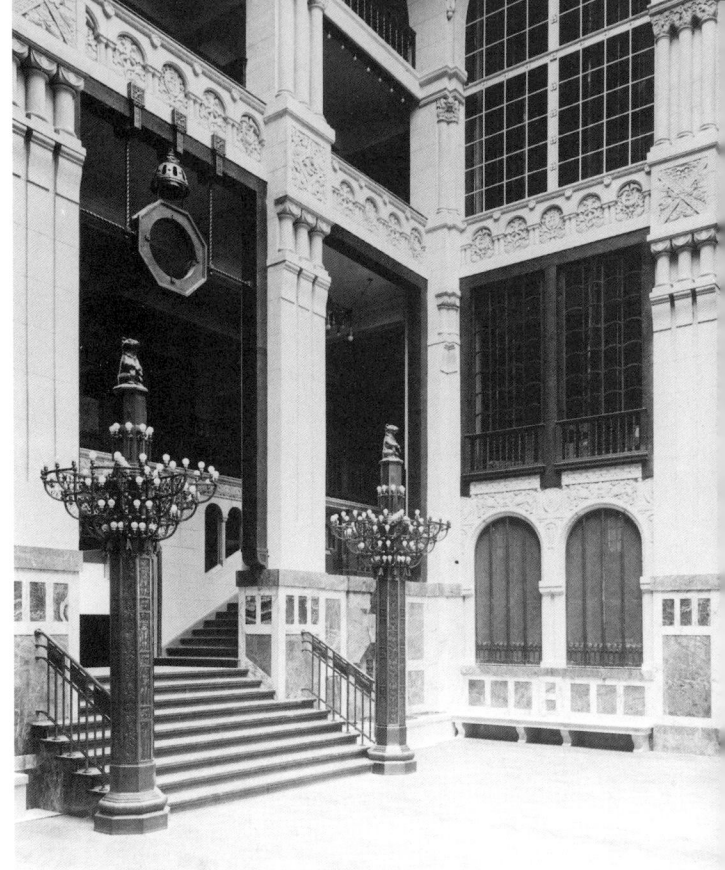

Treppenaufgang im Warenhaus Jandorf

Jahr 1927 auf 18,2 Tausend 1929 und erreicht 1931 mit
27,9 Tausend ihren Höhepunkt.

Nur wenige Wochen nach dem »Schwarzen Freitag«
von New York begann das Weihnachtsgeschäft kata-
strophal. Berlin fiel aus allen Wolken, denn Berlin war
ja vor allem auch eine riesige Industriestadt mit illustren Firmennamen, die Weltgeltung hatten: von AEG
bis Siemens, von Borsig bis Osram, um nur einige zu
nennen. Die Berliner Metallindustrie hatte 1925 eine
viertel Million Arbeiter beschäftigt und noch einmal so
viele seien in der Bekleidungsindustrie Berlins tätig gewesen, berichtet Walther Kiaulehn.[77] Warenhäuser, die
wie Tietz das mittlere Preisniveau pflegten und deren
Kundschaft vor allem aus der Schicht der Arbeiter und
kleinen Angestellten kam, traf die Massenarbeitslosigkeit und der mit ihr verbundene Kaufkraftschwund
besonders, während sich beispielsweise Wertheim gut
über Wasser halten konnte. Der überschwengliche,
nervige Glanz Berlins, zu dem die verschiedenartigen
Etablissements des Vergnügens und der Unterhaltung
genauso beitrugen wie die mondänen Warenhäuser,

90

verblaßte, fiel ab wie Schminke. Hochkonjunktur hatten nun die großen Vereinfacher, die Radikalen von rechts. Sie schlugen Kapital aus der deprimierenden Lage, warfen sich zu Fürsprechern der Opfer auf, suchten Schuldige und fanden sie in den Großbetrieben und bei den Juden. Die Warenhäuser ließen sich als Inkarnation einer Kombination beider Übel vorführen.

Wenige Wochen nach der »Machtergreifung« Hitlers, in der Nacht vom 31. März auf den 1. April 1933, kam es überall in Deutschland zu Ausschreitungen, die von Organisationen der NSDAP von langer Hand vorbereitet worden waren. Geschäfte jüdischer Eigner wurden geplündert, Schaufenster und Einrichtungen zerstört, Besitzer und ihre Angehörige mißhandelt. Viele Warenhäuser blieben am nächsten Morgen aus Angst vor weiteren Zerstörungen geschlossen. In seiner Ausgabe vom 1. April 1933 triumphierte der nationalsozialistische »Völkische Beobachter« über die Situation in Berlin: »Eine Reihe großer jüdischer Warenhäuser ist geschlossen. Tietz, Kaufhaus des Westens am Wittenbergplatz, Tietz am Alexanderplatz, das Warenhaus in Neukölln, Warenhäuser am Halleschen Tor, am Cottbusser Damm, oben in der Chausseestraße und Warenhäuser in der Turmstraße. Der Verband der Waren- und Kaufhäuser hat eingesehen, daß es besser ist, von vornherein seine Mitglieder zu beeinflussen, zu schließen. Nur die Häuser von Wertheim öffnen sich wie an jedem Tage und warten anscheinend auf das große Wunder, daß Kauflust größer sein soll als eine Parole, hinter der die Entschlossenheit einer Nation steht.«

Schließlich war jedoch die Faszination der Warenhauspaläste und ihre wirtschaftliche Bedeutung stärker – und die nationalsozialistischen Wirtschaftsführer mußten sich mit ihnen abfinden. Sie taten es auf ihre Weise, indem sie die jüdischen Warenhausunternehmer und ihre jüdischen Mitarbeiter vertrieben und verfolgten. Viele Warenhäuser erlitten im Krieg schwere Schäden, auch das berühmte Wertheim-Warenhaus in Berlin. Im August 1961 ließ die DDR-Führung die Berliner Mauer bauen. Ein Abrißkommando der Volksarmee räumte die Ruine weg, um freien Blick auf die Demarkationslinie zu haben. Berlin war zur Frontstadt an der Nahtstelle zwischen Ost und West geworden. Das in den heißen Jahren des Kalten Krieges direkt an der Mauer

hochgezogene Springerhochhaus und das KaDeWe entpuppten sich als Insignien des Westens in der geteilten Stadt. Sie sollten hinüberleuchten in den Osten, um den Menschen dort die Überlegenheit westlicher politischer Kultur vor Augen zu führen. Die Studentenrevolte der sechziger Jahre, deren Brennpunkt Berlin war und die sich nicht zuletzt an der nach Ansicht der Studenten reaktionären Springerpresse entzündete, haben auch am Nimbus des Springerhochhauses genagt. Aber das KaDeWe hat seine anziehende Leuchtkraft bewahrt. Es blieb das unumstrittene Flaggschiff des auf Oskar und Hermann Tietz zurückgehenden Hertie-Konzerns, der zwar sein Hauptquartier nach Frankfurt verlegte, aber sein Revier Berlin erfolgreich verteidigte. Selbst die Schließung der Zweiggeschäfte in der Chausseestraße und der Brunnenstraße, die bis zum Bau der Mauer viele Grenzgänger aus Ost-Berlin anzogen, konnte Hertie gut verkraften. Mitte der achtziger Jahre machte Hertie ein Viertel des Konzern-Umsatzes in Westberlin. 1987 war der Warenhauskonzern in Berlin außer mit dem Kaufhaus des Westens mit zwei Warenhäusern, die den Traditionsnamen Wertheim übernommen hatten, mit sieben Warenhäusern, die als Hertie firmierten, und mit einigen Bilka-Warenhäusern, die sich durch besonders preiswerte Sortimente auszeichneten, vertreten. Erst nach dem Fall der Mauer wurden in Berlin die Karten neu gemischt. Dann kam das Jahr 1993, in dem die Hertie-Eigner beschlossen, ihren Konzern an den einstigen Konkurrenten Karstadt zu verkaufen. Der führt die »Hertie Waren- und Kaufhaus GmbH«, zu der auch das KaDeWe gehört, nun als Tochtergesellschaft weiter.

Wertheim Leipziger Straße, eine Klasse für sich

Auch Deutschland hatte sein Bon Marché: »Das größte und beste deutsche Warenhaus, das von A. Wertheim«, schwärmte Paul Göhre 1907.[78] Die Hauptfronten grenzten an den Leipziger Platz und die Leipziger Straße, die Rückseite stieß an die Voßstraße. Die gesamte Frontlänge des Hauses habe 313 Meter betragen. Zwanzig Jahre später, als die letzte Erweiterung abgeschlossen war, nahmen allein die Hauptfronten 330 Meter in Anspruch. Zwar hatte sich das berühmte Wertheim-

Warenhaus seinen Ruf als nobelstes Berliner Warenhaus bewahrt, aber es wirkte Ende der zwanziger Jahre
verglichen mit »Tietz am Alexanderplatz«, mit dem
»Kaufhaus des Westens« und schließlich auch mit dem
Karstadt-Superwarenhaus am Hermannplatz, wohl etwas arg gediegen, um nicht zu sagen betulich. Die Firma
Wertheim hatte drei weitere »Verkaufshäuser« in Berlin, in der Oranienstraße, der Rosenthaler Straße und
am Moritzplatz. Dazu kam eine stattliche Filiale im
Stil der neuen, sachlichen Architektur der zwanziger
Jahre in Breslau. Sie konnten es mit dem Haupthaus
aber in keiner Weise aufnehmen. 1897 eröffnete Wertheim in der Leipziger Straße den ersten Bauabschnitt
des späteren Riesenwarenhauses. 1927, also genau dreißig Jahre nach Eröffnung des ersten Bauabschnittes,
fand die Entwicklung des berühmten Wertheim-Warenhauses mit der Eröffnung des Erweiterungsbaus am
Leipziger Platz ihren Abschluß.

Mit vier hohen Toren, die viel mehr darstellten als
Arkaden und an Portale gotischer Dome erinnerten, öffnete sich der Kopfbau des Wertheim-Warenhauses zum
Leipziger Platz. Auf beiden Seiten jedes Tores befanden
sich auf Säulen freistehende Bauplastiken. Die Balu-
strade zwischen den Scheitelpunkten der Torbögen und
den mehrbahnigen schmalen und hohen Fensterreihen,
die sich darüber erhoben, zierte ein Figurenfries, bei
dem man an die Galerien über den Portalen gotischer
Kathedralen denken konnte. Einem zu Füßen Gott-
vaters sitzenden Christus vergleichbar »thronte« genau
über jedem Scheitelpunkt der vier Torbögen eine Skulp-
tur. Wenn die großen Warenhäuser gelegentlich auch
»Kathedralen des Kommerzes« genannt wurden, dann
traf das für kein anderes Warenhaus der Welt so offenkundig zu wie für das berühmte Wertheim-Warenhaus
am Leipziger Platz in Berlin, allenfalls noch für den
Selfridges-Tempel in London. Die Zeitgenossen Messels
haben die Botschaft sehr wohl verstanden. »Wenn du
des Abends so von weitem stehst, und die Fenstermas-
sen von zerstreutem und zugleich verhaltenem Lichte
blinken – du glaubst warten zu müssen, bis der erste
Orgelton aus diesen hohen Hallen dir entgegensingt«,
schreibt Göhre und fügt hinzu, vornehmste Zurückhaltung sei der Gesamteindruck dieses Hauses.[79] Aus heutiger Sicht wirkt das unverblümt religiöse Pathos, mit

dem sich das Wertheim-Warenhaus an einer der ver-
kehrsreichsten und prominentesten Stellen Berlins den
Passanten aufdrängte, befremdlich. Seine Architektur
war Plakat und Plagiat. Innen schwelgte das berühmte
Wertheim-Warenhaus in einem geradezu stillosen Stil-
gemisch, in das barocke wie orientalische Stilelemente
eingerührt waren. Außen dagegen behielt die Gotik die
Oberhand. Zu Zeiten des Architekten Messel wirkte in
Deutschland das Mittelalterfieber noch nach. Die in
Berlin regierenden Preußenfürsten suchten nach der
Gründung des Kaiserreiches krampfhaft nach einer
Legitimation ihrer Herrschaft. Sie griffen weit zurück
in die glorifizierte Gotik. Beispielsweise hatte deshalb
Kaiser Wilhelm I. die 1880 abgeschlossene Vollendung
des gotischen Kölner Domes, der über Jahrhunderte ein
Torso geblieben war, zur nationalen Aufgabe erhoben.
Der gotisierende Baustil signalisierte einen Führungs-
anspruch, den Wertheim für das Feld des Einzelhandels
erhob.

Warenhaus Wertheim in der Leipziger Straße

Warenhaus Wertheim in Berlin-Kreuzberg

Aber bei Sentimentalitäten hielt sich Wertheim nicht auf. Alles war generalstabsmäßig kalkuliert. So lockte Wertheim die Kunden mit einem Palmenhaus, das in den Warenhauskomplex am Leipziger Platz eingeschlossen war und nur der Erholung des ruhebedürftigen Publikums diente. Natürlich hatten solche raffinierten Einrichtungen nicht zuletzt den Zweck, die von ihren Streifzügen durch die Warenwelt ermüdeten Kunden wieder aufzurichten, ohne daß sie das Warenhaus verlassen mußten. »Seine Wände sind aus Glas, durch das das Grün der Pflanzen bis in die umgebenden Verkaufsräume hineinlacht und winkt. Auch sein Dach, den Pultdächern vieler neueren Fabrikgebäude ähnlich, ist aus Glas. Das ganze Glashaus aber ist gefüllt, nein vollgepfropft mit hochragenden oder weit sich spreizenden Palmen aller Sorten, zwischen die Kandelaber tragende, antik gehaltene, hohe Säulen verteilt sind, mit in Grün versteckten Grotten, aus denen kleine

Wasserbäche und Wasserfälle rieseln, mit leise rauschenden Springbrunnen, mit einsam stehenden Statuen; der Boden bedeckt mit feuchten Kräutern. Die engen Wege mit rötlichen Majolikafliesen belegt, hie und da ein wenig verbreitert, um einer schönen Marmorbank Raum zu schaffen.« Doch dieser Wintergarten bedeutete eine Platzverschwendung, die sich betriebswirtschaftlich nicht rechnen ließ. Außerdem wurde er nicht so angenommen, wie es sich die Wertheim-Leute ausgedacht hatte. Ruhe und Warenhaus seien eben zwei sich ausschließende Dinge, bemerkte Göhre. »Dieses Gefühl wird auch nicht behoben, höchstens etwas gemildert durch den gartenähnlichen Freihof, der sich an die eine Seite dieses Palmenhauses anschließt, der in der Mitte einen, wenn auch höchst bescheidenen Rasenplatz, an den Wänden Schlingpflanzengeranke, blühende Blumen und behagliche Ruhebänke aufweist.«[80]

Die Warenhauspioniere, die zu neuen Ufern im Einzelhandel aufbrachen, erfanden ständig neue Methoden, den Kaufreiz anzustacheln, nicht allein durch Sonderangebote. Auch wenn sich der kommerzielle Erfolg nicht automatisch eingestellt hatte, lehrten die Passagen und passagenähnlichen Bazare, die es auch in Berlin gab, wie stimulierend ein angenehm zwangloses Ambiente, gewürzt mit einem Hauch von Luxus und Sensation, für einen Einkaufsbummel sein konnte. Das erkannt zu haben, erklärt teilweise den Siegeszug der Warenhäuser, und deshalb konnte Gustav Stresemann schon 1900 in der »Zeitschrift für die gesamte Staatswissenschaft« über Wertheim und Hertzog, eines der »großen Konfektionshäuser«, schreiben: »Niemand geht zu Hertzog, wenn er nicht bestimmt entschlossen ist, diesen oder jenen Einkauf vorzunehmen. Anders bei den Warenhäusern. Schon beim Kaiser-Bazar hatte man sich daran gewöhnt, in seinen Räumen gemächlich herumzubummeln, wollte man sich ausruhen, so begab man sich in den Erfrischungsraum oder in das Lesezimmer. Inzwischen haben es die Warenhäuser sich angelegen sein lassen, immer mehr zur Bequemlichkeit ihrer Kunden zu thun, Wertheim hat in Berlin bereits eine Art Ausschank innerhalb seines Etablissements errichtet, wo man gegen Entgelt Bier, Kaffee, Chocolade, Gebäck etc. erhält. Wenn man heute in einer Familie hört: Wir gehen zu Wertheim, so heisst das nicht in erster Linie, wir brauchen irgend etwas besonders notwendig für unsere Wirtschaft, sondern man spricht wie von einem Ausfluge, den man etwa nach irgend einem schönen Orte der Umgegend macht. Man wählt sich dazu einen Nachmittag, an dem man möglichst viel Zeit hat, verabredet sich womöglich noch mit Bekannten. In der Leipzigerstrasse angekommen, bewundert man erst eine ganze Zeit lang die Schaufenster, dann ergeht man sich in den Erdgeschossräumen, sieht sich die verschiedensten Auslagen an, kauft vielleicht hier und da, lässt sich durch den Fahrstuhl nach dem ersten Stock befördern und nimmt womöglich eine Tasse Chocolade nebst dem obligaten Stück Torte oder Apfelkuchen. Hat man Bekannte gefunden oder mitgebracht, so bleibt man wohl plaudernd längere Zeit sitzen, zeigt die gegensei-

»Wintergarten« für König Kunde bei
Wertheim Leipziger Straße

tigen Einkäufe und reizt sich dadurch gegenseitig zu neuen Ausgaben. Die Zeit verfliegt mit dem Betrachten der verschiedensten Rayons, der Toiletten der einkaufenden Damen, der Unterhaltung und anderem, und wenn man an der Uhr plötzlich sieht, dass es höchste Zeit sei heimzukehren, so macht man oft wohl gleichzeitig die Wahrnehmung, dass man anstatt der einen Cravattenschleife, die man anfänglich kaufen wollte, mit einem ganzen Bündel der verschiedenartigsten Sachen beladen ist. Eine Zeitlang spürt man dann vielleicht Reue, und nimmt sich vor, nicht wieder so leichtsinnig zu sein, aber sobald man das Warenhaus betreten hat, um einen kleinen Einkauf zu machen, wiederholt sich das Schauspiel aufs neue.«[81]

Stresemann konnte 1900 nicht im Traum voraussehen, wie prachtvoll sich Wertheim 27 Jahre später, als mit dem Erweiterungsbau am Leipziger Platz die Entwicklung dieses vornehmsten Berliner Warenhauses abgeschlossen wurde, präsentieren sollte. Der Onyx-Saal, verkleidet mit Platten dieses edlen Gesteins und optisch durch Spiegelwände erweitert, der Teppich-Saal, der nicht seinesgleichen hatte in Deutschland, der neue längsrechteckige Lichthof mit seinen zwei Brücken in luftiger Höhe und den glühlampenbestückten Ketten, die von den Brücken herabhingen. Wandgemälde und Skulpturen, die den Welthandel und den tugendsamen Unternehmer, der in seiner Arbeit aufgeht, verherrlichten, bombastische Treppenanlagen, Ziersträucher, die Pfeiler der Fassade flankiert von Orangenbäumchen in Kübeln, ein respektabler Brunnen, kunstvoll gestaltete Wandfliesen und Brüstungen, ein Inferno unterschiedlichster stilistischer Imitate, alles überladen, haarscharf an der Grenze zur Geschmacklosigkeit und doch überwältigend. Als »allgemeine Abteilungen des Hauses« sind in einem Firmenprospekt aufgelistet: Kleiderstoffe, Konfektion, Damenhüte, Wäsche, Tischzeuge, Strümpfe, Trikotagen, Teppiche, Möbel, Schuhwaren, Parfümerie, Kunstgewerbe, Lederwaren, Schreibwaren, Bücher, Noten, Malutensilien, Glas, Porzellan, Wirtschafts-Artikel, Gold- und Silberwaren, Spielwaren, Lebensmittel. Einige »besondere Abteilungen« ergänzten dieses Programm: Gemälde, Graphik, Antiquitäten, Volkskunst-Abteilung, Radio, Optik, Uhren, Musikapparate, Photographisches Ate-

lier, Leihbibliothek, Theaterkasse, Reisebüro, Frisier-Salons, nicht zu vergessen die verschiedenen Erfrischungsräume, wie die Restaurants lange Zeit genannt wurden, um Hoteliers und Gaststättenbesitzer nicht vollends zu vergraulen. Als besonderes »Charakteristikum« erwähnte Göhre bereits 1907 die »Selbstbedienung« in der Wertheim-Gastronomie. An weiteren »Bequemlichkeitseinrichtungen« für das Publikum zählt er auf: »sechs Telephonzellen, für Berlin und Umgegend unentgeltlich benutzbar, ein Wiegestuhl, ebenfalls unentgeltlich, eine Garderobe, eine Aufbewahrungsstelle für Pakete, Bücher und ähnliches, die natürlich jeder Straßenpassant ebenfalls benutzen kann, ein Fundbureau …, eine Auskunftsstelle, ein Leseraum, zwei Schreibstuben, parterre und in vierter Etage, ein Klavierzimmer, in dem elektrische Klaviere vorgeführt werden, das Palmenhaus mit seinen Ruheplätzen. Limonadenverkaufsstände, Warm- und Kaltwasserspender, Sanitätszimmer für plötzliche Fälle von Unwohlsein, eine Geldwechselkasse, eine Verkaufsstelle für Postwertzeichen, Postkästen, eine sich drehende Litfaßsäule mit den Theater- und Konzertanzeigen, die Lichtfontäne im Onyxsaal mit Ruhebänken neben ihr, eine Parfümerieschale aus Marmor mit kleinem Springbrunnen und – last, not least – sehr komfortabel eingerichtete Klosetts und Waschräume.«[82]

1907, als Paul Göhre in der von Martin Buber herausgegebenen Schriftenreihe das Berliner Top-Warenhaus vorstellte, hatte es 65 Verkaufsabteilungen und bildete damit eine Ansammlung von 65 Spezialgeschäften unter einem Dach. Sie boten fast alles von A bis Z: von Antiquitäten und Ansichtskarten bis zu Zigarren und exotischen Tieren in der zoologischen Abteilung. Zählt man zu den 65 Verkaufsabteilungen die zuarbeitenden Abteilungen dazu, also Versand, Dekoration, Reklame, statistisches Büro, andere Einrichtungen der Verwaltung, dann ergeben sich für 1907 rund 80 Abteilungen. Bei der Betrachtung des riesigen Warenhauses Wertheim kam Göhre der Vergleich mit einem Ozeandampfer in den Sinn. »Beide, Ozeandampfer wie Warenhaus, ein Triumph moderner, gesellschaftlich organisierter menschlicher Arbeit«.[83] Ein gewaltiger Ozeandampfer, der im Meer der Großstadt Berlin vor Anker gegangen ist, umspült vom flutenden Verkehr.

Wertheim Leipziger Straße

Neubarocker Glanz in der Schnittmuster-Abteilung
bei Wertheim Leipziger Straße

Schaut man heute Bilder von diesem berühmten Warenhaus an, dann wirkt der ganze frömmelnd-hehre
Aufzug, in dem es sich darbot, doch sehr fassadenhaft.
Er erinnert an die in der Endphase des deutschen Kaiserreiches unter den Bildungsbürgern so beliebten
Kostümfeste. Es waren die Jahre des Wilhelminismus,
der auch eine Zeit der politischen Maskeraden war.
Grundlegende politische Reformen hatte der Kaiser
versprochen, ohne allerdings sein Versprechen zu halten. Das Berliner Wertheim-Warenhaus paßte sich gut
in den wilhelminischen Zusammenhang ein. Es hatte
den Charakter einer riesigen Schaubude, hinter deren
dekorativen Mauern sich eine hochmoderne technische
Anlage verbarg. Sie hielt die Verkaufs-Maschine in
Schwung. 1908 zählte Leo Colze in einem Büchlein über
die Berliner Warenhäuser zusammen: Im Keller zwei
Dampfmaschinen mit einer Gesamtleistung von 3 490
PS; 105 größere und kleinere Elektromotoren, allein 50
für Aufzüge und 32 für die Lüftungsanlage; Beleuchtung: 520 Bogenlampen, 11 219 Glühlampen, 8 433
Nernstlampen; 13 Hebewerke, Warenaufzüge und um-
laufende Paternosteraufzüge; zwei Kühlmaschinen;
eine Akkumulatorenbatterie-Anlage sorgt bei Strom-
ausfall für die Aufrechterhaltung der wichtigsten Ma-
schinen und Einrichtungen.[84]

Wertheim am Leipziger Platz, das war eine Klasse
für sich unter den deutschen Warenhäusern; und auch
weltweit zählte dieses Warenhaus zu den ersten Adressen der Konsumtempel. Die Erinnerung daran hat
auch den Niedergang von Wertheim im Zweiten Weltkrieg überdauert. Mit leuchtenden Augen erzählt die
1921 geborene Schriftstellerin Ursula Ziebarth von
ihren ersten Ausflügen zu Wertheim, die sie als Kind
zusammen mit ihren Eltern unternahm. »Da setzte
man sich voller Erwartung in die Straßenbahn und
stieg dann am Leipzigerplatz aus. Natürlich gab es dort
Hausorchester und Teeraum; und Charleston wurde
getanzt. Oder die Rolltreppen! Also man lief nicht auf
der Rolltreppe, sondern man genoß das Wunder, daß
man da stand und hochgezogen wurde. Und dann gab
es an den Fahrstühlen Pagen in Livrees, die einen führten. Ich habe das Gefühl, die Wertheim-Leute wollten

Wertheim Leipziger Straße, Majolikaabteilung

98

ein Schloß hinstellen und das war eben ein republikanisches Schloß und wurde auch ungeheuer angenommen. Es war schön wie ein Schloß, aber es konnte jeder hingehen.«[85]

Auch der Schriftsteller Walther Kiaulehn bestätigte diesen Eindruck, indem er schrieb: »Jeder war hier willkommen, der eintreten wollte, die Wertheims brauchten die sechs Pfennige, die das alte Mütterchen nach stundenlangem Suchen für den einen Knopf zahlte, ebenso dringend, wie die fünfzehn Pfennige, die der Knabe für Räucherkerzen in die ostasiatische Abteilung trug, oder die tausend Mark, die ein Buchara kostete.«[86] (Buchara ist ein wertvoller handgewobener Teppich aus Turkmenistan.) Aber Kiaulehn berichtet auch von dem Verleger Hermann Ullstein, der einmal hinter die Kulissen von Wertheim geschaut und sehr schnell bemerkt habe, daß die Wertheims gar nicht Mäzene seien, sondern gute Verkäufer: »Hinter irgendeinem Warenstand im vierten Stock war eine Glastür mit der Aufschrift ›Büro‹, nicht etwa ›Direktion‹ oder sonst etwas Hochtönendes. Hinter der Tür einige Büromädchen und in einem abgeteilten Verschlag, der nicht einmal bis zur Decke geht, und also allen Lärm und jedes Stimmengewirr durchläßt, das leitende Mitglied der Geschäftsleitung. Nervös ist man also gar nicht bei Wertheim, und so luxuriös die Aufmachung der Kundenräume ist, so puritanisch einfach sind die Räume hinter den Kulissen. Nur: der Kunde, der Kunde und noch einmal der Kunde!«[87]

Wertheim war nicht der Warenhaus-Typ, dem die Zukunft gehören sollte. Wertheim repräsentierte glanzvoll und mit einer Mischung aus würdiger und gleichzeitig etwas altbackener Noblesse die Endzeit des 19. Jahrhunderts, die auf den Ersten Weltkrieg zusteuerte. Wenn man den brokatgesäumten Schleier lüftete, dann wurde »Fin de Siècle« sichtbar. Die Wertheim-Leute waren auf Etikette bedacht. Sie machten in einem gediegenen Gewand mit Schärpe dem König Kunde den Hof. Sie wahrten peinlichst den Gesamteindruck »einer einzigen hohen Harmonie in Grau und Gold … , der seines Gleichen sonst nirgends in der Welt hat«, wie Göhre[88] schwärmte. Noblesse oblige, Adel verpflichtet. Und doch konnte auch Göhre nicht verschweigen, was ihm schon vor dem Ersten Weltkrieg in den oberen, schlicht und schmucklos gehaltenen Verkaufsetagen aufgefallen war. Da verblaßten gleichsam die vergoldeten Terrakotten des Brunnenhofes, beeindruckte nicht mehr die Tatsache, daß sogar die kaiserliche Kachelmanufaktur Wertheim belieferte, sondern diktierte das schnöde Preis-Leistungs-Verhältnis ganz offensichtlich den Stil des Hauses. Dort lichtete sich der luxuriöse Nebel und gab den Blick frei auf eine andere, eine normale gutbürgerliche Warenhausherrlichkeit. »Denn oben, in der zweiten und dritten Etage, finden sich alle jene Verkaufsartikel, denen selbst die gütigste Phantasie keinen Schönheitswert zubilligen kann, Massenware für den Alltag, die Werkstatt und den Hausgebrauch, Glassachen, Steingut, Küchenutensilien, Eisenwaren, Gartengeräte und ähnliches.«[89]

Das dornige »Paradies der Damen« – Arbeiten im Warenhaus

»Ihre Arme waren so steif von den schweren Kleiderpacken, daß sie während der ersten sechs Wochen nachts aufschrie, wenn sie sich umdrehte, weil sie wie gerädert war und die Schultern schmerzten … . Da sie immerzu auf den Beinen sein, von morgens bis abends hin und her laufen mußte, gescholten wurde, wenn jemand sah, daß sie sich für einen Augenblick an die Holzverkleidung lehnte, hatte sie geschwollene Füße …; die Fersen pochten in der Hitze, die Sohlen hatten sich mit Blasen bedeckt, deren abgerissene Haut an den Strümpfen klebte. Zudem verspürte sie einen allgemeinen körperlichen Verfall, daß die Müdigkeit der Beine an ihren Gliedmaßen und ihren Organen zerrte, plötzliche Störungen in den Funktionen ihres weiblichen Geschlechts, was die blasse Farbe ihrer Haut verriet … Die Bereitwilligkeit, mit der sie litt, ihre zähe Tapferkeit ermöglichten es ihr, sich lächelnd aufrecht zu halten, wenn sie, mit ihren Kräften am Ende, erschöpft von einer Arbeit, der Männer erlegen wären, dem Umfallen nahe war.«[90] Emile Zola wäre nicht Emile Zola, hätte er nicht bei aller romanhaften Ausschmückung seines »Paradieses der Damen« in die Hölle blicken lassen, zu der es für die Ver-

käuferinnen werden konnte; und man braucht nicht allzu-
viel Phantasie, um Zolas literarische Beschreibung auf viele
Warenhaustempel von gestern zu übertragen – und nur
von gestern?

1905 hatte das Wertheim-Flaggschiff an der Leipziger
Straße in Berlin 3 200 Beschäftigte, unter ihnen 2 000 Verkäuferinnen. Dazu kamen 100 bis 115 Kassiererinnen und
mindestens ebensoviele »Kassenmädchen«. Sie mußten die
gekaufte Ware von den Packtischen zur Kasse bringen, waren zwischen 14 und 16 Jahre alt und hatten als ungelern-
tes Personal Wertheim mit 16 wieder zu verlassen. Sie bildeten in der Hierarchie des weiblichen Verkaufspersonals die
unterste Stufe, gefolgt von den Packerinnen. Auf der nächsten Stufe standen die Verkäuferinnen, die möglichst in anderen Betrieben eine Lehre abgeschlossen haben sollten.
Denn so konnte Wertheim bei den Ausbildungskosten sparen. Ihre unmittelbaren Vorgesetzten im Betrieb waren die
»Lagerdamen mit ihren Korporalschaften von Verkäuferinnen«[91]. Tatsächlich war der gesamte Betrieb straff organisiert wie beim Militär. Die (älteren) Lagerdamen hatten die
Aufsicht über Gruppen von je 20 Verkäuferinnen. Sie mußten deren Arbeit überwachen und der Geschäftsleitung über
das Wohlverhalten und die Leistung der ihnen anvertrauten
Verkäuferinnen Rapport erstatten. Über den Lagerdamen
standen die Rayonchefs, also die Abteilungsleiter.

Auch beim männlichen Personal gab es eine mehrstufige
Hierarchie. An Handwerkern waren vertreten: Maler, Buch-
binder, Tischler, Tapezierer, Glaser, Polierer, Holzarbeiter,
Schneider, Photographen, Chauffeure für die damals bereits
60 Automobile, Weinküfer, Brauer, Maschinisten, Heizer,
Elektrotechniker, Maurer, Schlosser, Zimmerleute, Köche,
Bäcker, Konditoren, Retuschierer, denen Handwerkerinnen
wie beispielsweise Retuschiererinnen, Putzmacherinnen
und Schneiderinnen zuarbeiteten. Die Liste ist sicher nicht
vollständig, gibt aber einen Einblick in die Vielfalt der
Berufe in einem großen Warenhaus. Darüber hinaus stellten
die Männer auch Verkäufer und die allermeisten Mitglieder
der mittleren Führungsebene der Rayonchefs und ihrer
Stellvertreter. Ganz unten standen die Hausdiener. Sie
waren »nichts anderes wie die männlichen Mädchen für
alles«.[92] Sie mußten Reinigungsarbeiten und Botengänge
erledigen, Waren und Regale schleppen, im Maschinen-
raum oder im Lager aushelfen, überall zur Stelle sein, wo
Not am Mann war.

In den Abteilungen der Verwaltung wie der Buchhaltung
und in den Kontoren setzte Wertheim schon kurz nach der
Jahrhundertwende auffallend viele Frauen ein. Sie wurden
durchweg schlechter bezahlt als Männer. Vor allem in den
umsatzträchtigen Wochen beschäftigte Wertheim Aushilfs-
kräfte als Packerinnen, Kassenmädchen, Verkäufer, Hausdiener, Handwerker und Küchenmädchen. In den Wochen
vor Weihnachten sei ihre Zahl auf über 1 000 angestiegen.
Oft habe es sich um ehemalige und inzwischen verheiratete
Verkäuferinnen gehandelt, die so zum Familieneinkommen
beitragen wollten.

Ein ausgeklügeltes System gegenseitiger Überwachung
prämierte einerseits die Mitarbeiter, die Kollegen bei Vorgesetzten anschwärzten, und beschnitt andererseits das Recht
der Angestellten, sich über Vorgesetzte und unhaltbare
hygienische und andere Verhältnisse zu beschweren. Für alle
Angestellten, die direkt mit Kunden und Lieferanten zu tun
hatten, galt eine strenge Kleiderordnung. »So müssen alle
Herren im Hause im schwarzen Anzug, Gehrock, schwarzen
Stiefeln und schwarzer Halsbinde, alle Damen in schwarzen
Kleidern arbeiten. Nur sommers sind den Damen helle leichte
Blusen, aber ohne Schmuck und Bänder und Ausschnitte
zugestanden.«[93] In der im Jahre 1914 herausgegebenen
Geschäftsordnung für das Warenhaus Theodor Althoff in
Leipzig findet sich außerdem noch der Hinweis, daß für
Frauen »auffallende Haarfrisuren und farbige Stiefel«
verboten seien.

Neben den Speisesälen für die Angestellten der Büros
und Verkaufsabteilungen gab es bei Wertheim in Berlin
einen Aufenthaltsraum mit Ruhestühlen, Chaiselongues,
Tischen und Bänken für die Angestellten, die ihre Mittagspause nicht zuhause verbrachten. Im Sommer stand ihnen
auch ein Dachgarten mit Zelten, Liegestühlen und in Kübeln
eingepflanzten Bäumen zur Verfügung. In der obersten der
drei Kelleretagen befanden sich eine Kantine für die einfachen Arbeiter und Handwerker, außerdem Garderobenräume mit Spinden für die Angestellten, die dort die
Straßenkleidung mit der für den Betrieb vorgeschriebenen
wechselten. Die Platzausnutzung dieser Garderobenräume
nennt Göhre »allerraffiniertest«, bemerkt jedoch ausdrücklich, sie seien auch mit »ausgesuchter Hygiene ausgeführt:
durch jeden Garderobenschrank fährt ständig ein feiner
Luftzug und durchlüftet die dort eng aneinander aufbe-
wahrten Kleidungsstücke«.[94]

Die Unternehmensleitung von Wertheim legte Wert auf die Bildung ihrer Mitarbeiter, weshalb Theater- und Konzertbesuche zu ermäßigten Preisen angeboten wurden. Bereits 1905 gab es eine vom Personal selbst verwaltete Betriebskrankenkasse. Die Fürsorglichkeit, die Wertheim gegenüber der Belegschaft ohne Zweifel an den Tag legte, sollte sie auch an das Unternehmen binden. Bei der Einstellung mußte nicht nur genau Auskunft über verwandtschaftliche Beziehungen zu Beschäftigten bei Wertheim oder anderen Warenhäusern gegeben, sondern auch eine Konkurrenzklausel unterschrieben werden. Ihr zufolge durfte man nicht unmittelbar, nach dem Ausscheiden bei Wertheim eine neue Stelle in einem anderen Warenhaus antreten, wobei die Firma Wertheim nicht in allen Fällen darauf pochte, daß diese Bestimmung streng eingehalten wurde.

Bei aller Kritik an den allzu fürsorglichen und gängelnden Regelungen, mit denen Wertheim wie auch andere Warenhausunternehmen sich eine leistungsorientierte Belegschaft heranzogen, boten sie nicht nur besser bezahlte Arbeitsplätze als die überwiegende Mehrzahl der kleinen Einzelhändler, sondern auch Beschäftigungsbedingungen, von denen die kaufmännischen Gehilfen, die Verkäufer und Verkäuferinnen in den allermeisten Läden nur träumen konnten. Letztlich gab es nur in den großen Geschäften eine wirklich geregelte Arbeitszeit, das Recht auf Urlaub mit Lohnfortzahlung, eine vergleichsweise gut ausgestattete innerbetriebliche Kranken- und Rentenversicherung und Annehmlichkeiten wie firmeneigene Erholungseinrichtungen und Bibliotheken für die Belegschaft.

Wertheim galt in dieser Beziehung als einer der deutschen Musterbetriebe, zu denen sich auch das kurz nach der Jahrhundertwende schon beachtlich große Stuttgarter Textilkaufhaus Breuninger zählen konnte. Gründer Eduard Breuninger gab das Motto aus: »Fürsorge gegen Treue«. Schon 1911 arbeitete eine Verkäuferin bei Breuninger nur von 8.30 Uhr bis 18.30 Uhr; sie hatte eine zweistündige Mittagspause und zwölf Urlaubstage. Im königlichen »Wilhelma-Theater« konnten die Angestellten »Separat-Vorstellungen« besuchen. Breuninger richtete in seiner Firma nicht nur eine Geschäftssparkasse und eine Personalbibliothek mit 2 000 Bänden ein, sondern regte darüber hinaus einen Hauschor und einen Ball-Spiel-Club für die Mitarbeiter an und schuf ein Ferienheim im Schwarzwald, um seinen Angestellten eine Möglichkeit zu bieten, »sich

von den Mühen anstrengender Arbeit zu erholen und neue Kräfte zu sammeln. Daß der sichere Erfolg auch wieder dem Geschäft zugute kommen muß, liegt auf der Hand, denn zu Anfang der freiwilligen Urlaubsgewährung mußte ich die Beobachtung machen, daß die weiblichen Angestellten den Urlaub vielfach zu Hause mit Nähen und Putzen verbrachten«, notierte Firmenpatriarch Eduard Breuninger, der nach dem Ersten Weltkrieg im Schwarzwald ein zweites Haus für seine Mitarbeiter eröffnen konnte. Darin gab es ein Schreib- und Musikzimmer, Schwimmbad, Wannenbäder, Gymnastikraum und Kegelbahn, die Zimmer hatten einen Balkon, und das Ferienheim war eingebettet in einen Park, der in die freie Natur des Nordschwarzwaldes überging. Breuninger entsprach mit der Einrichtung dieses bestens ausgestatteten Ferienheims für seine Belegschaft einer Forderung des »Verbandes Deutscher Waren- und Kaufhäuser«.[95] Breuninger führte auch den Unterricht in Fremdsprachen und kaufmännischen Fächern ein, der für jüngere Angestellte verpflichtend war.

Allerdings sah der Alltag in den Warenhäusern für viele Beschäftigte oft nicht so freundlich aus, weil zum Beispiel Regeln für die individuelle Arbeitszeit und Pausen von den Geschäftsleitungen draußen in den Filialen der Warenhausunternehmen nicht selten einfach ignoriert wurden. Im Rahmen einer vom »Unterstützungsverein der Kaufhof AG« 1964 gestarteten Aktion schrieben ehemalige Mitarbeiter über Erlebnisse und Episoden aus ihrer beruflichen Tätigkeit bei der Leonhard Tietz AG. Die Briefe sind geprägt vom melancholischen Ton der Rückschau auf eine längst vergangene Zeit. Und doch schimmern manchmal die Kränkungen durch, die unter den herrschenden Bedingungen der auf Umsatzsteigerung programmierten Verkaufsmaschine Warenhaus vor allem Verkäuferinnen hinnehmen mußten. Die Alltagserfahrung der in den Warenhäusern beschäftigten Männer und Frauen wollte nicht zu jener allzeit adretten Erscheinung passen, wie sie die Geschäftsordnungen der Warenhäuser den Mitarbeitern abverlangten. Das System funktionierte durch den Druck, den Vorgesetzte, angestachelt durch Prämien und Umsatzbeteiligungen, auf die ihnen untergebenen Mitarbeiter übertrugen.

Oft war dieser Druck subtil wie im Falle der Auguste Moos, die 1928 in dem Frankfurter Mode-Kaufhaus der Lindemann-Gruppe als ausgebildete Modistin in der Abteilung für Damenhüte und Putz anfing. Die Lindemann-Filialen in Frankfurt und Breslau hatte die Leonhard Tietz AG und nicht, wie die anderen Lindemann-Filialen, die Rudolph Karstadt AG übernommen. »Es war eine schlechte Zeit. Die Bubi-Köpfe kamen auf und mit den Hüten ging es bergab. Alle großen Hutgeschäfte in der Kaiserstraße mußten schließen. Lindemann hatte Putz erst eingeführt. Es war mein Wunsch, in ein großes Kauf- oder Warenhaus zu kommen. Chef war Herr Hirschfeld, er selbst hatte uns eingestellt. Abteilungsleiter war Herr Eich, Directrice eine Französin, Madame Georgette Milo. Das alte Haus war sehr schön, aber nicht so gebaut wie das neue. Wir mußten viel frieren. Madame schickte mich immer zu Herrn Rössel, dem Hausmeister. Er mußte einen Vorhang anmachen, weil es so kalt war. Madame sagte dann: ›Herr Rössel ist eine angenehme Mann.‹ Wir mußten viel in den Verkauf, die Bestellungen blieben liegen. Als die Kunden kamen und ihre Hüte abholen wollten, waren sie nicht fertig. Die Leute schimpften. Madame sagte: ›Was brauchen Sie sich aufzuregen, Sie haben keinen tot gemacht.‹ Von Tietz wurden wir alle übernommen. Abteilungsleiterin war Frau Jansen, Directrice war Fräulein Tiede. Als sie wegging, habe ich Frau Jansen den Vorschlag gemacht, keine Directrice mehr einzustellen. Das Geld könnte sie sparen. Das tat sie, und wir sind auch so fertig geworden. Frau Jansen holte mich aus dem Atelier mit den Worten: ›Moos komm raus, du bist zu schade fürs Atelier.‹ So kam ich ganz in den Verkauf. Am liebsten war ich im Parterre. Der Chefdekorateur hatte uns immer

Mit diesem Foto von einem Betriebsausflug aus dem Jahr 1918 oder 1919 »revanchierte« sich ein ehemaliger Karstädter 1992 für einen Geburtstagsgruß der Firma. »Sie sehen die erste Belegschaft des Erfrischungsraumes der Filiale Hamburg-Mönckebergstraße«, schrieb Arnold Hanizer. »Der Herr in der Mitte mit Strohhut ist mein Vater. Links daneben Fräulein Rath, die in Stettin war. In der zweiten Reihe die zweite Dame von links ist meine Mutter.«

KaDeWe, der »Dachgarten«

schöne Tische dekoriert, Büsten wurden aufgestellt, da kamen die Hüte gut zur Geltung. Was oben nicht ging, wurde unten losgeschlagen. Frau Jansen, die Abteilungsleiterin, sagte immer: ›Parterre ist die Straße.‹ Wir hatten viel Arbeit mit den Tischen. Es mußten Gitter angeschraubt werden, das hat immer viel Zeit in Anspruch genommen. Im Winter war es unten nicht schön. Es war kalt. Tischzeiten waren von 11 bis 1 und von 1 bis 3. Zur Pause kam selten jemand zum Ablösen. Wenn ich 11 Uhr Tischzeit hatte, konnte ich froh sein, wenn um 12 Uhr jemand kam. Die Damen von oben kamen nicht gerne, die wollten nicht unten sein. Wir waren nicht auf Rosen gebettet. Einer hat dem anderen in den Block geschaut, ob er nicht mehr hat.«

Und heute? »An das künstliche Licht kann man sich gewöhnen. Aber das Klima, das ist eine Sache, an die man sich nicht gewöhnen kann«, sagt ein Verkäufer in der Spielwarenabteilung des KaDeWe in Berlin. »Es ist manchmal doch sehr zugig und manchmal zu kalt oder zu heiß, oder manchmal ist die Luft zu trocken.« Nicht nur über Atemwegserkrankungen, sondern auch über migräneartige Kopfschmerzen klagen auffallend viele Verkäuferinnen. »Dann kriegen Sie ein paar Tropfen, dann geht das wieder – muß es wieder gehen.« Eigentlich gibt es keine Abteilung im Verkauf, in der nicht geklagt wird. »Man hat alles dafür getan, daß eine Verkäuferin mal Gelegenheit hat sich hinzusetzen; und es wird einem auch immer von Führungskräften nahegelegt, daß man es tun soll. Aber jeden Leerlauf habe ich mit vielen anderen Arbeiten auszufüllen. Bei den Rationalisierungsmaßnahmen, die heutzutage auf uns zukommen, hat man im Grunde genommen auch keine Zeit mehr dazu. Und wenn es eine Kollegin mal wirklich wagt, sich hinzusetzen – die Beine hochlegen kann sie ohnehin nicht, weil der entsprechende Platz fehlt – dann kommt bestimmt der nächste Kunde und spricht einen an.«

Unverdrossen lächelt die Visagistin in der Parfümerie des KaDeWe. Ein schweres Duftgemisch hüllt die Theken der vertretenen Firmen ein. »Es wird den ganzen Tag über gesprüht, und vor allem abends hat man ein Brennen in den Augen und Kopfschmerzen.« 70 Prozent der Beschäftigten in deutschen Warenhäusern sind Frauen. Die meisten arbeiten als Verkäuferinnen. »Die Beine sehen nicht gut aus«, klagt eine der berufserfahrenen Verkäuferinnen. Um die tägliche Tortur zu überstehen, muß sie Stützstrümpfe tragen. »Gegen Abend hat jede bei uns irgendwo ihr Mineralwässerchen. Man fängt an, Bonbons zu lutschen, geht auf die Toilette, nur um sich ein paar Minuten setzen zu können.« Doch anmerken lassen sollen es sich die Verkäuferinnen nicht, wenn sie niedergeschlagen sind, wenn in der Parfümerie durch das unablässige Versprühen von Parfums die Augen tränen und die Nasenschleimhäute verkleben. Aufmerksam, zuvorkommend sollen sie sein – und von morgens bis abends aussehen wie aus dem Ei gepellt.

1929 suchte ein modeorientiertes Frauenmagazin in Dänemark die smartesten Verkäuferinnen im Lande. Unter den Ausgezeichneten waren auch zwei Verkäuferinnen des Warenhauses Magasin du Nord, das bei der gewerkschaftlich orientierten Frauen-Vereinigung einen schlechten Ruf hatte. Im Sommer 1928 erschien in der Volkszeitung der Brief der jungen Verkäuferin Lilly H. Sie warf darin den »Herren Direktoren« der Warenhäuser vor, junge Mädchen in die Prostitution zu treiben. Folgt man dem Brief, den Lilly H. mit 20 Jahren schrieb, dann war sie eine anständige, gut erzogene junge Frau, als sie mit 18 Jahren im Magasin du Nord in Kopenhagen als Verkäuferin anfing. Sie hatte den Versprechungen geglaubt, sie könne mit den 40 Kronen, die sie monatlich verdiente, ihren Lebensunterhalt selber bestreiten und somit die Familie, die mit einer schmalen Pension des Vaters auskommen mußte, entlasten. Doch der Lohn reichte dafür nicht aus, zumal die Direktoren erwarteten, daß sich die Verkäuferinnen schick kleideten, um so bei den Kunden einen

angenehmen Eindruck zu hinterlassen, andernfalls sie mit Entlassung rechnen mußten. »Mach's wie wir«, empfahlen die Kolleginnen, die sich von vermögenden Liebhabern aushalten ließen. Um einen generösen Herrn anzulocken, entwendete Lilly H. in ihrer Abteilung ein Abendkleid, wurde entdeckt und fristlos entlassen. So landete sie auf der Straße als Prostituierte. »Ich glaube, daß ernsthaft etwas unternommen werden muß, um andere junge Mädchen davor zu bewahren, daß sie auf denselben Pfad gelockt werden, der im Unglück endet«, schrieb Lilly H. in ihrem Brief und fuhr fort: »Diesen feinen Herren, die in den Vorständen der großen Warenhäuser sitzen, sollte gesagt werden, daß das Leben vieler Frauen auf diesem Weg zerstört wurde. Aber ich habe nicht den Eindruck, daß sie das viel beschäftigt.«[96]

Das »Paradies der Damen«, durch das wir mit Emile Zola spazieren, ist ein Paradies, in dem die Grenzen zwischen Verführern und Verführten verschwimmen, denn die Verkäuferinnen und Verkäufer, die ja eigentlich auf der Seite der Verführer stehen müßten, sind doch gleichzeitig Verführte. Die Möglichkeit für das Personal, zu festgelegten Zeiten zu ermäßigten Preisen günstig einkaufen zu können, gehört seit der Frühzeit der Warenhäuser zu den raffiniertesten umsatzsteigernden Strategien. Dahinter verbarg sich die Einsicht, daß der überzeugende Verkäufer auch überzeugter Käufer im eigenen Hause sein muß, Werbeträger im wörtlichen Sinne. »Man läßt sich schon verführen, wenn man den ganzen Tag von schönen Dingen umgeben ist. Dann hat man nach einer gewissen Zeit das Bedürfnis, diese schönen Dinge auch zu kaufen«, erzählt die Substitutin der Abteilung für junge Mode im KaDeWe in Berlin. »Die Verführung ist unheimlich groß. Sicher, wir müssen die Mode, die wir verkaufen, auch tragen, aber man muß schon gut sortieren. Es bleibt ja nicht nur dabei, daß man nun eine Hose, eine Bluse oder ein Kleid hat. Es gehören die richtigen Strümpfe und Schuhe dazu, die richtige Kosmetik. Das eine zieht das andere nach, das geht ins Geld.« Wieviel sie denn dafür ausgebe. »Am Anfang der Saison« – die Modeverkäuferin zögert – »tja, vielleicht geht doch die Hälfte des Lohnes drauf.« Hochwertige Mode zu verkaufen sei schöner als Brot oder Schuhe zu verkaufen, sagt die etwa dreißigjährige Frau im KaDeWe, die genauso aussieht wie die Puppen, die in ihrer Abteilung aufgebaut sind.

Das KaDeWe – Angebot und Präsentation par excellence

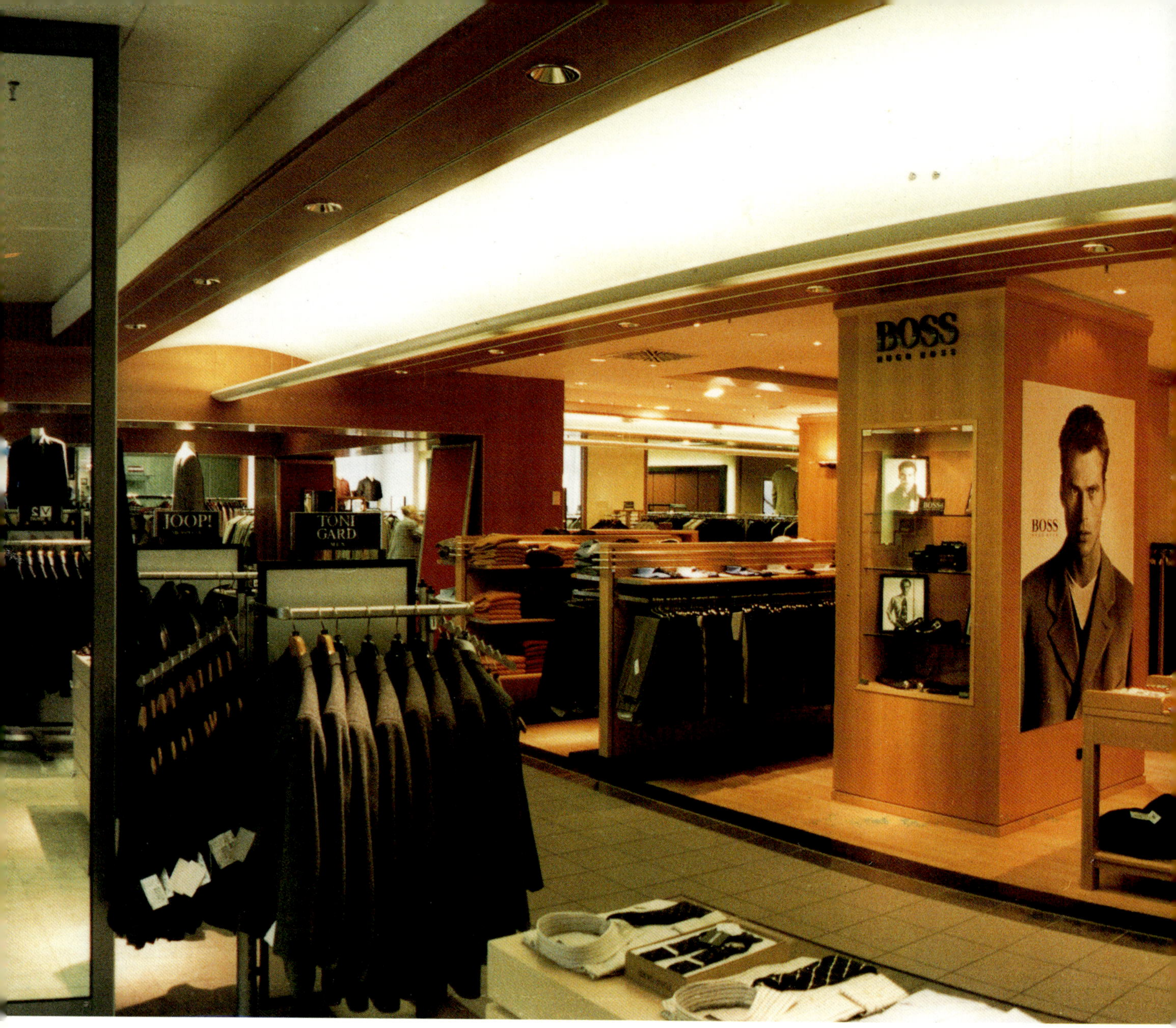
JOOP!
TONI
GARD
BOSS
BOSS

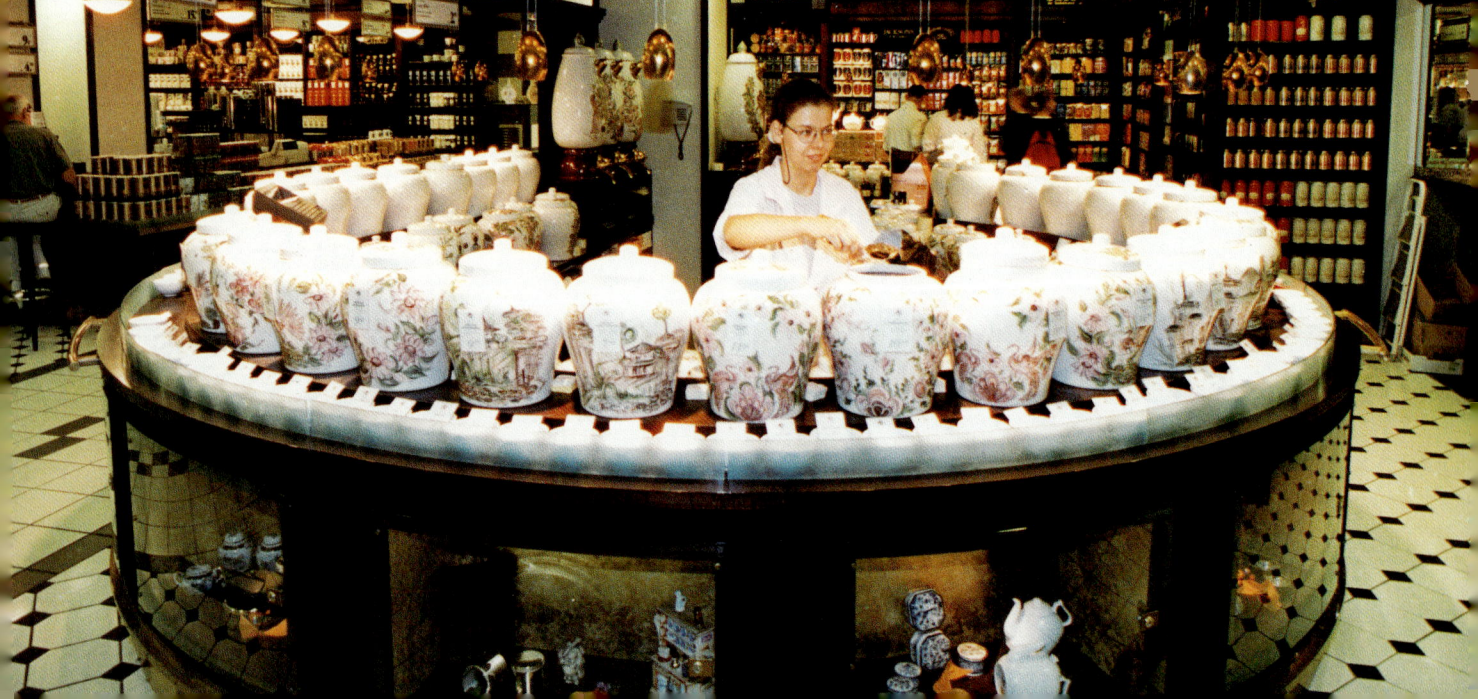

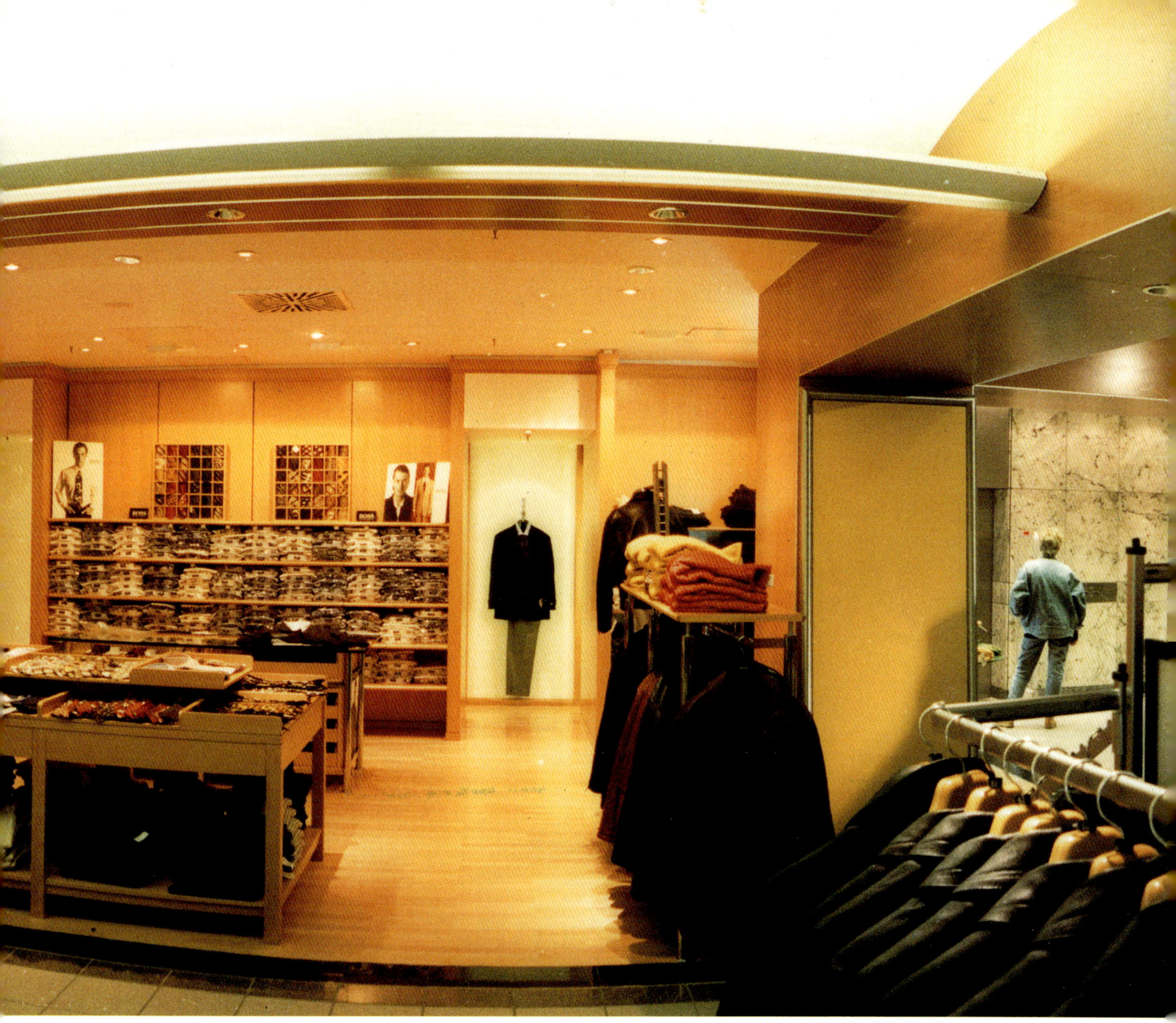

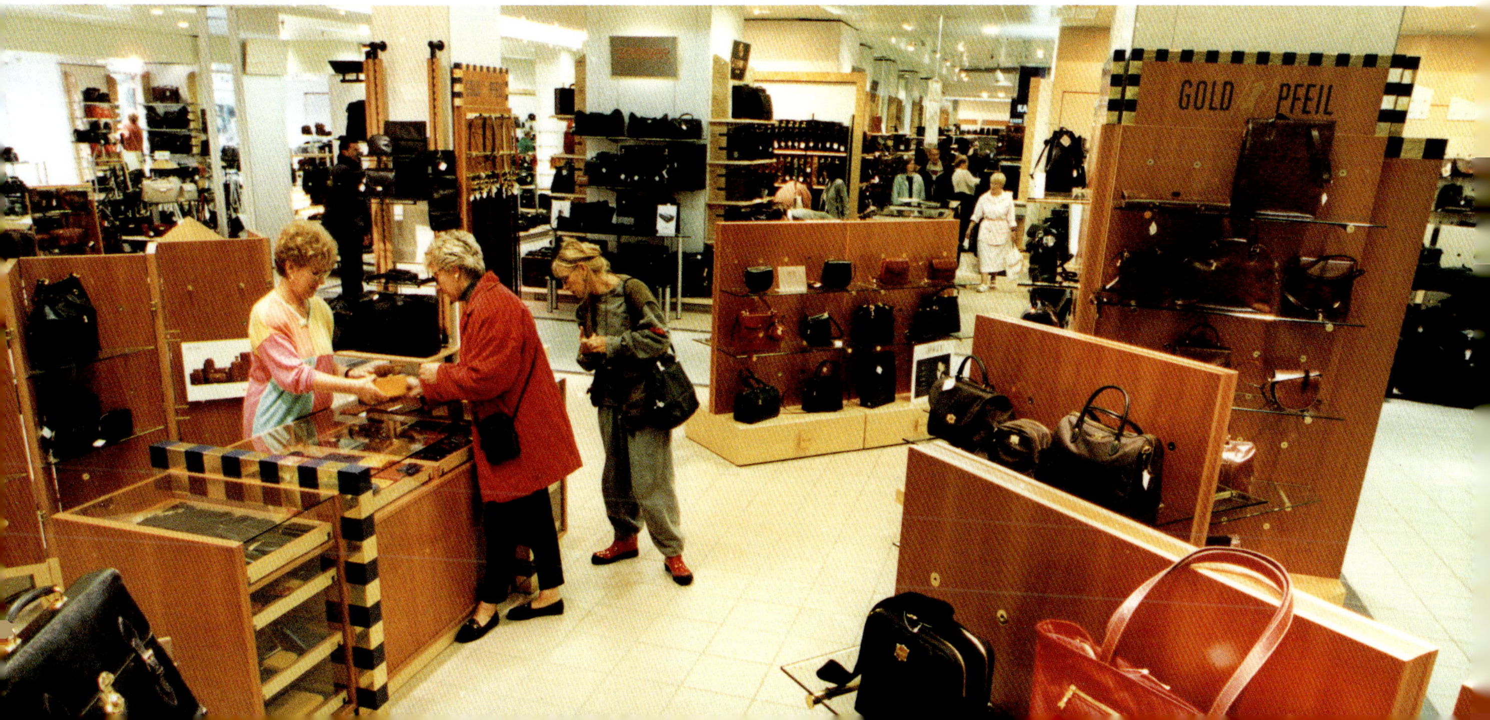
GOLD PFEIL

Das KaDeWe –
keine falsche Bescheidenheit

Gespannt hatte ganz Berlin der Eröffnung des »Kaufhauses des Westens« am 27. März 1907 entgegengesehen. Aber auf den Straßen redete man nur vom »KaDeWe«, denn damals war gerade die »Abkürzungsmanier nach amerikanischem Muster« in Mode gekommen, wie es in einer 1932 erschienenen Publikation des Hauses heißt. Am Tag nach der Eröffnung berichtete das etwas bildungsbürgerlich angehauchte Wochenblatt »Der Roland von Berlin« von dem Ereignis: »Das Kaufhaus des Westens bedeutet nicht eigentlich ein neues Entwicklungsland auf dem Gebiete des Bazarwesens, es knüpft nicht an die bekannte Reihe an, sondern eröffnet selber eine höhere Ordnung des weltstädtischen Kaufhauses, indem es eine Kombination und Zentralisation des vornehmen Spezialgeschäftes in sich schließt und gerade so etwas hat der Luxuswesten nötig gehabt. Das neue Kaufhaus befriedigt also neben den Bedürfnissen des Mittelstandes auch die verwöhntesten Ansprüche der oberen Zehntausend, der obersten Eintausend, der allerobersten Fünfhundert.«[97]

Initiator dieses Super-Warenhauses war Adolf Jandorf, eine schillernde Persönlichkeit des Berliner Handels. Aber Jandorf trat nicht persönlich in Erscheinung, sondern als einer von mehreren Teilhabern einer Gesellschaft mit beschränkter Haftung, die möglichst anonym bleiben wollten. Erst 1893 hatte der später mit dem Titel Kommerzienrat »geadelte« Geschäftsmann sein erstes Warenhaus am Spittelmarkt/Ecke Leipziger Straße eröffnet, nur wenige hundert Meter vom Wertheim-Prachtbau entfernt. Jandorf setzte damals auf die Billig-Schiene und lockte die Kunden mit Sonderangeboten und kleinen Gratis-Dreingaben wie »Visit-Photographien«. Manchmal verkaufte er Schnäppchen nachweislich zu Preisen, die unter jeder Kostendeckung lagen und in einer so geringen Menge beschafft worden waren, daß nur wenige angelockte Kunden zum Zuge kommen konnten. Wegen unlauteren Wettbewerbs wurde Jandorf zu einer Geldstrafe verurteilt. 1906 besaß er in Berlin fünf Warenhäuser.

Zu seinen Geschäftspartnern gehörte die im Einzel- und Großhandel tätige Firma M.J. Emden, die auch Anteile an Jandorfs Unternehmen besaß. Der Seniorchef der Firma Emden war sehr darauf bedacht, sich nur auf aussichtsreiche Projekte einzulassen, weshalb er dem jandorfschen Vorhaben eines »Kaufhauses des Westens« zunächst ausgesprochen reserviert gegenüberstand.

Der »Wilde Westen« Berlins galt um die Jahrhundertwende zwar schon als eine der guten Adressen der Stadt, aber es war noch nicht abzusehen, wie er sich vollends entwickeln würde. »Janz weit draußen« (»jotwede«) nannten die Berliner das Stadterweiterungsgebiet, wo einige »Mietshauspaläste« aus dem Boden gestampft worden waren, die jedoch nichts gemein hatten mit jenen düsteren Mietshauskasernen in anderen Gegenden der Stadt. Der Westen war ein neuer Stadtteil, in dem sich bevorzugt die aufstiegsorientierten und, wie Jandorf richtig einschätzte, konsumfreudigen oberen Mittelständler ansiedelten. Um für das neue Warenhaus Platz zu schaffen, ließ Jandorf 1905 an der Tauentzienstraße einen Mietshausblock abreißen, »eine junge Herrlichkeit, die kaum hinter den Ohren trocken war«, wie der Berichterstatter des »Roland von Berlin« rückblickend meinte.[98] Man schrieb das Jahr 1905, als das Abrißkommando im Auftrag Jandorfs anrückte. Die Kaiser-Wilhelm-Gedächtniskirche in Sichtweite des Baugeländes stand schon ein Jahrzehnt. Der in der Verlängerung der Tauentzienstraße gelegene Kurfürstendamm verlief auf der Gemarkung des damals noch selbständigen Charlottenburg. Er hatte sich bereits zu einem neuen Boulevard gemausert, ganz wie von Bismarck einst gewollt. Diese Entwicklung konnte als ein weiteres Indiz dafür angesehen werden, daß sich Berlin auf dem Weg zu einer Großstadt befand, die sich hinter Metropolen wie Paris nicht mehr zu verstecken brauchte. 1908, im Jahr nach der Eröffnung des Kaufhauses des Westens, registrierte Leo Colze den neuen Wind, der durch den Berliner Westen fegte: »Hier weht Weltstadtluft. Zahlreiche Amerikaner, Engländer, Franzosen, Italiener, ja selbst Asiaten haben sich hier niedergelassen und bevölkern die eleganten, teilweise ganz englisch oder amerikanisch eingerichteten Boardinghouses und Pensionen.«[99]

Der Wittenbergplatz, in den die Tauentzienstraße mündet, und wo damals das Kaufhaus des Westens em-

porwuchs, entwickelte sich zu einer wichtigen Drehscheibe des öffentlichen Verkehrs. Adolf Jandorf er-
spürte, daß er an diesem Kulminationspunkt eines
neuen, modernen Berlin nicht mit einem weiteren Proz-
zobau nach bewährtem Schema überzeugen konnte.
Sein Architekt Emil Schaudt, der übrigens auch das
Hamburger Bismarck-Denkmal entwarf, entschied sich
für ein an drei Seiten freistehendes, fünfgeschossiges
Gebäude mit sachlich, fast schlicht gestalteten Fassaden
aus Muschelkalksandstein, horizontal gegliedert in den
Sockel mit den Schaufenstern, die Felder mit den in
die Wand eingeschnittenen Fenstern und die breite,
wulstige Dachzone; keine monumentalisierenden Pfeiler wie beim Wertheim-Bau Messels. Der Skulpturen-
schmuck bleibt, gemessen an anderen, der Größe nach
vergleichbaren Warenhausbauten, bescheiden. Auch
im Innern weicht das Kaufhaus des Westens von der bewährten Warenhausarchitektur ab, indem die pompösen Lichthöfe fehlen. Das überraschend Neue war jedoch die Gliederung in räumlich genau abgegrenzte
Abteilungen. Jede Abteilung stellte sich »gewisserma-
ßen als ein intimes Spezialgeschäft dar, und man wird
daher bei einer längeren Reihe von Einkäufen nicht so
schnell nervös überanstrengt wie in Riesenhäusern«,
vermerkte der »Roland von Berlin«.[100]

Zu den Sehenswürdigkeiten im Kaufhaus des Westens zählte schon in den Jahren vor dem Ersten Weltkrieg die bis heute berühmte Lebensmittelabteilung,
was das KaDeWe zumindest in dieser Beziehung auf
eine Stufe stellte mit Whiteleys und Harrods in London.
Sie befand sich damals im zweiten Obergeschoß in einem »70 Meter langen Saal«, der durch edle Materialien
glänzte. »Pfeiler mit rotglasierten Ziegeln tragen die
Decke, und die Wände sind mit graublauem Penteli-
marmor bekleidet. Die Ladentische sind aus grauem
Napoleon und blut- und säurebeständigem Untersber-
ger Marmor erbaut. In der Fischabteilung sind die
Wände mit dem herrlichen Sienamarmor bekleidet,
und das alles ergibt ein wahrhaftiges Marmorwunder,
das gewiß auch als eine Errungenschaft des feinen Westens bestaunt werden wird.«[101]

Der Berliner Leo Colze urteilte stolz: »Der erlesen-
ste Typ des modernen Warenhauses. Der vornehmste
Repräsentant der Warenhausidee in ganz Deutsch-

Gediegenheit statt Protz – das KaDeWe im Jahre 1907

land.«[102] Noch vor der etablierten Konkurrenz hatte das
KaDeWe einen Friseursalon für Damen und Herren und
einen Maßsalon für feine Damengarderobe eingerichtet. Neu für deutsche Verhältnisse war außerdem, daß
der Kunde wie in führenden amerikanischen Warenhäusern an Ort und Stelle die Ware nicht nur eingepackt
bekam, sondern auch bezahlen konnte. Ein 18 Kilometer langes Rohrpostnetz verband 154 Stationen mit
der Zentralkasse in einem teilweise verglasten und für
Kunden gut einsehbaren Anbau, der in einen der vier
gärtnerisch gestalteten Innenhöfe ragte. Das Pendant
bildete ein Anbau mit einem Reisebüro an einem der anderen Innenhöfe. Die Deutsche Bank betrieb im Kauf-

Die Kurzwarenabteilung im KaDeWe

haus des Westens eine kleine Niederlassung. Es gab eine Wechselstube, und die Kunden konnten auf Kredit kaufen, was eigentlich dem für Warenhäuser ursprünglich typischen Prinzip der Barzahlung widersprach.

Jandorf verstand es, eine solvente Kundschaft als Basis für den wirtschaftlichen Erfolg seines neuen und in Sortiment und Gestaltung gleichzeitig anspruchsvollen und modernen Warenhauses zu gewinnen, indem er mit dem 1889 gegründeten genossenschaftlichen »Warenhaus für Deutsche Beamte« einen Vertrag schloß. Das KaDeWe wurde per Vertrag zur einzigen Verkaufsstelle dieser Genossenschaft, deren Warenhaus Jandorf schließlich vollends seinem Unternehmen eingliederte. Illustre Großkunden brachten es immer wieder ins Gespräch.

Das KaDeWe: Sommerschlußverkauf 1951 – Balkon der Silberterrasse (links oben) – in der Abteilung Berufsbekleidung (links unten)

Das KaDeWe gehört heute mit einer Verkaufsfläche von 60 000 Quadratmetern und einem Sortiment von 380 000 Artikeln zu den allergrößten Warenhäusern der Welt. Das Geheimnis seiner Erfolgsgeschichte besteht nicht zuletzt darin, daß es den Spezialisten des KaDeWe seit jeher gelang, ihr Warenhaus fast wie einen leibhaftigen Star in Szene zu setzen.

115

Karstadt Hermannplatz –
ein amerikanisches Warenhaus in Berlin

Wie sehr Berlin in den zwanziger Jahren bereits amerikanische Konturen (»New York Europas«) angenommen hatte, zeigte das neue Karstadt-Superwarenhaus am Hermannplatz in Stadtteil Neukölln. Es wurde nach fünfzehnmonatiger Bauzeit im Juni 1929 eröffnet und war das größte zwischen den zwei Weltkriegen entstandene deutsche Warenhaus. Den siebengeschossigen kubischen Bau überragten zwei in die 138 Meter lange Hauptfassade integrierte, 56 Meter hohe Türme, die als Aussichtspunkte dienten. Sie überragten den Gebäudeblock mit den Einkaufspassagen um 24 Meter. Oben auf jedem der beiden Türmen erhob sich eine noch einmal 15 Meter hohe Lichtsäule. Das Vorbild des amerikanischen Turmhauses, das seinen Platz in der Ahnengalerie der Wolkenkratzer hat, war nicht zu übersehen.

Das Karstadt-Warenhaus am Hermannplatz besaß einen eigenen Zugang zur U-Bahn. Fünf der sieben Stockwerke dienten dem Verkauf. Das neue Riesenwarenhaus hatte drei überdeckte Lichthöfe. Zu seinen Attraktionen zählte ein 4000 Quadratmeter großer Dachgarten mit einem Café-Restaurant, das 1000 Personen Platz bot. Der Dachgarten war mit streng rechtwinklig angelegten Blumenrabatten, zwischen denen sich Tische und Stühle befanden, gestaltet. Es gab dort oben in luftiger Höhe außerdem eine Tanzfläche. Ein Teil der Dachterrasse blieb den Mitarbeitern des Hauses vorbehalten, um sich dort in den Pausen erholen zu können.

Ein enormer Werberummel begleitete die Eröffnung des Warenhauses. Bei der »Musikplatten«-Firma Electrola ließ Karstadt zur Feier des Tages einen mehrstrophigen Reklamesong auflegen, den eine Hausband auch im Dachgarten zum besten gab. Der »Erfrischungsraum« im zweiten Stock war für 500 Personen berechnet, im »Speisesaal« in der dritten Etage fanden 380 Personen Platz. Zählt man die gastronomischen Einrichtungen des Hauses ohne Personalkantine zusammen, dann konnten gleichzeitig 1880 Gäste Platz finden. Zusätzlich gab es beim Untergrundbahnhof im Basement noch einen »Imbißraum«. Je nach Saison beschäftigte das Karstadt-Warenhaus 3000 bis 4000 Männer und Frauen. »Der Karstadtbau am Hermannplatz ist zweifellos eines der auch architektonisch interessantesten Riesenhäuser der Reichshauptstadt. Es mutet, im Äußeren wie im Innern, ganz amerikanisch an und atmet auch in allen den praktischen Einrichtungen, die dem großen Publikum zugute kommen, amerikanischen Geist«, war am Eröffnungstag in der Abendausgabe des »Berliner Tageblatts« zu lesen. [103]

In den ersten Jahren erfüllten sich die Erwartungen an das mit so viel Vorschußlorbeeren bedachte Karstadt-Warenhaus nicht, zumal es in den Sog der Weltwirtschaftskrise geriet. Die für den Verkauf vorgesehenen Stockwerke seien nur zur Hälfte in Betrieb genommen, war in einer Hetzschrift mit dem Titel »Warenhaus-Pest« zu lesen. »Mitten in einem Arbeiterviertel, dessen Bewohner eben gerade noch das Dasein fristen, deren Elend zum Himmel schreit, erhebt sich dieses Monstrum von einem Würgepalast fast abseits vom Verkehr der Großstadt.« [104] Das neue Karstadt-Flaggschiff hatte den falschen Standort, weil die Kaufkraft der in Neukölln und den umliegenden Stadtteilen wohnenden Bevölkerung sich nicht wie angenommen erhöhte, sondern in den wirtschaftlichen Krisenjahren, die mit einer hohen Arbeitslosigkeit verbunden waren, sogar noch sank. Auch der angestrebte städtebauliche Impuls blieb aus, was sich bis heute nachvollziehen läßt. Das nach den Zerstörungen des Krieges an derselben Stelle mehr schlecht als recht instandgesetzte Karstadt-Warenhaus, dessen Fassade noch einige Rudimente des Gebäudes aus der Vorkriegszeit enthält, zeugt davon auf geradezu erschütternde Weise.

Bald nach der »Machtergreifung« der Nationalsozialisten ging Hitler daran, den Plan einer Umgestaltung Berlins zur bombastischen »Hauptstadt der Bewegung« in Angriff zu nehmen. Dazu gehörte auch der Ausbau des Flughafens Tempelhof. Aus diesem Anlaß stattete »der Führer« am 29. Oktober 1934 der Berliner Flughafen GmbH einen Besuch ab. Eine geheime Aktennotiz hielt den Inhalt der Gespräche fest. Hitler habe bemerkt: »Wenn er heute auf dem Flughafen Tempelhof lande, so sei das einzige Gebäude, was ihm imponierend ins Auge falle, das Warenhaus Karstadt. Er empfinde es als eine Schmach, daß, wenn er dann in die Stadt führe, die städ-

116

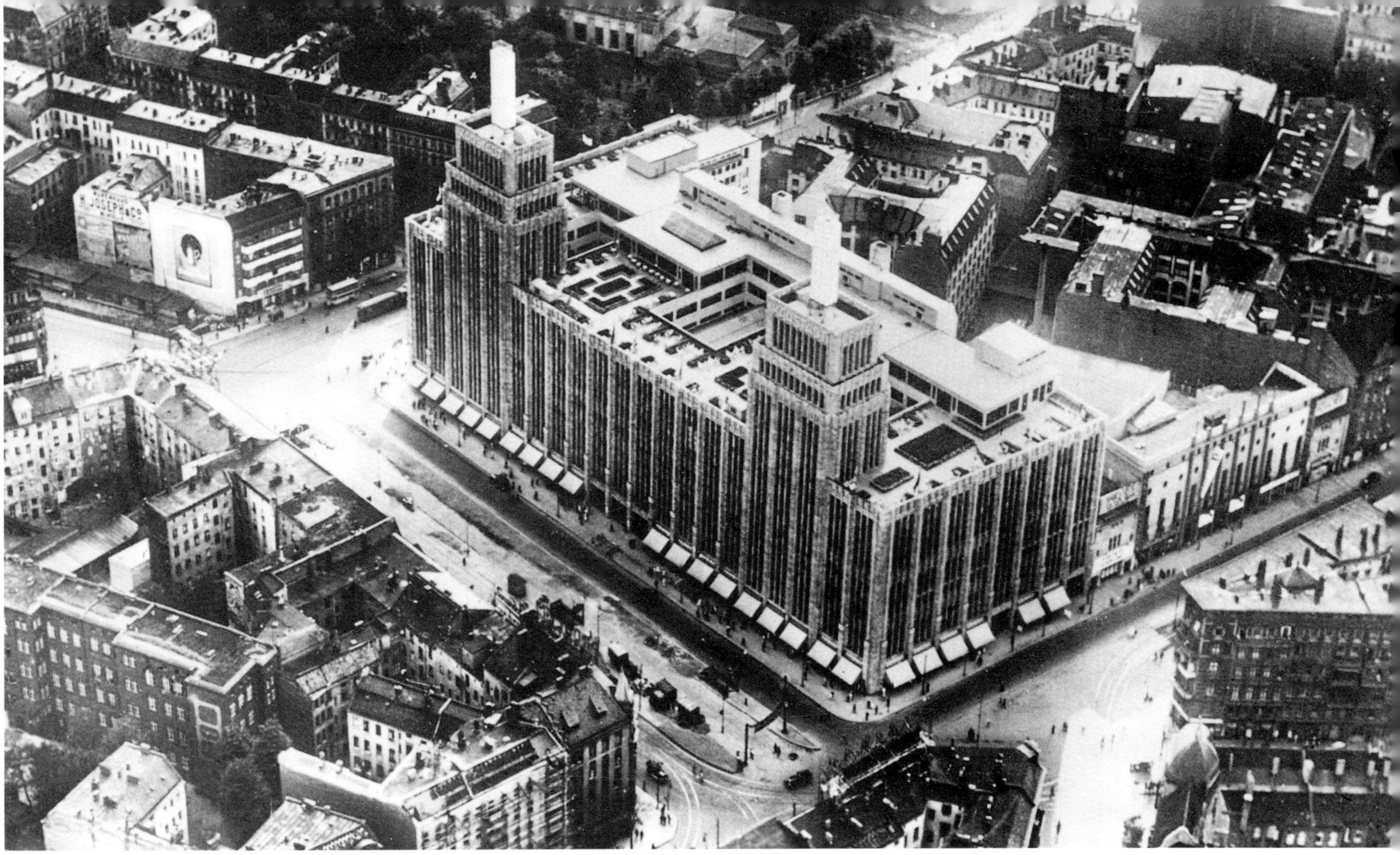

Das 1929 eröffnete Karstadt-Warenhaus am Hermannplatz
in Berlin

Personenaufzüge erleichtern den Weg in die oberen Verkaufsetagen

tische Gebäude und Ministerien gegenüber solchen
Bauten den dürftigsten Eindruck machten. Hier müsse
das Dritte Reich unbedingt Wandel schaffen.«[105]

Wie ein Schandmal der verhaßten republikanisch-
amerikanischen Kultur ragten Karstadt und die anderen Warenhausunternehmen in die Welt der Faschisten
hinein. Die hatten sich geschworen, das Verrückt-
Bewegte der zwanziger Jahre in einen geordneten
Marschrhythmus umzuformen, die Lichtorgien in den
betörend-schaurigen Schein der Fackelzüge. Zwei
Jahre später war es soweit. Als sich 1936 in Berlin die
»Jugend der Welt« zu den Olympischen Spielen versammelte, übernahm die inzwischen rein arische Kon-
zernspitze gerne die dem Warenhaus am Hermannplatz
zugedachte Rolle, Weltoffenheit zu demonstrieren.
Festlich geschmückt präsentierte es sich den Besuchern
der Olympiastadt. Sie konnten sich bei Karstadt einen
Faltprospekt mitnehmen, auf dem unter anderem alle
Wettkampfstätten verzeichnet waren.

117

Das Warenhaus ist eine große Maschine

»Der Verkauf versprühte tatsächlich sein Feuer in einem höllischen Tempo, wovon das Haus zitterte wie ein großes, mit Volldampf fahrendes Schiff.« So umschreibt Emile Zola die etwas selbstgefällige Gefühlslage von Octave Mouret, als dieser sein eben vollendetes Roman-Warenhaus »Paradies der Damen« durchstreift und ganz berückt vor dem Werk steht, das er geschaffen hat. Immer wieder bemüht Zola das Bild der Maschine, die unbeeindruckt von persönlichen Schicksalen durch das Meer der Zeit pflügt. Die Arbeiter und Angestellten des Warenhauses sind nur noch Rädchen in einem großen Getriebe, das ausstößt, was nicht funktioniert und immer neue Sensationen zeugt.

Der Berliner Leo Colze, der 1907 die Eröffnung des Kaufhauses des Westens miterlebte, ist beeindruckt von den über den Eingängen installierten »Heizkammern«. Sie spendeten angewärmte Luft, die von Ventilatoren in die Eingangsschleusen gedrückt wurde, um so einen Wärmepuffer gegen die Kaltluft draußen zu bilden und einen unangenehmen Luftzug im Parterre zu verhindern. Der jährliche Stromverbrauch komme dem einer Stadt mit 100 000 Einwohnern gleich, notierte Colze im Überschwang, aus dem man heraushören kann, daß damals Energieverbrauch noch eine löbliche Tugend war. Viel Strom beanspruchte die ausgefeilte Beleuchtungstechnik: 5 200 Glühlampen und Metallfadenlampen, davon 400 allein in dem Kristall-Kronleuchter der großen Halle, 2 925 Nernstlampen, 423 Differential-Bogenlampen, 73 Intensiv-Flammen-Bogenlampen, »welche auf Winkel-Eisenschienen mittels Rollen laufen«, für die Schaufenster, 22 Sparbogenlampen und sechs Reinkohlelampen, in den Büros 90 indirekte Bogenlampen, zwölf Spezialbogenlampen im Fotoatelier. Die Telefonanlage umfaßte 150 Anschlüsse für den internen Telefonverkehr im Kaufhaus des Westens, 280 Fernsprechstationen, 16 Amtsstellen und 80 Nebenstellen-Anschlüsse, sechs Anschlüsse, »über welche Verbindungen mit den einzelnen Bahnhöfen und bestimmten Theatern erzielt werden können«; 850 automatische Feuermelder; 13 reine »Personenfahrstühle mit elegant ausgestattetem Kupee«, sechs weitere Personen- und Lastenaufzüge, zwei Speiseaufzüge, ein Briefaufzug, eine hydraulische Hebebühne und zwei Bibliotheksaufzüge im Handbetrieb. »Die Kraftanlage: 2 Motore zu 60 PS = 120 PS für die pneumatische Kassen-

anlage, 2 Motore zu 20 PS = 40 PS für Kompressoren, 2 Motore, zusammen 429 PS, für Personen- und Lastenfahrstühle, 3 Motore zusammen 15,5 PS für die Kühlanlage, 1 Motor zu 15 PS für die Vakuum-Reiniger-Anlage, 4 Motore zu 5 PS, für Pumpen, 1 Motor zu 1,8 PS zur Bewegung des versenkbaren Gitters am Hauptportal, 1 Motor zu 2 PS für die Werkstatt, 3 Motore, zusammen 6,5 PS, für die Küche, 20 Motore, zusammen 19 PS, für Heizung und Lüftung.«[106]

Die innovative Kraft der Warenhäuser, die sie vor allem im Wettbewerb mit traditionellen Ladengeschäften überlegen machte, bewährte sich nicht nur im Verkauf, sondern stützte sich auch auf modernste Haustechnik. Ein Beispiel dafür ist der »Müllverbrennungsofen«, den der Verfasser einer »Illustrierten Anzeige«, die 1902 anläßlich der Eröffnung des neuen Flaggschiffs des Warenhauskonzerns Leonhard Tietz in Köln erschien, eigens erwähnt. Schon zur Fertigstellung des Vorgängerbaus wartete die Firma 1865 in einer Annonce mit einem Hinweis auf eine wichtige Neurung auf. Dabei handelte es sich um einen »Personen-Fahrstuhl nach allen Etagen zur freien Benutzung«. Die Installation neuer Transportsysteme für die Kunden innerhalb der Warenhäuser stellte das Ergebnis eines wohlüberlegten Kalküls dar. Die Warenhausunternehmer erkannten bald, daß man den Kunden den Weg in die oberen Verkaufsetagen erleichtern mußte, wollte man auch dort rentable Umsätze erzielen und nicht nur unten im Erdgeschoß.

1898 nahm das noble Warenhaus Harrods in London eine Rolltreppe aus Amerika, wo die Rolltreppe erfunden wurde, in Betrieb. Neugierige strömten in Scharen herbei. Mit einem merkwürdigen Kribbeln im Bauch bestiegen sie das ruckelnde Gefährt. Livrierte Warenhausdiener standen bereit, um den Frauen, die ein Schwindelgefühl überkam, beizustehen. Im selben Jahr ließ das Pariser Warenhaus Grands Magasins du Louvre ein Steigband installieren, das aus einem ledernen Endlosgurt bestand und auf einem Patent des französischen Ingenieurs Hallé beruhte. Führende amerikanische Warenhäuser wie Gimbel Brothers setzten gleich auf die Rolltreppe, während in kontinentaleuropäischen Warenhäusern weiterhin Steigbänder eingebaut wurden. So kamen 1901 bei Wertheim in Berlin von einer Leipziger Maschinenfabrik ebenfalls nach dem Patent Hallé hergestellte Steigbänder zum Einsatz. Aber sie bewährten sich nicht und wurden bald wieder stillgelegt. Der Ver-

Rolltreppenorgie bei Kaufhof in Köln

hagener Warenhaus Magasin du Nord für die Mitarbeiter, die im dritten und vierten Stock zu tun hatten. 1906 lief in dem Pariser Warenhaus Au Bon Marché eine von dessen Chefingenieur entwickelte Rolltreppe an. Zwei Diener mußten dafür sorgen, daß die Kunden unbeschadet auf die sich etwas ruppig bewegende laufende Treppe aufspringen und von ihr genauso sicher wieder absteigen konnten.

Lange Zeit stellten Steigbänder und Rolltreppen keine Konkurrenz für Aufzüge dar, zumal sie immer schon je nach Bedarf die Fahrtrichtung ändern konnten und außerdem verhältnismäßig wenig Platz brauchten. Aufzugsschächte ließen sich sogar an bestehende Gebäude anfügen, während schräge Steighilfen viel Platz beanspruchten und unvorteilhaft in die etappenweise erweiterten Warenhäuser mit ihrer oft etwas verwinkelten Raumstruktur einschnitten. Aber der Siegeszug der Rolltreppe war nicht zu stoppen. In den zwanziger Jahren gehörten Rolltreppen zur unverzichtbaren Ausstattung von Warenhäusern in größeren Städten. Die Aufzüge lagen normalerweise in den rückwärtigen Bereichen der Verkaufsräume. Für mehrbahnige Rolltreppenanlagen war dort jedoch kein Platz. Sie wurden deshalb nun sogar ins Zentrum der Lichthöfe gerückt und mit Balustraden aus edel wirkenden Materialien verkleidet. Damit beschleunigte sich die Abwertung und Umnutzung der Lichthöfe, die immer mehr zugebaut wurden und schließlich ganz verschwanden. Fortschritte in der Klima- und Heiztechnik sowie bei der Isolierung und Beleuchtung verstärkten diese Entwicklung.

So schön die alten glasüberdachten Lichthöfe auch waren, sie wiesen doch nicht selten einige gravierende Nachteile auf. Sommers kamen Mitarbeiter und Kunden unter den Glasdächern ins Schwitzen, winters dagegen wurde es unter manchen Glasdecken nie recht warm, vor allem an trüben Wintertagen nicht, wenn sich die Sonne kaum blicken ließ und wenn die auf ein eisernes oder stählernes Raster von Stäben aufgelegten Glasscheiben als Kältebrücken funktionierten.

schleiß der Steigbänder wie der Kraftaufwand für den Betrieb erwiesen sich als zu hoch.

1903 rollte in Boston die erste doppelläufige Rolltreppe an: eine Bahn aufwärts, die andere abwärts. Dem Arbeitgeberkalkül, möglichst kein Jota der wertvollen Arbeitskraft der Beschäftigten zu vergeuden, verdankt auch der erste Aufzug in Skandinavien seine Installation. Ihn beschaffte das Kopen-

ENTWICKLUNG
der Warenhauskonzerne

Die Rudolph Karstadt AG wächst an den Abgrund

Rudolph Karstadt wurde am 16. Februar 1856 in der Kleinstadt Grevesmühlen in Mecklenburg geboren. Sein Vater hatte eine Färberei und betrieb daneben ein Manufakturwarengeschäft. 1866 verlegte Vater Karstadt Firma und Wohnsitz nach Schwerin, der Hauptstadt des Herzogtums Mecklenburg. Das väterliche Geschäft in Schwerin übernahm Georg C. Karstadt, der Bruder von Rudolph, der mit finanzieller Unterstützung des Vaters in der nicht weit von Schwerin entfernten mecklenburgischen Hafenstadt Wismar ein »Manufaktur-, Konfektions- und Tuchgeschäft« gründete. Die Eröffnung kündigte Rudolph in der »Wismarschen Zeitung« für Samstag, den 14. Mai 1881, an. »Der Verkauf findet nur gegen Bar statt«, war in der Wismarer Karstadt-Annonce zu lesen, und zu festen Preisen. Das hatte mehrere Vorteile. Karstadt konnte exakt kalkulieren, war immer »flüssig«, um neue Ware einzukaufen, mußte sich also nicht in dem Maße wie viele seiner konventionell arbeitenden Kollegen verschulden und einen Kredit nach dem anderen aufnehmen, was bei der damals sehr schlechten Zahlungsmoral der Kundschaft leicht mit einer Pleite enden konnte.

Die Zeit des Feilschens und Anschreibenlassens war vorbei. Gleicher Preis für alle, lautete das Motto. Diese »Demokratisierung« bot allerdings, was oft vergessen wird, kaum noch Spielraum für »Vorzugs«-Preise, die sozial sensible Einzelhändler minderbemittelten Kunden einräumten. Auch gab es keine Möglichkeit mehr, auf Kredit einzukaufen und damit finanzielle Engpässe in der Familienkasse zu überbrücken. Die alte, vorindustrielle Barmherzigkeit hatte in diesem System keinen Platz mehr. Andererseits kam gerade den ärmeren Schichten der Bevölkerung das Warenhausprinzip zugute, das Karstadt in Wismar einführte: »Großer Umsatz, kleine Preise«. Dadurch konnte er billiger sein als die anderen Läden.

Sein Geschäft in der schönen, wenngleich behäbigen Hanse- und Ostseestadt als Warenhaus zu bezeichnen, wäre pure Hochstapelei, denn das Sortiment beschränkte sich auf Textilien. Stoffe für alle Lebenslagen vom Bett bis zur Arbeitshose, die zumindest teilweise in der Fabrik des Vaters eingefärbt wurden, bildeten die wichtigste Artikelgruppe; Hemden, Taschentücher und dergleichen Artikel kamen ergänzend hinzu.

1884 eröffnete Karstadt in Lübeck eine erste Filiale. Sie war deutlich geräumiger als der Laden in Wismar. Rudolph bezog eine Wohnung in der mit 55 000 Einwohnern beachtlich großen Stadt und trennte sich von seinen drei Geschwistern Ernst, Sophie und Julius, die nach dem Willen des Vaters Teilhaber seines Stammhauses in Wismar waren. Jetzt gehörte die Firma Rudolph allein und bekam seinen Namen. Für einige Jahre zog Rudolph Karstadt nach Berlin, um dort den Zentraleinkauf für die wachsende Kette seiner Geschäfte zu organisieren. Bis 1893 entstanden sechs weitere Filialen. Auch Bruder Ernst hatte sich unterdessen ein Filialnetz mit 13 Läden aufgebaut, geriet jedoch in wirtschaftliche Schwierigkeiten und verkaufte seine Kette nun an Bruder Rudolph. Sieht man einmal von der Lübecker Filiale ab, in der Karstadt auch Haushalts-, Galanterie-, Leder- und Spielwaren führte, öffnete das erste Karstadt-Warenhaus, das diesen Namen verdiente, erst 1912 im Zentrum Hamburgs seine Pforten. Dorthin zog nun Karstadt auch mit dem Hauptquartier seines Unternehmens um, das zwischenzeitlich in Kiel gewesen war.

Der Erste Weltkrieg schnitt den Einzelhandel in Deutschland von Warenlieferungen aus dem Ausland ab und ließ die Kaufkraft der Bevölkerung drastisch sinken. Das spürte nicht nur Karstadt, sondern beispielsweise auch die Firma Theodor Althoff. Sie hatte ihre Wurzeln in der westfälischen Beschaulichkeit des Städtchens Dülmen, wo 1885 Theodor Althoff den elterlichen Laden übernahm. Er führte in seinem »Kurz-, Weiß- und Wollwarengeschäft« Festpreise und Barzahlung ein. Der Erfolg ermutigte ihn zur Gründung von Filialen zunächst in einigen westfälischen Kleinstädten. Ab 1896 war Althoff in Münster, der Hauptstadt

Karstadt-»Lieferwagen« 1912

Westfalens, vertreten, wo auch der neue Hauptsitz der Firma entstand. Theodor Althoff peilte früh das Ruhrgebiet an. Dort hießen die ersten Stationen Recklinghausen (1893), Essen (1894), Duisburg (1899), Gladbeck und Dortmund (1904), eines der wichtigsten Zentren der deutschen Schwerindustrie. Hier protzte Theodor Althoff mit einem Warenhauspalast, den nach einer 1911 abgeschlossenen Erweiterung nur noch Wertheim in Berlin an Größe übertraf. Unter den weiteren Neueröffnungen ragte das 1914 fertiggestellte Althoff-Warenhaus in Leipzig heraus. Wie Rudolph Karstadt, war auch Theodor Althoff klar geworden, daß nach dem Ersten Weltkrieg, als Deutschland unter den Kriegsfolgen und den auferlegten Reparationen stöhnte, nur umsatzstarke Warenhausunternehmen, die durch ihre geballte Einkaufsmacht Preisvorteile erzielen und Rationalisierungsreserven nutzen konnten, eine Überlebenschance besaßen. Althoff hatte als einer der ersten Einzelhändler in Deutschland schon 1890 den Zentral-Einkauf in Form von zentralen Musterungen in der Hauptverwaltung eingeführt.

Eine enge Zusammenarbeit zwischen Althoff und Karstadt bahnte sich schon vor dem Ersten Weltkrieg an, weil Karstadt mit Hilfe von Althoff im industriellen Ballungsgebiet an Rhein und Ruhr Fuß fassen wollte. Die beiden Firmen schlossen sich 1920 in der neu gegründeten Rudolph Karstadt AG zusammen. Die Althoff-Filialen behielten ihren angestammten Namen. Den AG-Vorstand bildeten neben dem Firmengründer

Die 1896 gegründete Karstadt-Filiale in Eutin

121

Postkarte vom Warenhaus Theodor Althoff in Dortmund

Rudolph Karstadt, dessen beide Kinder zu spät zur Welt kamen, um ihrem Vater im Karstadt-Vorstand zur Seite zu stehen, Theodor Althoff, dessen Schwiegersohn Dr. Friedrich Schmitz und Kommerzienrat Hermann Schöndorff, der zur Schlüsselfigur für die weitere Entwicklung der Rudolph Karstadt AG werden sollte.

Hermann Schöndorff betrieb zusammen mit seinem Bruder eine Fabrik für Ladeneinrichtungen, die sich auf den Ausbau von Kauf- und Warenhäusern spezialisierte. Dadurch gewann er großen Einfluß auf die Firma Althoff und wurde 1910 Mitglied in deren AG-Beirat. Nach der Fusion mit Karstadt bestimmte er und nicht Rudolph Karstadt oder Theodor Althoff die Unternehmenspolitik der Rudolph Karstadt AG. Sie war gekennzeichnet durch eine forcierte Expansion des Konzerns von Hamburg aus, wo eine neue Hauptverwaltung bezogen wurde, in Nord-, aber auch in Westdeutschland, wo die großen Althoff-Warenhäuser in Dortmund und Essen Brennpunkte der Entwicklung bildeten. Unter

Schöndorff verkaufte 1926 die in Hamburg residierende Firma M. J. Emden Söhne eine Reihe von Warenhäusern an die Rudolph Karstadt AG, die so zu 19 weiteren Filialen kam.

Zur Emden-Gruppe, die auch an dem Warenhausunternehmen Jandorf beteiligt war, als dessen wichtigste Filiale sich das KaDeWe in Berlin profiliert hatte, gehörte unter anderem das »Kaufhaus Oberpollinger« in München, das Karstadt zum 1. Januar 1927 übernahm und das bis heute den alten Namen Oberpollinger trägt.

Nicht zuletzt in Städten, wo Karstadt vor der Übernahme schon mit eigenen Filialen vertreten war, wurden die alten Geschäftsnamen aus der Emden-Ära beibehalten, so zum Beispiel in Lübeck. In der Hansestadt machten die zugekauften Geschäfte »Heick & Schmalz« und »Holstenhaus« Karstadt zur unangefochtenen Nummer eins im Einzelhandel. Wie aus verschiedenen Dokumenten hervorgeht, muß die Firma Emden Söhne außer im westpreußischen Danzig auch in einigen Städten des Auslandes wie Stockholm und Budapest Niederlassungen gehabt haben. Sie war sowohl im Einzelhandel als auch im Großhandel tätig, außerdem im Engros-Geschäft, das die Belieferung kleiner selbständiger Läden und Warenhäuser einschloß, die mit Emden verbunden waren. Zu diesen Anschlußgeschäften zählten auch die Kauf- und Warenhäuser »Hirsch« in Potsdam, »Blumenthal« in Wiesbaden, »Aronstein & Co.« in Stettin und das 1914 in Flensburg eröffnete »Kaufhaus Rath«, das auf einer Reklametafel aus Emaille als »das größte Kaufhaus der Nordmark« von sich reden machte. Seine offizielle Bezeichnung lautete »Hamburger Engros-Lager I. Rath & Co., Flensburg«.

In einem werbenden Artikel in den »Flensburger Nachrichten« wies sein Besitzer Isidor, genannt Paul Rath, auf die Verbindung dieses neuen Hauses »für alle Damen- und Herren-Modewaren sowie sämtliche sonstige Bedarfsartikel« mit der leistungsfähigen »Einkaufsvereinigung« Emden hin, die weit über 200 große Detailgeschäfte Deutschlands umfasse.[107] Paul Rath wurde 1916 alleiniger Inhaber des Flensburger Warenhauses. 1933 verkaufte er es an den ihm bekannten Wal-

Lebensmittelhalle im Essener Althoff-Warenhaus

ter Haurand, der Erfahrungen als Geschäftsführer des ehemaligen Emden-Warenhauses in Lüneburg gesammelt hatte und inzwischen bei Karstadt arbeitete. Paul Rath war Jude und wanderte nach den am 1. April 1933 reichsweit organisierten Ausschreitungen gegen jüdische Einzelhändler in die Vereinigten Staaten aus. Walter Haurand hatte es in der Karstadt-Hauptverwaltung bis zum Direktor gebracht, ehe er sich in Flensburg selbständig machte. Wie es scheint, versuchte Haurand sich im Rahmen der Möglichkeiten loyal gegenüber dem früheren Besitzer Paul Rath zu verhalten. Nach dem Krieg erhielt Rath seine an Haurand verkauften Grundstücke zurück. Haurand konnte das Warenhaus weiterhin als Mieter nutzen, doch wollte er es Rath erneut abkaufen.

Es kam zu einem Streit über die Frage des Kaufpreises. Anfang Oktober 1963 vermietete Rath deshalb sein einstiges Warenhaus an den Karstadt-Konzern, der schließlich Ende 1968 alleiniger Inhaber wurde. Als Paul Rath 1979 in Kalifornien starb, hatte sich erfüllt, was er schon Ende der zwanziger Jahre gewollt hatte: die Übernahme seines Warenhauses durch Karstadt. Sie scheiterte seinerzeit daran, daß sich Paul Rath die Kaufsumme bar auszahlen lassen wollte, was Karstadt ablehnte.

Vermutlich hing diese ablehnende Haltung der Karstadt AG damit zusammen, daß sich Karstadt auf die 1928 beschlossene Übernahme von 15 Filialen der renommierten Lindemann-Gruppe konzentrierte und auf diese Weise in Berlin zu drei Filialen kam. Sie und die so neu erworbenen Geschäfte in Hannover und Wiesbaden behielten den Namen Lindemann bei. Die Karstadt AG stärkte dadurch ihre Marktposition in Berlin. Keine vier Monate vor der Unterzeichnung des Übernahmevertrages zwischen Emden und Karstadt war schon im Juli 1926 die Einheitspreis AG (Epa) gegründet worden. Das Netz der Tochterfirma Epa wuchs rasch, und ihr Erfolg ließ Karstadt Kooperationen mit vergleichbaren Firmen in Frankreich, Belgien, der Schweiz und sogar in Nordamerika eingehen. Die Epa-Gründung bezweckte, unter anderem neue Märkte für die Karstadt Fabrikations-Werkstätten zu erschließen. 27 gab es 1929, 21 von ihnen betrieb Karstadt in eigener Regie. Dazu gehörten eine Baumwoll-Spinnerei und -Weberei

Zeitungswerbung des Flensburger Warenhauses Haurand, später Karstadt, aus der Nachkriegszeit

in Bocholt, eine Stickerei in Wollmatingen am Bodensee, Bekleidungsfabriken in Berlin, eine Strumpffabrik in Chemnitz, eine Gardinenfabrik in Auerbach, eine Schokoladenfabrik in Wernigerode im Harz zusammen mit der Leonhard Tietz AG, eine Schlachterei bei Braunschweig und eine Schuhfabrik in Bremen. Etliche der in eigenen Fabriken gefertigten Artikel verkaufte Karstadt unter dem Namen der Hausmarke »Erka«. Außerdem belieferte Karstadt zahlreiche Anschlußkunden im In- und Ausland teilweise mit Ware aus eigener Fabrikation. Das Pariser Warenhausunternehmen »Grands Magasins du Printemps« übertrug Karstadt den Zentraleinkauf für Waren aus Deutschland und der Tschechoslowakei.

In den zwanziger Jahren straffte Karstadt die Einkaufsorganisation, indem zentrale Musterungen nach dem Vorbild Althoffs für die verschiedenen Produktbereiche eingeführt wurden. Teams kundiger Fach- und

zuständiger Zentraleinkäufer trafen eine Vorauswahl, aus der die Abteilungsleiter und Einkäufer der Filialen Artikel für ihr Sortiment vor Ort auswählen konnten. Außerdem war der finanzielle Spielraum für die Einkäufer durch kalkulatorische Vorgaben und Limits begrenzt. 1924 wurden unter dem Dach der Karstadt-Hauptverwaltung in Hamburg die Abteilungen des Zentraleinkaufs zusammengefaßt. Parallel zu dieser Zentralisierung im Wareneinkauf entstanden eigene Einkaufszentralen für wichtige Warengruppen. Sie pflegten den direkten Kontakt zu den einschlägigen Firmen. In der ehemaligen Althoff-Hauptverwaltung in Münster richtete der Karstadt-Konzern eine Kurzwaren-Zentrale ein, in Plauen eine Einkaufszentrale für vogtländische Artikel aus Spitzen, Tüll usw. In Chemnitz wurden die Bereiche Trikotagen, Handschuhe und Strümpfe zusammengefaßt, in Apolda entstand die Zentrale für Strick- und Wollwaren, in Offenbach am Main eine für Lederwaren. 1928 wurde ein Einkaufshaus in Paris mit einer Filiale in Lyon gegründet. 1929 bekam Nürnberg ein Karstadt-Einkaufsbüro für Spielwaren. Im selben Jahr ging das Warenhaus am Hermannplatz in Berlin in Betrieb, das zum »Flaggschiff« des Konzerns wurde und damals das einzige der Berliner Karstadt-Warenhäuser war, das den Namen Karstadt trug. Eine eigene Spedition, eine illustrierte Kundenzeitschrift, die Patria-Versicherungs AG für Handel und Industrie, die Karstadt zusammen mit der Leonhard Tietz AG betrieb, und diverse andere Einrichtungen wie unter anderem zwei Ferienhotels für die Karstadt-Angestellten im Harz sind ergänzend zu erwähnen.

Am Ende der zwanziger Jahre bot der Karstadt-Konzern nach außen das Bild eines erfolgreichen Unternehmens, das nicht ohne Grund zum größten Warenhauskonzern Europas avancierte. 89 Waren- und Kaufhäuser, davon 58 unter dem Namen Karstadt, 27 Fabriken, die Zahl der Beschäftigten gestiegen von 8 250 im Jahre 1920 auf 29 206 im Sommer 1929, die »Epa«-Filialen nicht einmal mitgezählt. Von den 29 206 Beschäftigten arbeiteten 17 518 kaufmännische und 4 992 gewerbliche Angestellte in den Verkaufshäusern.

Als Folge der Expansion des Konzerns war der Vorstand der Rudolph Karstadt AG um Vertreter einiger der von Karstadt übernommenen Firmen erweitert worden. So kam auch Paul Lindemann, Mitinhaber der mit Karstadt fusionierten Lindemann-Warenhäuser, in den Karstadt-Vorstand. Lindemann hatte sich aber in den Fusionsverhandlungen eine sogenannte Kursgarantie ausbedungen. Diese Klausel machte der Wirtschaftshistoriker Rudolf Lenz dafür mitverantwortlich, daß Karstadt Anfang der dreißiger Jahre an den Rand des Bankerotts geraten sollte. Die Karstadt AG verpflichtete sich nämlich, bei einem definierten drastischen Kursverfall die der Lindemann AG überschriebenen Karstadt-Aktien zu einem solchen Kurs zurückzukaufen, daß die Lindemann-Aktionäre keinen finanziellen Schaden erlitten.[108]

Bereits 1931 trat der Ernstfall ein, daß die Rudolph Karstadt AG die Forderungen der Gläubiger nicht mehr befriedigen konnte. Aber nicht nur wegen der Kursgarantie für Lindemann geriet der Konzern im April 1932 bedrohlich ins Schlingern. Der schließlich die Existenz des Konzerns bedrohende Niedergang hatte verschiedene Ursachen. Als Karstadt auf den Abgrund zusteuerte, mußte im Juni 1931 die Darmstädter und Nationalbank, die »Danatbank«, über die Karstadt einen bedeutenden Teil des Kreditgeschäftes abwickelte, ihre Zahlungen einstellen, weil die mit der Danatbank eng verbundene Norddeutsche Wollkämmerei und Kammgarnspinnerei »Nordwolle« zusammengebrochen war. Auch die Danat-Pleite allein hätte Karstadt nicht an den Rand einer Katastrophe gebracht. Vielmehr hatte sich der Karstadt-Konzern nicht zuletzt durch seine maßlose Expansionsstrategie selber in die größten Schwierigkeiten manövriert. Die Eigenkapital-Basis des Konzerns schrumpfte zusammen, die Expansion geriet außer Kontrolle.

Zur Finanzierung der Schulden nahm die Rudolph Karstadt AG bereits 1928 eine Anleihe von 15 Millionen US-Dollar bei einer New Yorker Bank auf. Diese Anleihe diente auch dazu, eine frühere Anleihe von drei Millionen Dollar aus dem Jahre 1925 abzulösen. Die prekäre Situation steuerte nach dem »Schwarzen Freitag« vom Oktober 1929 auf ein Desaster zu. Die Zeichen standen also auf Sturm, aber der Vorstand erkannte sie zu spät und konnte dann den Einbruch des Umsatzes und vor allem der Erträge im traditionellen Warenhausgeschäft

nicht mehr stoppen, während sich die Einheitspreis-filialen der Epa mit ihren Billig-Sortimenten vergleichsweise gut hielten.

Lenz führt als einen weiteren Grund der Schwierigkeiten bei Karstadt die konzerneigenen Produktionsbetriebe an, die mit fremden Aufträgen immer schlechter ausgelastet waren, so daß Karstadt selbst um den Preis höherer Einkaufspreise bei den eigenen Firmen bestellen mußte, um die Zahlungsfähigkeit dieser nun den Konzern belastenden Unternehmen nicht vollends zu gefährden. So ergab das eine das andere, und die rasante Talfahrt war nicht mehr zu stoppen.

Rudolph Karstadts Anteil am Grundkapital der Gesellschaft war drastisch zusammengeschmolzen, und es blieb ihm nichts anderes übrig, als mit Übertragungen aus seinem Privatvermögen den Konzern zu stützen. Auch Privatbesitz von Theodor Althoff mußte verkauft werden, um Schulden zu tilgen. Rudolph Karstadt ließ sich zwar weiter als Konzerngründer feiern, aber weder hielt er das Ruder des Unternehmens fest in der Hand, noch konnte oder wollte er etwas dagegen unternehmen, daß Hermann Schöndorff von den deutschen Großbanken, die bei Karstadt über ihre Vertreter im Aufsichtsrat längst einen entscheidenden Einfluß gewonnen hatten, zum großen Buhmann aufgebaut wurde. 1930 hatte der Direktor des Reichsverbandes deutscher Feinkostkaufleute gegen Vorstellungen »des Warenhauskönigs Schöndorff-Karstadt«[109] polemisiert und damit die Richtung des Kampfes gegen Karstadt aufgezeigt. Schöndorffs Einfluß im Konzern sicherten einige führende Althoff-Leute wie der Schwiegersohn von Theodor Althoff, wie Jean Kraus und Levi Mathias, die die Theodor Althoff KG auf den Kurs eines effektiv geführten Warenhausunternehmen getrimmt hatten und auch die Rudolph Karstadt AG auf Vordermann bringen wollten. Die für den 27. Juni 1931 einberufene Generalversammlung beschloß die Absetzung von Hermann Schöndorff von seinem Amt als Generaldirektor der Rudolph Karstadt AG, das es zwar der Satzung nach nicht gab, das aber Schöndorff de facto ausübte, und lehnte eine Wahl Schöndorffs in den Aufsichtsrat ab. 1932 schied Konzerngründer Rudolph Karstadt aus dem Vorstand aus, um ein Aufsichtsratsmandat zu übernehmen. Mit einer Akribie ohnegleichen hatten die Abgesandten der Gläubigerbanken den Sturz Schöndorffs, der einer jüdischen Familie entstammte, vorbereitet. Die arischen Vertreter in Vorstand und Aufsichtsrat standen Gewehr bei Fuß, um im Frühjahr 1933 bei Karstadt alles in ihrem Sinne unter Dach und Fach zu bringen. Pünktlich zum reichsweiten Boykott gegen jüdische Geschäfte am 1. April 1933 schieden sämtliche jüdische Mitglieder aus dem Karstadt-Vorstand aus, unter ihnen Paul Lindemann, der die Rolle des Sprechers der Lindemann-Gruppe übernommen hatte, und Robert Schöndorff, der Sohn Hermann Schöndorffs. Auch der Aufsichtsrat wurde von Juden »gesäubert«. So konnte sich die Rudolph Karstadt AG als »arisches« Unternehmen präsentieren, was die spätere Sanierung des Konzerns erleichterte.

Im Frühjahr 1933 war der Konzern praktisch zahlungsunfähig, obwohl schon im Jahr zuvor 23 unrentable Filialen ihre Türen geschlossen hatten. Bereits 1932 war der Hauptsitz des Konzerns von Hamburg nach Berlin verlegt worden. Von dort aus konnte nun die neue, »arische« Konzernleitung alles in Bewegung setzen, um eine wohlwollende Behandlung durch das Reichswirtschaftsministerium zu erfahren. Längst hatten die führenden deutschen Banken die Weichen gestellt, als die Akzeptbank anläßlich einer Ministerbesprechung am 31. März grünes Licht für einen weiteren Überbrückungskredit an Karstadt[110] bekam. Diese Entscheidung, die nicht zu der harten Linie gegen die Warenhäuser paßte, wie sie das Parteiprogramm der NSDAP forderte, war pragmatisch begründet. Denn ein Zusammenbruch der großen Warenhausunternehmen hätte auch tausende Arbeitsplätze bei Lieferanten gefährdet, was nicht im Sinne der NS-Regierung gewesen wäre, die versprochen hatte, die Massenarbeitslosigkeit zu beseitigen. Die Karstadt-Konzernleitung ließ sich auf ein maßgeblich von den Gläubigerbanken gestaltetes Sanierungsprogramm ein, das unter anderem die Einführung des stark unter Rationalisierungsaspekten ausgearbeiteten »Karzentra«-Konzeptes für supermarktähnliche Karzentra-Geschäfte vorsah, die Schließung der auf den Import und Export spezialisierten Häuser wie überhaupt die weitestgehende Einstellung der Auslandsaktivitäten sowie den Verkauf der Epa-Aktien, also der Einheitspreis AG, an ein Bankenkonsor-

tium. Gleichzeitig paßte der neue, »arisierte« Karstadt-Vorstand den Konzern überraschend schnell den neuen politischen Gegebenheiten an, indem die Gründung von nationalsozialistischen Betriebszellen in den Karstadt-Filialen unterstützt wurde. Wer bei nationalsozialistischen Schulungsabenden, an denen auch Geschäftsleiter teilnahmen, nicht anwesend war, mußte mit einem Verweis rechnen. Der Vorstand beschloß, 1934 auf die bei den Konsumenten beliebten, aber von den organisierten mittelständischen Einzelhändlern so gehaßten »Weißen Wochen« mit Supersonderangeboten, von denen vor allem die Minderbemittelten profitierten, zu verzichten. Ende 1933 gab es Anzeichen für eine Besserung der wirtschaftlichen Situation der Rudolph Karstadt AG. Aber der Konzern war noch nicht überm Berg. Weitere Beteiligungen waren verkauft worden, was darauf hinauslief, daß sich Karstadt in zunehmendem Maße auf das Warenhausgeschäft konzentrierte und Bereiche wie die Patria-Versicherungs AG und die Spedition Expreß AG für internationale Transporte, von der sich Karstadt schon 1932 getrennt hatte, abstieß. Außerdem beschloß der Vorstand, die nun viel zu groß geratene Hauptverwaltung in Berlin für 15 Millionen Reichsmark an das Finanzministerium zu verkaufen und 1936 eine neue, wesentlich kleinere Konzern-Zentrale am Fehrbelliner Platz zu beziehen.

Nationalsozialistische Organisationen wie die NS-Frauenschaften und die Deutsche Arbeitsfront forderten die Parteigenossen dazu auf, im Kampf gegen die Warenhäuser nicht nachzulassen, und die Verantwortlichen in der Regierung folgten ihnen. Einer erneuten »Terrorwelle« gegen Waren- und Kaufhäuser im Spätsommer 1935 ging eine Änderung des Einzelhandelsschutzgesetzes voraus. Sie verfügte die Schließung von Erfrischungsräumen, Schank- und Speisebetrieben in allen Warenhäusern und Einheitspreisgeschäften zum 1. November 1935. In zwölf Karstadt-Filialen wurden daraufhin die Erfrischungsräume aufgelöst. Das Filialnetz der Rudolph Karstadt AG schrumpfte zwischen 1929 und 1936 von 89 auf 67 Waren- und Kaufhäuser. Nicht mit berücksichtigt sind in diesen Zahlen die Epa-Filialen, die von Einheitspreisgeschäften in Kleinpreisgeschäfte, also Billig-Warenhäuser unter dem Namen Kepa umgewandelt wurden, und ebensowenig

ALLES WAS ZUR FRAU GEHÖRT...

Text von
Felix Wolff

Musik von
Leopold Maaß

PREIS FÜR GESANG UND KLAVIER M.1.50   FÜR ORCHESTER M.6.—
ALLE RECHTE VORBEHALTEN◆TEXT UND MUSIK EIGENTUM FÜR ALLE LÄNDER
MODERNER MUSIKVERLAG   BERLIN – HALENSEE
BERLIN-HALENSEE, WESTFÄLISCHE STR.70 ▪ FERNSPRECHER   PFALZBURG 9882
COPYRIGHT 1929 BY MODERNER MUSIK-VERLAG "BERLIN-HALENSEE"
LEIPZIG, OTTO DIETRICH

Karstadt-Lied, das anläßlich der Eröffnung des Warenhauses
am Hermannplatz entstand und auf Platte gepreßt wurde

die neun Karzentra-Läden. Gut schnitten im Rahmen der Karstadt-Sanierung die in einem Konsortium zusammengeschlossenen deutschen Banken ab. Sie hatten die wirtschaftliche Entwicklung in Deutschland und die sich daraus ergebende Bedeutung der Einheitspreisgeschäfte und Kleinpreiswarenhäuser richtig eingeschätzt. Bereits für das Geschäftsjahr 1934 konnte die Epa eine Dividende von sechs Prozent ausbezahlen und einen Teil der Bankschulden ablösen.[111] 1936 ging es mit den großen Warenhäusern in Deutschland wieder bergauf.

Welchen Anteil an der dramatischen Entwicklung Rudolph Karstadt hatte, läßt sich heute schwer beurteilen. Selbst über Details seiner Biographie gehen die Meinungen auseinander. Karstadt starb 1944 im Alter von 78 Jahren. 1932, als er aus dem Konzern-Vorstand ausschied, war er 66 Jahre alt und hellwach. Das in Kar-

stadt-Broschüren verbreitete Bild von einem verdienten Unternehmer, der nach vollbrachtem Werk den Stab der nachfolgenden Generation weiterreichte und sich, hochverehrt von seinen Nachfolgern, zur Ruhe setzte, stimmt allerdings nicht. Der heute in Elmshorn bei Hamburg lebende Einzelhändler Wilhelm Christoph Ramelow berichtet, daß Rudolph Karstadt nach den turbulenten Ereignissen bei der Rudolph Karstadt AG des öfteren im Hause Ramelow in Berlin zu Mittag gegessen habe in dem Gefühl, alles verloren zu haben.

Gustav Ramelow, der Großvater von Wilhelm Christoph, und Rudolph Karstadt stammten beide aus Grevesmühlen in Mecklenburg. Karstadt war anderthalb Jahre jünger als Gustav Ramelow. Sie saßen gemeinsam auf der Schulbank und blieben einander freundschaftlich verbunden. Die Eltern der beiden Jungen waren in Grevesmühlen im Einzelhandel tätig. 1872 hatte der Vater von Gustav Ramelow ein Lager für Manufakturwaren in Klütz (Mecklenburg) übernommen und mit dessen Leitung seinen kaufmännisch ausgebildeten Sohn Gustav beauftragt. Noch im gleichen Jahr trug sich Gustav Ramelow als Geschäftsleiter und Mitinhaber der Firma »C. & H. Ramelow und Sohn« ins Handelsregister ein. 1873 eröffnete Ramelow jun. in seinem Elternhaus in Grevesmühlen ein zweites eigenes Geschäft nach Klütz. Dazu steuerte der Vater »ein Stück des Ladens im Elternhaus« bei, wie es in der Festschrift zum fünfzigjährigen Bestehen der Firma Gustav Ramelow heißt. Diesen Laden führten die Eltern von Gustav Ramelow, und Rudolph Karstadt soll ihnen während der Abwesenheit des Sohnes zur Hand gegangen sein. Als sich dann später auch Rudolph Karstadt selbständig gemacht hatte, fuhren die beiden Freunde Rudolph und Gustav gemeinsam mit der Bahn nach Berlin, um dort Ware einzukaufen. Möglicherweise nutzten sie ihre verbündete Einkaufsmacht, um günstige Konditionen bei Fabrikanten und Großhändlern zu erzielen. Doch als die Unternehmen Ramelow und Karstadt wuchsen, lockerte sich der enge Kontakt. Während es Rudolph Karstadt mit seinen Filialgründungen in Großstädte wie Kiel und Hamburg zog, steuerte Gustav Ramelow einen sehr viel vorsichtigeren Expansionskurs und beschränkte das Aktionsfeld seiner Firma lange Zeit auf seine Heimat Mecklenburg, wo in Kleinstädten mit Markt- und Mittelpunktfunktion für ihr jeweiliges Umland Zweiggeschäfte entstanden. Von den 26 Ramelow-Filialen, die bis 1922 eröffnet wurden, lagen 13 in mecklenburgischen Städten wie Bützow und Parchim. Keine einzige Großstadt ist unter den Adressen. Die »Entfremdung« zwischen Karstadt und Ramelow hing damit zusammen, daß bei der Rudolph Karstadt AG nach der Fusion mit Althoff der persönliche Kontakt mit Gustav Ramelow keine Rolle mehr spielte und sich Schöndorff und seine Mitarbeiter, die in der Rudolph Karstadt AG an Einfluß gewonnen hatten, nicht mehr an Absprachen der Freunde Rudolph Karstadt und Gustav Ramelow gebunden fühlten. Rudolph und Gustav hatten in jungen Jahren vereinbart, keine Filiale in einer Stadt zu eröffnen, in der es schon ein Warenhaus des Freundes gab. Die Vereinbarung hielt bis 1929, als vier Jahre nach dem Tod von Gustav Ramelow die Rudolph Karstadt AG etliche Filialen der Firma Lindemann & Co. übernahm und so auch in Bremerhaven, wo Ramelow zur selben Zeit ein Zweiggeschäft eröffnete, Fuß faßte. Das 1920 in eine Kommanditgesellschaft umgewandelte Warenhausunternehmen Ramelow hatte die Zentrale in Berlin-Grunewald errichtet, unterhielt ein Einkaufsbüro für Strumpfwaren in Chemnitz und ließ Anzüge in der eigenen Firma »Berliner Herrenbekleidung« (BHB) fertigen. Dem Unternehmen und der Gründerfamilie Ramelow blieben die Turbulenzen erspart, die Karstadt auch persönlich an den Abgrund geführt hatten. Infolge des Zweiten Weltkriegs verlor Ramelow 24 Geschäfte in Ostdeutschland und östlich der Oder. Die Firma verlegte ihren Sitz nach Elmshorn, wo sie bereits seit den zwanziger Jahren vertreten war, und entwickelte ihre nur noch wenigen Filialen zu Textilkaufhäusern.

Hertie und Leonhard Tietz AG oder: Wo es Verlierer gibt, gibt es auch Gewinner

Oskar Tietz hatte auch in der eigenen Familie zu kämpfen, als seriöser Kaufmann anerkannt zu werden. Doch mit 40 Jahren finden wir ihn an der Spitze einer Bewegung, die sich anläßlich des Kampfes gegen die geplante, am Umsatz orientierte Sonderbesteuerung der Warenhäuser zusammengefunden hatte. Der »Bund zum Schutze der Gewerbefreiheit« mußte sich mit Leuten vom Schlage eines Paul Dehne herumschlagen, der als besonders rabiater Warenhausfeind Aufsehen erregte und Oskar Tietz als »Spekulanten auf dem Gebiet der Großbazare und Massenzweiggeschäfte« beschimpfte. Dehne lieferte dem »Reichsverband zur Bekämpfung der Warenhäuser«, der durch die Aussetzung von Ratten und Mäusen die Frauen aus den Warenhäusern verjagen wollte, Munition. Oskar Tietz und die anderen Warenhauskollegen fühlten sich im 1888 gegründeten »Zentralverband Deutscher Kaufleute und Gewerbetreibender«, aus dem 1919 die »Hauptgemeinschaft des deutschen Einzelhandels« werden sollte, nicht mehr angemessen vertreten. Deshalb beschlossen 1902 die Chefs von zwölf Waren- und Kaufhäusern die Gründung des »Verbandes Deutscher Waren- und Kaufhäuser«.

Die »Zeitschrift für Waren- und Kaufhäuser« war das offizielle Organ des Verbandes. Im Kopf der Ausgabe vom April 1931 sind die »Präsidialmitglieder« aufgelistet. Die Rudolph Karstadt AG war durch Theodor Althoff und Hermann Schöndorff vertreten. Außerdem gehörten dem Präsidium an: Georg Tietz, der Sohn des Hertie-Chefs Oskar Tietz, Max Grünbaum, ein enger Mitarbeiter von Leonhard Tietz, Heinrich Hirschfeld aus Dresden, Moritz Ury aus Leipzig, Salman Schocken aus Zwickau, schließlich Wilhelm Ramelow, der Sohn von Gustav Ramelow. Wertheim war aus wohl überlegten Gründen nicht Mitglied des »Verbandes deutscher Waren- und Kaufhäuser«, sondern profilierte sich als ein einzigartiges Warenhausunternehmen, das sich nicht mit anderen Firmen der Branche vergleichen lassen wollte. Oskar Tietz blieb bis zu seinem Tod im Jahre 1923 Vorsitzender dieses Verbandes, aus dem die heutige »Bundesarbeitsgemeinschaft der Mittel- und Großbetriebe des Einzelhandels e.V.« (BAG) hervorging. Er war außerdem Mitglied der Reichsbanken-Kommission, stellvertretender Vorsitzender der Berufsgenossenschaft und wirkte an der Gestaltung einer alle Unternehmen gerecht betreffenden Umsatzbesteuerung mit. Er war also ein führender Repräsentant des deutschen Einzelhandels und scheute sich nicht, seinem Warenhausunternehmen Hermann Tietz den Firmentitel »Deutscher Warenhaus-Konzern« voranzustellen.

1932 gehörten ihm direkt 19 Warenhäuser an. Die Zahl der Anschlußhäuser, die Waren zu Vorzugskonditionen von der Firma Hermann Tietz bezogen, betrug damals 20. Für 1932 nennt die Statistik sechs Fabrikationsbetriebe und Einkaufsbüros in Elberfeld, Chemnitz, Offenbach, Paris, London, Lyon, Calais und Mailand. Die Zahl der Mitarbeiter wird mit 20 000 beziffert. Über die genauen Daten hüllte sich der nach Tietz-Angaben »größte Warenhaus-Konzern Europas im Eigenbesitz« in Schweigen.

Kaum hatten Anfang 1933 die Nationalsozialisten die Macht übernommen, richteten sie in der Firma Hermann Tietz einen »Verbindungsstab« ein, der die geforderte Gleichschaltung des Unternehmens überwachte. Eine Kernforderung war, die Personalleitungen auf allen Ebenen müßten sofort mit Parteigängern besetzt werden. Die ebenfalls gleichgeschalteten Banken stellten den Familienkonzern Hermann Tietz im Juni 1933 vor die Alternative: Liquidation oder Sanierung nach ihren Vorstellungen. Nach der bereits beschlossenen Karstadt-Sanierung gab es in Partei und Regierung erheblichen Widerstand gegen eine neuerliche staatlich unterstützte Sanierung eines Warenhauskonzerns. Auch Hitler war zunächst dagegen, willigte dann jedoch auf Drängen von Reichswirtschaftsminister Dr. Kurt Schmitt, einem ehemaligen Vorstand der Allianz-Versicherungsgruppe, ein, der Firma Hermann Tietz einen Kredit von der staatlichen Akzeptbank unter der Bedingung zu gewähren, daß die Gläubigerbanken über die neu zu gründende »Hertie Kaufhaus-Beteiligung GmbH« einen wesentlichen Einfluß auf die Unternehmensleitung ausüben konnten. Am 24. Juli wurde die »Hertie Waren- und Kaufhaus GmbH« als Nachfolgerin der Firma »Hermann Tietz & Co.« gegründet. Am 26. August 1933 schied Dr. Hugo Zwillenberg, der Schwiegersohn des Firmengründers Oskar Tietz, als persönlich haftender Gesellschafter aus. Seine Anteile übernahm die Hertie Beteiligungsgesellschaft, die nun auch die Unternehmensführung im nationalsozialistischen Sinne gewährleistete. Die Erben bekamen eine Abfindung von zwölf Millionen Reichsmark zugesprochen. Das Bankenkonsortium unter Führung der Dresdner Bank bestellte Georg Karg zu einem der beiden Geschäftsführer der Hertie-Gruppe.

Emil Schaudt, der Architekt des KaDeWe, bewies mit dem Hertie-Warenhaus, daß er sich aufs »Neue Bauen« verstand. Das Warenhaus in der West-Berliner Chausseestraße war in den ersten Nachkriegsjahren beliebt, wurde jedoch nach dem Bau der Berliner Mauer geschlossen, weil die Kundschaft aus dem Osten fehlte.

Karg entstammte der Familie eines gescheiterten Tuchfabrikanten. Er hatte sich als Lehrling in einem Provinzkaufhaus bewährt, ging nach Berlin und wurde dort von Jandorf, der in Berlin außer dem KaDeWe noch ein paar andere Warenhäuser betrieb, entdeckt. Mit den Jandorf-Warenhäusern übernahm die Firma Hermann Tietz auch Georg Karg, der zum Chefeinkäufer für Textilien avancierte und sich von Karstadt trotz eines äußerst lukrativen Angebots nicht abwerben ließ. Als Betreiberfirma für die Warenhäuser gründete Karg die Konzerntochter »Vereinigte-Verkaufsstätten-GmbH-Union«. Auf den meisten der zum neu formierten Her-

Das »Union«-Kaufhaus in der Berliner Brunnenstraße
gehörte bis 1926 zur Jandorf-Gruppe, dann kaufte es Hermann Tietz
(Hertie). Als Hertie im Rahmen der »Arisierung« von einem

Bankenkonsortium übernommen und von Georg Karg weitergeführt
wurde, bekam es, wie viele andere Hertie-Warenhäuser auch,
den Namen »Union«.

tie-Konzern gehörenden Warenhäusern erschien der neue Name »Union«. Doch im Bewußtsein der Bürger in vielen Städten blieb der Name Tietz lebendig. Man ging nicht zu »Union«, sondern zu »Tietz«.

In zwei Raten kaufte Georg Karg in den Jahren 1939 und 1940 die Hertie-Anteile der Banken und wurde so zum alleinigen Herrscher über das Warenhausunternehmen Hertie, das unter seiner Führung wieder Boden unter die Füße bekam. Georg Tietz mußte sich bereits 1934 vertraglich verpflichten, aus dem Unternehmen ganz auszuscheiden. Er verließ Deutschland.

Georg Tietz' Cousin Alfred Leonhard, Sohn des 1914 verstorbenen Kaufhof-Ahnherrn Leonhard Tietz und Generaldirektor der Leonhard Tietz AG, hatte 1929 anläßlich des fünfzigjährigen Firmenjubiläums die Ehrendoktorwürde verliehen bekommen. Nach einem freundschaftlichen Hinweis eines Angestellten auf Aktionen, die Nazis gegen ihn planten, konnte sich Alfred

Leonhard noch im Frühjahr 1933, gleichsam in letzter Minute, mit seiner Familie von Köln ins benachbarte Holland retten.

Den erfolgverwöhnten Konzern, der im Gegensatz zu Karstadt eher zurückhaltend expandierte und sich einen Ruf als gut geführtes Unternehmen bewahrte, hatten erst die Folgen der Weltwirtschaftskrise erschüttert. Der Aufstieg der Firma von Leonhard Tietz begann 1876, als Leonhard zusammen mit einem Freund ein konventionelles Einzelhandelsgeschäft in Frankfurt (Oder) betrieb. 1879 kaufte er in der Ossenreyerstraße in Stralsund einen Laden in bester Lage und nur wenige Meter von dem Stoffgeschäft entfernt, das bereits 1876 Abraham Wertheim von seinen Eltern übernommen hatte und das zum Stammhaus des großen, den vier Brüdern Wertheim gehörenden Warenhausunternehmens Gebrüder Wertheim werden sollte. Warum Leonhard Tietz gerade Stralsund als Standort für sein »Garn-,

Knopf-, Posamentier- und Woll-Waren-Geschäft en gros & en détail« wählte, läßt sich nicht mehr genau nachvollziehen. Als »Specialität« preist er in einer Annonce »sämtliche Artikel zur Damen- und Herrenschneiderei« an und weist auf die »langjährige Thätigkeit in einer Wollstrickgarnfabrik, als auch in einem Export- und Engros-Haus für oben benannte Artikel« hin. Leonhard Tietz verfügte also über nützliche Kontakte zur Textilindustrie und über kaufmännische Erfahrungen. Während seine Jugendfreundin und Frau Flora den Laden führte, reiste Leonhard übers Land und pflegte geschäftliche Kontakte, die seinem Unternehmen später zugute kamen. 1885 hatte Leonhard Tietz unterm Dach des geräumigen Hauses Ossenreyerstraße Nr. 21 eine eigene Posamentenfabrik eingerichtet.[112] Er stellte Besatzartikel her, die er mit einer Spezialmaschine beispielsweise an Strümpfe annähen ließ. Oben wurde produziert, unten verkauft. Zehn Mitarbeiter zählte die Belegschaft. Bei der weiteren Entwicklung der Firma spielten die Brüder von Flora Baumann und die Linie der Claudia Wolff, einer Cousine Floras, die schon in Stralsund mitarbeitete, eine große Rolle. Auf der Suche nach einem von der Konkurrenz noch weitgehend unbeackerten Feld für den Aufbau eines eigenen Filialnetzes entschieden Leonhard und seine Angehörigen, den an Belgien und Holland grenzenden Westen Deutschlands als Ausgangsbasis zu wählen und dem Bruder Oskar das südliche Deutschland zu überlassen. 1889 machte Leonhard einen Laden in der Industriestadt Elberfeld auf. Mit Barzahlung und Festpreisen hatte er auch hier Erfolg. Weitere Stationen: 1890 Barmen, heute wie Elberfeld ein Stadtteil von Wuppertal, und Koblenz. 1891 entstand das erste mehrerer Zweiggeschäfte in Köln. Es beschäftigte 30 Angestellte, und seine Leitung übernahm Floras jüngster Bruder Sally Baumann, der bei seinem Schwager Leonhard in Stralsund gelernt hatte. Floras älterer Bruder Max kümmerte sich ab 1895 um den Verkauf in dem damals eröffneten neuen Kölner Tietz-Haupthaus in der Hohestraße.

»Größtes Sortimentsgeschäft am Platze, als Geschäftshaus Sehenswürdigkeit der Stadt«, ließ Leonhard Tietz selbstbewußt verkünden. Auf vier Stockwerken wurde eine für Köln unvorstellbare Warenfülle

angeboten, Glaswaren und Porzellan im Souterrain, Pelzwaren und »Parfüms« im Parterre, Teppiche und Gardinen in der ersten Etage, Spielwaren und Schlafzimmereinrichtungen im zweiten Stock, um nur einige Beispiele zu nennen. Von Köln aus organisierte Sally die Entwicklung des Unternehmens Richtung Süddeutschland. Dort überschnitt sich das Wirkungsfeld von Leonhard Tietz mit dem seines Bruders Oskar, weshalb in verwandtschaftlichem Einvernehmen Standorte ausgetauscht wurden. 1891 kam Leonhard Tietz mit einer Niederlassung nach Remscheid, 1892 nach Aachen, 1893 nach Mainz. Der Firmensitz wurde von Elberfeld nach Köln verlegt. 1894 folgte eine Filiale in Düren, weitere Stationen waren 1895 Düsseldorf, 1898 Eschweiler, 1901 Bonn, 1904 Krefeld und 1905 Mayen in der Eifel.

1902 eröffnet die Firma Leonhard Tietz nach 1895 schon wieder ein neues Flaggschiff, dieses Mal mit 700 Beschäftigten. Eine »Illustrierte Anzeige«, höchstwahrscheinlich im Hause Tietz selbst verfaßt, feiert das Tietz-Warenhaus in Anspielung auf Zolas »Au Bonheur des Dames« als »Paradies der Damen«. Das Blatt wähnte Köln schon auf dem besten Wege, Paris übertrumpfen zu können: »Nicht die großen Pariser Warenhäuser, das ›Magasin du Louvre‹, ›Au Printemps‹, ›Au bon marché‹ u.a. machen des Poeten berückendes Bild wahr; ihnen fehlt zu ihrem allerdings erstaunlichen Inhalt der prunkvolle Rahmen, der vornehme Hauch der Kunst, der dem kölnischen Riesenkaufhaus erst sein modernes, achtunggebietendes Gepräge gibt. Wenn Hermes, der hurtige Gott des Handels noch einmal zurückkehren dürfte auf die Erde, von der er seit zwei Jahrtausenden verbannt ist, er würde stolz sein ob des prächtigen Tempels, den ihm das zwanzigste Jahrhundert am Rheine erbaut hat.« Das Kölner Tietz-Warenhaus umwarb, wie es sich für ein Weltstadt-Warenhaus zu Beginn des Jahrhunderts gehörte, ein internationales Publikum, das Jet-set-Publikum des Eisenbahnzeitalters. »Wir haben für jede einigermaßen in Betracht kommende Sprache mindestens einen Dolmetscher in unserem Personal; wir können daher Franzosen und Engländer ebenso gut in ihrem Idiom bedienen wie Polen und Russen; wir sprechen holländisch, dänisch, italienisch, spanisch«, läßt der Lohnschreiber des »Illustrierten Anzeigers« einen »Beamten der Firma« Tietz,

Tietz, Cöln. Erfrischungsraum.

Erfrischungsraum bei Tietz in Köln

dem wir heute sehr wahrscheinlich den Titel Presse-referent verleihen würden, sagen. »Auch Kölsch« fragt der Journalist. »Na und ob«, antwortet der PR-Mann. Die ausländische Konkurrenz verfolgte aufmerksam, wie deutsche Warenhausunternehmen Terrain erober-ten. In der deutschen Zeitschrift »Fliegende Blätter« stand 1886 ein Inserat der Pariser »Grands Magasins du Printemps«. Die Annonce enthielt den dezenten Hin-weis auf das zweisprachig, das heißt deutsch und fran-zösisch, verfaßte, »prachtvoll illustrierte Album, ent-haltend 541 neue Modekupfer für die Sommer-Saison, welches soeben erschienen«.

1905 sah sich Leonhard Tietz gezwungen, sein Unternehmen in eine Aktiengesellschaft umzuwan-deln, um so neue Geldquellen zu erschließen und nach dem Motto »Stillstand bedeutet Rückschritt« weitere Großprojekte in Angriff zu nehmen. 1909 fand in Düs-seldorf die Eröffnung des berühmten Tietz-Warenhaus-palastes an der Königsallee statt. Das Unternehmen steuerte nun einen gemäßigten Expansionskurs und baute ein Netz von Einkaufszentralen auf. 1905, also im Jahr der AG-Gründung, öffnete die erste in Berlin, 1907 folgte Paris, 1908 Konstantinopel, das heutige Istanbul, wo Tietz vor allem Orient-Teppiche einkaufte, 1910 Chemnitz. Im Eifelstädtchen Bitburg entstand eine eigene Strumpffabrik.

Die innerbetrieblichen sozialen Leistungen für die bei Leonhard Tietz Beschäftigten galten als beispiel-haft. 1899 nahm eine Betriebskrankenkasse ihren Be-trieb auf, die Leonhard Tietz AG beschäftigte einen Be-triebsarzt, 1911 wurde ein Erholungsheim für weibliche Angestellte im Eifelstädtchen Daun eingeweiht.

Weil sich Karstadt/Althoff im Ruhrgebiet, in Westfa-len und in den großen Hafenstädten Bremen und Ham-burg festgesetzt hatte, außerdem drüben an der Ostsee in Kiel und Lübeck, die Firma Hermann Tietz und mit ihr befreundete Unternehmen in süddeutschen Wirt-schaftszentren wie Frankfurt, München, Stuttgart, Karls-ruhe und Mannheim die Warenhausszene beherrsch-ten, weil auch in Dresden, Leipzig, Halle, in ganz Sachsen und Thüringen und nicht zuletzt in Berlin und sogar im »fernen Osten« Schlesiens und Ostpreußens, wo die Kaufkraft zu wünschen übrig ließ, die Reviere abgesteckt und die Schlüsselpositionen vergeben wa-ren, mußte Leonhard Tietz ins nahe Ausland auswei-chen, um zu expandieren und sich so Einkaufsmacht zu sichern. 1900 erwarb er in der quirligen belgischen Ha-fenstadt Antwerpen, in der für viele Auswanderer die Reise in die neue Heimat begann, ein Geschäft, das 1908 einem Warenhauspalast Platz machte. In den folgenden Jahren entstanden weitere Tietz-Niederlassungen in den belgischen Städten St. Niklaas, Mechelen, Brügge, Brüssel und Lüttich. Die Brüsseler Weltausstellung des Jahres 1910 nutzte der Leonhard Tietz-Konzern, um ein Warenhaus mit 1 000 Angestellten und einem Reise-büro, das nicht zuletzt Besucher der Weltausstellung anlocken sollte, zu errichten. Die belgischen Tietz-Wa-renhäuser firmierten ursprünglich unter dem Namen »Grands Magasins L. Tietz« und wurden später unter dem Dach der Aktiengesellschaft »Société Anonyme L. Tietz« zusammengefaßt. Einer der beiden Leiter des Brüsseler Tietz-Warenhauses war Paul Wolf, wie Moritz Wolff, der das Tietz-Einkaufshaus in Berlin leitete, ein weiterer Verwandter von Leonhards Frau Flora. Auch die Schwiegersöhne von Moritz Wolff bekleideten in der Unternehmensgruppe der Leonhard Tietz AG hohe Po-sitionen. Die dargestellten personellen Verhältnisse le-gen den Schluß nahe, daß an wichtigen Schaltstellen des Konzerns seine Frau Flora agierte, die ihren 1914 ver-storbenen Mann Leonhard um zwei Jahrzehnte überleben sollte. 1919 wurde Leonhards ältester Sohn Alfred Leonhard zum Generaldirektor bestellt. 1926 folgten neben Alfreds jüngerem Bruder Gerhard auch zwei Baumann-Söhne in den Vorstand der Leonhard Tietz AG, der somit in der zweiten Generation paritätisch aus Mitgliedern der väterlichen Linie Tietz und der mütterlichen Linie Baumann besetzt war. Bei Tietz achtete man auf die verwandtschaftliche Balance. Sie galt offenbar als ungeschriebenes Gesetz. Sogar in Holland muß der Leonhard-Tietz-Konzern damals einige Warenhäuser betrieben haben, wie aus Aufzeichnungen eines späteren Vorstands hervorgeht.

Schon während des Ersten Weltkrieges konfiszierte Belgien deutsche Betriebe, und so verlor auch die Leonhard Tietz AG ihre belgischen Warenhäuser, was sich in der Bilanz bemerkbar machte. Außerdem bekam sie stärker als der Karstadt-Konzern die 1923 beginnende und erst 1930 beendete Besetzung des Ruhrgebietes, des Rheinlandes und der Pfalz durch französische Truppen zu spüren. Sie verschärfte noch die Inflation und schränkte die Kaufkraft ein. Mit der Gründung der »Ehape-Einheitspreisgesellschaft« reagierte die Tietz AG 1925 auf die gesunkene Kaufkraft. Die Hoffnung auf eine anhaltende Besserung machte die Weltwirtschaftskrise zunichte.

Alfred Leonhard Tietz und seinen Vorstandskollegen setzten die Abgesandten der Banken das Messer auf die Brust. Sie zwangen die Erben der Leonhard Tietz AG zum Verkauf der Aktienmehrheit an die Commerzbank, die Dresdner Bank und die Deutsche Bank. Am 3. April 1933, zwei Tage nach den Terror-Aktionen gegen jüdische Geschäfte, fand in den Räumen der Deutschen Bank in Berlin eine Sitzung statt, bei der den amtierenden Vorständen und Aufsichtsratsmitgliedern der Leonhard Tietz AG unmißverständlich der Rücktritt nahegelegt wurde. Dem neuen Vorstand gehörten auch Julius Schloss und Franz Levy an, zwei Weggefährten von Alfred Tietz, um durch ihr Fachwissen die Fortführung des Unternehmens zu gewährleisten. Sie fühlten sich für die 20 000 Angestellten des Konzerns (15 000 in Deutschland) mitverantwortlich, von denen 1 500 jüdisch waren. Im Vorstand saßen sie zwei arischen Vertretern gegenüber. Alfreds Bruder Gerhard Tietz und die Baumann-Brüder schieden aus dem Vorstand aus und ver-

ließen Deutschland. Wie Johannes Ludwig berichtet,[113] knüpften Schloss und Levy ihre Mitarbeit im Vorstand an die Bedingung, daß Alfred Leonhard Tietz wenigstens eine Funktion im Aufsichtsrat übernehmen könne. Die Banken erklärten sich damit einverstanden. Sie forderten jedoch den sofortigen Verkauf der Anteile der Leonhard Tietz AG, die sich in jüdischem Besitz befanden, an arische Aktionäre. Ludwigs Recherchen zufolge wechselten damals Aktien für fast acht Millionen Reichsmark mit einem Kurswert von 24 Millionen Reichsmark zum Spottpreis von 800 000 Mark die Besitzer. Sie wurden anteilig von der Commerzbank, der Dresdner Bank und der Deutschen Bank kassiert. Schloss und Levy mußten über den aktuellen Stand der Transaktionen berichten. Um ein mögliches Patt zwischen christlich-arischen und jüdischen Vorständen zu verhindern, bestellte der Aufsichtsrat unverzüglich einen arischen Banker als Vorstandsvorsitzenden. Anstatt sich an die Vereinbarung zu halten, Alfred Tietz in den Aufsichtsrat zu übernehmen, war seine Festnahme geplant. Ihr konnte sich Alfred Tietz im letzten Moment entziehen, indem er Hals über Kopf aus Deutschland in die Niederlande floh.

Am 11. Juli beschloß die Generalversammlung die Abänderung des Firmennamens von »Leonhard Tietz AG« in »Westdeutsche Kaufhof Aktiengesellschaft (vorm. Leonhard Tietz A.G.)«. 1936 fiel dieser Zusatz weg. »Die neue Hauszeitung der Westdeutschen Kaufhof Akt.-Ges.« löste das 1926 gegründete Mitarbeiterjournal der Leonhard Tietz AG ab. Auf der Titelseite der im Oktober 1933 erschienenen Erstausgabe des den neuen Gegebenheiten angepaßten Blattes erschien eine Deutschlandkarte, auf der 49 Kaufhof-Standorte markiert waren. Darunter stand zu lesen: »99% unserer gesamten Waren stammen aus deutschen Produktionsgebieten.« Doch die erhoffte durchgreifende Gesundung des angeschlagenen Kölner Warenhauskonzerns blieb aus. 1933 war ein Rückgang des Umsatzes um 28,4 Prozent gegenüber 1932 zu verkraften. »1938, als im Zuge der Aufrüstung eine gewisse Konjunktur eingesetzt hatte, waren erst 95% des Umsatzes vor dem großen Krisenjahr 1932 erreicht«, heißt es im Sonderheft der Zeitschrift »Die Kaufhof-Illustrierte«, die 1954 anläßlich des 75. Geburtstags des Unternehmens erschien. Im Februar

1934 verlangten die Banken die vollständige Arisierung des Tietz-Konzerns. Sie drohten mit dem Abbruch der vereinbarten finanziellen Sanierung, was tausende Arbeitsplätze gekostet hätte und worauf die Bevölkerung mit Lynch-Aktionen gegen die jüdischen Mitarbeiter und Vorstände reagiert hätte. Also schieden Levy und Schloss im September 1934 aus dem Vorstand aus.

Alfred Tietz legte sein Aufsichtsratsmandat, das er formell noch innehatte, nieder. 1935 mußte der »Westdeutsche Kaufhof« in sechs Filialen die Erfrischungsräume schließen, 1936 die Fabrikationsbetriebe aus dem Konzern ausgliedern und verkaufen. 1937 änderte die »Ehape-Einheitspreisgesellschaft« ihren Namen in »Rheinische Kaufhalle Aktiengesellschaft«.

Kontakte zum Warenhaus Bijenkorf in Holland

Wenige Wochen bevor deutsche Truppen in die Niederlande einmarschieren und auch dort die Jagd auf Juden beginnt, kann die Familie Tietz über Marseille nach Palästina ausreisen, wo Alfred Leonhard schon 1941 stirbt und seine Mutter Flora 1943. Alfred Tietzens Frau Margarethe wandert 1948 in die Vereinigten Staaten aus. In banger Erwartung, was mit dem Warenhauskonzern geschehen würde, hat Alfred Tietz zusammen mit seiner Frau und seiner Mutter die Jahre von 1933 bis 1940 in Holland verbracht – unter der Obhut des Vorstandes des holländischen Warenhausunternehmens »De Bijenkorf«, an dem die Leonhard Tietz AG große Anteile besaß.

Die Beziehung zeigt, wie eng verzahnt große Warenhausunternehmen mitunter waren. 1870 hatte Simon Philip Goudsmit, der Sohn eines Gerbers aus Süd-Holland, in Amsterdam ein Kurzwarengeschäft eröffnet, in dem er Garne, Bänder, Artikel aus Baumwolle und Nähzubehör verkaufte. Seinen Laden taufte er »Magasijn de Bijenkorf«, also »Bienenkorb«, was man auch als eine Anspielung auf die fleißigen Hände der Damen hinter der Ladentheke verstehen konnte. Schnell wuchs de Bijenkorf zu einem Geschäft heran, das durch seine preiswerten modischen Artikel vor allem Kunden aus der Mittelschicht anzog. Als Simon 1889 starb, übernahm sein Neffe Arthur Isaac aus der Provinz Limburg die Leitung der Amsterdamer Firma. Er kaufte umliegende Grundstücke auf, ließ eine elektrische Beleuchtung installieren, erweiterte das Sortiment, machte sich mit Kinder- und Damenkonfektion einen Namen. 1893 eröffnete er ebenfalls in Amsterdam eine erste Filiale, die Damenkonfektion, Lingerieartikel, Strümpfe und Korsetts führte. Das Geschäft lief. 1908 beauftragte Arthur Isaac

den Architekten van Straaten mit der Planung eines großen neuen »Bienenkorbs«. Isaac entschied sich, mit seinem »Magasijn de Bijenkorf« an den »Damrak« umzuziehen, der von der Zentralstation ins Stadtzentrum führenden Straße, die den »Beursplein« (Börsenplatz) schneidet und sich erwartungsgemäß zu einer wichtigen Geschäftsstraße entwickeln sollte. Aber die Banken, bei denen Isaac anklopfte, ließen ihn im Stich. Arthur Isaac kannte Albert Schöndorff, den Bruder jenes Hermann Schöndorff, der die Rudolph Karstadt AG lenkte. Albert führte die zusammen mit seinem Bruder Hermann gegründete Fabrik für Ladeneinrichtungen in Düsseldorf und vermittelte Kontakte zwischen Isaac und belgischen Finanziers. Auf diesem Wege entstand auch eine enge geschäftliche Verbindung zwischen de Bijenkorf und der Leonhard Tietz AG, die damals in Belgien einige große Warenhäuser betrieb. »So kam es, daß am 7. Dezember 1911 die holländische Firma ›de Bijenkorf‹ auf den Rat eines Deutschen eine belgische ›Société Anonyme‹ wurde«, heißt es in einer Broschüre über die Geschichte des holländischen Warenhausunternehmens de Bijenkorf.

Durch die Gründung dieser in Belgien ansässigen Gesellschaft mit mehreren Anteilseignern waren nun die finanziellen Voraussetzungen geschaffen, daß Arthur Isaac sein geplantes Warenhaus in Amsterdam glaubte schnell verwirklichen zu können. Als jedoch politisches Donnergrollen bereits den bevorstehenden Weltkrieg ankündigte, kamen die Bauarbeiten nur noch sehr schleppend voran. Im September 1914 war erst das Erdgeschoß bezugsfertig, 1915 legten die Bauarbeiter letzte Hand an drei weitere Verkaufsetagen. Bis 1926 konnte die Verkaufsflächen von 8 000 auf 16 000 Quadratmeter in nunmehr fünf Stockwerken verdoppelt werden. Im selben Jahr fand die Eröffnung der ersten großen Warenhausfiliale des »Magasijn de Bijenkorf« in Den Haag statt, 1930 folgte Rotterdam. Die Architektur des nach Plänen von Willem M. Dudok entstandenen Rotterdamer Warenhauses, das im Grunde genommen ein Ladenzentrum aus lauter Fachgeschäften darstellte und als »Kristallpalast« bezeichnet wurde, war von einer atemberaubenden Eleganz und Modernität. Es hat die Bomben des Zweiten Weltkrieges nicht überlebt. Nach Plänen des aus Ungarn stammenden Möbeldesigners und Architekten Marcel Breuer, der Schüler und »Jungmeister« am berühmten Bauhaus in Weimar und Dessau gewesen war, entstand das neue, 1957 eröffnete Warenhaus de Bijenkorf in Rotterdam, ein großer, von rechten Winkeln und flächenhaften Strukturen beherrschter Kubus mit einer glatten tafelartigen Wabenfassade. Mit Hilfe Meiers bauten Alfred Tietz und sein deutsch-jüdischer Weggefährte Julius Schloss während der Zeit ihres holländischen Exils eine über de Bijenkorf finanzierte Exportfirma auf. Alfred Tietz und Julius Schloss waren Aufsichtsräte bei de Bijenkorf. Der Bijenkorf-Vorstandsvorsitzende Leo Meier empfing Alfred Tietz und seine Frau Margarethe in Amsterdam, als sie dort auf ihrer Flucht vor den Nazis ankamen.

Das deutsche Besatzungsregime und die Zerstörung Rotterdams durch deutsche Bomben mußten die Nachfahren des Firmengründers Leonhard Tietz nicht mehr miterleben. Im Februar 1941 kam es im ganzen Land trotz der Warnung deutscher Besatzungsbehörden zu Proteststreiks. Auf Wegen, die für die deutschen Besatzer unerforschlich waren, leerten sich bei de Bijenkorf in Amsterdam und in vielen anderen Geschäften binnen kürzester Zeit die Läger, verschwand gelieferte und registrierte Ware jedesmal auf nahezu mysteriöse Weise. Die deutsche Besatzung reagierte, indem der »Generalkommissar für Finanzen und Wirtschaft beim Reichskommissar für die besetzten niederländischen Gebiete« Zwangs-»Verwalter« einsetzte. Einer dieser Verwalter war unter anderem für »de Bijenkorf« und die »Hema«-Kette holländischer Einheitspreisgeschäfte zuständig.

Der Schocken-Konzern, eine Kulturinstitution

»Anfangs wollte mein Vater nicht Kaufmann werden. Er strebte nach akademischer Bildung und nach geisteswissenschaftlicher Tätigkeit. Sein Vater hatte jedoch nur ein bescheidenes Manufakturwarengeschäft in einer Kleinstadt der Provinz Posen, dem damaligen Grenzgebiet zwischen Deutschland und Russisch-Polen. Seine Mittel reichten nicht aus, den jüngsten Sohn aufs Gymnasium zu schicken.« So schreibt Gershom Schocken in seinen »Erinnerungen« an seinen Vater Salman Schocken, den Mitbegründer des Schocken-Konzerns.[114] Folgt man den Darstellungen Gershoms, dann war Salman zeitlebens zwischen seinem Beruf als Kaufmann und einer jüdisch geprägten bildungsbürgerlichen Berufung hin- und hergerissen. Er befaßte sich mit geisteswissenschaftlichen Grundfragen und nahm, halb »Amateur«, halb »Fachgelehrter«[115], Einfluß auf die Entwicklung einiger Disziplinen der jüdischen Geisteswissenschaften. In seiner Jugend soll Salman sogar einmal mit dem Gedanken gespielt haben, eine Schlosserlehre zu machen. Warum diese Pläne im Sande verliefen und warum sich Salman wie viele seiner jungen Glaubensgenossen entschloß, eine kaufmännische Laufbahn einzuschlagen, erzählt sein Sohn Gershom nicht. Salman wurde eben Kommis in einem Geschäft in Gnesen, einer Kreisstadt der Provinz Posen. Von dort wechselte er nach Berlin, um in einem »Wäschegeschäft en gros« zu arbeiten und nebenher Vorlesungen an der Universität zu besuchen.

Dann übersiedelte Salman nach Leipzig, wo er ebenfalls in einem Wäschegeschäft eine Anstellung fand. Er wollte unbedingt selbständig werden, deshalb kam es ihm entgegen, zusammen mit seinem Bruder einen Laden zu übernehmen. Er vertrat die Anschauung, daß es eine Elite des Geistes und der Tat gebe, und deshalb wandte er sich wieder von der Sozialdemokratie ab, in die er nach der deutschen Revolution von 1918 große Hoffnungen gesetzt hatte, die aber nach seiner Meinung die Elite der Masse opfere. Salman blieb jedoch ein loyaler Parteigänger der Weimarer Republik und gehörte sogar dem beratenden Reichswirtschaftsrat an. In der Demokratie sah er durchaus die Möglichkeit, die kreativen elitären Kräfte zum Vorschein zu bringen. Sein literarisches Interesse reichte von Balzac und Dostojewski bis zu Jean Paul und Franz Kafka. Aber »der ideale Führer« auch in allen alltäglichen und religiösen Lebensfragen sei für Salman Schocken Goethe gewesen. Goethes ideales Lebensziel war aus seiner Sicht ein ganzheitliches Leben, in dem der Bildung die Rolle eines Motors zukam. Dieses Ideal muß auch Salman Schocken angestrebt haben. »Sein Bestreben war, daß die Warenhäuser, die seinen Namen trugen, den Lebensstandard und das kulturelle Niveau der Einwohner der Städte, in denen sie standen, heben sollten«, schreibt sein Sohn Gershom rückblickend und betont, daß seinem Vater der geschäftliche und das heißt: der finanzielle Erfolg nicht gleichgültig gewesen sei.[116] Der habe auf dem Grundprinzip des zentralen, kostengünstigen Einkaufs der Waren für viele Filialen beruht und auf dem System der wissenschaftlichen Marktforschung, auf dem Schocken einer der »Pioniere« war. Salman Schocken spricht von »unserem statistischen Büro«, in dem »regelmäßig Kaufkraftmessungen« angestellt worden seien. Als Einzelhändler habe Salman Schocken seine Aufgabe darin gesehen, die Interessen der Verbraucher an niedrigen Preisen gegen »ein unausgesprochenes Bündnis« für hohe Preise, das zwischen Industrie, Landwirtschaft und organisierter Arbeiterschaft bestehe, zu verteidigen. Schocken Senior führte außerdem ein ausgeklügeltes System der zentralen Musterung der Waren, der ständigen Qualitätskontrollen in einem eigens eingerichteten Warenprüfungslaboratorium und der Berechnung des Herstellungspreises ein, um das Preis-Leistungs-Verhältnis, basierend auf objektiven Daten wie der »Relation Pfennig : Gebrauchsgütepunkt«, so Salman Schocken in einem Vortrag vom November 1931, zu optimieren.

Der erste Leiter dieses Schocken-Warenprüfungslaboratoriums war der Chemiker Dr. Erich Kann, der zunächst am Kaiser-Wilhelm-Institut für Lederforschung in Dresden arbeitete. Dr. Kann war Jude und mußte 1933 emigrieren. Salman Schocken habe Kann »an seinen Londoner Geschäftsfreund und zionistischen Gesinnungsgenossen« vermittelt, jenen Simon Marks des britischen Einzelhandelskonzerns Marks & Spencer, für den Kann ein Warenprüflabor aufbaute. Es besaß eine chemische Abteilung, in der beispielsweise die Zusammensetzung von Lebensmitteln geprüft wurde, Seifen auf Reinigungswirkung und Schaumbil-

dung. Auch die physikalische Abteilung war mit modernsten Laborgeräten ausgerüstet, um unter anderem die Reißfestigkeit von Textilien zu testen.

Außer auf die Warenprüfung legte Schocken großen Wert auf eine ausgefeilte Verkaufstechnik und Warenkunde, die seine Angestellten in regelmäßigen Kursen gelehrt bekamen. Für Salman Schocken mußten die Warenhäuser die ihnen zukommende gesellschaftspolitische Aufgabe übernehmen und zur künstlerischen Durchdringung der Warenwelt beitragen, um so das »Geschmacksniveau für die Gebrauchsgegenstände« zu heben. Schockens Auffassung erinnert an die Intentionen des Deutschen Werkbundes, dessen Anliegen es ja war, die alltägliche Umwelt künstlerisch zu gestalten und der deshalb gerade dem Kunstgewerbe große Beachtung schenkte. Ganz so Salman Schocken in dem erwähnten Vortrag: »Wo das Kunstgewerbe die in dem verflossenen Jahrzehnt so beliebte Ebene der willkürlichen Formgestaltung und Dekoration verläßt und, häufig im Zusammenhang mit alten Kulturformen, gute, dem Zweck angepaßte Geräte schafft und sich daran hält, was die Technik jetzt leisten kann, kann das Warenhaus daran mitwirken, daß mustergültige und preiswerte Gebrauchswaren entstehen und in die Hand vieler Verbraucher kommen.«[117] Mitte der zwanziger Jahre hatte Gershom seinen Vater bei einem Besuch des Staatlichen Bauhauses in Dessau begleitet: »Wir verbrachten den Tag in Gesprächen mit Moholy-Nagy, Kandinsky, Breuer und anderen Meistern des Bauhauses und sahen uns die Neuerungen im Gebrauch von Materialien, der Anwendung von Farben, der Gestaltung von Möbeln, Beleuchtungskörpern und anderen Gebrauchsgegenständen an. Schon wenige Tage später sollte dieser Besuch Folgen für das Aussehen der Schocken-Kaufhäuser haben. Ein Bauhaus-Absolvent wurde mit der Neuentwicklung von Verkaufstischen beauftragt. Das Ergebnis war ein Typ aus schwarzem Holz und Glas, der in allen Schocken-Häusern eingeführt wurde« und dessen Varianten später in der ganzen Welt zu sehen gewesen seien. »Alle Drucksachen des Konzerns (Formulare, Anzeigen, Plakate, Prospekte, Beschriftungen, Packmaterial) wurden im Geiste der neuen Typographie des Bauhauses neugeplant.« Nur noch zwei Schrifttypen seien von diesem Zeitpunkt an für alle Zwecke verwendet worden. »Das Schocken-Zeichen, der Buchstabe S, das damals als Kennzeichen des Konzerns geschaffen wurde, ist vom Geiste Mondrians geprägt.«[118]

Wie nahe diese von Salman Schocken und wohl auch seinem früh bei einem Verkehrsunfall verstorbenen Bruder Simon verfolgten Vorstellungen tatsächlich der ganzheitlichen Kunstauffassung des frühen Werkbundes kam, ist in dessen Jahrbuch von 1913 nachzulesen. Dort behandeln einige Aufsätze das Thema Warenhaus, ein gewisser Hans Weidenmüller befaßt sich mit der Frage der »Durchgeistigung der geschäftlichen Werbearbeit« als einem Beispiel für die »Durchgeistigung der deutschen Arbeit«.[119] Sie muß nach Ansicht des Werkbundautors jene »Ansätze zur einheitlichen Gestaltung der Kundenwerbung eines Unternehmens«, wie sie Peter Behrens als künstlerischer Berater der A.E.G. plante, noch mehr zur Geltung bringen und darf sich also nicht auf das Plakat oder die Anzeige beschränken, sondern habe »alle die vielgestaltigen Einzelstücke der Geschäftsempfehlung durchzubilden«.

Sieht man einmal von Betrieben in den Zentren der Metropolen wie zum Beispiel von Wertheim ab, dann machten vor dem Ersten Weltkrieg »im Arbeiterviertel der Großstadt« und an zahlreichen provinziellen Orten noch viel zu viele Firmen mit »geschmacklosen Werbesachen« auf sich aufmerksam. Um die Gefahr der Einseitigkeit in der Reklamekunst zu vermeiden, »muß neben den Werbezeichner gleichberechtigt der Werbe-Sprachner treten, der die kunstgewerbliche Durchbildung des Wortlautes besorgt und der Werbe-Drucksachner, der durch seine Entwürfe für den Drucksatz unser überreiches Schriftgut für die Zwecke der Kundenwerbung ausbeutet.«[120] Selbst die Seite der Herstellung sollte demnach ganzheitlich organisiert sein und Designer, Texter und Druckgraphiker zusammenschließen. Die vom Deutschen Werkbund geforderte wie vom Warenhauskonzern Schocken verwirklichte Werbestrategie nahm moderne Konzeptionen von »Corporate identity« vorweg, und sie mußte natürlich auch die Architektur der Warenhäuser umfassen. Nirgends kam das deutlicher zum Ausdruck als bei der 1928 eröffneten Stuttgarter Schocken-Filiale.

Entworfen hatte sie der mit den Schocken-Brüdern gut bekannte deutsch-jüdische Architekt Erich Men-

delsohn, der auch das 1926 fertiggestellte Zweiggeschäft in Nürnberg und die 1930 eröffnete Chemnitzer Schocken-Filiale plante. Das nach reparablen Kriegsschäden trotzdem abgerissene Stuttgarter Warenhaus Schocken war ein mehrfach gegliederter Stahl-Skelett-Bau, der sich den auf zwei Seiten in Hanglage befindlichen Grundstücken anpaßte. Die Kunsthistorikerin Renate Palmer nennt den Stuttgarter Schocken-Bau »*das* Kaufhaus der zwanziger Jahre«,[121] dessen Wahrzeichen der kanzelförmig auskragende und fast durchgängig verglaste Treppenhausturm an einer der Ecken des Warenhauses war. Das Pendant bildete ein zweiter, rein zweckmäßig wirkender Turm mit Treppenhaus und Aufzügen. Vor allem die von Fensterbändern horizontal gegliederten Fassaden erinnern in ihrer zurückhaltend plastisch akzentuierten Schraffur an das Firmenzeichen, ein stilisiertes, streng rechtwinkeliges »S«.

Die Stuttgarter Schocken-Filiale warb mit ihrer gesamten Erscheinung für sich selber, und es bedurfte, zumindest der Idee nach, keiner zusätzlicher, oft aufgesetzt wirkender Werbeträger, durch die andere Warenhäuser auf sich aufmerksam machten. Renate Palmer zitiert den Architekturhistoriker Adolf Behne, dessen Begriff »Reklamearchitektur« auch auf das Schocken-Warenhaus in Stuttgart anwendbar ist. Vor allem nachts, wenn die Schaufenster erleuchtet waren, die Fensterbänder als helle Streifen aus den dunklen Fassaden hervorstachen und »die von unten beleuchtete freie Treppenführung«[122] im verglasten Treppenturm die Blicke der Passanten magisch auf sich zog, wurde das Warenhaus zum Wahr-Haus, das nichts zu verbergen hatte und die klare, im provinziellen Stuttgart damals noch immer gewöhnungsbedürftige Schönheit eines Zweckbaus ausstrahlte. »Ein gutgeleitetes Warenhaus bedarf der lauten und kostspieligen Massenreklame ebenso wenig wie ein gutgebautes Warenhaus einer besonderen Lichtreklame. Der Lichtschein, der durch die wohlangeordneten Fensterbänder der Verkaufsgeschosse leuchtet, repräsentiert das Haus bei den Käufern besser als Lichteffekte, die um ihrer selbst willen außen angeordnet sind«, erklärte Salman Schocken bei seinem Vortrag 1931.[123]

Die Stuttgarter Baubehörde hatte ihre Schwierigkeiten mit dem Schocken-Projekt. Es habe einen langen

Streit mit dem Architekturbüro Mendelsohn um die An-
bringung des Firmennamens Schocken auf dem Schau-
fenstervorbau gegeben, schreibt Renate Palmer. Mendelsohn habe in einem Brief darauf hingewiesen, der
aus übermannshohen Leuchtbuchstaben bestehende
Firmenname sei von Anfang an so geplant gewesen. Im
Fluidum des künstlichen Lichts lösten sich nachts
gleichsam die Grenzen zwischen Drinnen und Draußen
auf. Die »Lichter der Großstadt« strahlten drinnen im
Warenhaus und draußen auf den Straßen, die der
Schein der Autolampen und der Geschäftshäuser erleuchtete. Drinnen der Strom der Käufer und draußen
der Verkehrsstrom.

Erst neue Lichttechniken, wie sie in Deutschland
nicht zuletzt die AEG entwickelt hatte, erlaubten den
Architekten den Einsatz von Licht als Mittel architekto-
nischer Gestaltung. Als einer ihrer Wegbereiter hatte
sich der Architekt Peter Behrens erwiesen, als er für
die AEG beispielsweise Leuchtstoffröhren in einer sachlichen Weise gestaltete, die ihnen entsprach und jeden
unnötigen Zierat vermied. Peter Behrens, einer der
großen alten Lehrmeister des »Neuen Bauens«, das nach
dem Ersten Weltkrieg in Deutschland Fuß faßte, finden
wir auch als einen der Architekten, die bei der vom
Deutschen Werkbund 1927 auf dem Stuttgarter Weißen-
hof veranstalteten Musterausstellung unter dem Motto
»Die Wohnung« vertreten waren. Was dort begann,
setzte das Stuttgarter Schocken-Warenhaus im Stadtzentrum fort. Droben, in aussichtsreicher Lage außerhalb des Stuttgarter Stadtzentrums, bauten unter der
künstlerischen Gesamtleitung von Ludwig Mies van der
Rohe Architekten wie Walter Gropius und Le Corbusier,
die alle drei Schüler von Behrens gewesen waren.

Wie Mendelsohn mit der den Passanten zugewand-
ten Fassade des Stuttgarter Schocken-Warenhauses
demonstrierte, daß das Warenhaus-Gebäude gleichsam
für sich selber werben konnte, verzichtete Schocken
nicht nur auf jede Art marktschreierischer Reklame,
sondern ab 1928 auch auf sämtliche Sonderveranstaltungen und Saisonausverkäufe. Das Preis-Leistungs-
Verhältnis der Artikel mußte ja das ganze Jahr hindurch
überzeugen. »Wir ermäßigen unsere Preise sofort, wenn
die Zeitumstände und die Warenvorräte es gestatten«,
lautete einer der Schocken-Grundsätze. Die Sonder-

Ehemaliges Warenhaus Schocken in Chemnitz, heute Kaufhof, erbaut von
Erich Mendelsohn

verkäufe, wie sie Hermann Tietz beispielsweise in Form
der »Weißen Wochen« zu regelmäßigen verkaufsför-
dernden Aktionen entwickelte, regten bei vielen Kunden immer schon den Verdacht, es würde nur schwer
verkäufliche Ware, zweitklassige oder gar eigens für die
Sonderaktionen hergestellte, angeboten, ein Verdacht,
den die Organisationen des mittelständischen, konzern-
unabhängigen Einzelhandels und die Nationalsozialisten als seine Fürsprecher weidlich in ihrem politischen
Interesse nutzten.

Mendelsohn übernahm in dem Moment seine Rolle als
bevorzugter Hausarchitekt des Warenhausunternehmens Schocken, als dieses den Sprung aus der Provinz in
die Großstädte Nürnberg, Stuttgart und Chemnitz wagte.
Bis 1926, als Schocken ein Warenhaus in Nürnberg eröffnete, war Zwickau mit 85 000 Einwohnern die größte
Stadt mit einem Schocken-Warenhaus. Nürnberg und
Stuttgart dagegen hatten zur Zeit der Eröffnung der
dortigen Filialen über 400 000 Einwohner, Chemnitz
384 000. Alle drei Städte besaßen eine aufblühende
Industrie mit einem starken Anteil der damaligen Zu-
kunftsbranchen Fahrzeug- und Maschinenbau. Mendelsohn war ein Architekt der Großstadt, der vor allem
in Berlin wirkte. Wie für viele Juden, verband sich auch

für ihn mit der großstädtischen Entwicklung nach dem Ersten Weltkrieg die Hoffnung auf eine Gesellschaft, in der nicht mehr Standesunterschiede und das religiöse Bekenntnis über berufliche Chancen und gesellschaftliche Anerkennung entschieden. Kurzum: Mit dem »Metropolenfieber« der zwanziger Jahre war das Sehnen nach Frieden, Gerechtigkeit und Demokratie verbunden, eine Sehnsucht, die brutal enttäuscht werden sollte. Zur Eröffnung des Schocken-Warenhauses in Nürnberg am 11. Oktober 1926 versuchte Erich Mendelsohn auf die Frage zu antworten »Warum diese Architektur?«, warum eine so merkwürdige neue Architektur in einer so schön altertümlichen Stadt, eine Architektur, bei der zunächst die gewohnten Maßstäbe versagen würden, wie in der Nürnberger Zeitung zu lesen war.[124]

Warum diese Architektur?
Nur hundert Jahre zurückdenken:

Reifrock und Perücke
Talglicht und Spinnrad
Sänfte und Postkutsche
Gemischtwarenladen und Handwerkerzünfte

Dann an uns denken:
Kniefrei und Sportfrisur
Radio und Film
Auto und Flugzeug
Bananenspezialhaus und Warenhauskonzern.

Denk nicht, das sind Äußerlichkeiten.
Die Innerlichkeiten stehen dahinter.
Vor hundert Jahren – wie heute.

Gewiß, Mensch bleibt Mensch,
und der Himmel ist weit wie ehedem.

Aber die Welt um Dich ist ungeheuer belebt. Millionenstädte, Wolkenkratzer, 8 Stunden Flug von Moskau nach Berlin. – Napoleon brauchte Monate dazu und ging dabei zugrunde.

…

Und da sollen wir Architekten allein nachhinken und Perücken tragen, wir Ingenieure und Baumeister, die Euer Haus bauen, Eure Städte, die ganze sichtbare Welt?

Laßt Euch nichts einreden.

Nur wer nicht vergessen kann, hat keinen freien Kopf.

Nur wer nicht erfinden kann, ist unfruchtbar.

Nur wer nicht lebt, stirbt vor der Zeit.

Nur wer keinen Rhythmus hat im Leib – denk nicht an Jazz, sei ernst! –, versteht nicht den metallnen Schwung der Maschine, das Surren des Propellers, die ungeheure Lebendigkeit, die uns anfacht, beglückt und schöpferisch macht.

Ihr sagt, es gibt keine Bauherren. Redet Euch keine Schwachheiten ein. Hier sind sie!

Aber Palastfassaden, Dekorationsgang und Puppenfenster sind weit zurück.

Also in den Raum hinein die Massen aufgeschichtet, aus dem Grundriß den Raum gezaubert in die Luft.

Hier liegt die Treppe, hier der Eingang, hier die Fensterbänder über den Regalen.

Treppe, Eingang, Fensterbänder hinein in den Rhythmus der sausenden Autos, des Schnellverkehrs.

Laß Dich nicht hetzen, beherrsch die Zeit.

Laß Dich nicht foppen. Du bist der Herr. Sei Schöpfer, gestalte Deine Zeit.

Das sind Deine Verpflichtungen, her mit Deiner Verantwortung, sei Führer! –

Darum diese Architektur.

Lichtorgien und Show-Fenster

Unter dem aufschlußreichen Titel »Die Finsternis besiegt – gefangen in gleißendem Licht« hat die Publizistin Hannelore Schlaffer einige Gedanken zur künstlichen Belichtung zusammengefaßt.[125] Im 19. Jahrhundert gewann sie durch lichttechnische Erfindungen wie die der Bogenlampe und der Glühbirne eine neue Qualität. Schlaffer zitiert den französischen Historiker Jules Michelet, der seinen Zeitgenossen von der Gasbeleuchtung der lichtdurchfluteten Hallen abgeraten habe:»Hier gibt es kein Dunkel, in das sich der Gedanke zurückziehen, keinen schattigen Winkel, in dem die Einbildungskraft ihren Träumen nachhängen kann.« Dabei kann man getrost auch an die Warenhauspaläste des 19. Jahrhunderts denken. Sie präsentierten sich werbewirksam als prächtig erleuchtete Inseln im Meer der Großstadt. Durch die oft mehrere Stockwerke einnehmenden Schaufenster flutete der Lichtschein nach draußen und zog die Passanten in ihren Bann. Licht konnte Vorstellungen von Sauberkeit und Frische wachrufen. Warenhauspioniere wie Aristide Boucicaut und Oskar Tietz erspürten mit seismographischer Empfindsamkeit, daß sie just jenes nahezu panische Streben nach Sauberkeit (auch in politischer Hinsicht) in Bares ummünzen konnten, als der eine in Frankreich sich zu einer Verkaufsaktion unter dem Motto »Vente des Blanc« (Verkauf weißer Ware) aufschwang und der andere in Deutschland die »Weiße Woche« schuf, um die Warenhäuser in Tempel des Lichts und der Hygiene zu verwandeln, die Lichthöfe in ein Meer leuchtend blütenweißer Tücher und Wäsche, ganz so, wie es Emile Zola, der natürlich auch die Wirkung der Spiegel als Lichtfänger bedachte, in »Paradies der Damen« beschrieb.

»Was die Damen am Weitergehen hinderte, war der wundervolle Anblick der großen Weißwarenausstellung. Zunächst umgab sie das Vestibül, eine mit einem Mosaikpflaster umgebene Halle aus Spiegelglasscheiben, wo die ausgelegten billigen Waren die gierige Menge fesselten. Dahinter dehnten sich in strahlendem Weiß die Galerien, ein Ausblick in den hohen Norden, eine wahre Schneelandschaft, die die Unendlichkeit mit Hermelin bespannter Steppen und in der Sonne leuchtender Gletschermassen zeigte. … Aber die leuchtendste Helligkeit ging vor allem von der Mittelgalerie aus, bei den Bändern und den Halstüchern, den Handschuhen und der Seide. Die Ladentische verschwanden unter dem Weiß der Seiden und der Bänder, der Handschuhe und der Tücher. Um dünne eiserne Säulen wallte, hier und dort durch weißen Foulard gerafft, weißer Musselin, die Treppen waren mit weißen Behängen geschmückt, einander abwechselnden Draperien aus Piqué und geköpertem Barchent, die sich die Geländer entlangzogen und die Hallen bis zum zweiten Stockwerk hinauf umgaben; und dieses aufsteigende Weiß bekam Flügel, drängte sich zusammen und verlor sich wie eine Schar ziehender Schwäne.«[126]

Gegen diese Orgien weißen Lichts mußten die aus purer Sparsamkeit nur mäßig erleuchteten Krämerläden schummrig, ja muffig gestrig wirken. Andrerseits läßt sich, wie man tagtäglich nachempfinden kann, in hellerleuchteten, schattenlosen Verkaufsräumen der Warenhäuser nur schwer eine Atmosphäre erzeugen, die Kunden mit exklusiven Wünschen überzeugt. Echter Luxus will allenfalls ins rechte Spotlight gesetzt sein, braucht Verschwiegenheit, braucht das Fluidum einer gewissen noblen dunklen Schwere. Die Fachleute der Warenhäuser wußten das, weshalb für die Teppichsalons in großen Warenhäusern von Wertheim und Leonhard Tietz dunkle Wandtäfelungen und Leuchter, die ein warmes Licht verbreiteten, gewählt wurden. In einem allerdings hat sich Michelet wohl getäuscht. Er meinte, die in jeden Winkel dringende Beleuchtung lasse keine Illusionen mehr zu. Doch gerade der Lichtschein der künstlichen Tag-und-Nacht-Gleiche weckt die Illusion, die alten Schrecken der Nacht seien endgültig überwunden und unter der Licht-Glocke seien wir alle gleich. Bekanntlich gibt es auch eine Diktatur gleißenden Lichts, die keine Schattenecke mehr zuläßt, in der ihre Opfer sich verstecken oder wenigstens ausruhen können.

Licht kann unbarmherzig sein, erschlagend. Man setzt es ein bei Verhören, es ist Blendwerkzeug, man leuchtet Grenzstreifen aus. Und riecht es nicht schon gefährlich nach Aufruhr, wenn Leute sich zusammenschließen, um die Nacht zum Tage zu machen? Artige Menschen schlafen nachts, um am nächsten Morgen ausgeruht das Tagwerk zu beginnen.

Es dauerte nicht lange, bis sich die Warenhäuser der neuen Lichtkunst bedienten. Davon profitierte auch das Schaufenster. 1889 sei auf der Pariser Weltausstellung das technische Wunder der elektrischen Beleuchtung vorgeführt worden, berichtet Nike Breyer.[127] Den Geschäftsleuten erlaube sie, »ihre Ware hinfort in noch besserem, in künstlichem Licht zu zeigen. Das steigert nicht nur die Faszinationskraft des Schaufensters, es erschließt ihm auch eine neue Dimension, die Nacht. Ab sofort können Werktätige auch nach Feierabend schaufensterbummeln und in Ruhe den nächsten Kauf planen, eine der Lieblingsbeschäftigungen der frischgebackenen bürgerlichen Gesellschaft des 19. Jahrhunderts.«[128]

Erst mit Hilfe des elektrischen Lichts betrat das Schaufenster als Show-Fenster, in dem den Passanten »des Alltags kleine Dramen« vorgeführt wurden, die Bühne, als Stück im Stück sozusagen, als Parabel. Dabei konnten sogar Accessoires eine Hauptrolle spielen, wenn sie zum Beispiel auf Podesten präsentiert und von der indirekten Schaufensterbeleuchtung effektvoll ins Rampenlicht gesetzt wurden. »Natürlich appellieren die eigenartigen Szenarios an unsere Träume, natürlich kitzeln sie unsere Wünsche, wenn wir vorübergehend im Schlaraffenland des Überflusses schwelgen. Aber sie sagen mehr als nur ›Kauf mich‹ – sie bringen Gefühle in Bewegung, die manche im kollektiven Unterbewußtsein angesiedelt haben.«[129]

Nicht zuletzt die großen amerikanischen Warenhäuser wie Macy's und Bloomingdale's in New York verstanden sich auf die Schaufenster-Show. Auch in Deutschland erreichte die Schaufensterkunst ein beachtliches Niveau, dank der 1910 gegründeten Höheren Fachschule für Dekorationskunst. Die von ihr veranstalteten Schaufenster-Wettbewerbe, bei denen ein olympischer Sportgeist die Mannschaften der beteiligten Geschäfte antrieb, inspirierten die Berliner Dekorateure zu Höchstleistungen. In den besten Arrangements vibrierte der hektische Rhythmus der Zeit, die »Tempo-Tempo«-Stimmung, als gelte es, in den verbleibenden Tagen bis zum Weltuntergang noch einmal das Leben in vollen Zügen und seiner ganzen Fülle zu genießen. Es genügte nicht, daß Hüte als Einzelstücke im Rampenlicht erschienen, sondern mehrere Exemplare desselben Modells bildeten eine regelrechte Hutparade. Eine Wegbereiterin der Dekorationskunst war die Malerin Elisabeth von Stephani-Hahn, die ein Buch über »Schaufensterkunst« schrieb und für Wertheim arbeitete.

Wertheim kultivierte allerdings geradezu raffiniert werbewirksam die Abneigung gegen die aufkommenden Lichtorgien. Keine Lichteffekte würden am Abend den Zweck des stattlichen Gebäudes am Leipziger Platz künden, bemerkte Paul Göhre 1907 lobend. Wertheim pflegte nach

»Weiße Wochen« bei Hermann Tietz in Berlin, aufgenommen um 1926

außen den wohl berechneten Eindruck gedämpften Lichtes, was auch der Intention des Architekten Alfred Messel entsprach. Er verfolgte vor allem beim Kopfbau am Leipziger Platz die Absicht, den nüchternen Zweck des Warenhauses durch eine gotisierende Gestaltung feierlich-sakral zu verklären. Dazu konnte nur Kirchenlicht passen, jedoch keine grelle Beleuchtung. Wertheim nahm mit der vergleichsweise dezenten Beleuchtung die Umsetzung einer Erkenntnis vorweg, wie sie 1913 im Jahrbuch des Deutschen Werkbundes Karl Ernst Osthaus in einem Artikel über das Schaufenster formulierte. Die überschwengliche, konfuse Verwendung von Licht und Farben in Schaufenstern berauscht nach Ansicht von Osthaus die Kunden nur, anstatt ihre Blicke durch den klug gewählten Einsatz von Licht an die ausgestellte Ware zu fesseln. Statt »ein wahres Fest für impressionistisch empfindende Augen« zu bieten, forderte er »Sachlichkeit«, um eine »magische Suggestion der ausgestellten Waren« hervorzurufen. »Aber dies Mysterium der Vermählung des Käufers mit der Ware verlangt Konzentration.«[130]

Die meisten Warenhäuser ließen sich von solchen subtilen Überlegungen nicht irritieren und schwelgten ungeniert in Lichteffekten. Es entsprach dem geschärften betriebswirtschaftlichen Bewußtsein ihrer Gründer und leitenden Mitarbeiter, sich nicht damit abzufinden, »daß die Architektur schlafen ging, sobald es dunkel wurde«. Sie wollten die Architektur mit Anbruch der Dunkelheit zu neuem Leben erwecken, indem sich Schaufenster in Werbeflächen verwandelten, die durch Licht verzaubert wurden.

Als 1932 eine umfangreiche Modernisierung des KaDeWe in Berlin abgeschlossen worden war, schwärmten die Werbe-Leute des Warenhauskonzerns Hermann Tietz in einer PR-Broschüre: »Um das Riesenkaufhaus am Abend aus dem Straßenbilde herauszuheben, wird die Front durch Flutlicht-Lampen angestrahlt, die an den Masten der Straßenbeleuchtung befestigt sind. So steigt seine Baumasse bei Dunkelheit schon von weitem in einem weißlich magischen Licht auf, das den massiven Block in ein reales Traumbild verwandelt. Auch die Fahnen, die bei bestimmten Anlässen auf dem Dach gehißt werden, erhalten auf diese Weise in den Abendstunden besondere Bedeutung. Breite Leuchtschilder, gleichfalls an das Dach montiert, Leuchtbuchstaben von Ankündigungstafeln nehmen weiteren Anteil an diesem wohldurchdachten System, das der modernen Ästhetik des Stadtbildes ebenso zugute kommt wie den praktischen Zwecken der Geschäftsreklame.«

Dabei ging es bei weitem nicht nur um billige Effekthascherei. Vielmehr sollte sich die moderne Großstadt durch Lichtinszenierungen in Szene setzen. Die Zeitgenossen müssen das entsprechend empfunden haben; denn anders ist die überschwengliche Warenhaus-Begeisterung in unzähligen Zeitungsartikeln und Aufsätzen aus den drei Jahrzehnten zwischen 1900 und 1930 kaum zu erklären.

Schaufensterdekorationen beim KaDeWe in Berlin

Beständig habe dem Warenhaus »ein kulturelles Sendungsbewußtsein« innegewohnt, heißt es in dem »Metropolis« überschriebenen Kapitel des Katalogs zur Ausstellung »Berlin, Berlin« von 1987. Dort ist auch aus einer Festschrift der Firma Hermann Tietz zitiert, nach der das Warenhaus zugleich »Wegweiser und Lehrbild« sei »für die Erleichterung einer verbesserten Lebensführung«.[131]

Schocken – besser als die Konkurrenz

Erich Mendelsohn, den Schocken-Architekten, und Salman Schocken, den Bauherrn und Warenhausunternehmer, verband eine viel tiefere Geistesverwandtschaft, als sie allein die Gemeinsamkeit des religiösen Bekenntnisses hätte stiften können. Sie verband ihre deutsch-jüdische Existenz und ihr Bekenntnis zur modernen Stadt des 20. Jahrhunderts. Mendelsohn entwarf das 1923 fertiggestellte Pressehaus für den Verlag Rudolf Mosse in der Jerusalemer Straße in Berlin , das der Architekturkritiker Adolf Behne bejubelte: »Großstadt, moderne City, konzentriertes mächtiges Leben, Zuversicht, Bejahung, Wille und Arbeitstempo.«[132] Auch die großen Schocken-Warenhäuser signalisierten nicht »Tempel«, sondern »moderne City, Großstadt«. Der Architekturhistoriker Julius Posener hat einmal die Chemnitzer Schocken-Filiale mit der zwei Jahre früher fertiggestellten Stuttgarter Niederlassung verglichen und dabei betont, daß Mendelsohn erst mit dem Chemnitzer Bau zu einem »Mann der modernen Architektur«[133] geworden sei. Man mag das für etwas überspitzt halten. Tatsache ist jedoch, daß in Chemnitz Fensterbänder und Brüstungsbänder der leicht nach außen gewölbten Schaufassade auf damals höchst moderne Weise, ohne Unterbrechung, in einer Ebene, also ohne Sprünge und Absätze, wie sie Mendelsohn in Stuttgart nicht zuletzt aufgrund der Topographie des Bauplatzes eingeplant hatte, durchlaufen.

Mendelsohn habe seit 1923 eine enge Beziehung zum Zionismus gehabt, schreibt Posener, der Mendelsohn persönlich kannte, in seinen Lebenserinnerungen.[134] 1933 erreichte Mendelsohn nach einer Zwischenzeit in London Palästina. 1934 wanderte Salman Schocken mit seiner Familie nach Palästina aus, nachdem sein Sohn Gershom sich bereits 1933 entschlossen hatte, sein Studium nicht in Deutschland, sondern in Palästina fortzusetzen. Doch Salman Schocken fand sich, wie viele seiner Landsleute aus Deutschland, in Palästina nicht zurecht. Gershom führt das zurück auf den Widerspruch zwischen dem Zionismus, der von einem innewohnenden Gemeinschaftsgefühl zehrte, und dem auf einem Elitebewußtsein beruhenden Individualismus eines Mannes wie Salman Schocken.

Mendelsohn gelang es trotz gelegentlicher Aufträge nicht, an seine bedeutenden Bauten in Deutschland anzuknüpfen; und auch für Salman Schocken blieb Palästina nur eine Zwischenstation. 1940 wanderte er von dort in die USA aus. Gershom Schocken, der in Israel blieb, schilderte nachträglich die Situation Salman Schockens: »In seinen letzten Jahren lebte mein Vater das Leben des modernen wohlhabenden Nomaden in seinem Haus in Scarsdale bei New York, in Hotelzimmern auf dem Dolder bei Zürich und in Ponteresina, in seiner Bibliothek in Jerusalem, immer umgeben von alten und neuen Büchern, immer intensiv und rastlos nachdenkend.«[135]

Schon in Deutschland war Salman Schocken so stark mit dem Judentum verbunden, daß die Warenhäuser des Schocken-Konzerns an jüdischen Feiertagen geschlossen blieben. Damit stand Schocken durchaus nicht allein. In der badischen Industriestadt Mannheim wirkten in der Jugendzeit des 1919 geborenen Oskar Althausen die beiden Haupteinkaufsstraßen an hohen jüdischen Feiertagen fast wie ausgestorben, weil große Kauf- und Warenhäuser, die das Publikum anzogen, aber auch einige Fachgeschäfte an jenen Tagen nicht öffneten.

Während die mit Schocken konkurrierenden Warenhauskonzerne Rudolph Karstadt AG und Hertie Anfang der dreißiger Jahre in eine ausweglos scheinende Situation schlitterten, während selbst die ausgesprochen solide wirtschaftende Leonhard Tietz AG sich schwer angeschlagen durch die Jahre der Weltwirtschaftskrise lavierte, ging es dem Schocken-Konzern vergleichsweise gut. Er konnte für die Monate Januar bis März 1931 ein Umsatzplus von 5,2 Prozent verzeichnen gegenüber dem vergleichbaren Zeitraum des Vorjahres. Die gesamte Warenhausbranche dagegen hatte beim Umsatz einen Einbruch von zehn Prozent zu verkraften. 1932 setzte das Schocken-Warenhaus in Chemnitz 13 352 000 Reichsmark um, die Filiale in Stuttgart erreichte 11 147 000 RM, Zwickau 9 603 000 RM, Nürnberg lag auf Platz vier mit einem Umsatz von 8 940 000 RM. Die umsatzschwächste Schocken-Filiale war Frankenberg mit 714 000 RM im Jahre 1932. Von 1907 an waren aus der als offene Handelsgesellschaft gegründeten und nach Salmans und Simons Vater Isaac benannten Firma »I. Schocken Söhne, Zwickau« verschiedene Gesellschaften entstanden, wie zum Beispiel für den Einkauf die Firma »I. Schocken Söhne Einkaufshaus Chemnitz G.m.b.H.«.

Gleichzeitig gelangten die Eigner des Schocken-Konzerns im Laufe der Jahre zu einem beträchtlichen Grundstücksvermögen, so daß zu Beginn des Dritten Reiches der Warenhauskonzern Schocken nach Ansicht von Konrad Fuchs »eines der gesündesten Unternehmen der deutschen Wirtschaft«[136] gewesen sei. Es expandierte, orientiert an den gleichzeitig mitwachsenden finanziellen und organisatorischen Möglichkeiten, behutsam und jederzeit kontrolliert. In den ersten Monaten der nationalsozialistischen Herrschaft hatte die Konzernleitung von Schocken versucht, dem Nazi-Mob keinen Anlaß für Aktionen gegen Schocken-Warenhäuser zu geben, indem beispielsweise auf die Beflaggung zum 1. Mai, dem von den Nazis zum nationalen Feiertag erhobenen »Tag der Arbeit«, verzichtet wurde. Für die Nazis war es nämlich ein Ärgernis, auf Häusern im Besitz von Juden die deutsche Fahne zu sehen. Nazis, die Schlägereien anzettelten, damit die Polizei die »bedrohten« Juden in »Schutzhaft« nahm, nationalsozialistische Frauen, die Kundinnen anpöbelten, die es sich nicht verbieten lassen wollten, bei Schocken einzukaufen, wochenlanger Psychoterror gegen die Beschäftigten, die ihre Arbeitsplätze bedroht sahen, das war das Übliche. 1934 hatten sich die Geschäftsanteile bei Schocken noch vollständig im Besitz der Familie Schocken befunden, der Aufsichtsrat habe je zur Hälfte aus Ariern und Nicht-Ariern bestanden, 16 von 18 Zentraleinkäufern seien arisch gewesen, faßt Fuchs die Situation vor dem am 15. September 1935 vom Reichstag verabschiedeten »Gesetz zum Schutz des deutschen Blutes und der deutschen Ehre«, den Nürnberger Gesetzen, zusammen.[137]

Am 1. Januar 1934 bestellte Salman Schocken einen arischen Vertrauten zum Verwaltungschef, dem er außerdem die Vertretung des Unternehmens nach außen übertrug. Die gegen Warenhäuser und Einheitspreisgeschäfte gerichteten Repressalien, die auch zur Folge hatten, daß es für jüdische Unternehmen immer schwieriger wurde, in einer Zeitung zu werben, zeigte nun auch bei Schocken Wirkung. Schon 1933 waren beträchtliche Umsatzeinbußen hinzunehmen, die durch das in die Wege geleitete Versandgeschäft nicht ausgeglichen werden konnten. Die »Entjudung« machte Fortschritte. Salman Schocken hatte Deutschland schon 1934 verlassen, 1936 gab es im Schocken-Aufsichtsrat nur noch ein jüdisches Mitglied, die Aktienmehrheit hatte eine englische Gruppe übernommen, die für sich beanspruchen konnte, arisch zu sein. 1937 schied Theodor Schocken, ein Sohn Salmans, aus der Geschäftsleitung aus und folgte seinem Vater nach Palästina.

Trotzdem galt der Schocken-Konzern 1938 als einziges der großen Warenhausunternehmen in Deutschland, dessen Arisierung damals noch nicht abgeschlossen gewesen sei. Seit 1937 wurde deshalb immer wieder die Belieferung Schockens mit Waren von Seiten der Behörden, aber im vorauseilenden Gehorsam auch durch die Unternehmen, die jahrelang von fetten Aufträgen des Schocken-Konzerns gelebt hatten, unterbunden oder freiwillig eingestellt. Schocken bekam keine Einfuhrgenehmigung für Sultaninen aus der Türkei und für Korinthen aus Griechenland, keine für Salzheringe aus den Niederlanden und für Ölsardinen aus Portugal, der Chemnitzer Schlachthof kündigte Schocken einen Kühlraum für Speck, der sächsische Milchwirtschaftsverband verkaufte an Schocken keine Butter mehr. Die »Arbeitsgemeinschaft deutsch-arischer Fabrikanten der Bekleidungsindustrie e.V.« teilte der Firma Schocken mit, daß ihre Mitgliedsunternehmen keine Geschäfte mehr mit Schocken machen, eine Strick- und Wirkwarenfabrik aus dem schwäbischen Metzingen kündigte die Geschäftsbeziehungen zu Schocken auf usw. usw.[138] Um sein Lebenswerk zu retten, sah Salman Schocken keine andere Möglichkeit, als das Unternehmen zu verkaufen und dabei eine Lösung zu finden, die ihm weiterhin den Einfluß auf das Unternehmen sicherte. Genau das wollten die Nazis vereiteln.

Im November 1937 begannen die Verhandlungen mit dem schweizerischen Warenhausunternehmen Globus, dem niederländischen Warenhausunternehmen Vroom & Dreesman, der englischen Einzelhandelsgruppe

Das berühmte Schocken-Kaufhaus von Erich Mendelsohn in Stuttgart

144

Sofio und dem Hauptanteilseigner der »Firma Rhodius, Koenigs & Co.«, die an Textilbetrieben Sachsens und Thüringens beteiligt war. Koenigs, der auch einer der Hauptgesellschafter des Amsterdamer Bankhauses Rhodius Koenigs war, konnte als Auslandsdeutscher seine guten Kontakte zu deutschen Banken nutzen. Die Deutsche Bank und die Reichskreditgesellschaft bildeten ein Konsortium und erhielten politische Rückendeckung durch das deutsche Reichswirtschaftsministerium. Auf niederländischer Seite waren an den Verkaufsverhandlungen das Bankhaus Rhodius, Koenigs & Co. sowie die Hollandsche Koopmansbank beteiligt. Die Vertreter der holländischen Banken versuchten, die Interessen der Familie Schocken zu wahren, mußten jedoch schließlich der Liquidation des Schocken-Konzerns und der Übernahme der Aktienmehrheit durch arisch-deutsche Banken in der von diesen gewünschten Weise zustimmen. Es gelang nicht, Theodor Schocken eine Mitsprachemöglichkeit bei künftigen unternehmerischen Entscheidungen zu sichern. Er mußte gehen, wollte er sein Leben und das seiner Angehörigen nicht gefährden. Am 2. März 1939 wurde die Firma I. Schocken und Söhne aus dem deutschen Handelsregister gestrichen. Theodor Schocken schied, wie von den Vertretern der deutschen Banken verlangt, als geschäftsführender Gesellschafter aus. Den involvierten deutschen Banken gehörte nun der Schocken-Konzern. Sie setzten einen Berliner Rechtsanwalt als neuen Geschäftsführer ein. Salman und Theodor Schocken und auch die anderen jüdischen Schocken-Aktionäre bekamen zwar eine Entschädigung zugesprochen, mußten jedoch einen großen Teil der Summen auf ein »Auswanderer-Sperrkonto« einzahlen.

Schon am 9. Dezember 1938 beschloß die Hauptversammlung der nun rein arischen Schocken-Aktiengesellschaft, ab Januar 1939 den Namen »Merkur Aktiengesellschaft« zu führen. Sie betrieb 20 Kaufhäuser, das Warenprüflabor und die Schocken-Strumpffabrik in Chemnitz. Außerdem hatten auch die verschiedenen Tochtergesellschaften den Besitzer gewechselt. Dann kam der Zweite Weltkrieg und in der Folge die deutsche Teilung. Die in der Sowjetischen Besatzungszone liegenden Merkur-Filialen wurden im Juni 1945 beschlagnahmt, die Filiale im schlesischen Waldenburg war so-

wieso verloren. Ein »Volksentscheid« bestätigte genau ein Jahr später die Enteignung zu Gunsten des Landes Sachsen. Die in der Ostzone und in den Westzonen gelegenen Teile der Merkur AG waren getrennt. Nur im Westen konnte die Familie Schocken einen Rückerstattungsantrag stellen, dem Anfang Dezember 1948 die zuständige Behörde stattgab. Ein im September 1949 vollzogener Vergleich zwischen der Familie Schocken und der Merkur AG sicherte der Familie Schocken eine Beteiligung von 51 Prozent am Grundkapital der Unternehmensgruppe, während die anderen Aktionäre 49 Prozent zugesprochen bekamen. Theodor Schocken, kehrte als stellvertretender Vorsitzender des Aufsichtsrats in das Warenhausunternehmen zurück, das seinen Namen »Merkur Aktiengesellschaft« behielt.

Gestützt auf einige führende Mitarbeiter, die das Unternehmen durch die Jahre des Dritten Reiches gesteuert und dabei das Vertrauen der Familie Schocken genossen hatten, begann Salman Schocken mit dem Wiederaufbau seines amputierten Konzerns, der Kaufstätten nur noch in Augsburg, Bremerhaven, Nürnberg, Pforzheim, Regensburg und Stuttgart besaß. Hauptsitz des Unternehmens war nun Nürnberg. Nach der Währungsreform im Juni 1948, die den deutschen Westzonen die D-Mark bescherte, und infolge der von den Westalliierten unterstützten wirtschaftlichen Belebung ging es auch mit der Merkur AG überraschend schnell wieder bergauf. 1951 konnte die Merkur AG in Heilbronn am Neckar ihre erste neue Filiale eröffnen, zwanzig Jahre nachdem die letzte Niederlassung – damals noch unter dem Namen Schocken – im badischen Pforzheim entstanden war. Bis 1953 kamen weitere Merkur-Filialen in den württembergischen Städten Reutlingen, Heidenheim, Ulm und Schwäbisch-Gmünd, im bayerischen Ingolstadt, in Oldenburg und Lehe, heute Bremerhaven-Lehe, hinzu. Bestehende Warenhäuser wurden ausgebaut und erweitert. Der Schwerpunkt der Konzernentwicklung hatte sich also aufgrund der politischen Entwicklung aus Mitteldeutschland nach Süddeutschland, genauer gesagt: von Sachsen nach Württemberg, verschoben. Die Fühler dorthin hatte Salman Schocken mit der Gründung seiner Warenhäuser in Nürnberg, Stuttgart und Pforzheim schon in den letzten Jahren der Weimarer Republik ausgestreckt. Nun konzentrierte sich die wie gewohnt vorsichtige Expansions-strategie vollends auf mittelgroße Städte mit einem weiten Hinterland und einer aufstrebenden Industrie. Der Erfolg gab Schocken recht. Anfang der fünfziger Jahre machte sich die Warenhauskette Merkur die altbewährte Firmenphilosophie von Schocken zu eigen und übernahm sogar das Schocken-Signet, das auch ein »Merkbüchlein für die Mitarbeiter der Kaufhäuser Merkur« zierte. Das kaufmännische Credo Schockens faßten drei Grundsätze zusammen: Gute Waren für jedermann; stets gleiche, gute Leistungen; keine Sonderveranstaltungen. Die Angestellten waren Teil des von Schocken entwickelten und von Merkur übernommenen Systems, in dem nichts dem Zufall überlassen bleiben sollte, nicht einmal die Art und Weise, wie man mit ankommenden Pakete umging. »Postpakete richtig auspacken«, lautet die Überschrift von Punkt sieben zur »inneren Organisation« in dem Merkbüchlein für das Personal: »Das auszupackende Paket wird in der Abteilung Warenverkehr auf eine völlig leere Tischplatte gelegt. Vom Bindfaden wird der obere Teil des Knotens durchgeschnitten; dann ist der Knoten leicht zu lösen. Der Papierbogen bleibt auf dem Tisch liegen. Alle weiteren Pakete werden immer auf dem darunterliegenden Bogen ausgepackt. Nach Beendigung des Auspackens werden sämtliche angesammelten Bogen geglättet und gefaltet: der Bindfaden wird aufgerollt.«

Horten greift zu

Alles schien auf eine zweite Blüte des Schocken-Konzerns hinauszulaufen. Doch bereits im Sommer 1952 begannen erste Verhandlungen zwischen Salman Schocken und dem deutschen Warenhausunternehmer Helmut Horten, der dann im Frühjahr 1953 die Schocken-Anteile an der Merkur AG kaufte. Damit endete die Geschichte des Warenhauskonzerns Schocken. »Das Problematische an seiner Beziehung zu Deutschland« habe seinem Vater keine Ruhe gelassen, schrieb Gershom Schocken.[139] Wie aber kam Helmut Horten zu seinem Warenhauskonzern?

Der 1909 in Bonn geborene und 1987 verstorbene Helmut Horten entstammte einer vermögenden Juristen- und Beamtenfamilie. Sein Vater war Senatspräsi-dent am Oberlandesgericht in Köln, ein Großvater Reichsgerichtsrat in Leipzig. Zur Überraschung seiner Familie strebte Helmut Horten eine Karriere als Kaufmann an. In dem berühmten, nach Olbrichs Plänen entstandenen Düsseldorfer Warenhaus der Leonhard Tietz AG erhielt er eine gründliche Ausbildung zum Textilkaufmann. Mit 25 beförderte ihn Tietz bereits zum Abteilungsleiter. Doch seine große Stunde sollte erst noch kommen. 1936 trat Helmut Horten als Abteilungsleiter in ein bereits arisiertes Kölner Textilkaufhaus ein. Da wurde ihm das Kaufhaus Alsberg in Duisburg, einer Niederlassung des Alsberg-Konzerns, angeboten. Dessen jüdische Besitzer sahen sich gezwungen, die rund 60 zur Gruppe gehörenden Fachgeschäfte und Warenhäuser zu verkaufen. Helmut Horten borgte sich von seinem Vater 50 000 Reichsmark, den Rest des nötigen Kommanditkapitals organisierte ein guter Bekannter der Familie mit besten Beziehungen zur Commerzbank. Am 9. Mai 1936 erschien im Duisburger General-Anzeiger ein ganzseitiges Inserat, in dem es hieß: »Das ist Horten. Jawohl – Sie haben ganz richtig gesehen: das Alsberg-Haus hat seinen Hausherrn gewechselt, ist in arischen Besitz übergegangen.« Zum fünfzigjährigen Horten-Jubiläum gab die Firma 1986 eine Festschrift heraus, in der angeblich wörtlich aus der 1936 veröffentlichten Annonce zitiert wurde. Wir lesen in der Jubel-Schrift: »... das Alsberg-Haus hat seinen Hausherrn gewechselt, ist in anderen Besitz übergegangen.«

Wenige Monate nach der Übernahme des Alsberg-Hauses in Duisburg übernahm Horten im September 1936 in Wattenscheid das Textilkaufhaus des Juden Sally Hess. Den Vorhaltungen der Gauwirtschaftsbehörde, Horten würde an Hess eine am Umsatz bemessene Miete und damit letztlich eine Gewinnbeteiligung bezahlen, begegnete Horten mit Hilfe von Beziehungen. Helmut Horten beeilte sich, den kursierenden Vorwurf, er beschäftige nach wie vor jüdische Angestellte, durch entsprechende Taten zu entkräften. Am 7. Januar 1937 stellt die Außenstelle Duisburg der Geheimen Staatspolizei fest: »Horten hat den letzten jüdischen Angestellten zum 1.12.36 entlassen.«[140] Nachdem es Helmut Horten also gelang, Neider aus den Reihen nationalsozialistischer Parteigänger auszuschalten, konnte er die Ausdehnung seines Unternehmens beherzt angehen.

Wieder ergriff er die sich ihm bietenden Chancen und beteiligte sich an angesehenen Einzelhandelsunternehmen, an einem jüdischen Textilgeschäft in Königsberg, an der arisierten Filiale des jüdischen Kaufhausunternehmens N. Conitzer & Söhne im ostpreußischen Marienburg, an einem Geschäft in Marienwerder und gründete eigene Filialen in Bielefeld und Gevelsberg.

Nach dem Zweiten Weltkrieg mußte sich auch Horten von den Niederlassungen im Einflußgebiet der Sowjetunion trennen. Das Einzelhandelsunternehmen, das er aufgebaut hatte, war nahezu zusammengebrochen. 1946 wurde er von der britischen Militärpolizei verhaftet und ins Internierungslager Recklinghausen gebracht. Nach einem siebzehntägigen Hungerstreik ließen ihn die Briten frei. In den westdeutschen Besatzungszonen waren die Weichen auf Westintegration und Marktwirtschaft gestellt. Unter dem Eindruck des »Kalten Krieges« stockte die Entnazifizierung. Rechtzeitig zum bevorstehenden Weihnachtsfest, das schon deutliche Anzeichen einer wirtschaftlichen Erholung in Westdeutschland erkennen ließ, konnte Helmut Horten am 1. Dezember 1948 die Eröffnung des »Baus der hundert Tage« feiern. In der Rekordbauzeit von 100 Tagen war der erste Bauabschnitt des ersten deutschen Warenhaus-Neubaus nach dem Kriege entstanden. Nach der Fertigstellung der zwei weiteren Bauabschnitte bis zum Herbst 1949 standen im Duisburger Horten-Warenhaus, das 1000 Mitarbeiter beschäftigte, sechs Stockwerke für den Verkauf zur Verfügung.

1955 übernahm diesen Bau die Rudolph Karstadt AG, während Horten in Duisburg ein anderes Warenhaus errichtete, das einen der interessantesten Geschäftsbauten der Nachkriegszeit darstellte und unter dem Namen »Merkur« firmierte. Charakteristisch sollte seine oft verschmähte, aber künstlerisch höchst anspruchsvolle wie gleichzeitig praktische Vorhangfassade werden. Sie kleidete, einem feingewobenen Kettenhemd vergleichbar, das Warenhaus ein und verdeckte Einrichtungen der technischen Infrastruktur wie zum Beispiel Lüftungsrohre, Ventilatoren und Reinigungsbühnen. Außerdem gelangten durch die Maschen des Kettenhemdes und die ebenfalls dahinter liegenden Fensterbänder, deren Scheiben geöffnet werden konnten, Tageslicht und »Frischluft« in Verkaufsräume und Büros.

Auf Duisburg folgten einige kleinere Zweigniederlassungen in zentralen Orten am Niederrhein. Horten faßte unter dem Namen Merkur seine Warenhäuser zu einer Gruppe zusammen, zu der sich auch traditionelle Horten-Standorte gesellten. 1954 kaufte Horten dem 1932 aus Deutschland nach Amerika ausgewanderten Unternehmer Jakob Michael, der an mehreren Firmen beteiligt war, die Kette der »Defaka«-Kaufhäuser ab.

Die Firma »Deutsche Familien-Kaufhaus GmbH« betrieb zum Teil recht große, auf Textilien, Ausstattung und Möbel spezialisierte Warenhäuser. Sie war 1924 gegründet worden. Zu ihr gehörte auch eine eigene Herrenkleiderfabrik in Stettin. Infolge des Krieges verlor die Defaka-GmbH außer dieser Fabrik fünf Filialen in Gebieten, die nun polnisch oder russisch waren, sowie sechs Warenhäuser in Ostberlin. Auch die Defaka-Gruppe war also nach dem Krieg nur noch in westdeutschen Städten vertreten: in Kiel, Hamburg, Bremen, Hannover, Münster, Dortmund, Essen, Düsseldorf, Köln, Frankfurt und Mannheim. Zu ihren Kunden zählten nicht zuletzt Beamte und Angestellte, denen die Defaka besonders günstige Teilzahlungsbedingungen bot. Da die Beamten und Angestellten für eine penible Rückzahlung der ihnen gewährten Kredite bekannt waren, konnte Helmut Horten fest mit den zum Zeitpunkt der Übernahme auf dem Defaka-Konto noch ausstehenden Rückzahlungen von 50 Millionen DM rechnen.

Mit Hilfe des Bankiers Hermann Josef Abs gelang Helmut Horten die Gründung einer eigenen »Defaka-Kreditbank GmbH«. Abs kannte die Warenhausszene bestens, schon aus den dreißiger Jahren, als er auf der Seite der deutschen Banken mit den erzwungenen Arisierungs- und Sanierungsverhandlungen der Warenhauskonzerne Karstadt, Hermann und Leonhard Tietz beschäftigt war. Horten ließ die verbliebenen Defaka-Filialen wieder instand setzen, weitere Standorte kamen hinzu: Krefeld, Duisburg, Wuppertal, Hagen, Wiesbaden, Heidelberg, Stuttgart, Oberhausen und Berlin.

Unter dem Dach der Helmut Horten GmbH ergänzten schließlich Ende der fünfziger Jahre 22 Defaka-Kaufhäuser das Netz der ebenfalls 22 Merkur-Filialen. Zum Konzern gehörten damals 21 000 Beschäftigte. Die Defaka-Filialen führten ein gediegenes Sortiment für die bevorzugte Zielgruppe der Mittelschicht, zu der Beamte und Angestellte, die traditionelle Defaka-Klientel, gehörten, während das Merkur-Sortiment stärker auf die Bedürfnisse der Arbeiterschaft zugeschnitten war. Beide Konzepte ließen sich nicht ohne Reibungsverluste vereinigen. Also entwickelte Horten einen neuen Warenhaustyp mit Lebensmittelsupermarkt. Helmut Horten und einige seiner leitenden Mitarbeiter bereisten die bekanntesten Warenhäuser der Welt, nicht zuletzt in den USA und in Frankreich, in Skandinavien und in der Schweiz, um Anregungen für die Kreation eines neuen Warenhaustyps zu bekommen.

Unter dem Namen Horten tastete sich der Konzern in Heidelberg, Wuppertal, Aachen und Münster zu neuen Ufern vor, ehe er 1963 im Kieler Defaka-Zweiggeschäft zum ersten Mal eine ganze Abteilung eines seiner Warenhäuser wie ein gehobenes Fachgeschäft ausrüstete und »der Herrenausstatter« taufte. Dort konnte sich der qualitätsbewußte Kunde von Kopf bis Fuß neu einkleiden und unter anderem auch die passenden Manschettenknöpfe kaufen. Entsprechend gediegen-elegant wirkte das Ambiente: Schleiflack statt billiger Kunststoffe für die Regale, dezente Deckenstrahler statt der kalten Neonröhren, angenehm weiche Teppichbeläge statt harter Linoleum-Fußböden. Horten versuchte, die Strategie des »Warenhauses mit Fachgeschäftscharakter« an immer mehr Standorten zu verwirklichen. Das ganze Konzept sollte ein einheitliches Erscheinungsbild nach außen abrunden, und so war es nur logisch, daß nach und nach die Firmenzeichen »Defaka« und »Merkur« verschwanden und durch »Horten« ersetzt wurden. Jedes Wabenelement der berühmten Horten-Vorhangfassade stellte ein stilisiertes H für »Horten« dar.

1969 wandelte Helmut Horten den Konzern in eine Aktiengesellschaft um und schied schließlich ganz aus dem Unternehmen aus, das er an ein Konsortium von Investoren verkaufte, zu dem die Deutsche Bank und die Commerzbank gehörten. 1972 zog er in ein Dorf im Tessin, um dort, im schweizerischen Paradies der Steuerflüchtlinge, ein ungestörtes Pensionistenleben genießen zu können. 1977 bekam die letzte Defaka-Filiale seinen Namen, und 1985 ereilte in Augsburg die als einzige übrig gebliebene Merkur-Filiale dasselbe Schicksal. Horten hatte in der bayerischen Stadt die alte, noch auf Salman Schocken zurückgehende Kaufstätte, rund-

Das Duisburger Merkur-Warenhaus – Reinkultur der fünfziger Jahre

um »im Stil eines echten Großstadt-Warenhauses« erneuert, wie in der erwähnten Horten-Festschrift nachzulesen ist.

Zum fünfzigjährigen Jubiläum der Firma Horten im Jahre 1986, als Horten mit einem Netz von 58 Filialen zwischen Kiel und Kempten, zwischen Regensburg und Recklinghausen hinter Karstadt, Kaufhof und Hertie Rang vier unter den westdeutschen Warenhauskonzernen belegte, waren also die leibhaftigen Spuren der Erinnerung an die Zeit der Verlierer und Gewinner getilgt, man konnte ungeniert feiern, auch wenn sich am Konjunkturhimmel dunkle Wolken über den Kaufschlössern in den Innenstädten zusammenzogen. Helmut Horten hatte sein Schäfchen ins Trockene gebracht. Er mußte sich den Vorwurf gefallen lassen, er habe durch die Bestechung von Bundestagsabgeordneten den Sturz von Bundeskanzler Willy Brandt durch ein Mißtrauensvotum erreichen wollen. F. C. Delius verfaßte eine »Moritat auf Helmut Hortens Angst und Ende«, gegen deren Veröffentlichung Helmut Horten ohne Erfolg prozessierte. In dem langen Gedicht ist von dem »Kaufhauskönig« die Rede, den eine böse Schlange gebissen habe. »Da liegt er jetzt im Garten seiner Villa im Tessin« und ist tot, schreibt Delius. Schon zu Lebzeiten ließ sich der 1987 verstorbene Helmut Horten ein Mausoleum bauen. Er hatte keine Kinder und liebte exotische Tiere und wurde nach Ansicht des Dichters von panischen Ängsten geplagt.[141]

149

Warenhauskritik

Die Kritik an den Warenhäusern ist so alt wie die Warenhäuser selbst. Über Jahrzehnte war ihr treibender Motor der offene oder latente Vorwurf, Warenhäuser seien unmoralische Einrichtungen, die sich mit unlauteren Mitteln Vorteile erschleichen, um den kleinen Kaufleuten den Garaus zu machen. Die Nazis haben diesen Vorwurf auf die niederträchtigste Art und Weise ins Wörtliche gewendet. Rudolf Lenz zitiert in seinem Buch über den Karstadt-Konzern den »Völkischen Beobachter« vom 13. Juli 1928: »Neben der schlechten Bezahlung und erniedrigenden Behandlung sind gerade in den Warenhäusern die Mädchen oft Opfer jüdischer Wüstlinge. Jede Beförderung, jede Lohnzulage muß dann durch entsprechende ›Liebe‹ beim zuständigen Abteilungschef bezahlt werden. Nach einer Statistik leiden 50 von 100 der Warenhausmädchen an Geschlechtskrankheiten.«[142]

Selbst wenn man derart extremistische Positionen beiseite läßt und unabhängig davon einige Hauptlinien der Warenhauskritik nachvollzieht, fällt es schwer, in das hohe Lied vom braven Mittelstand (im Handel) einzustimmen. Aufgeregt haben sich die kleinen Detaillisten in den Gründungsjahrzehnten der Warenhäuser über den ungeheuerlichen Werbeaufwand und eine bombastische Aufmachung, die Kunden angeblich über den wahren Wert der in den Warenhäusern oft sensationell preiswert angebotenen Waren täuschten und sie so zum Kauf verführten.

Diese Kritik setzt Wahrheit und Moral gleich. Als deutlichen Hinweis auf die Richtigkeit dieser Einschätzung führen die Kritiker den Ladendiebstahl an, der sich erst in den Warenhäusern zu einem ernstzunehmenden Problem ausgewachsen habe. 1893 zählte das Bon Marché 662 Diebstahlsdelikte. Im Durchschnitt wurden demnach jeden Tag fast zwei Fälle registriert, im Louvre-Warenhaus belief sich die entsprechende Zahl auf 467. Geht man davon aus, daß ein großes Warenhaus wie das Bon Marché auf eine Verkaufsfläche von mindestens 100 kleiner Läden kam, und rechnet man die Zahl der erfaßten Diebstähle auf 100 solch kleiner Läden um, dann würde in jedem dieser kleinen Läden nur alle 55 Tage ein Diebstahl entdeckt (356:6,62). Die Dunkelziffer lag in großen wie kleinen Läden tatsächlich erheblich höher.

Die Warenhäuser stellten Inspektoren ein, die sowohl das Verkaufspersonal als auch die Kunden überwachten.

Das Bon Marché ging dazu über, für die Anzeige von Diebstählen an Mitarbeiter Prämien zu bezahlen und durch zusätzliche freie Tage die Denunziation von Kolleginnen und Kollegen schmackhaft zu machen. Es gab professionelle Diebe, die mit Innentaschen an Kleidungsstücken arbeiteten, die gestohlene Ware auf der Haut trugen oder es verstanden, durch einen inszenierten Krach Verkaufspersonal abzulenken, aber auch Gelegenheitsdiebe. Die Beobachter und Kritiker der Warenhäuser irritierte, daß nicht wenige wohlhabende Frauen, die es eigentlich gar nicht nötig hatten zu stehlen, als Diebinnen ertappt wurden. Kleptomanie, also der »Stehltrieb ohne Bereicherungsabsicht« wurde als Krankheit erkannt und mit Sucht, libidinösem Verlangen und mit der Sexualität in Verbindung gebracht, bis hin zur Vermutung, Frauen würden aufgrund ihres Geschlechts eher zu moralischer Labilität neigen und deshalb den Lockungen des Warenhauses erliegen.[143] Dieses Erklärungsmodell bot die Chance, die Täter, also die Diebe und Diebinnen, zu entschuldigen und die Opfer, also die Warenhäuser, deren Strategie angeblich genau auf die psychische Konstitution ihrer Kundschaft abzielte, zu beschuldigen, das heißt: die Opfer-Täter-Problematik umzudrehen. Geifernde Kritiker der Warenhäuser scheuten sich nicht, den Konsumenten das Gespenst einer total verderbten Branche vor Augen zu führen.

1843 mußte sich das französische Parlament auf eine Initiative der Lobbyisten der kleinen Einzelhändler mit den drohenden Gefahren befassen, die nach ihrer Ansicht von den »magasins de nouveautés«, den modebetonten Kaufhäusern, und ihren Nachfolgern, den »grands magasins« ausging. Deshalb wurde den so beschuldigten Betrieben 1850 eine zusätzliche Besteuerung ab dem sechsten Beschäftigten auferlegt. Diese Sonderbesteuerung konnte die Entwicklung der Warenhäuser nicht bremsen, geschweige denn stoppen. Außerdem brachte sie auch manchen Einzelhändler, der sein Geschäft ausbauen wollte, ohne gleich daraus ein Warenhaus zu machen, in Schwierigkeiten. Ständig kamen neue Varianten der Sonderbesteuerung der französischen Warenhäuser ins Gespräch, die sich dann erneut als kaum wirksam erwiesen, wollte man Warenhäuser nicht grundsätzlich verbieten.

Bald zeichnete sich ab, daß gesetzliche und steuerrechtliche Regelungen versagten. Deshalb nahmen Einzelhändler die Angelegenheit selber in die Hände und gründeten 1888 die »Ligue pour la défense du travail, de l'industrie et du commerce« (Liga für die Verteidigung der Arbeit, der Industrie und des Handels). Sie war in erster Linie ein Kampfbund der kleinen Ladenbesitzer gegen die als »Monopolisten« verschrieenen Warenhäuser. Zur Liga gehörten auch vereinzelte Unternehmer, die als Lieferanten der Warenhäuser ausgeschieden waren, weil sie deren Preisvorstellungen und Lieferbedingungen nicht entsprechen konnten oder wollten. Das Organ der Liga hieß »La Revendication«, was man am besten im doppelten Sinn von Widerruf oder Rückeroberung übersetzt. »La Revendication« pflegte nämlich einen sehr rüden, aggressiven Ton und wiederholte ständig, die Warenhausunternehmer hätten einen neuen Feudalismus geschaffen, hinter dem ausländisches Kapital stecke, und sie seien nur darauf aus, die unabhängigen Einzelhändler und deren Familien zu zerstören. Besonders erzürnt reagierte die Liga, als Warenhausunternehmen wie die »Grands Magasins du Louvre« auch damit anfingen, Wein und Kolonialwaren zu vertreiben und damit in eine Domäne der kleinen Einzelhändler einbrachen. Sie untermauerten ihre Kritik mit Hinweisen auf die Arbeitsbedingungen in den Warenhäusern, wo die Verkäuferinnen und Verkäufer nur noch Nummern seien und nicht mehr wie Töchter und Söhne der Patrons angenommen würden. Ein besonderer Dorn im Auge war den kleinen Kaufleuten die von den Warenhäusern den Kunden gebotene Möglichkeit, einen ganzen Tag ohne Kaufzwang durch Warenhäuser zu bummeln und dort sogar speisen zu können. So vergeude man nützliche Zeit, zerstöre das Zusammengehörigkeitsgefühl in den Familien, die Mütter würden die Erziehung der Kinder vernachlässigen und die Ehemänner sich hoffnungslos verschulden, weil ihre Frauen das Geld in den Warenhäusern ließen.

Noch 1888 bildete sich eine Sektion der Liga in Versailles, in den drauffolgenden Jahren entstanden regionale Liga-Gruppen in Rouen, Dijon und Nancy. An einem Kongreß der Liga nahmen 1895 Delegierte aus über 40 französischen Städten teil. Die Mitgliederzahl schnellte von 6000 im Jahre 1888 auf 180000 im Jahre 1896 hoch, sank dann bis 1911 auf 9000. Trotz ihres kämpferischen Gehabes konnte die Liga der kleinen Einzelhändler nichts gegen die großen Warenhäuser ausrichten, zumal sich die Kunden eindeutig für die Warenhäuser entschieden. Die Liga versammelte die Ewiggestrigen unter den Einzelhänd-

lern, die mit glasigen Augen von der guten alten Zeit schwärmten.

Als Verband war die Liga zu behäbig und zu diffus in ihrer Zusammensetzung, um die Interessen der in ihr zusammengeschlossenen Kaufleute effektiv zu vertreten. Deshalb kehrten ihr viele Mitglieder den Rücken. Nicht wenige wechselten über zur »Fédération des Groupes commerciaux et industriels de France« (Föderation französischer Handels- und Industrieorganisationen). Sie sprach 1911 für rund 80000 Mitglieder und konnte sich im Parlament auf Abgeordnete stützen, die sehr energisch die Interessen der Föderation vertraten. 1895 schlug ein Deputierter vor, die damals größten Pariser Warenhäuser »Au Bon Marché« und »Grands Magasins du Louvre« so hoch zu besteuern, daß der ganze Netto-Gewinn aufgezehrt worden wäre. 1898 plädierte die Abgeordnetenkammer für eine Warenhaus-Supersteuer, was jedoch der Senat verwarf.

Auch wenn die gegen die Warenhäuser gerichtete Politik in Frankreich nie so hart durchgesetzt werden konnte, wie ihre Propagandisten forderten, hinterließ sie doch deutliche Spuren bei den betroffenen Warenhäusern. Das Bon Marché suchte sich durch politisch motivierte Wohltaten die Zuneigung der Regierenden zu sichern. So beschloß die Generalversammlung des Bon Marché die Gründung einer Niederlassung in Abessinien, um dort den französischen Einfluß, der von Italien als neuer Kolonialmacht bedroht wurde, zu sichern. In dieser Weise demonstrativ waren einige unmißverständliche Gesten des Bon Marché nach dem deutsch-französischen Krieg (1870/71), der mit einer so schmachvoll empfundenen Niederlage für Frankreich endete. Das Bon Marché ließ Milch in jenen Pariser Vierteln verteilen, wo die Folgen des Krieges die herrschende Armut noch verschärften; es umschmeichelte die Gegner Deutschlands, indem es in England ein Verteilzentrum für Lebensmittel errichtete und 1893 finanziell die Gestaltung der Zeremonien anläßlich eines offiziellen Besuches russischer Marinesoldaten in Paris unterstützte. Das Bon Marché präsentierte sich aus diesem Anlaß entsprechend dekoriert.

Die Botschaft kam an – und die notorischen Kritiker der Warenhäuser mußten klein beigeben. Denn es fanden sich ja auch enthusiastische Bewunderer der neuen Konsumtempel. Aber sie hatten es in allen europäischen Ländern schwer, sich gegen das Geschrei der erklärten Warenhausfeinde durchzusetzen. »Eine Ausgeburt schmutziger Gewinnsucht« nannte der Sekretär des ersten Schweizerischen Detaillistenverbandes um die Jahrundertwende die Warenhäuser und forderte Schutzmaßnahmen für den Mittelstand, in dem er den »gesunden Kern des Bürgertums« erkannte. In einem Punkt allerdings ließ die gegen die Warenhäuser gerichtete Propaganda damals eine neue Qualität erkennen. In sie schalteten sich auch Antisemiten wie Éduard Drumont ein. Sie denunzierten die Warenhäuser als Ausgeburt des verschworenen Weltjudentums und schlossen damit zu offen antisemitischen Gegnern der Warenhäuser in Deutschland auf.

In der »Pfingst-Nummer 1904« (Auflage 10 000) veröffentlichte der Hamburger »Schutzverein zur Bekämpfung der Warenhäuser« eine »Aufklärungschrift« zu dem Thema: »Warum ist es unverständig und unrecht im Warenhause zu kaufen?« Die aufklärungswilligen Einzelhändler, die sich im Anhang der mehrseitigen Broschüre per Anzeigen der Kundschaft empfahlen, fanden eine Antwort auf ihre Frage: »Unrecht begeht die Frau, welche in die Warenhäuser hineinläuft, durch den verhältnismäßig vielfach zu teuren Einkauf ihrer Familie ihren Kindern gegenüber, weil sie ihre Gelder, die meistens von dem Manne unter sauren Anstrengungen erworben werden mußten, leichtsinnig und gedankenlos verschwendet.« Der Hamburger »Schutzverein zur Bekämpfung der Warenhäuser« warf diesen vor, sie würden mit Sonderangeboten »unter Einkaufspreis« die Kunden anziehen. »Kommen nun, angelockt durch diese Dinge, die Käufer in großen Massen dahin, so sind die Lockartikel entweder gerade ausverkauft oder schwer aus dem Schaufenster herauszubekommen und was dergleichen Ausreden mehr sind.« Die Warenhäuser würden treugläubige Kunden raffiniert täuschen. Um diesen Vorwurf zu erhärten, führte der Schutzverein teilweise recht fadenscheinige, weil auf einer unvergleichbaren Basis beruhende Beispiele ins Feld: »Der Kaufmann Franz Hufnagel in München hatte Anfang November 1893 in seinem Schaufenster eine Waage aufgehängt, in deren Schalen sich Wolle befand. Die eine der beiden Waagschalen, die den Vermerk trug ›10 Lot Wolle von mir‹ war die schwerere, die andere mit dem Vermerk ›10 Gebinde Wolle von Tietz‹ war die leichtere und wurde von ersterer in die Höhe gezogen. Über der Waage hing ein Plakat mit der Aufschrift: ›Deutsches Wollgewicht: 10 Lot Wolle = 100 Gramm; 10 Gebinde Wolle = 65 Gramm, demnach Schwindelgewicht 35 Gramm; Betrug‹.«

Die Kritik richtete sich auch dagegen, daß die Warenhäuser im Ausland einkauften und die heimische Industrie und Landwirtschaft angeblich nicht in ausreichendem Maße berücksichtigten. Der Vorwurf ging natürlich nicht zuletzt an die Adresse der jüdischen Warenhausunternehmer, denen eh unterstellt wurde, kein Vaterland zu haben. Standesvertreter der Bauern beschwerten sich, daß die Warenhäuser Eier und Geflügel aus dem Ausland bezogen. 1932 nahm das KaDeWe in einem Buch, das als Werbegeschenk an Geschäftspartner verteilt wurde, dazu Stellung: »Es ist ein Verdienst der Warenhäuser, russische und chinesische Eier und gefrorenes russisches Geflügel in Deutschland eingeführt zu haben. Ein Verdienst deshalb, weil insbesondere die Auslandseier nicht etwa den Konsum an deutschen Eiern vermindert haben, sondern weil sie es weiteren Volksschichten, die das deutsche Ei noch nicht bezahlen können, ermöglichten, billige Eier zu beziehen, und sie dadurch überhaupt erst in die Lage versetzten, ihre Nahrung durch Eierzusatz zu verbessern. Diejenigen Volksschichten, die heute die billigen Auslandseier kaufen, weil sie andere nicht bezahlen können, werden bei Besserung der Konjunktur oder bei Steigerungsmöglichkeit für die Lebenshaltung der einzelnen Familien Bezieher für deutsche Eier werden. Das Ausland erst hat die deutschen ›Farmer‹ dazu erzogen, Eier in rationeller Produktion an den Markt zu bringen. Dadurch wurde erreicht, daß die inländischen Eier das Auslandsei zu verdrängen beginnen. Alles ein volkswirtschaftliches Verdienst der Warenhäuser.«[144]

Diese innovative Kraft der Warenhäuser beäugten die Krämer und Besitzer der kleinen »Tante-Emma-Läden« immer schon mißtrauisch. Wohl erst in den siebziger Jahren erschöpfte sie sich zusehends. In Ost- wie in Westdeutschland konnten die Warenhäuser in den Boomjahren der Nachkriegszeit immer wieder ihren Führungsanspruch in der Szenerie des Einzelhandels unter Beweis stellen. Sie standen damals aus verschiedenen Gründen an der Spitze der Entwicklung der Branche. Im Februar 1962 fing Gerda Braun als Verkäuferin in der Lebensmittelabteilung im Basement eines Warenhauses in der Innenstadt Ludwigshafens an. Der Supermarkt mit den prall gefüllten Regalen zur Selbstbedienung und der Phalanx der Kassen war eine Attraktion in der stark von der Arbeiterschaft der in Ludwigshafen ansässigen Chemieindustrie geprägten Stadt. Er war Vorläufer der Supermärkte auf der Grünen Wiese, die sich später auch im Umland Ludwigshafens und seiner Nachbarstadt Mannheim zu den bekannten großflächigen Einkaufszentren auswuchsen, die den Warenhäusern die Schau stahlen. »Als der Supermarkt in unserem Warenhaus eröffnet wurde, gab es diese großen Märkte am Rande der Stadt noch gar nicht«, erinnert sich Gerda Braun, die 1983 in Rente ging. »Die Supermärkte in Warenhäusern waren die erste Zusammenfasssung von Tante-Emma-Läden, die erste größere Zusammenfassung von Lebensmitteln in einem Raum. Man hatte ja sonst kaum Fleisch und Wurst, Obst, Gemüse und anderes in einem Geschäft zusammen. Ebenso haben die Warenhäuser sogenannte Spezialsortimente mit übernommen. Wenn man irgendwelche Spezialitäten haben wollte, ging man in eines der Warenhäuser.

»Akademische Buchhandlung« bei Stockmann in Helsinki

Chinakost zum Beispiel, die führte man in den kleinen Läden gar nicht. Man hatte früher zwar kleine Spezialgeschäfte, aber die gingen dann fast alle ein. Ich kann mich noch gut erinnern, als bei uns Kiwi eingeführt wurden; da kam dann immer die Frage: ›Was ist denn das, sind das Kartoffeln?‹ Da wurden die Kiwis von allen Seiten betrachtet und heute kann man sie an jeder Straßenecke bekommen.«

An der Markteinführung »exotischer« Früchte waren die Warenhäuser stark beteiligt. Oskar Tietz orderte waggonweise Orangen für sein erstes großes Warenhaus in München, um sie zu schier unvorstellbar niedrigen Preisen zu verkaufen. Südfrüchte blieben nicht mehr Luxusgüter, die sich nur die Reichen leisten konnten. Auch Konservengemüse hätte ohne die Warenhäuser (und Konsumgenossenschaften) nicht so schnell zum »Volksnahrungsmittel« werden können, meinte Paul Göhre schon 1907. Übrigens dürfen sich die Warenhäuser den »Siegeszug« der Grillhähnchen in den Sechzigern auf ihre Fahnen heften. Ihre logistische und organisatorische Brillanz prädestinierte sie außerdem dazu, Vorkämpfer der Selbstbedienung zu sein. Wertheim begann damit bereits kurz nach der Jahrhundertwende. In den Erfrischungsräumen sei, nicht zuletzt um den traditionellen Restaurationscharakter und damit den geifernden Neidern der Warenhäuser, die sich zahlreich auch unter den Gastronomen fanden, keinen Vorwand zu bieten, die Selbstbedienung der Gäste Grundsatz, notierte Paul Göhre und fügte ergänzend an, dadurch entstehe »der sanitär nicht geringe Vorteil größerer Appetitlichkeit« – und die leidige Trinkgeldplage erledige sich von alleine.[145]

Der erfinderische Oskar Tietz diente den Einzelhändlern, die sich in ihrer beruflichen Existenz bedroht sahen, als bevorzugte Zielscheibe der Kritik. Verdankte nicht gerade er wie kein zweiter seiner Kollegen den geschäftlichen Erfolg angeblich zweifelhaften Methoden? Oskar Tietz kaufte in großem Stil Artikel zweiter Wahl auf, Ware, die kleine Fehler hatte, und verkaufte sie zum Schaden der Einzelhändler, die nur Artikel erster Wahl führten, zu äußerst günstigen Preisen. Aber auf diese Weise konnten sich auch Familien mit durchschnittlichem Einkommen Luxusartikel wie zum Beispiel Porzellanservice leisten. Spitzen aus französischen und belgischen Städten wie Lille oder Valenciennes, Brüssel oder Mechelen, die wegen ihrer Muster und Feinheit berühmt waren, blieben über Jahrhunderte nur für vermögende Frauen erschwinglich. Jetzt konnten sich sogar Frauen aus dem Kleinbürgertum diesen Spitzengenuß leisten. Sie verzierten damit beispielsweise Mieder, Röcke, Mäntel und andere Kleidungsstücke, Taschentücher, Halstücher, Bettbezüge und Vorhänge. Das Spitzen-Fieber schien ausgebrochen. Oskar Tietz unterstützte die Bemühungen der aufstrebenden Spitzen-Industrie in der vogtländischen Stadt Plauen, wo einzelne Unternehmen an der Entwicklung der »chemischen« Spitze arbeiteten. Das Grundprinzip beruhte darauf, daß die Maschine auf eine Wollschablone ein Muster aus Baumwolle stickte. Anschließend wurde die Wolle weggeätzt. Diese Herstellungsart, die nach Experimenten im Frühjahr 1882 einsatzreif war, bedeutete eine wesentliche Rationalisierung in der Spitzenfertigung und hatte eine bis dahin kaum vorstellbare Kostensenkung zur Folge, was auch Oskar Tietz nutzte. Er bestellte bei einem Flechtmeister in Liechtenstein Brot-, Näh- und Einkaufskörbe und ließ sie mit Spitzendeckchen auslegen. Sie fanden reißenden Absatz, waren ein Verkaufsschlager. Später kamen Wäsche- und Reisekörbe dazu. Da er die Flechtware auch im Auftrag seines Bruders Leonhard einkaufte, wurden so hohe Stückzahlen erreicht, daß sie in den Tietz-Warenhäusern zu einem Verkaufspreis angeboten werden konnte, der nicht höher lag als der Einkaufspreis der Konkurrenz.

Auf diese Weise wurden Luxusgüter zu massenhaften Gebrauchsgütern, zu Massenware. Imitate kamen in Mode. Sie sahen den handwerklich oder halbmaschinell gefertigten Originalen täuschend ähnlich, oft jedoch nur auf den ersten Blick, wie schon Gustav Stresemann, der spätere Reichskanzler und Außenminister der Weimarer Republik, unterstellte. In einem 1900 veröffentlichten Zeitschriftenartikel beurteilt Stresemann Warenhäuser vom volkswirtschaftlichen Standpunkt aus insgesamt recht positiv und nimmt sie gegen Angriffe von Seiten des Kleinhandels in Schutz. Stresemann begrüßt auch die Entwicklung der Grands magasins in Frankreich, »weil in ihr der Hang zum Luxus und zur Eleganz demokratisiert wurde«, fügt dann jedoch hinzu: »Da aber Luxus und Eleganz nicht ohne große Mittel sich entfalten lassen, so mußte man Zuflucht nehmen zur Talmi-Eleganz, welche die äußere Form nachahmt oder erreicht, ohne jedoch den inneren Gehalt zu bewahren.«[146] Laut Duden-Fremdwörterbuch stammt die Vorsilbe »Talmi« aus dem Österreichischen und be-

deutet: »etwas, was keinen besonderen Wert hat, nicht echt ist«[147].

Der inhaltlich verwandte Begriff »Ramsch« spielt in der diffamierenden antisemitischen Warenhauskritik eine große Rolle. Ramsch bedeutet »wertloses Zeug, minderwertige Ware«.[148] In der Ausgabe vom 8. Oktober 1927 begegnet das NS-Organ »Der Stürmer« prophylaktisch dem Einwand, Karstadt und Woolworth seien ja gar keine jüdischen Unternehmen: »Ramsch bleibt Ramsch, ob ihn Tietz oder Karstadt oder Woolworth, der eine oder der andere Jude anbietet.« Vor allem in Österreich war statt von Ramsch auch von »Pofelware« die Rede. Der lupenreine Antisemit Buchner verunglimpfte in seiner Kampfschrift »Warenhaus und Nationalsozialismus« die jüdischen Warenhausunternehmer Tietz, Wronker, Joske und Ury als »Talmiköpfe« – und sagte damit gleichzeitig »Talmudköpfe«. Buchner läßt keinen Zweifel daran, wie er die Zusammenhänge sieht: »Sie haben in wenigen Jahrzehnten verstanden, durch ein sorgsam vertarntes Ramschsystem reich zu werden, den ehrlichen Kaufmann mit Schleuderpreisen zu schlagen, Handwerk und Gewerbe im weiten Umkreis an die Wand zu drücken, eine Inflation von Stapel- und Kellerwaren ins Werk zu setzen, die der breiten Masse durch schlau garnierte Vorspiegelung falscher Tatsachen oft die letzten Notpfennige aus der Tasche holt. Da stehen in den Großstädten die Prunkpaläste des halbwegs seßhaft gewordenen Hausierergeistes, die ebenso wie der Wanderjude in seinem Trödelkasten einen bunten, mit Kaufreiz spekulierenden Krimskrams enthalten. Dutzende von Zentralstellen legen ein Netz von hunderten Filialen über das flache Land; überall feiert die Verführung zum Kauf überflüssiger, minderwertiger oder wertloser Sachen wahre Orgien.«[149] Sarkastisch zieht Buchner über die »Scharen von Schau- und Kauflustigen« und über die »Asphaltproleten« her, die sich nach seiner Ansicht das wenige Geld, das ihnen für Einkäufe zur Verfügung steht, aus der Tasche ziehen lassen. Wie viele seiner Parteigenossen offenbart der Nationalsozialist Hans Buchner, der als Gauwirtschaftsberater für Oberbayern Karriere machte, eine tiefe Verachtung des kleinen Mannes, also der Arbeiter und Angestellten mit schmalem Geldbeutel, der nach seiner Ansicht nicht zwischen echt und unecht unterscheiden kann. Geradezu zynisch fordert Buchner, man solle »dem guten deutschen Michel hinter dem Ofen« gleichsam zur Abschreckung die »Mustertypen« der jüdischen Warenhausunternehmen vorführen. Nur dumme Leute würden auf die Reklame der Warenhäuser hereinfallen. »Denn als eine anständige und ehrliche Reklame kann man das, was einem hier an jüdischer Dreistigkeit und Frechheit geboten wird, nicht mehr bezeichnen – das ist vielmehr echtes orientalisches Marktschreiertum, eine moderne Aufmachung des alten Trödlertums, des jüdischen Anreißers«, befand zur selben Zeit, als Buchners Propagandaschrift erschien, die Zeitung »Westdeutscher Beobachter«.[150]

In der bayerischen Provinzstadt Coburg waren die nationalsozialistischen Christen bereits 1929 stark genug, im Stadtrat eine örtliche Warenhaussteuer durchzusetzen. Später brüsteten sie sich damit, daß Coburg allen deutschen Städten mit leuchtendem Beispiel vorangegangen sei. Noch entrüstete sich das »Coburger Volksblatt« in einem Artikel vom 23. Dezember 1929 über die »Schande«, die einige Nazirabauken über die Stadt brachten, weil sie in einer Nacht vor Weihnachten einen erleuchteten Christbaum vom Dach des Coburger Kaufhauses des Conitzer-Konzerns herunterrissen. »Merkwürdig nur, daß sich solche Schandtaten, totzdem sie doch gewisse Zeit beanspruchen, immer vollständig von der Polizei unbemerkt abspielen können«, schreibt der Berichterstatter der Zeitung.

Der haßerfüllte Kampf gegen die Warenhäuser in Deutschland war vor allem antisemitisch begründet, aber er hat auch andere Wurzeln, die weit in die Zeit vor der »Machtergreifung« der Nazis zurückreichen. Die ständische Gliederung der deutschen Gesellschaft blieb auch in den Jahren des Kaiserreiches (1871–1918) bestehen. Der Geburts- und Geldadel, der sich im Umkreis des Kaisers bewegte, wahrte bei aller pittoresken Volkstümlichkeit den Abstand zum einfachen Volk und seinen politischen Führern. Argwöhnisch wurde jede Entwicklung beobachtet, die einer Nivellierung der Standesunterschiede und einem Abbau von Privilegien möglicherweise Vorschub leisten konnte. In diesem Lichte mußten Warenhäuser, die ja die Masse umschmeichelten und nicht den Herrn Grafen und seine Gattin, als tendenziell demokratische, das heißt revolutionäre Einrichtungen erscheinen, zumal sie durch die Auszeichnung der Waren mit vorher kalkulierten Fest-

preisen ganz offen zu erkennen gaben, daß für sie Herkunft und Amt keine Rolle mehr spielen sollten. Alle Menschen sind als Kunden gleich, lautete die Botschaft. Die cleveren und innovativen Kaufleute sahen ein, daß eine Stärkung der Massenkaufkraft durch eine bessere Entlohnung der Arbeiter und Angestellten in Industrie und Verwaltung in ihrem Interesse lag. Sie schuf nämlich die Voraussetzung dafür, daß selbst Arbeiterfamilien nicht mehr immer nur von der Hand in den Mund leben mußten, sondern auch Geld zurücklegen konnten für »Luxus«-Anschaffungen.

Große Warenhäuser führten in ihren Sortimenten außer schön gemusterten Teppichen am »Fließband« kunsthandwerklicher Betriebe produzierte Bilder, die dann die gute Stube zierten oder im Elternschlafzimmer über dem Ehebett hingen. Nicht selten verbanden die Warenhäuser damit auch einen Bildungsanspruch, indem sie von Whiteleys bis Schocken beispielsweise Serien besonders preiswerter Bücher auflegten, Leihbibliotheken einrichteten und so im Idealfall Literatur unter die Leute brachten. 1932 zählten die in der Leihbibliothek des KaDeWe beschäftigten Mitarbeiter rund 6 000 Abonnenten, die aus einem Bestand von etwa 60 000 Büchern auswählen konnten. Die dem Warenhaus Stockmann in Helsinki angeschlossene »Akademische Buchhandlung« ist eine der größten und vielsprachigsten in Europa.

War es nicht derselbe Prozeß, der von der Spitzen-Handwerkskunst zur chemischen Spitze führte wie der von der akademischen Kunst zum Kunsthandwerk, fragten demonstrativ heimatduselnde Nationalisten und Antisemiten. Gute, ehrliche Qualität, die sich in ihrer Entstehung bis in die Handwerkerstube nachvollziehen ließ, sollten demnach nur nicht-jüdische, in Deutschland hieß das: arische Firmen bieten können. Die internationale Verflechtung des heimatlosen Judentums würde dagegen die Verbindung zwischen Produzent und Händler vernebeln. Ein chinesisches Teeservice mußte nicht mehr in China gefertigt sein. Die nach Auffassung christlicher Antisemiten mit allen Wassern der Täuschung gewaschenen Juden machten es angeblich der nur mäßig versierten breiten Masse der Konsumenten zusehends schwer, zwischen Original und Fälschung zu unterscheiden.

Warenhäuser in Österreich

Die Warenhausidee enthielt einen umstürzlerischen, revolutionären Kern. Deshalb sträubte sich zum Beispiel das kaisertreue Wien dagegen, daß sie in der Hauptstadt der K.u.K.-Monarchie Fuß fassen konnte. Tatsächlich kam Wien, verglichen mit anderen Metropolen wie Paris und London, verhältnismäßig spät zu seinen Warenhäusern. Zwar hatte der aus dem österreichischen Odrau in Schlesien nach Wien zugewanderte August Herzmansky dort bereits 1863 »den festen Preis für jedermann« eingeführt und damit die Zeit »des Abhandelns« beendet, wie es auf einer Gedenktafel des Warenhauses Herzmansky heißt. Aber es entwickelte sich aus kleinen Anfängen zuerst nicht zu einem Vollsortiment-Warenhaus. Bis 1897, als ein großartiger Neubau in der Mariahilferstraße bezogen werden konnte und damit die Voraussetzungen für eine Sortimentserweiterung bestanden, galt Herzmansky als größtes Textil-Kaufhaus in der Donaumonarchie.

An der etwas altväterischen Struktur des Wiener Detailhandels hatte sich bis dahin jedoch kaum etwas geändert. Liberale Kaufleute und ihre Vertreter in dem für Wien zuständigen Gewerbeverein erkannten einen dringenden Modernisierungsbedarf, wollte Wien nicht den Anschluß an die Entwicklung des Einzelhandels in anderen Hauptstädten verpassen. Sie waren sich einig mit allen jenen Kräften und Bewegungen, die darauf drängten, Wien von einer bieder-verzopften Haupt- und Residenzstadt zu einer modernen Großstadt umzugestalten.

Im Herbst 1890 machte in Wien das Gerücht die Runde, daß eine französische Warenhaus-Aktiengesellschaft beim Handelsministerium die Konzession für ein Vollsortiment-Warenhaus, dem ein Engros- und Export-Handel angeschlossen werden sollte, beantragt habe. Dagegen wetterten diejenigen Wiener Detailhändler, die Warenhäuser fürchteten. Prompt lagen dem Wiener Gemeinderat in seiner Sitzung vom 4. November 1890 drei Dringlichkeitsanträge vor, deren politische Bedeutung sich noch dadurch verstärkte, daß einer der Anträge gleichlautend im niederösterreichischen Landtag eingebracht worden war. Wien sei nicht Paris oder London, befand einige Tage später ein Mit-

glied der Handels-Sektion der Wiener Handels- und Gewerbekammer anläßlich einer gut besuchten Versammlung in der Volkshalle des Wiener Rathauses kategorisch.[151] Das Handelsministerium versprach, den französischen Investoren keine Konzession zu erteilen. Die Franzosen machten einen Rückzieher. In dieser Auseinandersetzung, die letztlich die Vertreter des Kleinhandels für sich entschieden, waren schon deutlich ausländerfeindliche Untertöne zu vernehmen. Wenige Jahre später steigerten sie sich zum offenen Haß auf das angeblich von Juden beherrschte internationale Kapital, das mit den höchst verwerflichen Methoden des Warenhauses die braven Christen in den Abgrund des Kaufrausches und der Verschwendungssucht stürze.

Ein Anlaß für neuerliche Attacken war das 1895 eröffnete Bekleidungs-Kaufhaus des katholischen belgischen Unternehmers Stefan Esders. Er besaß bereits Kaufhäuser in Brüssel, Rotterdam, Paris, München und Hamburg, als er in Wien eine weitere Filiale gründete.[152] Zum zehnjährigen Jubiläum dieses Kaufhauses in der Mariahilferstraße, die damals schon die Hauptgeschäftsstraße Wiens war, geiferte die »Reichspost«, das »unabhängige Tagblatt für das christliche Volk Österreich-Ungarns«, interessanterweise gegen »privatcapitalistisch« geführte Warenhäuser, nicht jedoch gegen genossenschaftliche: »Große Warenhäuser dienen, wenn sie von Privatcapitalisten errichtet werden, stets nur der Bereicherung dieser Einzelnen und führen zum unausbleiblichen Ruin ganzer Gewerbecategorien ... Wir finden keinen Unterschied darin, ob eine solche, die Interessen weiter Kreise des arbeitenden Volkes schädigenden Thätigkeit von Juden oder Christen geübt wird ... Wir bedauern im Gegentheile, in einem Geschäftszweige der in Österreich bisher ausschließlich ein Ausbeutungsobjekt in Judenhänden war, nunmehr auch einem Christen begegnen zu müssen.«[153] Im niederösterreichischen Landtag profilierten sich Abgeordnete der christlichsozialen Partei als Interessenvertreter der mittelständischen Kaufleute und des Kleinhandels. Unterstützt von christlichsozialen Reichstagsabgeordneten verlangten sie die Einführung einer Warenhaussteuer. Im selben Jahr forderte der christlichsoziale Politiker Ernst Schneider im niederöster-

156

FÜR
GESCHENKE:
Taschentücher,
weiß, mit
Atlaskante,
45 × 45 cm groß
Pro ½ Dutzend
84 Heller.

FERTIGE DAMENWÄSCHE
von der einfachsten bis zur feinsten Ausführung,
aus nur bestem Material und solid gearbeitet,
laut besonderer Preisliste.
FERTIGE HERRENWÄSCHE
gut sitzend, aus besten Stoffen, in großer Auswahl.
KRÄGEN ▫ MANSCHETTEN ▫ KRAWATTEN
FERTIGE BETTWÄSCHE.

FÜR
GESCHENKE:
Echt englische
Batist-
Taschentücher,
ganz weiß oder mit
farb'gem Rand und
Ajoursaum
Pro Stück
20 Heller.

Bettücher
fertig gesäumt, aus   per Stück
sehr gutem Kretonne,
148 × 220 cm groß   K 2.98
aus Prima Domestic,
156 × 225 cm groß . 4.50
aus Prima Reinleinen,
150 × 220 cm groß . 4.50
und . 5.—

Pölster und Duchente
fertig genäht, saubere Arbeit,
aus Prima Webe: per Stück
Polster, 65 × 80 cm groß . K 2.35
„ 70 × 90 „ . 3.—
Duchent, 120 × 180 cm groß . 6.90
aus Prima Atlasgradel:
Polster, 65 × 80 cm groß . 3.10
Duchent, 130 × 190 cm groß .10.20

Deckenkappen
fertig genäht, aus   per Stück
Prima Webe,
130 × 180 cm groß K 7.75
aus bestem Chiffon,
130 × 180 cm groß . 8.50
Tadellose Arbeit!

OXFORD
CANEVAS
BADESTOFFE
TISCHZEUGE
abgepaßt u. meterweise.

HERZMANSKY-WEBE
sehr gute Qualität, für Leib- und Bettwäsche,
82 cm breit,
per Stück von 23 Meter K 9.50
„ 15 „ „ 14.50

STAUBTÜCHER
WISCHTÜCHER
BODENTÜCHER
HANDTÜCHER
abgepaßt u. meterweise.

BADEMÄNTEL   BADETÜCHER

EIN BUEN RETIRO
KAFFEESALON UND KONDITOREI
KEINE
STIEGEN   IM PARTERRE BEQUEM GELEGEN   KEIN
AUFZUG

Winter-
garten

Spring-
brunnen

Leseraum

Telephon

Schreib-
gelegenheit

Erlaubte
Spiele

EINTRITT UND GARDEROBE FREI

Das Angebot von Herzmansky in Wien

reichischen Landtag, die Errichtung neuer Warenhäuser zu verbieten.

Um die Jahrhundertwende war das Kaufhaus Herzmansky durch die Unternehmenspolitik der Erben des Firmengründers in eine existenzbedrohende Krise geraten. Das ließ Ernst Schneider, den geifernden Warenhausgegner, hoffen. Wenige Jahre später mußte er jedoch registrieren, daß es unter neuer Führung mit Herzmansky wieder aufwärts ging und daß diese Gesundung nicht zuletzt mit der schrittweisen Sortimentserweiterung zusammenhing. Aus dem Textilkaufhaus Herzmansky wurde schließlich ein richtiges Vollsortiment-Warenhaus. Ja, es kam für Schneider und seine reaktionären Parteigenossen noch schlimmer. Dicht bei Herzmansky öffnete 1904 das neue Warenhaus Gerngross seine Pforten. Es setzte von vornherein auf Billigangebote, Sonderaktionen und eine forcierte Zei-

tungswerbung und hatte aus dem Stand Erfolg. Der aus dem bayerischen Erlangen stammende Alfred Gerngross hatte in Wien zunächst zusammen mit August Herzmansky ein nach Warenhausprinzipien geführtes Gemischtwarengeschäft betrieben. 1881 trennten sich die Kompagnons, und zusammen mit seinem Bruder Hugo gründete Alfred Gerngross ein eigenes Tuchgeschäft.

Am 8. Juni 1905 widmete die Zeitschrift »Kikeriki«, die sich als »humoristisch-politisches Volksblatt« verstand, einen großen Teil der ersten Seite dem Thema Warenhaus. In der Rubrik »Neuestes« ist zu lesen: »Die Juden sehen den hohen Wert und Nutzen des Antisemitismus immer mehr ein, denn so kolossale, die christlichen Geschäftsleute ruinierende Warenhäuser wie heutzutage, hätten sie unter dem liberalen Regime gewiß nicht zu errichten gewagt.« Daneben eine Reimerei mit dem Titel »Gerngross und Konsorten«.[154]

Die Zeit arbeitete selbst in der etwas rückständigen österreichisch-ungarischen Doppelmonarchie für die Warenhäuser. 1911 dekorierte Gerngross seine Wiener Warenhaus-Fassade mit einem riesigen Bildnis von Kaiser Franz Josef zu dessen 81. Geburtstag. 1917 inserierte die Firma selbstbewußt als »größtes Spezialhaus der Monarchie in Seiden-, Woll- und Waschstoffen, Bändern und Spitzen«. Gleich in beiden oberen Ecken ist in kleiner Schrift »Kaiser-Huldigungs-Nummer« zu lesen. Darunter: »Geschäftsstelle der k. k. Klassenlotterie«.[155] Warenhäuser waren also auch in der K.u.K.-Monarchie dabei, salonfähig zu werden. Aushängeschild für Gerngross waren damals die Lebensmittelabteilung und der Erfrischungsraum, in dem sogar während des Ersten Weltkrieges Konzerte stattfanden. Gerngross wie Herzmansky erlebten nach Kriegsende, das ja auch in Österreich mit dem Ende der Monarchie verbunden war, einen großen Aufschwung. Im Mai 1933 erwarb Max Delfiner die Firma Herzmansky von vier Söhnen der früheren Eignerfamilie. Sie hatten sich nicht über die Aufteilung der Führungsaufgaben einigen können und entschlossen sich deshalb zum Verkauf. In den ersten Jahren des Dritten Reiches betraute Max Delfiner einige jüdische Emigranten aus Deutschland mit Planungs- und Führungsaufgaben im Warenhaus Herzmansky. Noch vor dem am 13. März 1938 vollzogenen »Anschluß«

Bei Herzmansky wird der »Anschluß Österreichs« gefeiert

Österreichs emigrierte die Familie Delfiner in die USA. Am 17. März 1938 meldete das »Neue Wiener Tagblatt«, am Tag zuvor hätte die Nationalsozialistische Arbeiterpartei das Kaufhaus Herzmansky übernommen.

»Der vormalige Inhaber dieses Hauses, ein aus dem Osten Eingewanderter namens Delfiner, der während des Weltkrieges ein Riesenvermögen ›verdiente‹, ist einige Tage vor dem Umbruch nach Frankreich gereist. Sämtliche von diesem Ausländer seinerzeit bei Herzmansky versorgten Glaubensgenossen aus dem Reich wurden schon Montag früh dingfest gemacht, die anderen nichtarischen Angestellten unter Auszahlung der ihnen zustehenden Gehaltsansprüche aus dem Betrieb entlassen, sodaß das Haus Herzmansky jetzt wieder rein arisch ist, welchen Ruf es bis vor fünf Jahren hatte. Der langjährige Direktor Julius Herzog, der noch am Tage vor der Abreise des vormaligen Geschäftsinhabers von diesem als ›naziverdächtig‹ entlassen wurde, wurde in seine frühere Stellung zurückgeholt. Auch alle anderen Angestellten, die sich irgendein politisches ›Delikt‹ unter dem nunmehr erledigten Regime zuschulden kom-

men ließen, wurden wieder eingestellt. So wie einst vor Jahren wird man bei Herzmansky jetzt wieder nur von arischen Angestellten bedient, die unter dem demütigenden, jüdischen Joch schwer zu leiden hatten und nunmehr befreiend aufatmen.«

Am 12. Mai 1938 setzten die zuständigen Behörden zwei kommissarische Leiter für die Firma Delfiners ein. Kurz danach übernahmen die beiden arischen Textilfabrikanten Hämmerle und Rhomberg aus dem österreichischen Land Vorarlberg das Warenhaus Herzmansky in Wien als Kommandidisten. Nach dem Zweiten Weltkrieg wurde das Unternehmen wieder an Max Delfiner, seinen rechtmäßigen Besitzer, zurückgegeben. Mit der Leitung betraute Max Delfiner seinen Sohn Henry. Der verkaufte Herzmansky dann 1954 an die Familie Karg, die im Dritten Reich in den Besitz des Hertie-Konzerns gekommen war. 1966 erwarb ein internationales Bankenkonsortium Herzmansky. Die Schweizer Creditanstalt verkaufte ihre Anteile und machte so die Bahn frei für das schweizerische Warenhausunternehmen Jelmoli. Dessen Geschäftspolitik zielte darauf ab, möglichst viel Geld aus dem Wiener Warenhaus Herzmansky herauszuholen. Die nötige Modernisierung wurde vernachlässigt. 1969 fusionierten die beiden Warenhausunternehmen Gerngross und Herzmansky und knüpften damit an ihre gemeinsamen Wurzeln an.

Im Taumel des Wirtschaftswunders den Anschluß verpaßt

»Die Stunde Null« hat es für die deutschen Warenhauskonzerne nicht gegeben. Kaum war der Waffenlärm erloschen, stand ein Mann wie Georg Karg wieder Gewehr bei Fuß, um zu neuen Taten zu schreiten. Er hatte ein provisorisches Hauptquartier in einem ausgedienten Berliner Weinkeller eingerichtet und schickte jeden Morgen vertraute Mitarbeiter mit den Lastwagen, die er noch besaß, auf die Reise zu entfernten Fabrikanten, um dort die Waren zu mobilisieren, die in Scheunen und in anderen Winkeln versteckt worden waren. In zwei Schulen in Berlin-Karlshorst richtete Karg Einkaufsstätten für die sowjetischen Besatzungssoldaten ein. Sogar per Fuß und Rad seien die Mitarbeiter auf »Einkaufsreise« gegangen, berichtet die Kaufhof-Chronik.

»In Hanau machten sie den ersten Umsatz mit Papp-spielzeug, um mit dem Erlös eine Sortimentserweiterung in Lederwaren aus dem nahegelegenen Offenbach durchzuführen. Andere Filialen schlugen sich selbst ihr Holz im Wald, da legte der Geschäftsführer genauso Hand an wie die Verkäuferin. In Köln schwangen sich Vorstandsmitglieder des Kaufhof auf Lastwagen der US-Besatzungsmacht, um dringend benötigte Lebensmittel für die hungernde Stadt herbeizuschaffen.«[156]

Die Warenhausunternehmen konnten also auch unmittelbar nach dem Krieg ihre Kompetenz in Sachen Warenbeschaffung und Warenverteilung ins Spiel bringen und dies, wie ausdrücklich festzustellen ist, in den Westzonen wie in der Ostzone, wo die sowjetische Besatzungsmacht die Warenhäuser schon unmittelbar nach Kriegsende als Schaltstellen für die Versorgung der deutschen Bevölkerung und der sowjetischen Soldaten nutzte. Die heimliche Hoffnung Georg Kargs, gestützt auf das Wohlwollen der sowjetischen Militärverwaltung die in der Ostzone einschließlich des Ostens Berlins zerstörten oder unter Treuhandverwaltung stehenden Hertie-Warenhäuser zurückzubekommen, erfüllte sich nicht. Er mußte sich damit abfinden, daß fünf Filialen in Berlin, darunter das Warenhaus am Alexan-

Wiederaufbau des Hamburger Karstadt-Warenhauses Möckebergstraße

derplatz, und die mitteldeutschen Niederlassungen in Gera, Weimar, Plauen, Dresden und Magdeburg sowie das Warenhaus im ostpreußischen Königsberg verloren waren. Karg zog 1949 mit der Hauptverwaltung des Unternehmens nach Hamburg. Später verlegte er sie nach Frankfurt.

In der Frage der Tietz-Entschädigung hatte der Anwalt Otto Lenz den Behörden seine Ansicht vermitteln können, es habe sich im Falle der Übernahme des Warenhausunternehmens Hermann Tietz nicht um eine »Arisierung«, sondern um eine Sanierung gehandelt. Da Karg eine spektakuläre gerichtliche Auseinandersetzung, an der auch die Tietz-Erben wenig Interesse hatten, ablehnte, kam es zu einem Kompromiß. Die drei Nachkommen des Firmengründers Oskar Tietz erhielten die Filialen in München, Stuttgart und Karlsruhe, die Karg jedoch gegen eine umsatzorientierte Pacht weiter betreiben konnte. Zum Zeitpunkt der Währungsreform im Jahre 1949 besaß Georg Karg selber schon wieder drei Warenhäuser in Westberlin und vier Zweiggeschäfte in der neu gebildeten Bundesrepublik. Im selben Jahr übernahm er von anderen Firmen ein Warenhaus in Hamburg-Bergedorf und in Wiesbaden und eröffnete in Stuttgart unter dem Namen »Kaufstätte für

Trümmerfrauen an die Kasse

159

alle« ein zweites Haus, das er selbst betrieb, während er das erste ja von den Tietz-Erben gepachtet hatte. 1952 erwarb Karg die Aktienmehrheit an der »Warenhaus Wertheim AG« und an der »Warenhaus Hansa AG«, die ein großes Warenhaus auf der Zeil in Frankfurt besaß, das aus dem arisierten Warenhausunternehmen Wronker hervorgegangen war und außerdem Hansa-Filialen in Hanau und Mannheim hatte. Ebenfalls 1952 gründete Georg Karg die »Bilka-Kaufhaus GmbH« als Billigpreisschiene.

Die zwei Jahrzehnte zwischen 1950 und 1970 waren die große Zeit der Warenhäuser. Die dargestellte Entwicklung des Hertie-Konzerns ist nur ein Beispiel. Dann gerieten die Warenhäuser aus verschiedenen Gründen in schwere See und verloren an Kundenzuspruch. Mitten im Meer der Großstadt waren sie vor Anker gegangen. Groß und schwerfällig lagen sie da und hatten schon etwas Rost angesetzt, die stolzen Ozeandampfer von einst. Die Innenstädte entvölkerten sich, Trabantenstädte wucherten. Die Filialisten des Einzelhandels erkannten ihre Chance, eröffneten hier und dort einen Supermarkt, hielten nach neuem Bauland am Rand der Städte Ausschau, kauften Land zu Spottpreisen. Dagegen mußten die Grundstückspreise und Mieten, die drinnen in den eng bebauten Zentren der Städte verlangt wurden, wie der reinste Wucher erscheinen. Draußen konnten die Investoren ungeniert in die Breite gehen mit ihren einstöckigen Flachmännern, während die Warenhäuser, die in den Innenstädten in die Höhe bauen mußten, Rolltreppen, Aufzüge für Menschen und Waren brauchten. Das kam sündhaft teuer. Die Warenhäuser entstanden zu einer Zeit, als das Auto noch keine große Rolle spielte und man ein-, zweimal im Jahr mit der Bahn zum Einkaufen in die Stadt fuhr.

Das Auto wurde zum Massenverkehrsmittel, und die alte Stadt ging vor diesem Götzen der neuen Gesellschaft in die Knie. Sie geriet vollends in den Würgegriff des Autoverkehrs. Draußen die immer größer werdenden Supermärkte, die zu Verbrauchermärkten, Discountern und Shoppingcenter mutierten, schnell erreichbar von der nächsten Autobahnausfahrt, selten Staus und immer ausreichend viele Parkplätze. Die gewieften Kaufleute, die einmal mit kleinen Supermärkten in Wohnvierteln angefangen hatten, erweiterten ihre

Sortimente. Zu den Lebensmitteln kam der ganze Krimskrams für Haushalt und Freizeit, kamen Kleider und Schuhe, Möbel und Unterhaltungselektronik. Die Waren- und Kaufhäuser wurden in die Defensive gedrängt, sie verloren an Glaubwürdigkeit. Das hängt damit zusammen, daß die Warenhäuser seit je mehr darstellen wollen, als ihrer Wirklichkeit entspricht. Sie sind in gewisser Weise Opfer ihrer eigenen Werbestrategie und haben ein permanentes, sozusagen systemimmanentes Glaubwürdigkeitsproblem. Die 1996 eröffneten »Galeries Lafayette« in Berlin sind ein Warenhaus, das keines mehr sein möchte und deshalb zwischen den Leitvorstellungen Warenhaus und exklusives Fachgeschäft laviert. Als im Herbst 1984 Horten in Düsseldorf sein »Carsch-Haus« eröffnete, war von einem Warenhaus »für best verdienende Karriere-Menschen« die Rede, vom »Einkaufsbummel zwischen Lack & Marmor«, davon, daß das moderne Warenhaus ein Theater sei. Doch bald, nachdem das Feuerwerk der Eröffnung abgefackelt war, zeigte sich, daß das Carsch-Haus eben ein ganz normales Warenhaus ist – und am Ende die Kasse stimmen muß. Hinter den Glitzerfassaden und dem Dekorationspomp herrscht der schnöde Warenhausalltag. Er nervt nicht nur die Kunden, sondern auch das Personal.

In der »Bundesarbeitsgemeinschaft der Mittel- und Großbetriebe des Einzelhandels« (BAG) sind vor allem die Warenhäuser und Kaufhäuser organisiert, nicht jedoch die Supermärkte der Filialisten und ihre Selbstbedienungswarenhäuser, die ihren eigenen Verband haben und meistens an den Rändern der Innenstädte oder gleich draußen auf der »grünen Wiese« zu finden sind. Den BAG-Angaben zufolge gab es 1970 in Westdeutschland 1 150 Waren- und Kaufhäuser. Sie waren damals mit einem Marktanteil von zehn Prozent am westdeutschen Einzelhandelsumsatz beteiligt. Bis 1990 stieg die Zahl der Waren- und Kaufhäuser, deren traditioneller Standort die Innenstadt ist, auf 1 252, ihr Marktanteil betrug damals jedoch nur noch an die sechs Prozent.

Nach dem Fall der Mauer und der Wiedervereinigung sind in Westdeutschland einige traditionelle Waren- und Kaufhäuser geschlossen worden, aber in Ostdeutschland neue dazugekommen, so daß es 1994 in den neuen und alten Bundesländern zusammen 1 263 Waren- und

»Verkaufspavillons« im zerstörten Berlin

Kaufhäuser gab. Sie erzielten einen Marktanteil von gerade fünf Prozent, während die bundesdeutsche Statistik für 1994 insgesamt 12 096 Verbrauchermärkte, SB-Warenhäuser und Discount-Warenhäuser ausweist, die es auf einen Marktanteil von rund 12,6 Prozent brachten. Allein die Verbrauchermärkte und SB-Warenhäuser, die in den Gewerbegebieten vor den Toren der Innenstädte wie Pilze aus dem Boden geschossen sind, konnten ihren Marktanteil von 2,7 Prozent im Jahre 1970 auf sechs Prozent 1994 steigern.

Ende der sechziger Jahre grübelten die Karstadt-Manager über Gegenstrategien nach und kamen auf die Idee, zunächst in Städten mit 20 000 bis 30 000 Einwohnern und dann auch in den Trabantensiedlungen rund um die Großstädte eine Art Warenhäuser von der Stange zu etablieren. Sie sollten flach sein wie die Supermärkte auf der »grünen Wiese«, einen für Warenhäuser sehr hohen Selbstbedienungsanteil, wenig Personal und keine Schaufenster haben. Geplant war, auf dem Dach 170 Parkplätze einzurichten und ein eingeschränktes Warenhaussortiment zu bieten. Doch die stürmische Entwicklung der Verbrauchermärkte und Einkaufszentren auf der »grünen Wiese« überholte die gut gemeinten Pläne, die sang- und klanglos wieder in der Schublade verschwanden. Auch mit anderen Strategien versuchten vor allem die Warenhauskonzerne wieder sicheren Boden unter die Füße zu bekommen. Sie konzentrierten die Sortimente, nahmen teilweise Möbel heraus, weil sie zuviel Platz beanspruchen und mit ihnen zu wenig Umsatz auf den sehr teuren Verkaufsflächen in der Innenstadt zu erzielen ist. Manche Warenhäuser verzichteten aus denselben Gründen auch auf »Weiße Ware«, das heißt auf Küchengroßgeräte wie

Herde und Waschmaschinen – und verloren erneut an Attraktivität, wurden erst recht nicht mehr ernst genommen mit ihrem alten Anspruch, (fast) alles unter einem Dach zu bieten. Gleichzeitig sind die großen Warenhauskonzerne, aber in zunehmendem Maße auch mittelständische Unternehmen, dazu übergegangen, besonders einträgliche und zukunftsträchtige Sortimentsteile wie Sport- und Freizeitartikel, die Bereiche Home-Computer und Unterhaltungselektronik auszugliedern und in eigenen Fachmärkten neu zu organisieren. 1994 machte der Kaufhof-Konzern nur knapp 45 Prozent seines Umsatzes im Warenhausgeschäft. Die anderen 55 Prozent entfielen auf Fachmarkt-Ketten, Versandhäuser, Reisebürobeteiligungen und andere Konzernfirmen. Ähnliche Tendenzen sind seit langem bei Karstadt, einem der größten Warenhauskonzerne der Welt, zu beobachten.

Allen anderen Bekundungen zum Trotz ist der Wettbewerb im Einzelhandel zur Zeit noch in allererster Linie ein Preiswettbewerb. Wer billiger anbieten kann, hat die Nase vorn. Dabei spielen, was nicht wegzudiskutieren ist, die Personalkosten eine sehr große Rolle. Die »Gewerkschaft Handel, Banken und Versicherungen« hat in einer im Herbst 1995 veröffentlichten Broschüre die Zahlen offengelegt. Bei den Warenhäusern machen die Personalkosten 20 Prozent des Umsatzes aus, bei den SB-Warenhäusern sind es 6 Prozent und die Riesen-Discounter auf der »grünen Wiese« geben gar nur 4,5 Prozent ihres Umsatzes für Personal aus.[157] Die Warenhausunternehmen kennen diese Zahlen, und sie reagieren darauf mit Personalabbau. Ihr Ziel ist es, die Produktivität wesentlich zu steigern, was nichts anderes bedeutet, als daß weniger Mitarbeiter mehr leisten müssen. Leidtragende sind in erster Linie Frauen. Denn 70 Prozent der in Warenhäusern Beschäftigten sind Frauen. Von den Verkäuferinnen erwartete man schon immer Freundlichkeit und ein die Kunden ansprechendes Outfit. Verborgen bleiben sollten hinter der adretten Fassade die widerwärtigen Tatsachen eines mäßig bezahlten Berufes und der beruflich bedingten Beinleiden, rheumatischen Leiden und chronischen Erkrankungen der Atemwege, die vielen Verkäuferinnen zu schaffen machen, jedoch nicht einmal als Berufskrankheiten anerkannt sind.

EINHEITSPREIS–
GESCHÄFT
und Kleinpreiswarenhaus

Von Woolworth bis Wohlwert

Manche Ideen liegen in der Luft und verbreiten sich
plötzlich rasend schnell. So funktionierte das auch mit
dem Einheitspreis, der nicht nur auf den Einzelhandel
beschränkt blieb, wie das Beispiel der Aschingers lehrt.
Die aus München zugezogenen Wirtsleute hatten sich in
Berlin ein Imperium mit rund 40 Bierlokalen aufgebaut,
die auch einfache Speisen führten. Für zehn Pfennige
bekam man ein belegtes Brötchen, für dreißig Pfennige
Löffelerbsen mit Speck oder Bierwurst mit Kartoffelsalat. Die niedrigen Einheitspreise waren die beste Reklame für Aschinger. Aschinger kam auch in den zwanziger Jahren gut über die Runden, als in vielen gediegen
bürgerlichen Gaststätten gähnende Leere herrschte.
Handel und Gastronomie konnten sich die Hände reichen, denn auch im Handel machte das Einheitsgeschäft
damals Furore.

Seine »Erfindung« ist untrennbar mit dem Namen
Woolworth verbunden. Das Einheitspreisgeschäft stellte
in gewisser Weise eine auf die Spitze der Warenhausidee getriebene Betriebsform des Einzelhandels dar.
Denn zum einen erübrigte sich durch die Festlegung auf
einen einzigen Preis für alle dargebotenen Produkte die
Preisauszeichnung und teilweise auch die ortsange-
paßte preisbezogene Werbung, wie sie die Warenhäuser
pflegten. Das Einheitspreisgeschäft verkörperte also einen weiteren Schritt der Kosten reduzierenden Rationalisierung. Seine Einführung kam einer Revolution im
Einzelhandel gleich. Sie bestand darin, das ganze Sortiment eines Ladens nach einem einzigen Einheitspreis
oder mehreren vorbestimmten Preisstufen zusammen-
zustellen und die Preise nicht mehr artikelweise zu kalkulieren. Das führte zu einer bis dahin in ihren Aus-
maßen unbekannten Standardisierung der Sortimente,
was die Betreiber von Einheitspreisgeschäften in die
Lage versetzte, die ausgewählten Artikel in noch größerer Stückzahl und damit noch günstiger einzukaufen.
Außerdem ließ sich die Warenpräsentation entsprechend standardisieren und zentralisieren, indem man
beispielsweise für alle angeschlossenen Läden gleiche
Regale und Ständer benutzte. Allerdings konnten auf
diese Weise nur eingeschränkte Sortimente geboten werden, deren Artikel das gesetzte Preislimit nicht überschritten. Manche Kleinartikel mußten zu Gebinden
zusammengefaßt werden, um ins Einheitspreisschema
zu passen.

Im Februar 1879 eröffnete der kaufmännische Angestellte Frank Winfield Woolworth, der 1852 als Sohn
eines Farmers geboren wurde, in Utica im Staate New
York den ersten »Great-5-Cent-Store«. Utica war eine
behäbige Landstadt. Ihre Bürger begegneten dem neu-
modischen Laden sehr reserviert und nach vier Monaten gab Woolworth in Utica auf. Er ließ sich jedoch nicht

entmutigen und gründete noch im selben Jahr in Lancaster im Staate Pennsylvania sein zweites Geschäft, in dem alle Artikel fünf Cents kosteten. In dieser Industriestadt lebten viele Arbeiterfamilien, die jeden Cent zweimal rumdrehen mußten, bevor sie ihn ausgaben. Dort hatte Woolworth Erfolg.

Als Frank Winfield Woolworth 1919 starb, hinterließ er ein Unternehmen, das in den USA und in Kanada 1 081 Läden betrieb. Bald stellte sich heraus, daß man mit einer einzigen Preisstufe nicht mehr auskam. Deshalb führte Woolworth in Amerika neben der Preisstufe von fünf Cents einen zweiten Einheitspreis von zehn Cents ein. Woolworth expandierte im In- und Ausland. Er reiste nach England, um dort das Terrain zu sondieren. 1909, im selben Jahr, als Gordon Selfridge, dem Woolworth einen Besuch abstattete, die Pforten seines säulenbewehrten Warenhauspalastes an der geschäftigen Oxford Street mitten in London öffnete, war auch Woolworth mit dem ersten britischen Zweiggeschäft zur Stelle. Von London aus eroberte Woolworth das United Kingdom, wo bis 1939 die Zahl der Filialen auf 768 kletterte, nur zwölf weniger als 1996.

England hatte Woolworth im Sturm fast schon erobert, als im Juli 1927 in Bremen der deutsche Ableger des Woolworth-Konzerns Premiere hatte. Noch im gleichen Jahr folgten Eröffnungen weiterer Woolworth-Läden in Bochum, Wiesbaden, Düsseldorf, Berlin, Barmen, das damals noch nicht ein Stadtteil Wuppertals war, Hamborn, Krefeld und Osnabrück. Es gab nur die beiden Preisstufen 25 und 50 Pfennige. Bis 1933 stieg die Zahl der Woolworth-Läden in Deutschland auf 81. Die größeren Woolworth-Warenhäuser führten an die 5 000 Artikel, fast ausschließlich Gebrauchsartikel, kein Luxus. Aber Woolworth war nicht die einzige Kette von Einheitspreisgeschäften, die in der zweiten Hälfte der zwanziger Jahre in Deutschland Fuß faßten. Sie alle profitierten letztendlich von der sinkenden Kaufkraft als Folge der sich zuspitzenden Weltwirtschaftskrise. Sie zwang immer mehr Bürger, äußerst billig einzukaufen.

Am 11. Oktober 1930 erschien in der Heilbronner »Neckar-Zeitung« ein Artikel, in dem über die anstehende Eröffnung einer Niederlassung der »Wohlwert Einheitspreis G.m.b.H.« berichtet wird. Als »Haus der

3 000 Notwendigkeiten« war die Firma den Heilbronnern angekündigt worden. »Es darf noch erwähnt werden, daß dem Verkauf der vielerlei Gebrauchsartikel eine Lebensmittelabteilung angegliedert ist, deren Frischwaren (Wurst, Brote usw.) durchweg von hiesigen Metzgern und Bäckern geliefert werden. Für diesen Erfrischungsraum wird auch die Berechtigung zum Kaffeeausschank erworben werden. Insgesamt beschäftigt das neue Geschäft rund 50 Angestellte, die Verkäuferinnen, in gleicher kleidsamer Bekleidung, fast ausnahmslos von hier, meist bisher erwerbslos.«[158]

In einer früheren Notiz hatte die »Neckar-Zeitung« darauf hingewiesen, daß es sich bei der Firma Wohlwert um ein deutsches Unternehmen mit Sitz in Leipzig handelte und nicht mit der amerikanischen Firma Woolworth zu verwechseln sei. Tatsächlich bildete die Firma Wohlwert eine Art Einkaufsverband kleinerer Einzelhändler unter der Führung des Leipziger Warenhausunternehmens der Gebrüder Ury.

Die Firma Ury hatte sich an einer Reihe von Gesellschaften wie dem Großhandelsunternehmen Grohag beteiligt. Von der so bei Ury entstandenen Einkaufsmacht profitierten 1931 etwa 80 selbständige Einheitspreisgeschäfte, die unter dem Namen Wohlwert firmierten. Sie waren in ganz Deutschland verbreitet, von Flensburg an der Ostsee bis Singen im Umland des Bodensees. Damit gehörten zur Wohlwert-Gruppe Anfang der dreißiger Jahre so viele Einheitspreisgeschäfte wie zur deutschen Woolworth-Gesellschaft. Die lautmalerische Übersetzung von Woolworth durch Wohlwert war natürlich beabsichtigt.

Ebenfalls beachtliche Filialnetze von Einheitspreisgeschäften betrieben die 1925 von der Leonhard Tietz AG in Köln gegründete »Ehape – Einheitspreishandelsgesellschaft« und die 1926 von der Rudolph Karstadt AG aufgebaute »Epa – Einheitspreis AG«. Sie führte in ihren Zweiggeschäften etwa 3 000 Artikel des tägliches Bedarf zu 10, 25, 30, 50 Pfennigen und einer Reichsmark und hatte Ende 1929 insgesamt 32 Filialen, wobei die Standortwahl für die Epa-Filialen wie für die Woolworth-Niederlassungen belegt, daß die Einheitspreisgeschäfte ursprünglich vor allem auf die Käuferschicht der Industriearbeiter abzielte. Deshalb ließ sich die Epa bis 1929 unter anderem in den Hafen- und Werftstädten Hamburg, Harburg bei Hamburg, Kiel, Bremerhaven und Bremen, wo ja auch Woolworth die erste deutsche Niederlassung eröffnete, sowie in den industriellen Zentren der eisenschaffenden und Kohlenindustrie an der Ruhr wie Duisburg, Witten, Buer, Essen, Altenessen, Steele und Dortmund nieder und eröffnete beispielsweise auch in Duisburg-Meiderich und Hannover-Linden, zwei ausgesprochenen Arbeitervierteln, Läden. In Berlin war das Karstadt-Tochterunternehmen zu jener Zeit sechsmal, in Hamburg dreimal und in Dortmund zweimal vertreten. Anfang der dreißiger Jahre führte die Epa die weiteren Preisstufen 75 Pfennige und 1,25 Reichsmark ein.

Tendenzen, das strenge Einheitspreissystem mit wenigen »runden« Preisstufen zu verlassen, hatte es also beim Karstadt-Tochterunternehmen Epa schon früh gegeben. Außerdem begann Karstadt 1932 mit der probeweisen Einführung von fünf kleinen Epa-Läden unter dem Namen »Epa-Gelb«. Diese Filialen, deren eingeschränktes Sortiment für Kleinstädte berechnet war, konnten sich nicht durchsetzen. Der Testlauf belegt, daß Karstadt damals in Zeiten wirtschaftlicher Depression nichts unversucht ließ, um neue Kundenkreise zu erschließen, eben auch draußen in den Kleinstädten, die damals noch immer ein unangefochtenes Revier der mittelständischen Einzelhändler waren.

Das bewährte Prinzip standardisierter Einheitspreise versuchten die Warenhauskonzerne auch in die traditionellen Warenhäuser zu übernehmen. Das beweisen unter anderem die »Serientage« bei Karstadt. Sie waren nicht nur Sonderveranstaltungen, die werbemäßig vorbereitet wurden, sondern stellten eine zwangsläufige Reaktion auf die infolge der Weltwirtschaftskrise und der Inflation gesunkene Massenkaufkraft dar. Diese Dynamik erfaßte auch die Mittelschicht, die das traditionelle Warenhaus dem Einheitspreisgeschäft vorzog. Die Warenhäuser mußten mit einem »trading down« reagieren, indem sie den Anteil hochpreisiger Artikel deutlich verringerten. Die »Serientage« bei Karstadt fanden in den Monaten Juni und November statt und ergänzten die »Weißen Wochen« in den Monaten Februar oder März und die »Inventurausverkäufe« im Januar und Juli. Karstadt arbeitete an den »Serientagen« mit zwölf Preisstufen von 25 Pfennigen bis zu 18,50 Reichsmark.

Ein Einheitspreisgeschäft der Wohlwert-Gruppe, Esslingen am Neckar, zwanziger Jahre

Interessanterweise hatte der Warenhauskonzern Hermann Tietz damals keine Einheitspreiskette. Er beschränkte sich auf »Einheitspreis-Tage«, deren Zahl Ende der zwanziger Jahre zunahm. Möglicherweise hängt diese Zurückhaltung in Sachen Einheitspreisgeschäft mit der geschäftlichen Verbindung zum Waren- und Kaufhauskonzern der Gebrüder Conitzer zusammen. Denn diese hatten die Epege, die »Einheits- und Serienpreisgesellschaft«, gegründet. Die Firma Hermann Tietz unterhielt für die der Epege angeschlossenen Geschäfte eine eigene Musterausstellung. Es wäre also schlecht vorstellbar gewesen, durch ein eigenes Netz von Einheitspreisgeschäften dem verbündeten Unternehmen Conitzer Konkurrenz zu machen; was andererseits belegt, wie eng verzahnt die deutsche Warenhausszene in den zwanziger Jahren war.

Aufschlußreich ist in diesem Zusammenhang, daß im September 1930, einen Monat vor der Eröffnung des Heilbronner Wohlwert-Einheitspreisgeschäftes, im Heilbronner Handelsregister eine »Epege Einheitspreisgesellschaft mit beschränkter Haftung« eingetragen wurde. Ihr geschäftsführender Gesellschafter war Max May, den die »Neckar-Zeitung« als Heilbronner Wohlwert-Geschäftsführer vorstellt, ein Indiz für eine Verbindung zwischen Ury-Wohlwert und (Hermann) Tietz-Conitzer-Epege, oder nur eine Verwechslung?

Durch die innerhalb weniger Jahre aus dem Boden schießenden Einheitspreisgeschäfte fühlten sich die Kaufleute und Krämer nicht zuletzt in den kleineren Provinzstädten, wo sich traditionelle Warenhäuser eher schwer taten, bedroht. 1932 befand sich ein Drittel aller deutschen Woolworth-Läden in Städten unter 50 000 Einwohnern. Dort buhlten sie mit ortsansässigen Einzelhändlern um die Gunst eines viel kleineren Kundenkreises als in Großstädten.

Damals gab es in Deutschland etwa 350 bis 400 Einheitspreisgeschäfte. Um die große Schar der mittelständischen Einzelhändler zu besänftigen, erließ Reichspräsident Hindenburg am 9. März 1932 eine Verordnung zum Schutz der Wirtschaft. Sie untersagte für zwei Jahre die Einrichtung von Einheitspreisgeschäften in Städten bis zu 100 000 Einwohnern. Eine weitere Verordnung vom Dezember desselben Jahres schränkte die Entwicklungsmöglichkeiten sogar für Einheitspreisgeschäfte in Großstädten ein. Es war verboten worden, den Betrieb an einen anderen Standort zu verlegen. Die Schikanen gegen die Einheitspreisgeschäfte gingen weiter. Im Januar 1933 war im »Heilbronner-Tagblatt« die Aufforderung an die Repräsentanten des örtlichen Gewerbevereins zu lesen, der »Warenhausfirma Wohl-

Tietz im Einheitspreisgeschäft

wert« die Mitgliedschaft aufzukündigen, »daß sie, von der Nachbarschaft jedes Fremdkörpers befreit, sich bald einmal verständnisvoll zunicken und erleichtert aufatmen könnten: ›Endlich allein!‹«[159] Einige Tage später stellte dieselbe Zeitung hämisch fest: »Von den Schaufenstern der Wohlwertläden ist die bisherige Aufschrift ›Einheitspreisgeschäft‹ verschwunden; statt dessen liest man jetzt die volksfreundliche Devise ›Volksbedarf G.m.b.H‹. Wenn das nicht die Massen davon überzeugt, daß die Warenhäuser Wohlwert keinen anderen Lebenszweck kennen als den, dem geliebten deutschen Volke in seinen am meisten unter der Not leidenden Schichten zu dienen, dann ist den ›Proleten‹ überhaupt hierzulande nicht mehr zu helfen.«[160] Wenige Wochen nach diesem Hetzartikel brachte ein Bombenanschlag auf das ehemalige Wohlwert-Einheitsgeschäft in Heilbronn, das nun, wie in anderen Städten auch, unter dem Namen »Volksbedarf« firmierte, etwa 60 Mitarbeiter, »außerdem etwa die gleiche Zahl Besucher« in Gefahr, wie einem Bericht des Heilbronner Generalanzeigers vom 8. April 1933 zu entnehmen ist.

1936 reagierte Woolworth auf die anhaltende Verunglimpfung der Einheitspreisgeschäfte, indem die deutschen Woolworth-Läden das Einheitspreissystem aufgaben und zu sogenannten Kleinpreisgeschäften umgestaltet wurden, wie beispielsweise auch die Läden der Epa und Ehape, der Tochterunternehmen der deutschen Warenhauskonzerne Karstadt und Leonhard Tietz. Diese Neuorientierung verursachte der politisch-ideologische Druck auf die Einheitspreisgeschäfte sowie das betriebswirtschaftliche Bedürfnis größerer Flexibilität in der Sortiments- und Preisgestaltung. So verschwand 1937 auch der Name der mit der Leonhard Tietz AG, die schon 1936 zur »Westdeutschen Kaufhof AG« umfirmiert wurde, verbundenen »Ehape – Aktiengesellschaft für Einheitspreise Köln« zugunsten des neuen Namens »Rheinische Kaufhalle Aktiengesellschaft«. Ebenfalls 1937 wurde die Karstadt-Tochter Epa in Kepa (Kleinpreis Aktiengesellschaft) umbenannt. Die Nationalsozialisten verfügten per Gesetz, daß alle Geschäfte, die mehr als zehn Artikel führten, sich nicht mehr Einheitspreisgeschäft nennen durften.

Die von krakelenden Nationalsozialisten als »Proleten« verunglimpften »Volksgenossen«, die Mühe hatten,

den Lebensunterhalt für sich und ihre Familien zu er-
arbeiten, nutzten die Preiswert-Angebote der ehemaligen Einheitspreisgeschäfte rege, so auch in Singen, einer aufstrebenden Industriestadt im Hinterland des
Bodensees. Dort fand Anfang November 1929 die Eröffnung eines Wohlwert-Einheitspreisgeschäftes statt. Es
war nicht das einzige Geschäft des vergleichsweise kleinen Familienunternehmens von Robert Lipsky, zu dem
außer dem Stammhaus in Baden-Baden, wo sich der
Jude Robert Lipsky mit seiner Familie niedergelassen
hatte, Filialen in Hanau, Kaiserslautern und Konstanz
gehörten. Vermutlich erst, als nach dem Tod des Vaters
im Jahre 1930 Sohn Ludwig die Firma führte, kam als
weiterer Standort Weinheim hinzu. Robert Lipsky hatte
1893 einen mit dem großen Karlsruher Warenhausunternehmen »en gros und en détail« der Geschwister
Knopf verbundenen Laden in Baden-Baden übernommen, um ihn in eigener Regie weiterzuführen. Doch das
selbständige Familienunternehmen Lipsky pflegte weiterhin geschäftliche Beziehungen zunächst zu Knopf
und später zur Großhandelsgesellschaft »Grohag«.
Robert Lipskys Schwester Selma leitete die Singener
Wohlwert-Filiale. Sowohl unter der Arbeiterschaft der

Stadt als auch unter der bäuerlichen Bevölkerung der
Umgebung war dieses Kleinpreis-Warenhaus bald sehr
beliebt. Es bot anläßlich der Eröffnung unter anderem
eine Gummi-Schürze oder ein Viertel Pfund Pralinés
zu 25 Pfennigen, sechs Taschentücher oder ein Pfund
Margarine für 50 Pfennige, einen Meter Landhausgar-
dinen oder einen Fünfliter-Milchtopf aus Email für eine
Mark. Der Geschäftserfolg ließ Neider nicht ruhen. Lo-
kale Nazigrößen und die ihnen willfährigen Zeitungen
geiferten gegen das kleine Singener Einheitspreis-Wa-
renhaus und schikanierten seine Kunden, doch, wie es
scheint, nur mit mäßigem Erfolg. Die Singener Stadtar-
chivarin Reinhild Kappes berichtet von dem Singener
Bürgermeister Herbold. Er schrieb im Mai 1938 an das
zuständige Bezirksamt und forderte die Weiterführung
des ehemaligen Wohlwert-Warenhauses, nachdem der
arische Kaufmann Wielert das durch den Juden Robert
Lipsky in Baden-Baden betriebene Kleinpreisgeschäft
käuflich erworben hatte: »... denn für ein solches Kleinpreisgeschäft ist am hiesigen Platze mit überwiegender
Arbeiterbevölkerung und daher verminderter Kaufkraft ein dringendes Bedürfnis vorhanden, mehr als an
irgendeinem anderen Platze der Umgebung.«[161]

Nur ein Woolworth-Geschäft war zwischen 1933, als
Woolworth 81 deutsche Filialen hatte, und 1945 eröffnet worden. Die Nazis erreichten also, was sie wollten,
sie stoppten die Entwicklung der Kleinpreis-Warenhäuser. Die Nachkriegszeit begann für die Kleinpreis-
läden so wie für die gesamte Branche der Waren- und
Kaufhäuser. 66 der 82 deutschen Woolworth-Läden
waren im Krieg mehr oder weniger zerstört worden.
Lediglich acht überstanden den Krieg unbeschadet.
Den sowjetisch besetzten Osten Deutschlands mußte
Woolworth abschreiben. Aber in Westdeutschland begann nach der Währungsreform eine stürmische Entwicklung. Bot der deutsche Ableger der amerikanischen
Woolworth-Corporation 1927 in seinen Filialen noch
etwa 5 000 Artikel an, stieg die Zahl bis 1963 auf 20 000
bis 25 000, unterschiedliche Farben und Größen nicht
einmal berücksichtigt. Im Frühjahr 1996 hatte die Firma
F. W. Woolworth Co. in Deutschland 357 Zweiggeschäfte,
219 davon waren kleine und mittlere Warenhäuser, 138
sogenannte Mini-Läden, die Woolworth vor Jahren in
Ferienorten einzurichten begann.

Epa Einheitspreisgeschäft in Hildesheim, 1928

Mit vereinheitlichten Sortimenten, für die das Einheitspreisgeschäft die ideale Betriebsform darstellte, ließen sich die differenzierter gewordenen Kundenwünsche nicht befriedigen. Die Standardisierung konnte dem Wandel vom verhältnismäßig engen Angebotsmarkt der Nachkriegszeit, in der die Kunden manchmal froh sein mußten, überhaupt etwas zu bekommen, zum heutigen Käufermarkt, bei dem sich der Einzelhändler den Bedürfnissen seiner Kunden anpassen muß, um nicht auf einem überreichen Angebot sitzen zu bleiben, nicht gerecht werden. Allerdings erbrachten Mitte der siebziger Jahre ein Drittel des Kepa-Gesamtumsatzes noch Artikel im Preis bis zu 5,00 DM. Damals reagierte Karstadt auf die wachsende Konkurrenz der Supermärkte und Selbstbedienungswarenhäuser auf der »Grünen Wiese« und baute bis 1975 eine Kette mit 14 Karstadt SB-Warenhäusern auf, während es zur selben Zeit noch 68 Kepa-Filialen gab. Nach einigen Fehlschlägen mit diesem neuen Konzept besann sich Karstadt wieder auf das traditionelle Warenhausgeschäft und löste 1977 die Kepa-Kleinpreisgeschäfte auf.

Das nach wie vor existierende Netz der Kaufhalle-Filialen, das sich aus der Rheinischen Kaufhalle neu entwickelte und letztlich auf die Ehape-Einheitspreishandelsgesellschaft der Leonhard Tietz AG zurückgeht, versucht in Ergänzung zum Warenhausunternehmen Kaufhof seine Position im mittleren bis unteren Preisgenre zu behaupten. In diesen Gefilden tummelt sich seit ihrer Gründung im Jahre 1952 auch die von der Hertie Waren- und Kaufhaus GmbH gegründete Bilka-Kaufhaus GmbH, die in einer offiziellen Firmengeschichte als »Billigkaufhaus-Kette« bezeichnet wird. In den zwanziger Jahren hatte der Warenhaus-Familienkonzern Hermann Tietz darauf verzichtet, wie Leonhard Tietz und Karstadt eine eigene Kette von Einheitspreisgeschäften aufzubauen. Um nicht den Anschluß an die gerade in der Nachkriegszeit wieder gewachsene Bedeutung von Kleinpreisgeschäften zu verpassen, mußte Hertie reagieren. Ein aus Trümmersteinen zusammengestückeltes Gebäude in der Nähe des Bahnhofs Zoo in Berlin diente zunächst als erstes Bilka-Kaufhaus. Es wurde 1956 durch jenes eckige Gebäude ersetzt, das bis heute durch seinen markanten Kuppelaufsatz auffällt, was ihm den Spitznamen »Groschen-Moschee« einbrachte.

Einheitspreisketten und Billigwarenhäuser in anderen Ländern

Die von dem US-Amerikaner Frank Winfield Woolworth ausgehende Idee des Einheitspreisgeschäftes machte in vielen Ländern Schule. Das Warenhausunternehmen »Printemps« legte sich 1931 eine Einheitspreiskette unter dem Namen »Prisunic« zu, die »Galeries Lafayettes« kaprizierten sich mit der Kette »Monoprix«, und selbst das gute alte »Bon Marché« ließ den etwas in Vergessenheit geratenen Namen »Priminime« wieder aufleben. Die berühmten Pariser Warenhausunternehmen hatten zunächst einmal abgewartet. Denn die mondänen Boulevards, das waren ihre Laufstege, auf denen sie sich vor ihrem Publikum produzieren konnten. Sollten sie da ohne zwingende Not in die Niederungen des billigen Jakobs herabsteigen, den ein zwar höchst erfolgreicher, aber biederer deutscher Kaufmann mimte! An der Seite des französischen Warenhausunternehmens »Société Française des Nouvelles Galéries Réunis«, die – selbstredend – nicht mit der Grandezza der altehrwürdigen Warenhauspaläste konkurrieren konnten, sondern sich an den Brosamen labten, die auf dem Gabentisch der Konsumlust übrig blieben, zusammen mit dieser aus der Warte der alteingesessenen Warenhäuser emporgekommenen Warenhausfirma zweiter Klasse hatte die Rudolph Karstadt AG 1928 die in Paris ansässige Einheitspreisgesellschaft »Uniprix« ins Leben gerufen. In Kooperation mit den zwei schweizerischen Einzelhandelsunternehmen Maus Frères und Julius Brann AG wurde bis 1929 eine Kette von Einheitspreisgeschäften gezimmert, die in der deutschsprachigen Schweiz »Epa« und in der französischsprachigen Schweiz »Uniprix« hieß. In den dreißiger Jahren schied Karstadt unter dem Zwang der deutschen nationalen Politik aus dem Gemeinschaftsunternehmen aus, anschließend trennten sich die Gebrüder Maus von der Julius Brann AG. Die Einheitspreisgeschäfte wurden in Kleinpreiswarenhäuser umgewandelt und verkauft.

In Belgien ging Karstadt eine Partnerschaft mit den »Grands Magasins Au Bon Marché« und der »Banque des Bruxelles« ein. Das Ende der zwanziger Jahre so entstandene deutsch-belgische Gemeinschaftsunternehmen eröffnete zunächst Einheitspreisgeschäfte in Brüssel und Löwen, der Hafenstadt Antwerpen sowie in den Industriestädten Charleroi, Lüttich und Namur. Der Karstadt-Konzern war außerdem durch einen vertraglich vereinbarten gemeinsamen Einkauf mit einer der größten Einheitspreisgesellschaften der USA und Kanadas namens »Metropolitan Chain Store« verbunden. Im Zuge der Karstadt-Sanierung und der von den Nazis verlangten Umwandlung des Karstadt-Konzerns in eine rein deutsche, sprich »arische« Firma wurden auch diese internationalen geschäftlichen Beziehungen gekappt. Der aus seiner führenden Position bei der Rudolph Karstadt AG verjagte Hermann Schöndorff organisierte von der Schweiz aus Einheitspreisketten wie »Jepa« in der Tschechoslowakei und die »Sociedad de Precios Unicos« (Sepu) in Spanien. Auch reaktivierte er nach Karstadts Rückzug die französischen Einheitspreisgesellschaften »Uniprix« und »Prisunique«.

1928 faßte die Idee des Einheitspreisgeschäfts auch in Italien Fuß. Damals eröffnete in Mailand der erste Upim-Laden. Die Abkürzung Upim steht für »Unico prezzo italiano Milano«. Die Geschichte dieser seit jeher zur Gruppe des führenden italienischen Warenhausunternehmens »La Rinascente« gehörenden Warenhaus-Kette beweist, daß schon früh die Grenzen der Einheitspreisidee sichtbar wurden. Man schreibt das Jahr 1927. Italien leidet unter einer tiefen wirtschaftlichen Depression mit hoher Arbeitslosigkeit und einem enormen Kaufkraftschwund. Gegen das Warenhausprinzip der Barzahlung führt Rinascente die Möglichkeit des Ratenkaufs ein und plant die Einführung einer Einheitspreiskette. Fachleute von Rinascente reisen nach Köln zur Leonhard Tietz AG. Die hat seit 1925 gute Erfahrungen mit ihrem Tochterunternehmen »Ehape – Einheitspreishandelsgesellschaft« gemacht und stellt den Vertretern von Rinascente die nötigen Unterlagen zur Verfügung, um mit ausdrücklicher Genehmigung der Leonhard Tietz AG das Ehape-Konzept auf Italien übertragen zu können. Die Manager von Rinascente fassen für die geplante Upim-Kette Standorte in der italienischen Provinz ins Auge, wo sich ein großes Warenhaus wie La Rinascente nicht rechnet, und jene Arbeiterviertel an der Peripherie der großen Städte, in denen die Bewohner auf günstige Einkaufsmöglichkei-

ten angewiesen sind. In einem solchen Mailänder Stadtteil entsteht als Pilotprojekt der erste Upim-Laden. In ihm wird ein auf die Preisstufen eins, zwei, drei und vier Lire abgestimmtes Sortiment von rund 4000 Artikeln geboten: Nachthemden, Unterwäsche, Artikel für Schule und Küche, Uhrketten usw., nicht zu vergessen Lebensmittel. Erste Zweigstellen außerhalb Mailands öffnen noch im selben Jahr in Venedig, Brescia und Rom. In den ersten Tagen bekommt jeder Kunde, der Waren im Wert von 500 Lire kauft, eine Puppe oder ein Schaukelpferd geschenkt. Rund 130 Upim-Läden sind geplant. Doch selbst bei der anvisierten Käuferschicht kommt das aus Deutschland nach Italien übernommene Konzept nicht an. Die Kunden trauen den standardisierten niedrigen Preisen nicht, sondern kaufen lieber weniger ein. Sie bevorzugen Artikel, die zwar etwas teurer, aber für ihre Qualität bekannt sind. Auch bei einem weiteren Upim-Laden im Stadtzentrum von Mailand stellt sich der Erfolg erst ein, als die schematischen Preisstufen aufgehoben und auch höherpreisige Artikel ins Sortiment aufgenommen werden. Die Upim-Kette entwickelt sich also von Anfang an zu einer zweiten, man könnte sagen: vollwertigen, Warenhausschiene neben den glanzvollen Warentempeln von La Rinascente. Nach dem »Schwarzen Freitag« zwingt ein neuerlicher Einbruch bei den Umsätzen die Unternehmensgruppe, die Zahl der Upim-Filialen von 14 auf zwölf zu verringern. 1993 umfaßte die Upim-Kette 216 über ganz Italien verstreute, teilweise recht anspruchsvolle Warenhäuser.

Wie für die italienische Upim-Gruppe war auch für die niederländischen Hema-Einheitspreisgeschäfte nicht Woolworth, sondern die Ehape der in Köln residierenden Leonhard Tietz AG das große Vorbild. Gegründet wurde die »Hollandsche Einheidsprejsen Maatschapij – Amsterdam«, die holländische Einheitspreisgesellschaft mit Sitz in Amsterdam, als Tochterfirma des Warenhausunternehmens de Bijenkorf. Die erste Hema-Filiale bot Waren zu 25 und 50 Cents. Sie wurde 1926 in der Kalverstraat in Amsterdam eröffnet. Innerhalb weniger Jahre gehörten zu der Hema-Kette 80 eigene und 100 angeschlossene Filialen in den Niederlanden. 1958 trennte sich die Tochter Hema, die sich längst vom Einheitspreiskonzept verabschiedet hatte und zu einem Preiswert-Warenhaus geworden war, von der Mutter de Bijenkorf.

Die Upim-Geschichte ist ein Beispiel dafür, daß Einheitspreisgeschäfte und Kleinpreis-Warenhäuser kein Allheilmittel gegen stagnierende oder gar sinkende Umsätze in großen Warenhäusern sind. Das wußten die Warenhauspioniere schon immer. Sie reagierten nicht selten erfolgreicher mit Sonderangeboten, die zur Regel wurden, und mit Niedrigpreis-Abteilungen, wie sie heute viele und selbst sehr vornehme Warenhäuser haben. Eine der ersten Firmen, die eine solche Abteilung generalstabsmäßig zu einem regelrechten Preiswert-Warenhaus im Warenhaus ausbaute, war die »William Filene's Sons Company«, ein Unternehmen mit dem Sortimentsschwerpunkt Bekleidung. 1909 richtete das Bostoner Unternehmen im Basement eine eigene Niedrigpreisabteilung ein. Dort wurde Ware angeboten, die Filene's aus aufgelösten Geschäften aufgekauft hatte und die sich im eigenen Warenhaus nicht wie erwartet verkaufen ließ und im Lager liegen blieb. Die Niedrigpreisabteilung lief so gut, daß Filene's diesen Geschäftszweig in einem eigenen Gebäude zusammenfaßte, es zu einem richtigen Niedrigpreis-Warenhaus erweiterte und ein ausgeklügeltes System der Preis-reduzierung entwickelte. Wenn sich bestimmte Waren schlecht verkauften, wurden sie nach zwölf Tagen im Preis um 25 Prozent heruntergesetzt, nach 18 Tagen kosteten sie nur noch die Hälfte und nach 24 Tagen betrug der Ausverkaufspreis gerade einmal ein Viertel des ursprünglich veranschlagten Ladenpreises. Hatte sich nach 30 Tagen an den Verkaufszahlen nichts Wesentliches geändert, verschenkte Filene's schwer verkäufliche Artikel an caritative Organisationen.

Die Strategen von Filene's organisierten die Niedrigpreis-Filiale als selbständige Einheit mit eigenem Personal, eigenem Management und eigener Werbeabteilung. Ihnen kam zugute, daß in nordamerikanischen Städten wie New York und Chicago nicht jene aus Europa bekannten dünkelhaften und antisemitischen Aversionen gegen »Ramschläden« die frühe Entwicklung eines sehr breiten Spektrums der Warenhäuser bremsten. Die Bandbreite reichte vom Luxuskaufhaus bis zu jenem Billig-Warenhaus »The Fair« in Chicago, das mit dem Slogan warb: »Everthing for Everybody Under One Roof« (Alles für alle unter einem Dach). Eines der bekanntesten New Yorker Billig-Warenhäuser hieß »Penny Arcade«, was man getrost mit »Pfennig-Basar« übersetzen kann. Der Film-Pionier Adolph Zulkor hatte es 1903 eröffnet.

WARENHÄUSER
im Osten Deutschlands

Genossenschaftswarenhäuser Konsument

Das Leipziger »Kaufhaus am Brühl« brachte 1938 ein »Arier« in seinen Besitz. Die rechtmäßigen Eigner wurden davongejagt. In den ersten Monaten nach dem Krieg war es immerhin möglich, das ausgebrannte Gebäude soweit notdürftig herzurichten, daß bereits im Winter 1945/46 im Erdgeschoß wieder ein Verkauf stattfinden konnte. Zugesprochen bekamen es die Konsumgenossenschaften. Grundlage für diese Entscheidung war der Befehl Nr. 176 der Sowjetischen Militäradministration vom 18. Dezember 1945. Darin hatte die Militärverwaltung der Besatzungsmacht die Wiederherstellung der Konsumgenossenschaften verfügt. Im Frühjahr 1946 begann die Instandsetzung des zerstörten Warenhauses, das im Oktober 1952 zum selbständigen »Konsum-Warenhaus des Friedens« erklärt wurde und sich mit anderen genossenschaftlichen Warenhäusern, wie unter anderem dem Wertheim-Stammhaus in Stralsund oder dem Hertie-Stammhaus in Gera, dem 1965 gebildeten »Zentralen Konsum-Handelsunternehmen ›Konsument‹« anschloß. Es unterstand dem Verband der Konsumgenossenschaften in der DDR. Er hatte 14 Bezirksverbände, die ihrerseits die sehr viel kleineren »Magnet«-Kaufhäuser betrieben. In den Jahren 1966 bis 1968 entstand anstelle des wieder aufgebauten alten

Warenhauses am Brühl ein respektabler Neubau, der am 22. August 1968 eröffnet wurde.

»Alle Waren unter einem Dach« lautete der Werbeslogan, unter dem es antrat und der an das Kaufhof-Motto »Tausendfach alles unter einem Dach« erinnerte. Auf fünf Verkaufsetagen kam eine Verkaufsfläche von 11 000 Quadratmetern zusammen. Es gab einen »Konsument-Markt«, der auch frisches Gemüse, Fleisch und Wurst führte. Eine Gaststätte im fünften Obergeschoß bot 175 Kunden Platz, die Personalgaststätte 300 Mitarbeitern. Als Kundendiensteinrichtungen standen eine Gardinennäherei, eine Änderungsschneiderei für Damen- und Herrenkleidung sowie eine Reparaturwerkstätte für Rundfunk- und Fernsehgeräte zur Verfügung. Mitte der achtziger Jahre beschäftigte das Warenhaus am Brühl 1 350 Mitarbeiter. 1978 ermöglichte die Übernahme eines Fabrikgebäudes eine rationellere Lagerhaltung. Das Konsument-Warenhaus am Brühl, nur eines von zwei Konsument-Warenhäusern in der Messestadt Leipzig war das größte der insgesamt 13 Konsument-Warenhäuser, die es zur Zeit der Wende in der DDR gegeben hat. Drei Konsument-Warenhäuser besaß die an die Industr250reviere um Leuna und Bitterfeld grenzende Großstadt Halle, außerdem je einmal war Konsument in Stralsund, Berlin, Potsdam, Frankfurt (Oder), Dessau, Cottbus, Gera, Zwickau und Plauen vertreten. 1991 wurde die Horten-Konsument

170

Warenhaus GmbH gegründet, an der Horten und der Verband der Konsumgenossenschaften einen Anteil von jeweils 50 Prozent hatten. Vier Jahre später schließlich kaufte Horten den Konsumgenossenschaften die Warenhäuser ab.

Enteignung im Namen des Volkes

In Stralsund, wo der Aufstieg des Warenhausunternehmens Wertheim begann, ließ die Firma ein Warenhaus erbauen, dessen Architekt mit seinem Entwurf auf die von mittelalterlichen Bauten bestimmte Stralsunder Altstadt einging. Er hat auf das Dach des an sich traufständigen Warenhauses Gauben gesetzt, die an giebelständig aneinandergereihte Bürgerhäuser erinnern und die lange Fassade gliedern. Drinnen im Warenhaus überrascht der etwas merkwürdig am Rand gelegene Lichthof, den ein Glasdach überwölbt und den man sich auch in einem Schloß aus dem 19. Jahrhundert vorstellen kann. In luftiger Höhe harren auf Pilastern allegorische Figuren aus, die den Kaufmannsstand verherrlichen. Glaskunstfenster an der Außenwand, darüber eine Art Tempelschrein, in die Wand eingelassen und von kleinen Säulen in fünf Felder geteilt, dessen mittleres sozusagen das Allerheiligste symbolisiert: ein breites goldenes »W«, auf dem eine ebenfalls goldene Weltkugel aufliegt. Das »W« mit der Weltkugel war das Symbol von Wertheim. Fast vergessen dämmerte dieses ehemalige Wertheim-Warenhaus durch die Jahre, bröckelte der Putz, bis es 1966 unter der Regie der DDR-Genossenschaftsbewegung zu einem Konsument-Warenhaus wurde. Im Sommer 1991 übernahm es die Horten-Konsument-Gruppe.

Wertheim ist nicht der einzige illustre Warenhausname, der sich mit Stralsund verbindet. Nur ein paar Schritte von dem heutigen Horten-Konsument-Warenhaus entfernt, meldete sich ebenfalls in der Ossenreyerstraße der Kaufhof-Konzern zurück, allerdings nur halbherzig unter dem Firmennamen »Kaufcenter«. Bei dieser Standortentscheidung spielten sicher nicht nur wirtschaftliche Überlegungen eine Rolle, sondern auch jener fast sentimentale Drang, den man gelegentlich bei Managern entdeckt, die sich ihrer Ahnherren erinnern und in schon etwas fortgeschrittenem Alter sich gerne

»zurück zu den Wurzeln« sehnen. Denn mit seinem ersten eigenen Geschäft hatte Leonhard Tietz seine kaufmännische Karriere in Stralsund begonnen, um sie dann im Rheinland fortzusetzen. Infolge der deutschen Teilung in eine sowjetisch besetzte Ostzone auf der einen und die von den Westalliierten beherrschten Westzonen auf der anderen Seite riß auch der Faden, der den Kaufhof in Stralsund noch einige Monate nach Kriegsende mit der Zentrale des Mutterkonzerns in Köln verbunden hatte. Er mußte reißen, wie man im Stralsunder Stadtarchiv nachvollziehen kann. In den letzten Wochen des Krieges, als sowjetische Truppen in Stralsund einmarschierten und die Menschen den Frieden herbeisehnten, kam der Einzelhandel vollends zum Erliegen. Um Plünderungen zu vermeiden, schloß der Kaufhof die Pforten. Doch bereits am 7. Juni 1945, also nur einen Monat nach dem Tag der deutschen Kapitulation, teilte der »Chef des Sekretariats des Industriewesens« beim Stralsunder Bürgermeister aktenkundlich mit: »Die Firma Westdeutsche Kaufhof AG, Stralsund, Ossenreyerstraße, ist von mir angewiesen worden, ihr Kaufhaus offen zu halten. Jede unberechtigte Beschlagnahme von Waren ist verboten.« Am 22. Juni verlangte der Industrie-Sekretär vom Staatsanwalt in Stralsund, Hans Hamann, den Prokuristen und Geschäftsführer des Stralsunder Kaufhofs, abzuberufen und einen Abteilungsleiter des Hauses mit der kommissarischen Leitung des Warenhauses zu betrauen. Ebenso sei beim Geschäftsführer des früheren Warenhauses Wertheim, das seit 1942 der nationalsozialistisch linientreuen »Allgemeinen Warenhandelsgesellschaft« (AWAG) gehörte, zu verfahren. Bereits fünf Tage später reagierte das Bezirksgericht Stralsund entsprechend und verbot Hamann sogar das Betreten des Betriebes. Ihm, wie auch seinem Kollegen von Wertheim, wurde »politische Untragbarkeit« vorgeworfen. Er sei nicht nur Mitläufer der braunen Bewegung gewesen, sondern aktives Mitglied der NSDAP. Hamann verfaßte lange Briefe, um das Gericht davon zu überzeugen, daß er 1938 zum Parteieintritt gezwungen worden sei. Außerdem habe er nie eine Parteiveranstaltung besucht. Hans Hamann verstieg sich zu einer ziemlich windigen Verteidigung, wie sie außer Hamann viele andere Profiteure der »Arisierung« von Warenhäusern versuchten. Er könne gar kein

Nazi gewesen sein, weil er als »ausgesprochner Warenhausmensch« im Gegensatz zum nationalsozialistischen Programm der Auflösung der Warenhäuser gestanden habe und er besitze noch – also 1945 – »alle vor der Machtübernahme erworbenen Schallplatten, die von jüdischen Künstlern bespielt oder besungen waren.« So nahm Hamann in schriftlichen Einlassungen zu den gegen ihn erhobenen Vorwürfen Stellung und führte unter anderem an: »In meiner Wohnung wurde bei Parteianlässen meistens nicht geflaggt, da meine Frau absolut antifaschistisch eingestellt ist. Hieraus ergibt sich auch meine Einstellung, da wir eine sehr glückliche Ehe führen.«

Wider Erwarten wurde Hans Hamann im Dezember 1945 vom »Ausschuß zur politischen Bereinigung der Betriebe« rehabilitiert und durfte auf seinen früheren Posten beim Kaufhof in Stralsund zurückkehren. Am 22. Februar 1946 erhielt er vom Sekretariat für Industriewesen sogar die Genehmigung, einen Pkw der Marke Stöwer, den die Rote Armee habe stehen lassen, für die Firma Kaufhof/Stralsund zu nutzen, allerdings mit der Auflage, ihn instandsetzen zu lassen. Die »Westdeutsche Kaufhof Aktiengesellschaft Stralsund«, deren Chef Hans Hamann ja nun war, trug sich derweil mit Gedanken einer Erweiterung ihres Warenhauses und wurde bei den Behörden vorstellig, um ein günstiges Grundstück zugesprochen zu bekommen. Die Zentralverwaltung der Kaufhof AG in Köln, die offensichtlich noch nicht alle Hoffnung verloren hatte, die Filiale in Stralsund wieder an sich binden zu können, ließ Hamann weitgehende Freiheiten, was den anvisierten Neubau betraf. Aber der Konflikt schwelte weiter. Neue Eingaben bei verschiedenen Behörden belasteten Hamann schwer. Eine frühere Mitarbeiterin warf ihm vor, er habe eine Abteilungsleiterin, die Antifaschistin gewesen sei, von der Gestapo beobachten lassen und sei nur deshalb gegen ihre »Entfernung« gewesen, weil sie gute Kontakte zu Strumpffabrikanten gehabt habe. Außerdem habe Hamann Abzeichen der NSDAP und der SS getragen und eine SS-Kapelle im Stralsunder Kaufhof auftreten lassen.

Trotz allem wurde dem Angeschuldigten von den zuständigen Behörden noch einmal die politische Zuverlässigkeit bestätigt, und Hans Hamann, der Prokurist und Geschäftsführer des Kaufhofs in Stralsund,

bekam sogar grünes Licht, um am 1. April 1946 die Stralsunder Kaufhof-Filiale als Inhaber übernehmen zu können. Hamann wähnte sich am Ziel seiner Träume. Mit politischer Rückendeckung von Seiten der sozialistischen Nomenklatura Stralsunds kappte er nun die noch verbliebenen Verbindungen zwischen dem in Westdeutschland ansässigen Mutterkonzern und der Niederlassung in Stralsund. Statt der Bezeichnung »Westdeutsche Kaufhof Aktiengesellschaft Köln – Zweigniederlassung Stralsund«, die er auf alten Briefbögen durchstreichen ließ, war nun auf den Briefköpfen zu lesen: »Kaufhof, Inhaber Hans Hamann«. Das »Inhaber Hans Hamann« war handschriftlich nachgetragen. Nicht mehr an Vorgaben aus der fast unerreichbar fernen Konzernzentrale gebunden, verstand es der neue Eigentümer, alte Beziehungen zu nutzen und begehrte Waren nach Stralsund zu bringen.

Betriebsintern irritierte wohl manche Mitarbeiter die Warenhaus-Karriere Hans Hamanns erheblich. Aus einer Notiz vom November 1946 geht nämlich hervor, daß sich der Betriebsrat mit Plänen befaßte, das Stralsunder Kaufhof-Warenhaus »durch die gesamte Belegschaft erwerben zu lassen« und in Selbstverwaltung weiterzuführen. Hans Hamann erkannte die Gefahr, die für ihn hinter diesen basis-sozialistischen Überlegungen steckte und gelobte politisches Wohlverhalten, indem er »die gesamte Belegschaft am Reingewinn zu beteiligen« versprach. Am 5. Dezember 1946 verlangte jedoch der »Präsident des Blockes der antifaschistisch-demokratischen Parteien« Stralsunds vom Oberbürgermeister, »dem derzeitigen Betriebsleiter der Firma Kaufhof, Herrn Hamann, die politische Unbedenklichkeit abzusprechen«. Hamann versuchte, sich mit Erfolgsmeldungen an die Adresse der Mächtigen im Stadtrat zu retten. Stolz berichtete er davon, den wertmäßigen Warenbestand im Lager in den Monaten von April bis Oktober 1946 von 44 000 auf 240 000 Reichsmark gesteigert zu haben. Er betonte die gute Entwicklung der unter seiner Führung eingerichteten »Imbißecke«. Gleichzeitig beschimpfte Hans Hamann die ehemalige Mitarbeiterin, die ihn der Komplizenschaft mit Nazis bezichtigte, sie sei doch nur eine verkappte Faschistin, die es bedauern würde, einen Juden geheiratet zu haben.

Idylle der fünfziger Jahre –
im Stralsunder Warenhaus Konsument

Am 31. Januar 1947 beschloß die »Entnazifizierungskommission beim Rat der Stadt Stralsund«, Hans Hamann als Geschäftsführer abzusetzen. Interessant sind in diesem Zusammenhang die Titel »Geschäftsführer« und »Betriebsleiter«, mit denen Hamanns Gegner operierten, während er selbst als »Inhaber« firmierte. Die Wortwahl läßt darauf schließen, daß es den neuen Machthabern nicht um die Fortführung des Stralsunder Kaufhofs – zwar losgelöst von der Konzernzentrale in Köln, aber doch in einem unternehmerisch eigenverantwortlichen Rahmen –, sondern um die Umwandlung des Warenhauses in einen »volkseigenen Betrieb« nach einheitssozialistischer Provenienz ging. Hamann sollte also als Geschäftsführer entlassen und durch einen Treuhänder ersetzt werden. Der fünfköpfige Betriebsrat, der wohl die Strategie der kommunistischen Behörden durchschaute und eine politische Gleichschaltung des Stralsunder Kaufhofes vermeiden wollte, protestierte dagegen und schaltete den »Freien Deutschen Gewerkschaftsbund« ein. Doch dessen Funktionäre gaben die Einwände des Betriebsrates nur zögerlich wei-

ter. Ein einflußreicher Stadtrat teilte am 18. März 1947 der »Direktion der Landeseigenen Betriebe« in Schwerin mit: »Ich sah mich heute auf Anordnung der Entnazifizierungs-Kommission gezwungen, den derzeitigen Geschäftsführer des Kaufhofes, Hans Hamann, vom Kaufhof zu entfernen. Der Antifaschistische Block sowie die Entnazifizierungs-Kommission stehen auf dem Standpunkt, daß ein früheres Mitglied der NSDAP nicht Treuhänder eines sequestrierten Betriebes sein kann.« Der Treuhänder wurde ausgewechselt. Hamann warf den Behörden Rechtsbeugung und das Abrücken von rechtsstaatlichen Prinzipien vor. Den Schlußpunkt markierte eine Information vom 27. März 1947 über den Beschluß der »Hauptverwaltung Landeseigene Betriebe Mecklenburg« mit Sitz in Schwerin. Der Kaufhof Stralsund sei »sequestriert« und damit landeseigener Betrieb geworden.

»Das Stammgeschäft Stralsund wurde 1947 entschädigungslos enteignet, Greiz folgte ein Jahr später«, war in der Kaufhof-Illustrierten zu lesen, die 1954 zum fünfundsiebzigjährigen Jubiläum des Unternehmens mit einem Sonderheft erschien. Damals hegte man in der Kaufhof-Hauptverwaltung in Köln keine Illusionen mehr. Schon 1953 war beschlossen worden, die Aktiengesellschaft künftig nicht mehr »Westdeutsche Kaufhof AG« zu nennen, sondern sich mit »Kaufhof AG« zu bescheiden. Auch das Stralsunder Warenhaus Wertheim hatte durch Enteignung im Namen des Volkes den Besitzer gewechselt und segelte als »Konsum-Kaufhaus des Friedens« durch die Jahre 1948/49, bis es schließlich zum Konsument-Warenhaus avancierte und am Ende doch wieder ganz von einem West-Unternehmen, nämlich von Horten, geschluckt wurde – wenige Jahre, bevor Horten 1995 selbst im Schoß des Kaufhof-Konzerns landete, dessen Ahnherr Leonhard Tietz 1879 ebenfalls in Stralsund seine Laufbahn begann.

Die Centrum-Organisation

Im Erfurter Stadtführer aus dem Jahre 1978 finden sich natürlich auch Informationen über den »Anger«, jenen 1196 erstmals erwähnten zentralen Platz in Thüringens Hauptstadt, der im Rahmen der Bewegung »Schöner unsere Städte und Gemeinden« zu einer verkehrsarmen

Zone umgestaltet wurde. »Den Anger von heute haben zahlreiche Einrichtungen des Einzelhandels und der Gastronomie zu dem größten Geschäftszentrum der Stadt werden lassen«, heißt es in dem Erfurter Stadtführer. Auf der nächsten Seite dann ein kurzer Abschnitt über das Vorzeige-Warenhaus in der Bezirkshauptstadt Erfurt. »Die Ostseite des Angers schließt der Gebäudekomplex des Centrum-Warenhauses ab, die größte und am stärksten frequentierte Einzelhandelsstätte der Stadt.« Das 1908 fertiggestellte Warenhaus ist das prägendste Gebäude am Anger geblieben. Weithin über die Dächer Erfurts strahlte einst die nachts erleuchtete, aber längst verschwundene Weltkugel, auf deren Äquator der Name »Kaufhaus Römischer Kaiser« leuchtete. Siegfried Pinthus und Arthur Arndtheim, die beiden Gründer des Erfurter Warenhauses, waren sensibel genug, an Erinnerungen zu appellieren, die sich nicht nur bei vielen Erfurtern, sondern auch bei Leuten aus dem Umland einstellten, wenn sie an das abgebrannte Gasthaus und Hotel »Römischer Kaiser« dachten, dessen Platz das Warenhaus einnahm. Das Gasthaus war bereits ein Begriff, das Warenhaus sollte erst noch einer werden. Die jüdischen Warenhausgründer verstanden es, örtliche Traditionen aufzugreifen und sich in Erfurt überdies als spendable Kaufleute Freunde zu schaffen. Feinde hatten sie ja genug. Um möglichst günstig einkaufen und damit die Konkurrenz mit niedrigen Verkaufspreisen unterbieten zu können, hatten sich Siegfried Pinthus und sein Compagnon Arthur Arndtheim dem von der Firma Hermann Tietz aufgebauten Einkaufsverband angeschlossen. Arndtheim und Tietz waren verwandt. Eine Leihbibliothek mit 5000 Bänden gehörte zu den Attraktionen, die das Publikum anzog. Für die Bedienung der Kunden im Hinterland von Erfurt, das bis in den Thüringer Wald reichte, betrieb das »Kaufhaus Römischer Kaiser« eine Versandabteilung. Das Geschäft entwickelte sich gut, und so entschlossen sich die Erfurter Warenhausbesitzer nicht nur zu einem 1927 eröffneten Erweiterungsbau, sondern in den zwanziger Jahren auch zu einer damals branchenüblichen Filialgründung, indem sie das »Einheitspreis-Geschäft Erfurt« eröffneten. Der wirtschaftliche Erfolg der jüdischen Kaufleute Pinthus und Arndtheim provozierte die Neider. Die Nazis kamen an die Macht, und

das Erfurter Kaufhaus Römischer Kaiser mußte seine Einheitspreisfiliale, den Erfrischungsraum und die betriebseigene Fortbildungsstätte schließen. Das Unternehmen wurde von einer »arischen« Firma zu einem Spottpreis erworben. Die neuen arischen Eigner ließen die Weltkugel auf dem Dach abmontieren, weil sie in ihren Augen ein freches Symbol des international verschworenen Judentums gewesen sei. Siegfried Pinthus starb 1937 an einem Herzleiden, die Angehörigen der Familie Arndtheim, die schon in der zweiten Generation das Kaufhaus Römischer Kaiser geleitet hatten, konnten sich nach Palästina retten.

Der Krieg hatte das Gebäude stark in Mitleidenschaft gezogen. Die amerikanischen Streitkräfte rückten nach Thüringen vor und erreichten Erfurt. Am 17. Mai 1945 setzte der amerikanische Polizeipräsident die im Zuge der Arisierung installierte Geschäftsführung ab und eine Treuhandverwaltung ein. Wie im Potsdamer Abkommen beschlossen, übernahmen sowjetische Truppen Thüringen von den Amerikanern. Die Treuhandverwaltung für das Warenhaus wurde bestätigt. Die sowjetische Militärverwaltung verfügte die Einrichtung eines Ladens für die sowjetischen Soldaten in der ersten Etage. Im Juni 1946 stand wieder ein Erfrischungsraum zur Verfügung. Er war der Lebensmittelabteilung angeschlossen, in der auf Marken auch Zivilisten einkaufen konnten. Stockwerk für Stockwerk kam die Instandsetzung voran.

Das alte Warenhaus erwies sich trotz der Zerstörungen als ein äußerst vielfältig nutzbares Gebäude, indem es vorübergehend eine Damenhutfabrik, eine Zigarettengroßhandlung und eine Tauschzentrale aufnahm. Von normalen Friedensverhältnissen konnte natürlich nicht die Rede sein. Tauschgeschäfte, die von den zuständigen Behörden gelenkte Bewirtschaftung von Waren und Bezugsscheine bestimmten das Geschehen im Handel. Von den 23 zerstörten Schaufenstern seien Ende 1947 zehn wieder aufgebaut gewesen, heißt es in einer Serie des Erfurter Stadt-Anzeigers über die Geschichte des Erfurter Warenhauses auf dem Anger.[162] Im darauffolgenden Jahr verfügte die Thüringer Landesregierung die endgültige Enteignung der »arischen« Besitzer, die das inzwischen treuhänderisch verwaltete Kaufhaus Römischer Kaiser im Dritten Reich übernommen hatten. Es wurde »Volkseigener Betrieb«. Der 1. Oktober 1948 war der Übergabetag an die Konsumgenossenschaft Erfurt. Das Warenhaus bekam den schlichten und ergreifenden Namen »Konsumkaufhaus«.

Mitte November hatte eine Wirtschaftskommission in der sowjetisch besetzten Zone Deutschlands beschlossen, unter dem Dach der Staatlichen Handelsorganisation (HO) die Gründung »freier Läden« voranzutreiben. Dahinter stand aber nicht ein freier unternehmerischer Wille, sondern die staatliche Absicht, eine mehrstufige Einzelhandelsstruktur aufzubauen, um die Versorgung der Bevölkerung zu gewährleisten und nach politischen Gesichtspunkten neu zu ordnen und zu steuern. Für die großen Städte der sowjetisch besetzten Zone sahen die Planer HO-Warenhäuser vor, die bei der Versorgung mit Waren bevorzugt wurden. Zu diesen bevorzugten Standorten gehörte auch das Konsumkaufhaus in Erfurt, das zum HO-Warenhaus ausgebaut und am 1. Februar 1952 eröffnet wurde. Es hatte 30 Verkaufsabteilungen und 868 Beschäftigte und galt damals als größtes HO-Warenhaus in der DDR, die 1949 aus der »sowjetisch besetzten Zone Deutschlands« (SBZ) hervorgegangen war. Mitte der fünfziger Jahre belebte sich auch in Ostdeutschland die Wirtschaft spürbar. Das Warensortiment wurde reichhaltiger, und so beschlossen die Verantwortlichen, es ihren westdeutschen Kollegen gleichzutun, den alten Lichthof des ehemaligen Kaufhauses Römischer Kaiser zu überbauen und dadurch mehr Verkaufsfläche zu gewinnen. Gleichzeitig signalisierte der Einbau einer Rolltreppe über mehrere Etagen, daß man auch in der Provinzhauptstadt Erfurt auf der Höhe der Zeit war. Es sei schon ein bedeutender Augenblick gewesen, als Erfurts Oberbürgermeister das weiße Band an der Fahrtreppe durchschnitten und diese für den Verkehr freigegeben habe, notierte der Verfasser der Artikelserie im Erfurter Stadt-Anzeiger, der für 1961 mit einer unglaublich exakten Zahl von 7 994 461 Kunden aufwartete.

Die Gründung der »Vereinigung volkseigener Versand- und Warenhäuser« (VVW) zum 1. Januar 1965 wies den ihr gehörenden »Centrum«-Warenhäusern eine Schrittmacherfunktion für den gesamten Einzelhandel in der DDR zu. Auf diese Weise wurden die sechs größten HO-Warenhäuser in der DDR herausgehoben.

1965 war ein Schlüsseljahr für den Einzelhandel in der DDR, zumal damals auch die Organisation der genossenschaftlichen Konsument-Warenhäuser entstand. Als volkseigene HO-Einrichtung gehörte das Warenhaus auf dem Erfurter Anger nun also zur Centrum-Gruppe. Sie konnte über besondere Mittel zum Beispiel für Baumaßnahmen und für die Warenpräsentation verfügen, und einige ihrer Mitarbeiter genossen das Privileg, vergleichsweise selbständig sogar im sozialistischen Ausland einkaufen zu dürfen. Zwischen 1965 und 1973 mußte das Erfurter Centrum erweitert und innen wie außen modernisiert werden, Generalüberholung. Zwei Kriege, das deutsche Kaiserreich, den Niedergang der Weimarer Republik, den Nazi-Terror, die amerikanische und die sowjetische Besatzungszeit, die wenigen Jahrzehnte DDR, mehrere Besitzer und Betreiber, einige Instandsetzungen und Erweiterungen überstand der Warentempel, auch wenn er nicht mehr ganz so rüstig dasteht, Runzeln bekommen hat. Aber wenn man von all den kleinen Blessuren, den Verbesserungen und Verschlimmbesserungen, den gelungenen und weniger gelungenen Renovierungsarbeiten absieht, dann zeigt sich die dem Erfurter Anger zugewandte repräsentative Schauseite des Warenhauses fast noch immer so, wie 1908, als die Erfurter in das neu eröffnete Kaufhaus Römischer Kaiser strömten. Was hat es nicht alles ertragen müssen an Namensänderungen: Konsum-Warenhaus, HO-Warenhaus und Centrum hatte es geheißen, ehe 1991 der westdeutsche Warenhausriese Hertie, den seine Besitzer bald danach an den noch viel größeren Riesen Karstadt verkauften, seine Leuchtschrift an das Gebäude heftete.

Viele Mitarbeiter, die jahrelang im Erfurter Centrum-Warenhaus gearbeitet hatten, begegneten dem Wechsel zu Hertie mit gemischten Gefühlen. »Ich hab schon den Eindruck, daß die neuen Abteilungsleiter aus den alten Bundesländern ihren Stil uns jetzt drüberziehen. Die haben auch teilweise nicht das richtige Fingerspitzengefühl für die Lage der Menschen hier.« Solche Klagen hörte man in den ersten Monaten nach der Umpolung von Warenhaus Ost auf Warenhaus West häufig. Tatsächlich spürten viele Mitarbeiter der Warenhäuser in der ehemaligen DDR genau, daß sie mit der Ankunft der Warenhausmanager aus der Bundesrepublik nicht nur eine effektivere Organisation und Rationalisierungen zu gewärtigen hatten, sondern auch den Verlust von sozialen Errungenschaften, deren Bedeutung man aus Westsicht zwar bezweifeln kann, auf die aber langjährige Mitarbeiter ostdeutscher Warenhäuser stolz waren. Als Ende der vierziger Jahre unter den erschwerten Bedingungen der Nachkriegszeit und der sowjetischen Besatzung auch im lädierten Erfurter Kaufhaus am Anger der Warenhausbetrieb wieder in Gang kam, ließ sich der schon lange verfolgte Plan eines Brauseladens für die Mitarbeiter verwirklichen. Im Kellergeschoß entstand ein Sanitätsraum, der auch als Sprechzimmer für die regelmäßige betriebsärztliche Betreuung diente. Die Warenhausleitung ließ eine Nähstube einrichten und eine Leihbücherei für das Personal, die es schon zu Zeiten der Warenhausgründer Pinthus und Arndtheim gegeben hatte, die aber nun mit neuen und anderen Büchern bestückt wurde. Das führende Warenhaus Thüringens hatte unter anderem eine Musik- und Volkstanzgruppe, außerdem einen gemischten Chor, der bei offiziellen Feierlichkeiten im Warenhaus wie zum Beispiel bei der Ehrung langjähriger Mitarbeiter auftrat und bei geselligen Veranstaltungen für Stimmung sorgte. In einem benachbarten Verwaltungsgebäude standen der Belegschaft Clubräume zur Verfügung. Betriebseigener Kindergarten und Kinderhort erleichterten es Frauen, im Warenhaus berufstätig sein zu können. Jede Centrum-Filiale hatte ihren »Sozialtrakt«, in dem außer den Räumen für die medizinische Betreuung der Belegschaft auch Einrichtungen wie Friseur, Kosmetik- und Pflegesalon lagen und sich manchmal sogar, wie in Halle, eine Sauna befand. Die Gruppe der Centrum-Warenhäuser betrieb eigene Ferienheime an der Ostsee und im Thüringer Wald, teilweise hatten diese Ferienanlagen Bungalows. Für die Kinder von Betriebsangehörigen fanden Kinderferienlager statt.

Natürlich waren die Partei und die hundertprozentig linientreue Gewerkschaft allgegenwärtig. Sie sorgten dafür, daß Planziele auf dem Papier erreicht wurden und die Mitarbeiterschaft mit den politischen Vorgaben konform ging; und sie machten sich breit in den Abteilungen des Verkaufs und der Verwaltung. Nicht zuletzt unter dem Eindruck einer sich verschärfenden Konfrontation zwischen Ost und West, die in der Teilung

Deutschlands so offenbar wurde, hatte in der sowjetischen Besatzungszone die Politisierung nahezu aller wirtschaftlichen und gesellschaftlichen Bereiche von den Gemeinden und Bildungseinrichtungen bis hin zu den Konsumgenossenschaften und Warenhäusern begonnen. Die Gesellschaft gliederte sich in sozialistische Kollektive. Von den Belegschaften der Betriebe erwarteten Staat und Partei eine Aufbauleistung nach den Vorgaben eines regelmäßig kontrollierten und überprüften Plansolls. Daß der Freie Deutsche Gewerkschaftsbund, daß seine Funktionäre in Konflikten nicht die Interessen der Beschäftigten gegenüber Geschäftsführung und Behörden verteidigten, sondern sich sogar als Kontrollinstanz dem Staat andienten, war nach heutiger Ansicht von Mitarbeitern der DDR-Warenhäuser eine der schwerwiegendsten Fehlentwicklungen. Allerdings wäre es ein Zerrbild, würde man behaupten, unter den DDR-Verhältnissen habe es keinen Spielraum für eine personale Solidarität gegeben. Tatsache ist nämlich, daß sich zum Beispiel die Mitarbeiter jedes Warenhauses zumindest manchmal wie in einer großen Familie fühlen konnten, was viele von ihnen heute schmerzlich vermissen. Selbst wenn man objektive Gründe für den Verlust dieses Gefühls findet, das Gefühl selber ist nicht zu bestreiten, auch nicht, wenn man statt Familie Kollektiv sagt. Die Mitarbeiter fühlten sich versorgt, sie erlebten eine Sicherheit, die man als unerwünscht, weil lähmend beurteilen mag, die jedoch durch die Art der Diskussion um die Zukunft der sozialen Marktwirtschaft, an der sich Menschen aus den alten und den neuen Bundesländern gleichberechtigt beteiligen sollten, einer völligen Verunsicherung gewichen ist – mit welchen Folgen, wird sich zeigen. Nach der Wende fielen die betriebseigenen Kindergärten und Horte, die Ferienheime und anderen sozialen Einrichtungen für das Personal ziemlich schnell dem Rotstift der neuen Eignerfirmen zum Opfer. Dabei unterstellten die West-Manager im Handumdrehen, nur West-Unternehmen hätten eine Firmenkultur, nicht jedoch die Firmen im Osten, denen sie allenfalls eine Unkultur zuge-

Seite 177: Hertie Erfurt – Seite 178/179: Kauf-»Reiz« – Seite 180–183: Horten in Stralsund

Kasse

standen – und folglich hätten die Ostfirmen ja auch nichts zu verlieren.

Die Firmenkultur in der früheren DDR mag deutlich antiquierte Züge getragen haben. Glichen die Warenhäuser in der DDR nicht jenen patriarchalischen Familienbetrieben wie Wertheim in Berlin oder das Bon Marché in Paris, die um die Jahrhundertwende auflebten. Nur daß der Familien-Übervater nicht ein machtbewußter Unternehmer war, sondern der Staat. Wollten sich die Mitarbeiter gegen seine sturen Funktionäre durchsetzen, mußten sie schon findig sein, um nicht den Zorn des Übervaters und seiner Adlaten heraufzubeschwören.

Das Warenhaus der Leonhard Tietz AG in Chemnitz kurz nach der Wende

Warenhäuser und Einzelhandelspolitik in der DDR

Über die Staatliche Handelsorganisation (HO) versuchte die DDR-Regierung den gesamten Einzelhandel der DDR letztlich nach politischen Vorgaben für die Produktion zu steuern. Das bedeutete, daß nur die von den staatlichen Behörden im Rahmen vorher festgelegter Handelsspannen genehmigte Produktion der Konsumgüterindustrie auf die Läden verteilt werden konnte. Branchen wie die Chemieindustrie, der Maschinenbau und andere Bereiche der Devisen bringenden Investitionsgüterindustrie hatten absoluten Vorrang vor der Konsumgüterindustrie und dem ihr nachgeordneten Handel. Dabei erfuhren wiederum die volkseigenen, also direkt staatlich gesteuerten Einzelhandelsgeschäfte gegenüber den Läden kleiner Einzelhändler, die nur einen sehr beschränkten Spielraum für eigenverantwortliches wirtschaftliches Handeln nutzen konnten, eine deutliche Bevorzugung. Hinzu kam die lapidare, aber ideologisch zementierte Auffassung, daß der Großbetrieb gegenüber dem kleinen Betrieb auch der wirtschaftlichen Effektivität wegen zu bevorzugen sei. Beim Handel auf der Ebene der Endverbraucher galten deshalb die großen Warenhäuser als die Einrichtungen, die bevorzugt werden mußten. Dieser Logik entsprechend genossen ab Januar 1965 die sechs größten HO-Warenhäuser (Berlin am Alex, Leipzig, Karl-Marx-Stadt, Erfurt, Dresden, Rostock) unter der Leitung der eigens gegründeten »Vereinigung Volkseigener Warenhäuser« eine Vorzugsbehandlung, was ihre investiven

Möglichkeiten betraf. Auch die deutlich kleineren Warenhäuser in Neubrandenburg und in Görlitz, der Stadt, die ihre Lage an der Grenze zu Polen als Vorteil nutzen sollte, gehörten zum Kreis der frühen Centrum-Filialen. 1966 kam als Standort Halle hinzu. Von 1968 bis 1981 wurden acht Centrum-Warenhäuser neu errichtet, außer dem führenden Haus am Alexanderplatz in Berlin das zweite Berliner Centrum am Hauptbahnhof, dazu die Centrum-Filialen in Hoyerswerda, Suhl, Schwedt, Magdeburg, Dresden und als jüngstes Centrum-Warenhaus die 1981 eröffnete zweite Filiale in Halle.

Als die Vereinigung Volkseigener Versand- und Warenhäuser am 1. Januar 1990 das fünfundzwanzigjährige Jubiläum beging, umfaßte sie 14 Centrum-Warenhäuser mit sehr unterschiedlich großen Verkaufsflächen. Diese betrug in Görlitz gerade 3 800 Quadratmeter, im größten Centrum-Warenhaus Berlin-Alex, dem eine recht spartanische Kaufhalle angeschlossen war, dagegen 16 000 Quadratmeter. Das Centrum in Suhl, der Industriestadt im Thüringer Wald, hatte Ende der achtziger Jahre eine Verkaufsfläche von 4 900 Quadratmetern, beschäftigte 636 Mitarbeiter und erzielte einen Anteil von 38 Prozent am örtlichen Einzelhandel. Das Centrum am Alex in Berlin schaffte fünf Prozent des gesamten (Ost)-Berliner Einzelhandelsumsatzes. Ähnlich hohe Marktanteile haben die Warenhäuser in Westdeutschland nie erreicht. Sie waren auch immer weit entfernt von den »2,8 Prozent vom Gesamtumsatz der Volkswirtschaft«, den laut Geschäftsbericht die »Wirtschaftsorganisation Centrum« 1989 verbuchen konnte.

Wie in der Bundesrepublik, so beschäftigte der Einzelhandel damals auch in der DDR überdurchschnittlich viele Frauen, was die Personalstatistik für die volkseigenen Centrum-Warenhäuser bestätigt, nämlich 79,8 Prozent. Gemessen an westlichen Maßstäben hatten die ostdeutschen Warenhäuser eine sehr ungünstige Personalstruktur, was das Verhältnis zwischen den im Verkauf und in den anderen Abteilungen beschäftigten Männern und Frauen betraf. In allen Centrum-Warenhäusern gab es 1989 insgesamt 7 485 im Verkauf Beschäftigte, denen 2 757 Mitarbeiterinnen und Mitarbeiter mit Leitungsaufgaben und in dem Verkauf vorgeschalteten und zuarbeitenden kaufmännischen Bereichen gegenüberstanden. Das bedeutet, daß das Verhältnis zwischen diesen Mitarbeitern und denjenigen im Verkauf gerade einmal 1:2,7 betrug. Nimmt man die 1 654 »in der Warenbewegung« beschäftigten Mitarbeiter hinzu, verschlechterte sich das Verhältnis auf 1:1,7. Fazit: zuviel Verwaltung und warenhausinterne Dienstleistung. Unter dem Schutz der Privilegien, von denen die »volkseigenen« Centrum-Warenhäuser im Rahmen der DDR-Wirtschaftspolitik zehrten, hatte sich ein Wasserkopf aufgebläht, während für die anderen Warenhaus-Gruppierungen in der DDR, wie die auf Bezirksebene organisierten Magnet-Warenhäuser und diejenigen der Konsument-Gruppe, die ständige Gefahr der Deklassierung bestand.

»Der staatliche Handel war die höhere Form des Handels«, erklärte Jutta Thieme vom ehemaligen genossenschaftlichen Konsument-Warenhaus in Gera. Dieses ging auf das Stammhaus des Hertie-Konzerns zurück. Obwohl Gera ein bedeutender Standort der Textil- und Maschinenbauindustrie und überdies ein wichtiger Bahnknotenpunkt in Ostthüringen war und ist, kam die Stadt nicht in den Genuß eines Centrum-Warenhauses.

Bei Dresden war das natürlich keine Frage. Kurz nach der Wende erzählte die ehemalige Abteilungsleiterin für Kinderschuhe im Centrum-Warenhaus der sächsischen Hauptstadt: »Kinderschuhe, das war ein Politikum. Ich habe im Jahr fünf Millionen Mark umgesetzt, 250 000 Paar Schuhe verkauft. Wir hatten Kunden aus dem ganzen sozialistischen Ausland, und unter mehreren Paar Schuhen ist da niemand rausgegangen.«

Die Leute kamen aus Polen und Ungarn und aus der nahen Tschechoslowakei, um bei uns in Dresden Kinderschuhe zu kaufen.« Dresden gehörte wie Leipzig und Berlin zu den bevorzugten Standorten in der Centrum-Organisation. Dort vor allem sollte den »Besuchern aus aller Welt« mit einer modernen Warenhausarchitektur im Stil der Vorhang-Fassaden à la Horten und Kaufhof vorgeführt werden, daß die DDR auf der Höhe der Zeit war. Firmen aus dem neutralen Schweden, zu dem die DDR gute Beziehungen unterhielt, lieferten Rasterfassaden und technisches Know-how für manche der neuen Centrum-Warenhaus-Bauten, die, was die Architektur betrifft, keinen internationalen Vergleich zu scheuen brauchten.

Natürlich fand sich in der DDR genauso wie in der BRD provinzieller Zuschnitt, aber das 1970 eröffnete neue Berliner Centrum-Warenhaus am Alex, das nicht weit davon entfernte, 1979 fertiggestellte Centrum am Hauptbahnhof mit seiner bunten Fassadengestaltung und schließlich das 1978 eröffnete Centrum-Warenhaus in Dresden bewiesen ein hohes architektonisches Niveau. Sie entzogen sich nicht dem gängigen internationalen Stil und wirken bis heute, auch unter ihren neuen Besitzern, überzeugender als mancher allzu verquere Warenhausneubau.

Was die Warenversorgung und vieles andere betraf, hatte auch für die volkseigene Centrum-Gruppe Berlin absoluten Vorrang. Die Hauptstadt der DDR bildete die Bühne für die politische Aufwertung der DDR. Dann folgten die Messestadt Leipzig und Dresden, das »Elbflorenz«, das auch Touristen aus dem nichtsozialistischen Ausland anlockte. Die Filialen in Städten wie Erfurt mußten hintanstehen, wie sich Gerald Schwade, von 1965 bis 1991 Chef der Dekorationsabteilung im dortigen Centrum-Warenhaus erinnert. Wenige Jahre, nachdem es Maßstäbe für die ganze sozialistische Republik gesetzt hatte, bekam es Konkurrenz in Berlin. Immer öfter mußte nun Gerald Schwade neidvoll Richtung Berlin blicken. Denn dort im neuen Centrum-Warenhaus am Alexanderplatz konnten seine Kollegen mit einigermaßen modernen Warenträgern aus Ungarn arbeiten und die sozialistische Modepracht sogar an Schaufensterpuppen aus Westdeutschland präsentieren. In Erfurt dagegen, draußen in der Provinz, mußte sich der Chefdekorateur mit biederen heimischen Figuren aus einer volkseigenen Deko-Fabrik begnügen. Disponieren ließ sich ihr Einsatz nur bedingt, weil sie nach Plan und in der Regel um Monate verspätet ankamen. Also schickte Dekochef Schwade seine Mitarbeiter in die Werkstatt. Dort bastelten sie aus Sperrholzteilen Ersatzgerippe zusammen. Wollte sich Gerald Schwade über neue Dekorationsideen informieren und auch mal einen verschämten Blick über den Zaun nach Westen wagen, meldete er sich im Centrum-Hauptquartier in Leipzig, wo er dann gegen Unterschrift einschlägige westdeutsche Fachblätter einsehen durfte. Genützt hatte es ihm nicht allzu viel. Denn es war ihm und seinen Kollegen nahegelegt worden, seine Schauwerbung sehr zurückhaltend zu fahren und die Konsumenten nicht durch eine pfiffige, verkaufsfördernde Reklame zu einer Nachfrage zu stimulieren, die angesichts des notorischen Mangels nicht befriedigt werden konnte.

Unter dieser Voraussetzung der Verwaltung des Mangels erwies sich eine Konzentration der Warenhausaktivitäten auf städtische Zentren als unabdingbar. Um dennoch auch der Landbevölkerung die Chance zu geben, im Rahmen der fortschreitenden industriellen Entwicklung zu konsumieren und dadurch rückwirkend auch wieder die Produktion anzukurbeln, besann man sich in der DDR Mitte der fünfziger Jahre auf ein vermeintlich probates Mittel, das schon die Gründerväter der Warenhäuser kannten: den Versandhandel. Mögen zu Beginn der Ära der Warenhäuser teilweise ähnliche Überlegungen gegolten haben, so ging es bei Firmen in kapitalistischen Ländern des freien Marktes im Laufe der Entwicklung immer mehr darum, aus der Position einer tendenziell unbegrenzten Warenfülle und einer hohen Kaufkraft die Marktanteile der Warenhauskonzerne zu erhöhen und Kaufkraft abzuschöpfen. Deshalb kaufte die Karstadt AG den Neckermann-Versand auf,

und aus diesem Grund hat heute fast jedes namhafte Warenhaus seinen Versandkatalog. Pünktlich zum 1. Mai 1956, dem Tag der Arbeit, entstand das »Versandhaus Leipzig« als erster Versandhandel der DDR. Es war an die Struktur der damaligen HO-Warenhäuser angebunden. Ihre Leitung hatte die späteren Thüringer Centrum-Warenhäuser in Erfurt und Suhl für eine erste Testphase ausgesucht. Die Kataloge des Versandhauses Leipzig wie auch die Sortimente in den Centrum-Warenhäusern lassen das Bemühen erkennen, im Angebot mit westlichen Standards Schritt zu halten. Beispielsweise orientierte sich der modische Schick der vorgestellten Kleidung und der sie tragenden Models wie im Westen sehr stark an einer städtischen, von den Mühen des Landlebens befreiten Bevölkerungsschicht, die sich mehr und mehr für den Urlaub und andere Freizeitgestaltungen interessieren konnte. So wirkten die Warenhäuser und die Versandhäuser in Ost und West seit jeher stilbildend im Sinne einer zunehmend verstädterten Kultur.[163] Das 1961 eröffnete und an die Konsumgenossenschaft, die ja ebenfalls Warenhäuser betrieb, angeschlossene »Konsument-Versandhaus« profilierte sich mehr mit einem auf die alltäglichen Umstände in Haus, Hof und Garten konzentrierten Sortiment für die ländliche Bevölkerung. Seine Leitfigur war die Landfrau und nicht, wie beim Versandhaus Leipzig, die modebewußte Städterin. Doch das Konzept, über den Versandhandel breiten Bevölkerungsschichten einen Zugang zu Konsumgütern zu ermöglichen, scheiterte. 1973 konnte das Versandhaus Leipzig die Bestellungen nur zu 56 Prozent einlösen, das Konsument-Versandhaus erreichte damals gerade noch 44 Prozent.[164] Die logische Konsequenz war im August 1976 die Einstellung des Versandhandels in der DDR. Zwischen der Warenproduktion und den Konsumbedürfnissen, zwischen Angebot und Nachfrage klaffte eine zu große Lücke.

Statt eines Nachwortes

»Ja, ja, vor vierundfünfzig Jahren,
Als wir noch jung und knusprig waren,
Wurde mir bekannt,
Bei Karstadt ist eine Stelle in der Buchhaltung vakant.
Da geh ich hin, hab ich mir gedacht,
Damit hab ich keinen Fehler gemacht.
...
Das Schönste für mich auf meine alten Tage ist das:
Karstadt ist wieder da, so ein Glück, was!«

Mit Gereimtem feierte die pensionierte Verkäuferin Gretel Kunze, daß aus dem Wismarer »Magnet«-Kaufhaus wieder Karstadt wurde. »110 Jahre nach seiner Gründung ist Europas größter Warenhauskonzern, die Essener Karstadt AG, in das Stammhaus in Wismar zurückgekehrt«, notierte die FAZ am 19. Oktober 1991. Die Karstadt-Konzernleitung ließ etwas den Mantel der Geschichte wehen und titelte in einer Pressemitteilung: »Heimkehr zur Wiege des Erfolgs«. Heute steht Karstadt diese Sentimentalität bei allen Überlegungen im Wege, in Wismar, wo die Umsatzentwicklung hinter den Erwartungen weit zurückblieb, abzuspecken.

Die fünf großen deutschen Warenhausunternehmen Wertheim, Karstadt, Leonhard Tietz (später Kaufhof), Hermann Tietz (Hertie) und Schocken (später Horten) haben alle ihren Ursprung in Städten, die bis zur Wiedervereinigung zur DDR gehörten. Aus der zweiten Reihe kann man unter anderem die Firmen Ramelow und Ury (Wohlwert) hinzufügen. Sofern sie die Zeitläufte überdauert haben, war die Versuchung groß, möglichst schnell »zur Wiege des Erfolgs« zurückzukehren. Umgehend brachten ihre Juristen Rückgabeforderungen zu Papier, um neuerlich die Reviere abzustecken, als seien die Warenhauskonzerne in der Konstellation, wie sie sich heute darstellen, die einzig legitimen Erben.

Besonders krass ist der Fall Hertie. Auf der »Sorge« in Gera eröffnete Oskar Tietz sein erstes Warenhaus. Als er nach München zog, um dort einen Konsumtempel zu errichten, übernahm sein jüdischer Freund und Weggefährte Hermann Sklow die Geschäftsführung des Stammhauses in Gera. 1933 wurde er in Berlin in »Schutzhaft« genommen. Völlig eingeschüchtert und apathisch traf ihn die Tochter im Gefängnis an, nur noch ein Schatten seiner selbst. Wenige Tage später bekam sie die Nachricht, ihr Vater sei in der Haft gestorben. Das Warenhaus in Gera übernahm die »Hertie-Kaufhaus-Beteiligungs GmbH«, zu deren Geschäftsführer die Banken Georg Karg bestellt hatten. Unter seiner Führung bekam das Stammhaus des Konzerns, den er später den Banken zu Vorzugsbedingungen, wie sie unter Freunden üblich sind, abkaufte, 1934 den neutralen Namen »Kaufhaus Osterland« und 1935 den auch an anderen Standorten gebräuchlichen Namen »Union«. Ende September 1948 wurde die »Vereinigte-Verkaufsstätten-GmbH-Union« aufgelöst. Sie hatte nach Kargs Plan zahlreiche ehemalige Hertie-Warenhäuser betrieben. Am 1. Oktober 1948 konnte die Stadt Gera die Neueröffnung des Warenhaus als »Konsum-Kaufhaus« feiern. Ab 1. Januar 1965 firmierte es unter dem Namen Konsument-Warenhaus.

Die Folgen des Krieges schnitten Georg Karg von seinem Warenhausbesitz in Ostdeutschland ab. 1953, als mit den Erben der rechtmäßigen Vorbesitzer des Warenhauskonzerns Hermann Tietz alles geregelt war, gründete er die Hertie-Stiftung und überschrieb ihr fast alle Anteile der »Hertie Waren- und Kaufhaus GmbH«. Die Familienmitglieder mußten sich mit einem kleinen Prozentsatz vom Hertie-Gewinn bescheiden. Der reichte jedoch locker für den standesgemäßen Unterhalt von Großgrundbesitzern. Der Sohn Hans-Georg Karg war bis 1986 Aufsichtsratsvorsitzender des Hertie-Konzerns und verlegte sich dann vollends auf das Dasein als Farmer in Bayern. Auch Georg Kargs Tochter, Brigitte Gräfin von Norman, hatte landwirtschaftliche Interessen, die sie sehr wohl mit den Hertie-Warenhäusern zu verbinden wußte, indem Hertie-Filialen beispielsweise die Eier aus ihrer Hühnerfarm verkauften. Ende 1974 riefen Bruder und Schwester die »Gemeinnützige Hertie-Stiftung zur Förderung von Wissenschaft, Erziehung, Volks- und Berufsbildung« ins Leben, die sich der Forschung auf dem Gebiet der Multiplen Sklerose verschrieb, was nebenbei den Effekt hatte, daß sie 250 Millionen DM an Steuern sparen konnten. Die Hertie Waren- und Kaufhaus GmbH hatte nun also drei Besitzer: die gemeinnützige Hertie-Stiftung (97,5 Prozent Kapitalanteil), die Hertie-Familienstiftung, 1971 in Hertie-Stiftung (0,5 Prozent Kapitalanteil) umbenannt, und für die restlichen Anteile die Erbengemeinschaft Georg Karg (2,5 Prozent).

Dann kam das Jahr 1993. Die Deutsche Bank und die Commerzbank, seit Jahrzehnten mit Warenhaustransaktionen vertraut, boten der Hertie-Stiftung und der Erbengemeinschaft Karg einen großen Teil ihrer Karstadt-Aktien an. Die kaufte nun die Hertie-Familienstiftung, die einschließlich der Karg-Erbengemeinschaft schon vorher am Karstadt-Konzern, also an der Hertie-Konkurrenz, beteiligt war, jedoch mit einem vergleichsweise geringen Anteil. Aber die Hertie-Familienstiftung mußte für diesen Deal erst Geld flüssig machen. Also bekam die nicht gemeinnützige Hertie-Familienstiftung in Form eines zinslosen Darlehens Geld von der gemeinnützigen Hertie-Stiftung, das dieser eigentlich aus dem Verkauf des Hertie-Anteils an Karstadt zugestanden hätte. Die Familienstiftung konnte mit dem Geld von der gemeinnützigen Stiftung 30 Prozent der Karstadt-Aktien kaufen. So endet das Vermächtnis der Warenhauspioniere Karstadt und Tietz in einer profitablen Jause. Die Hertie Waren- und Kaufhaus GmbH wurde Tochtergesellschaft der Karstadt AG.

Die Folgen bekamen die »Hertianer« in Mannheim zu spüren. Die dortige Hertie-Filiale schloß Anfang 1996. Frauen und Männer, die teilweise schon Jahrzehnte bei Hertie gearbeitet hatten, wurden in die Arbeitslosigkeit entlassen. Einigen von ihnen ist die Geschichte »ihres« Warenhauses noch geläufig, und sie haben sie auf einem Flugblatt in Stichworten festgehalten: »1905 Hermann Wronker, 1934 Hansa Kaufhaus A.G., 1952 Hertie kauft Hansa, 1968 Hertie Mannheim.« Wie in einem Brennglas spiegelt sich in diesen Jahreszahlen und Namen das Auf und Ab der Warenhäuser in Deutschland. Die Zukunft ist ungewiß. Trotzdem machen die verbliebenen Unternehmen auf Optimismus. In Wirklichkeit tun sie sich schwer, ihre Marktposition neu zu bestimmen. Ihnen ist es nicht in ausreichendem Maße gelungen, aus der »Laufkundschaft« der Passan-

ten treue »Stammkundschaft« zu gewinnen, die Schaulust, die Warenhäuser seit jeher gepflegt und kultiviert haben, in Kauflust umzuwandeln.

Ungenutzt verstrichen die Chancen nach der Wiedervereinigung, indem die Firmen oft ihre abgenutzten Konzepte aus dem Westen Deutschlands nahezu blindlings auf die Warenhäuser im Osten übertrugen und sie teilweise in einer Art von neo-kolonialem Führungsstil auf Vordermann brachten. Sie haben sich die Warenhausketten der DDR einfach einverleibt und Kasse gemacht. Das hinderte ihre Sprecher nicht daran, unentwegt zu jammern, und von der Politik flankierende Kurskorrekturen im Sinne der Branche zu fordern. Politiker aller Ebenen nickten zwar beifällig, aber ließen den Ankündigungen selten Taten folgen. Obwohl es in Westdeutschland längst genügend leidige Erfahrungen gibt, daß die hemmungslose Ausbeutung von Grund und Boden im Weichbild der Städte eine chaotische Siedlungsstruktur und allein aufgrund der damit verbundenen Verkehrs- und Entsorgungsprobleme enorme Folgekosten nach sich zieht, kam es zu keiner siedlungspolitischen Wende. Es wäre bitter nötig gewesen, die Innenstädte wirklich zu stärken, anstatt sie durch die Ausweisung immer neuer Gewerbegebiete für Supermärkte und Einkaufszentren auf der »Grünen Wiese« zu schwächen.

Derweil dümpeln die großen Warenhäuser wie Ozeanriesen, die Erinnerungen und nostalgische Gefühle wecken, im aufgewühlten Meer der Großstadt vor sich hin, ohne recht voran zu kommen. Die manchmal ziemlich dick aufgetragene neue Farbe kann die Rostbeulen nur vorübergehend verdecken, bis sie in der rauhen, bitter-salzigen Flut bei nächster Gelegenheit wieder aufbrechen. Das Fahrwasser, in dem die großen Warenhäuser manövrieren, ist eng geworden, mit manchen gefährlichen Untiefen. Eine Ruderdrehung zuviel, und sie laufen auf Grund. Während oben die Brücken-Offiziere in Gala-Uniform zum Empfang erscheinen, kämpft unten in der Maschine die Mannschaft gegen die einbrechende See. Die Titanic läßt grüßen.

Anmerkungen

1 ... wobei darauf hinzuweisen ist, daß sich alle die in Anführungszeichen gesetzten Umschreibungen der letzten Zeilen genau so in Zolas Roman vom »Paradies der Damen« finden, außer der Ansage natürlich.

2 Göhre, Paul; »Das Warenhaus«, in: Die Gesellschaft, Sammlung sozialpsychologischer Monographien, Hrsg.: Buber, Martin; Frankfurt a. Main, 1907, ebd. Seite 111–112

3 Göhre, a.a.O. Seite 121

4 Mollerup, Per; »They Did us Proud«, in: Hrsg.: Hammerich, Paul; »Magasin du Nord«, Kopenhagen 1993, vgl.: a.a.O. Seite 121

5 Göhre, a.a.O. Seite 46

6 Behn, Helga, »Die Architektur des deutschen Warenhauses von ihren Anfängen bis 1933«, Inauguraldissertation, Philosophische Fakultät der Universität Köln, 1984, ebd. Seite 53

7 Lenz, Rudolf; »Karstadt – Ein deutscher Warenhauskonzern 1920–1950«, Stuttgart 1995, ebd. Seite 46

8 Ausschuß für Begriffsdefinitionen aus der Handels- und Absatzwirtschaft, Hrsg.: Institut für Handelsforschung an der Universität zu Köln (IfH), Katalog E, Köln 1995, a.a.O. Seite 45–46

9 a.a.O. Seite 18

10 Bjornkaer, Kristen; »Out to the Provinces and Back Again«, in: Hammerich, Paul (Hrsg.): »Magasin Du Nord«, Kopenhagen 1993, ebd. Seite 105

11 di Crescenzo, Luciano; »Also sprach Bellavista – Neapel, Liebe und Freiheit«, Taschenbuchausgabe, Zürich 1988, a.a.O. Seite 83–88

12 Adornato, Francesco; »La storia della Rinascente dall 1917 al 1968«. In diesem Buch ist die Geschichte des Warenhausunternehmens »La Rinascente« detailliert beschrieben. Herausgeber ist »La Rinascente«. Das Buch ist nicht mehr lieferbar. Ein Mitarbeiter in der Hauptverwaltung der Gruppe, zu der außer »La Rinascente« noch eine Reihe anderer Einzelhandelsunternehmen gehören, hat es freundlicherweise zur Verfügung gestellt.

13 Göhre, a.a.O. Seite 117

14 Benjamin, Walter; »Paris – die Hauptstadt des XIX. Jahrhunderts«, in: Benjamin, Walter, Schriften, Band 1, Frankfurt a. Main 1955, a.a.O. Seite 406

15 Erhardt, Willy; »Das Glück auf der Nadelspitze – vom Schicksalsweg der vogtländischen Stickereiindustrie«, Plauen 1995, a.a.O. Seite 9f

16 Benjamin, a.a.O. Seite 412

17 Zola, Emile; »Paradies der Damen«, München 1976, a.a.O. Seite 10

18 Zola, Emile; »Frankreich: Mosaik einer Gesellschaft – unveröffentlichte Skizzen und Studien«. Hrsg.: Mitterand, Henri; Aus dem Französischen Brigitte Pätzold, Wien/Darmstadt 1990

19 Zola, »Frankreich: Mosaik einer Gesellschaft«, a.a.O. Seite 139–210

20 Miller, Michael B.; »Au Bon Marché – 1869–1929 – Le Consommateur Apprivoisé«, Paris 1987

21 Zola, »Frankreich: Mosaik einer Gesellschaft«, ebd. Seite 158–159

22 Zola, »Frankreich: Mosaik einer Gesellschaft«, ebd. Seite 173–174

23 Zola, »Frankreich: Mosaik einer Gesellschaft«, ebd. Seite 205

24 vgl. Miller, a.a.O. Seite 167

25 ebd. Seite 183

26 Zola, »Frankreich: Mosaik einer Gesellschaft«, a.a.O. Seite 207

27 vgl. Miller, a.a.O. Seite 82

28 ebd. Seite 18

29 Zola, »Frankreich: Mosaik einer Gesellschaft«, a.a.O. Seite 200

30 ebd. Seite 198

31 Benjamin, Walter; »Paris – Hauptstadt des XIX. Jahrhunderts«, in: Walter Benjamin, Schriften, Band 1, Frankfurt am Main 1955, a.a.O. Seite 419

32 vgl. Miller, a.a.O. Seite 130

33 ebd. Seite 145

34 ebd. Seite 118

35 Göhre, a.a.O. Seite 99 f

36 vgl. Honeycombe, Gordon; »Selfridges«, Selfridges Limited, London 1984. Das Buch erschien zum 75. Geburtstag des Warenhauses Selfridges im Jahr 1984

37 Schumacher, Fritz; »Stufen des Lebens«, Stuttgart und Berlin, 1930, a.a.O. Seite 30

38 Ferry, John William; »A History of the Departement Store«, New York/Ontario 1960, vgl. a.a.O Seite 17

39 Roth, Joseph; »Hiob«, in: Joseph Roth Romane I, Köln 1984, a.a.O. Seite 287–296

40 Buchner, Hans; »Warenhauspolitik und Nationalsozialismus«, München 1931, a.a.O. Seite 3

41 Hertie AG (jetzt Karstadt AG), Die Geschichte der Hertie AG, Schreibmaschinenmanuskript Frankfurt 1965, a.a.O. Seite 15

42 Schocken, Gershom; »Ich werde seinesgleichen nicht mehr sehen«, in: Der Monat, a.a.O. Seite 13

43 Seyppel, Joachim; »Lesser Ury – Der Maler der alten City«, Berlin 1987, a.a.O. Seite 19–20

44 zitiert in: Zeugnisse zur Geschichte der Juden in Ulm, Stadtarchiv Ulm, 1991, a.a.O. Seite 209

45 vgl. Schindler, Angelika; »Der verbrannte Traum, jüdische Bürger und Gäste in Baden-Baden«, Bühl-Moos, 1992, a.a.O. Seite 33

46 ebd. Seite 152

47 Horn, Gustav (Hrsg.): »Jüdische Jugend im Übergang, Ludwig Tietz 1897–1933 – Sein Leben und seine Zeit«; Tel Aviv 1980

48 Weltsch, Robert; »Die kritische Epoche der deutschen Judenheit«, in: Horn, Gustav (Hrsg.): »Jüdische Jugend im Übergang«, a.a.O. Seite 31

49 Brodnitz, Friedrich S.: »Erinnerungen an einen Freund«, in: Gustav Horn (Hrsg.): »Jüdische Jugend im Übergang«, a.a.O. Seite 92

50 Behn, a.a.O. Seite 100

51 Paul Göhre, Das Warenhaus, a.a.O. Seite 98

52 in: Pritzkoleit, Kurt; »Wem gehört Deutschland – eine Chronik von Besitz und Macht«, Wien, München, Basel 1957, a.a.O. Seite 599

53 Denneberg, Erwin; »Begriff und Geschichte des Warenhauses – Privatrechtliche Verhältnisse der schweizerischen Warenhäuser«, Zürich 1937, a.a.O. Seite 61

54 Fuchs, Konrad; »Ein Konzern aus Sachsen«, Stuttgart 1990, a.a.O. Seite 336

55 Listewnik, Petra, und Lorz, Andrea; »Jüdische Unternehmen in Leipzig – die Warenhäuser (Teil I)«, in: Leipziger Wirtschaft 5/1995; Hrsg.: Industrie- und Handelskammer Leipzig.

56 in: Haumann, Heiko, und Schadek, Hans (Hrsg.): »Geschichte der Stadt Freiburg im Breisgau, Band 3 – Von der badischen Herrschaft bis zur Gegenwart«, Stuttgart 1992, a.a.O. Seite 683–685

57 Klopstock, M.: »Entwicklungsdaten des Knopf-Konzerns«, in: Zeitschrift für Waren- und Kaufhäuser – offizielles Organ des Verbandes Deutscher Waren- und Kaufhäuser, Berlin, April 1931

58 Denneberg, a.a.O. Seite 61

59 Klopstock; M.. »Entwicklungsdaten« (wie Anm. 57)

60 Rürup, Reinhard; »Metropolis«, in: »Berlin, Berlin – Die Ausstellung zur Geschichte der Stadt«, Hrsg.: Korff, Gottfried, und Rürup, Reinhard, Berlin 1987, a.a.O. Seite 459

61 ebd. Seite 459

62 Kiaulehn, Walther; »Berlin, Schicksal einer Weltstadt«, München und Berlin 1958, ebd. Seite 21

63 Rürup; »Metropolis«, a.a.O. Seite 464

64 Palmer, Renate; »Der Stuttgarter Schocken-Bau von Erich Mendelsohn«, Tübingen 1995, a.a.O. Seite 47

65 Rürup; »Metropolis«, a.a.O. Seite 460

66 Gasset, José Ortega y; »Der Aufstand der Massen«, in: José Ortega y Gasset, Gesammelte Werke, Band III, Stuttgart 1956, a.a.O. Seite 7

67 in: Pritzkoleit, Kurt; »Wem gehört Deutschland – eine Chronik von Besitz und Macht«, Wien, München, Basel 1957, a.a.O. Seite 598

68 Behn, a.a.O. Seite 88

69 ebd. Seite 90

70 Döblin, Alfred; »Berlin Alexanderplatz – Die Geschichte von Franz Biberkopf«, 11.–15. Tausend, Kassel 1948, a.a.O. Seite 138

71 ebd. Seite 352

72 ebd. Seite 190

73 ebd. Seite 75

74 Behn, a.a.O. Seite 103

75 Colze, a.a.O. Seite 11

76 Rürup; »Metropolis«, a.a.O. Seite 461

77 in: Kiaulehn, a.a.O. Seite 133 ff

78 Göhre, a. a. O. Seite 5

79 ebd. Seite 8

80 ebd. Seite 26 – 27

81 Stresemann, Gustav; »Die Warenhäuser –
ihre Entstehung, Entwicklung und volkswirt-
schaftliche Bedeutung«, in: Zeitschrift für die
gesamte Staatswissenschaft, Nr. 56 – Jahrgang
1900, a. a. O. Seite 713

82 Göhre, a. a. O. Seite 50

83 ebd. Seite 35

84 vgl. Colze, Leo; »Berliner Warenhäuser«,
1908, Nachdruck: Berlin 1989, a. a. O. Seite 55

85 In einem Interview mit dem Autor.

86 Kiaulehn, Walther; »Berlin – Schicksal einer
Weltstadt«, München und Berlin, 1958, a. a. O.
Seite 31

87 ebd. Seite 32

88 Göhre, a. a. O. Seite 21

89 ebd. Seite 32

90 Zola, Paradies der Damen, a. a. O. Seite 193

91 Göhre, a. a. O. Seite 85

92 ebd. Seite 67

93 ebd. Seite 79

94 a. a. O. Seite 34

95 vgl.: Buttler-Klose u. Margarete Ortwein,
»Wir alle dienen dem Kunden …« – Die ersten
50 Jahre des Kaufhauses Breuninger in Stuttgart, unveröffentl. Manuskript, Ludwig-Uhland-
Institut der Universität Tübingen, fertiggestellt
am 17. 12. 1991. Aus diesem mir vorliegenden
Manuskript sind einige Informationen zu Breuninger entnommen.

96 in: Bistrup, Annelise; »Chiefs and Indians«,
in: Hammerich, Paul (Hrsg.); »Magasin du
Nord«, Kopenhagen 1993, a. a. O. Seite 100

97 M. Napsilber; »Das Kaufhaus des Westens«,
in: »Der Roland von Berlin – eine Wochenschrift
für das Berliner Leben«, 5. Jahrgang, Berlin,
28. März 1907. a. a. O. Seite 445 – 448

98 Napsilber, a. a. O. Seite 445

99 Colze, a. a. O. Seite 15

100 Napsilber, a. a. O. Seite 446

101 ebd. Seite 448

102 Colze, a. a. O. Seite 21

103 Ab 4 Uhr: Karstadt – Die Eröffung des Warenhauspalastes am Hermannplatz, in: Berliner
Tageblatt – Abendausgabe, 21. 6. 1929

104 Gerber; Warenhaus-Pest, Dresden, ohne
Jahresangabe; in: Lenz, Rudolf; »Karstadt – ein
deutscher Warenhauskonzern 1920 – 1950«,
Stuttgart 1995 a. a. O. Seite 107.

105 in: Dülfferm, Thies, Henke; »Hitlers
Städte – Baupolitik im Dritten Reich«, Köln
1978, a. a. O. Seite 110

106 ebd. Seite 67

107 »Flensburger Nachrichten« vom 10. 10. 1914

108 a. a. O S. 110 ff

109 in: Lenz, a. a. O. Seite 38

110 ebd. Seite 180 ff

111 ebd. Seite 218

112 Fuchs, Peter; »100 Jahre Kaufhof Köln«,
Köln 1991, a. a. O. Seite 20 f

113 Ludwig, Johannes; »Boykott, Enteignung,
Mord – die ›Entjudung‹ der deutschen Wirtschaft«, Hamburg 1989, a. a. O. Seite 114 ff

114 Schocken, Gershom; a. a. O. Seite 13

115 ebd. Seite 15

116 ebd. Seite 16

117 in: Merkur Aktiengesellschaft Nürnberg;
»Das Kaufhaus Schocken im Jahre 1926, Vor-
träge, Ansprachen und Leitsätze aus früheren
Schocken-Hauszeitungen«, Nürnberg 1926,
a. a. O. Seite 36 f

118 ebd. Seite 19 f

119 Weidenmüller, Hans; »Die Durchgeistigung
der geschäftlichen Werbearbeit«, in: Jahrbuch
des Deutschen Werkbundes, 1913, a. a. O.
Seite 70

120 ebd. Seite 71 ff

121 Palmer, a. a. O. Seite 11

122 ebd. Seite 32

123 in: Merkur Aktiengesellschaft, »Das Kaufhaus Schocken im Jahre 1926«, a. a. O. Seite 46

124 zitiert in: »Die neuen Bauten, Mitteilungen
der Schocken Kommandit-Gesellschaft auf Aktien«, Zwickau – Sachsen 1928, ebd. Seite 5 f

125 Schlaffer, Hannelore; »Die Finsternis besiegt – gefangen in gleißendem Licht«, in: Stuttgarter Zeitung, 24. Dezember 1995

126 Zola, Paradies der Damen, München 1976
a. a. O. Seite 622 f.

127 in: Breyer, Nike; »Zeig's mir – Eine Kultur-
geschichte des Schaufensters«, Süddeutsche
Zeitung – Magazin, Nr. 38, 20. September 1996

128 ebd.

129 ebd.

130 Osthaus, Karl Ernst; »Das Schaufenster«,
in: Jahrbuch des Deutschen Werkbundes 1931,
Seite 59 – 69 a. a. O. Seite 62

131 Rürup, »Metropolis«, a. a. O. Seite 466

132 Rürup, »Metropolis«, a. a. O. Seite 461

133 Aus einem dem Autor von Julius Posener
überlassenen Manuskriptauszug.

134 Julius Posener, Fast so alt wie das Jahrhundert, Basel 1993, ebd. Seite 237

135 Schocken, Gershom, a. a. O. Seite 30

136 Fuchs, Konrad, a. a. O. Seite 186

137 ebd. Seite 212

138 vgl. ebd. Seite 246 ff

139 Schocken, Gershom,. a. a. O. Seite 30

140 Dokument in: Ludwig, Johannes; »Boykott,
Enteignung, Mord«, Hamburg 1989, a. a. O.
Seite 157

141 Delius, F. C.; »Moritat auf Helmut Hortens
Angst und Ende«, in: Delius: Ein Bankier auf
der Flucht, Gedichte und Reisebilder, Berlin
1975, a. a. O. Seite 52 f

142 in: Lenz, Rudolf; »Karstadt – Ein deutscher
Warenhauskonzern 1920 – 1950«, Stuttgart 1995
a. a. O. Seite 162

143 »Kleptomanie«, in: Der Große Duden, Band
5: Fremdwörterbuch, Mannheim, Wien, Zürich
1971, a. a. O. Seite 358

144 vgl.: Miller, a. a. O. Seite 191

145 Göhre, a. a. O. Seite 40

146 Stresemann, a. a. O. Seite 698

147 »Talmi«, in: Duden – Das Große Fremdwörterbuch, Mannheim 1994

148 »Ramsch«, in: Duden Band 1 – Rechtschrei-
bung der deutschen Sprache, Mannheim 1991

149 Buchner, a. a. O. Seite 3 – 4

150 Westdeutscher Beobachter; »Skandal bei
Tietz«, 15. 10. 1930

151 Meißl, Gerhard; »Altväterisches oder modernes Wien – zur Diskussion um die Warenhäuser und die Warenhaussteuer in Wien zwischen 1890 und 1914«, in: Lehne, Andreas;
»Wiener Warenhäuser 1865 – 1914«, a. a. O.
Seite 63 – 64

152 Gerhard Meißl in: Andreas Lehne; Wiener
Warenhäuser, a. a. O. Seite 68

153 »Reichspost – Unabhängiges Tagblatt für
das christliche Volk Österreich-Ungarns«, Wien,
6. April 1905, a. a. O. Seite 2

154 Kikeriki – humoristisch-politisches Volksblatt, Wien, 8. Juni 1905, a. a. O. Seite 1

155 Anzeige in: »Österreichs Illustrierte Zeitung«, 21. 11. 1917, a. a. O. Seite 30

156 Kaufhof Aktiengesellschaft, Kaufhof Illustrierte Nr. 31, Köln 1954, ebd. Seite 14

157 in: Gewerkschaft Handel, Banken und Versicherungen, Deregulierung und Ladenschluß,
Düsseldorf, Oktober 1995, a. a. O. Seite 6

158 Neckar-Zeitung, Heilbronn, 11. 10. 1930,
Seite 6

159 Heilbronner-Tagblatt, Heilbronn,
12. 1. 1933, Seite 7 – 8

160 Heilbronner-Tagblatt, Heilbronn,
16. 1. 1933, Seite 7

161 in: Kappes, Reinhild; »… und in Singen
gab es keine Juden mehr«, Singen 1991, a. a. O.
Seite 60

162 In dem Wochenblatt »Stadt-Anzeiger Erfurt« erschien in den ersten Monaten des Jahres
1991 eine Artikelserie über die Geschichte des
Erfurter Centrum-Warenhauses von seinen Anfängen als Kaufhaus Römischer Kaiser bis kurz
vor die Übernahme durch den westdeutschen
Hertie-Konzern im Jahre 1991. Den acht sehr
aufschlußreichen Artikeln, die mir ein Mitarbeiter des Erfurter Warenhauses anläßlich eines
Aufenthalts in Erfurt im Februar 1992 gegeben
hat, sind wichtige Daten entnommen. Die Erfahrungen, die ich bei meinen Recherchen in den
neuen Bundesländer gemacht habe, sind zwie-
spältig. Einerseits hat mich die Akribie sehr beeindruckt, mit der langjährige Mitarbeiter dieser ehemaligen DDR-Warenhäuser den
Werdegang ihrer Betriebe rekonstruiert haben
und wie sie damit ein im besten Sinne heimat-
geschichtliches Interesse zeigten. Andrerseits
habe ich mehrfach erlebt, daß Fotos und Doku-
mente gleichsam über Nacht verschwunden waren, unauffindbar blieben, auszugsweise aus
einer privaten Schatulle oder privat genutzten
Schreibtischschublade hervorgezaubert wur-

den. Ich möchte nicht, daß man diese Bemerkung als »Besserwesserei« mißversteht, zumal in westdeutschen Warenhausunternehmen das Tagesgeschäft in einer Weise das Interesse an der eigenen Firmengeschichte überdeckt, daß man nur eine stärkere Bedeutung der Wirtschaftsgeschichtsforschung auch für den Handel anmahnen kann. Ich bin der Ansicht, daß Unternehmen, die sich ihrer geschichtlichen Wurzeln und ihres Werdegangs nicht bewußt bleiben oder werden, schnell kopflos und ziellos sind. Jubel-Trubel-Broschüren anläßlich von runden Jubiläen gehören in das Reich der Presse- und Öffentlichkeitsarbeit. Ausdrücklich sei hinzugefügt, daß ich in den Warenhausunternehmen immer wieder höchst hilfreichen Mitarbeitern begegnet bin, sowohl in den Presseabteilungen als auch in den – so vorhanden – Archiven. Zwei von diesen lieben Mitmenschen muß und will ich hervorheben: Frau Dr. Bauert, die Archivarin des Kaufhof-Konzerns, und Herrn Herning von der Karstadt-Hauptverwaltung. Wunderbare Menschen!

163 siehe: Kaminsky, Annette; »Keine Zeit verlaufen – beim Versandhaus kaufen«, in: Neue Gesellschaft für Bildende Kunst e.V. (Hrsg.), »Wunderwirtschaft – DDR-Konsumkultur in den 60er Jahren«, Köln, Weimar, Wien 1996, a.a.O. Seite 124–137
164 ebd. Seite 128

Fotonachweis

Archiv für Kunst und Geschichte, Berlin: S. 14, 83, 97 o., 103 o., 115, 161; Baugeschichtliches Archiv der Stadt Zürich: S. 117 u.; Bildarchiv Preußischer Kulturbesitz, Berlin: S. 2, 15 (Henkel), 19 (Henkel), 46, 55 (Henkel), 79, 81, 86, 88, 90, 93, 95, 98, 114, 141 o., 145; Dula-Ladenbau, Dortmund: S. 6; Edition Leipzig: S. 50 u., 97 u.; Esslinger Zeitung: S. 164; Frei, Helmut, Stuttgart: S. 49, 157, 173, 180, 183, 184; Landesbildstelle Berlin: S. 1, 50 o., 67, 84, 92, 117 o., 129, 130, 142; PUNCTUM, Leipzig (Schink): S. 178; Shopping Center Consulting (SCC), Düsseldorf: S. 59–64; Stadtarchiv Flensburg: S. 124; Stadtarchiv Stuttgart: S. 141 u.
Alle anderen Fotos stellten die betreffenden Unternehmen zur Verfügung.

Die Deutsche Bibliothek – CIP-Einheits-
aufnahme
Tempel der Kauflust : eine Geschichte der
Warenhauskultur / Helmut Frei. – Leipzig :
Ed. Leipzig, 1997
NE: Frei, Helmut
ISBN 3-361-00471-3

© 1997 by Edition Leipzig
Die Verwertung der Texte und Bilder, auch aus-
zugsweise, ist ohne Zustimmung des Verlages
urheberrechtswidrig und strafbar. Dies gilt auch
für Vervielfältigungen, Übersetzungen, Mikro-
verfilmungen und für die Verarbeitung in elek-
tronischen Systemen.
Umschlaggestaltung: Morian & Bayer-Eynck,
Coesfeld
Layout: Dietmar Kunz, Leipzig
Satz: XYZ-Satzstudio, Naumburg
Druck und Bindung: Westermann Druck
Zwickau GmbH
Printed in Germany
Gedruckt auf alterungsbeständigem Papier mit
chlorfrei gebleichtem Zellstoff